KB088790

미래는 탈성장

미래는 탈성장

The Future Is Degrowth

A Guide to a World beyond Capitalism

자본주의 너머의 세계로 가는 안내서

마티아스 슈멜처, 안드레아 베터, 아론 반신티안 지음

김현우, 이보아 옮김

나름북스

The Future is Degrowth:
A Guide to a World Beyond Capitalism

차례

머리말

지난 15년 동안 탈성장은 상당한 기여를 해왔다. 지속가능성과 발전에 대한 논쟁을 정치화하고, 녹색 성장과 기술에 함몰된 미래주의에 의문을 제기하며, 유토피아적 대안들을 강화함으로써 사회운동, 학계, 연대 경제 및 시민사회에 참여하는 사람들을 하나로 모으는 데 도움을 주었다. 강렬하고 지속적인 위기의 시기에 탈성장 커뮤니티는 무엇보다 우리가 어떻게 이런 곤경에 빠졌는지 그리고 어떻게 벗어날 수 있는지에 대한 답을 찾는 사람들이 모이는 장소가 되었다. 이 책은 이 커뮤니티 내에서 일어난 논의를 설명하고 더 넓은 독자에게 전달하고자 한다.

이 책은 마티아스 슈멜처와 안드레아 베터가 2019년에 독일어로 펴낸 『탈성장/포스트−성장 안내서Degrowth/Postwachstum zur Einführung』의 확장판이다. 아론 반신티안과 함께 작업한 영문판에서는 전 세계 독자를 위해 책의 구성, 논증, 내용을 대폭 수정하여 폭을 넓혔다. 이 책이 세상에 나올 수 있도록 많은 사람과 조직이 중요한 역할을 했다. 탈성장 논의를 영어권 좌파의 한가운데로 끌어올 수 있는 기회를 준 버소Verso 출판사에 감사드린다.

이 책의 집필은 몇 개 기관의 도움에 힘입었다. 라이프치히의 신경제 연구소Konzeptwerk Neue Ökonomie는 안드레아와 마티아스가 사회 정의와 생태 정의, 대안 경제학을 중심으로 조직을 확대하는 NGO와 사회운동의 접점에 있는 자조적 공동체에서 활동할 수 있게 해주었다. 자본주의적 성장 동학과 포스트−성장에 관한 학술적 토론을 조직하고 발전시키는 데 중요한 역할을 한 예나 프리드리히실러 대학의 '포스트−성장 학회'와 그 후속 작업인 '흐름flumen' 프로젝트는 이 책의 작업과 토론에 필요한 지적 맥락을 제공했다. 바르셀로나 탈성장 독서회 및 연구와 탈성장Research & Degrowth 조직은 탈성장에 관해 학습할 수 있는 환경을 제공하는 중요한 역할을 했다. 또한 아론이 이 책을 집필할 수 있도록 재정적 지원을 아끼지 않은 뉴욕 로자 룩셈부르크 재단에 감사드린다. 끝으로, 이 책을 쓰는 과정에서 우리는 다양한 사회운동에 참여해 배움을 얻었다. 이들의 도움이 없었다면 이 책은 존재하지 않았을 것이다.

페미니스트 과학 이론을 따르는 탈성장 사상가들은 '중립적인' 과학은 있을 수 없으며, 지식의 생산은 늘 특정한 입장과 결부된다고 지적한다. 이 머리말은 우리의 생각을 형성하고 변화시킨 더 넓은 커뮤니티의 일원으로서 정치적으로 참여하는 세 명의 연구자가 쓴 것이다. 그럼에도 불구하고, 이 책에서 우리는 탈성장에 관한 완전하고 온당한 표현과 같은 아이디어에 기반한 비판적 개입 사이에서 균형을 맞추려 노력했다. 우리의 그런 노력이 성공했기를 바란다.

또한 이 책의 제작을 가능하게 해주고, 집중적이고 비판적인 토론을 통해 이 책과 함께한 모든 이에게 감사하고 싶다. 특히 프랭크 아들러Frank Adler, 맥스 아일Max Ajl, 벵기 악불루트Bengi Akbulut, 루트 엘리엇 블롬크비스트Rut Elliot Blomqvist, 울리히 브란트Ulrich Brand, 카이 브룩스Ky Brooks, 후베르투스 부흐스타인Hubertus Buchstein, 미카엘라 크리스트Michaela Christ, 실케 반 디크Silke van Dyk, 데니스 에버스버그Dennis Eversberg, 크리스토프 그란Christoph Gran, 프리데리케 하버만Friederike Habermann, 리나 한센Lina Hansen, 요르고스 칼리스Giorgos Kallis, 비자이 콜린지바디Vijay Kolinjivadi, 마틴 크로바트Martin Krobath, 코넬리아 퀸Cornelia Kühn, 슈테펜 랑게Steffen Lange, 슈테펜 리비히Steffen Liebig, 에바 만케Eva Mahnke, 크리스토프 샌더스Christoph Sanders, 틸만 산타리우스Tilman Santarius, 울리히 샤프트슈나이더Ulrich Schachtschneider, 베른트 조머Bernd Sommer, 니나 트로이Nina Treu에게 감사드린다. 또 이 영문판의 출간을 가능하게 해준 독일 출판사 유니우스Junius에도 감사드린다. 물론 모든 오류와 부정확성은 전적으로 저자들의 책임이다.

이 책이 오늘과 내일을 다르게 생각하고, 성장을 넘어서는 방법의 연구를 이어가며, 자본주의 너머 모두를 위한 미래를 건설하기 위해 사회운동을 강화할 영감이 되기를 희망한다.

마티아스 슈멜처, 안드레아 베터, 아론 반신티안

베를린과 몬트리올, 2021년 12월

1.
도입

　2020년 4월, 네덜란드의 한 연구자 그룹이 팬데믹 이후의 회복을 위한 선언문을 작성했다. 잘 알려지지 않은 '탈성장' 운동의 원칙에 기초한 다섯 가지 요구 사항을 담은 이 선언문은 널리 주목을 받았다. 불안과 동요의 시기에 이 선언문은 탈성장 의제를 네덜란드 주류 언론과 전통적인 권력의 회랑으로 밀어 넣었고, 황금시간대 텔레비전과 의회에서 토론이 벌어졌다. 신자유주의와 성장에 기반한 개발 모델이 코로나19 팬데믹을 포함한 현재의 많은 위기를 뒷받침한다는 주장이 많은 사람의 공감을 불러일으켰고, 대화의 방향을 증상으로부터 근본적인 원인으로 전환하는 전략이 필요하다는 주장도 관심을 끌었다. 선언문은 다음의 다섯 가지 핵심 정책을 제안했다.

　1. GDP 총액 성장에 초점을 둔 발전에서 벗어나(경제 성장은 일반적으로 국내총생산 또는 GDP 증가로 측정된다) 성장 가능하고 투자가 필

요한 부문(필수 공공부문, 청정에너지, 교육, 보건 등)과 근본적으로 지속 불가능하거나 끊임없이 과도한 소비를 유발해 급진적으로 탈성장해야 할 부문(특히 민간 부문의 석유, 가스, 채굴업, 광고 등) 사이를 구별할 것.

2. 보편적 사회 정책 시스템에 뿌리를 둔 보편적 기본소득, 소득·이윤·부에 대한 강력한 누진과세, 노동시간 단축과 일자리 공유를 확립하고, 돌봄 노동과 보건 및 교육 등 필수 공공 서비스의 내재적 가치를 인정하는, 재분배에 초점을 맞춘 경제 프레임워크.

3. 생물다양성 보존, 지속 가능하고 주로 지역에서 이뤄지는 생산, 채식 식품 생산, 공정한 농업 고용 조건과 임금에 기반하는 재생 농업으로의 농업 전환.

4. 사치스럽고 낭비적인 소비와 여행에서 기본적이고 필요하며 지속 가능하면서도 만족스러운 소비와 여행으로의 과감한 전환을 동반한, 소비와 여행의 축소.

5. 특히 노동자, 영세 자영업자, 남반구 국가에 대한 부채 탕감(부유한 국가와 국제 금융기관 모두).[1]

이러한 제안들이 탈성장의 핵심을 제대로 담지하고 있는지는 이 책의 나머지 부분에서 명확해질 것이다. 우리는 팬데믹으로 인한 경제 위기가 경제 성장에 관한 논의를 어떻게 바꿨는지 강조하기 위해 여기에서 모두 소개했다. 한편으로 네덜란드 사례에서 볼 수 있듯이(나중에 다른 몇 가지 사례를 인용할 것이다), "정상이 문제이기에 우리는 정상으로 돌아가고 싶지 않다"라는 유명한 슬로건으로 요약되는 광범위한 태도는 탈성장 아이디어가 알려지고 더 널리 지지받을 수 있는 기회의 창을 만들었다.

다른 한편으로, 탈성장 아이디어의 인기가 높아짐에 따라 〈포브스〉, 〈파이낸셜타임즈〉, 〈스펙테이터〉 등의 주요 언론은 탈성장을 정면으로 공격하는 사설을 게재하기 시작했다. 이들은 "코로나19 위기가 탈성장의 비참함을 드러낸다"라면서 탈성장이 경기 침체를 영속화하고 "비참함과 재앙의 레시피"가 될 것이라고 주장했다.[2] 그리고 실제로 많은 사람이 처음에는 탈성장을 경제 침체, 금욕적인 생활 방식, 낭만적 러디즘luddism에 대한 요구, 즉 진보에 대한 반동으로 이해했다. 그러나 이 책 전반에 걸쳐 논의하겠지만, 경기 침체와 팬데믹 동안 일어난 일들은 탈성장을 대표하지 않는다.

그렇다면 팬데믹의 절정에서 네덜란드 선언문이 보여줬듯이 급진적 대안에 대한 논쟁을 촉발하고, 탈성장을 엄히 꾸짖으며 지금도 진행 중인 설익은 사설의 물결이 보여주는 것처럼 기성 체제로부터 격렬한 반응을 불러일으킨 이 아이디어는 무엇인가?

'탈성장'은 학자와 활동가들이 성장 헤게모니를 비판하기 위해 점점 더 많이 동원하는 용어다. 또 에너지와 자원 사용의 과감한 축소로 이어지는, 그리고 그것이 필수적이고 바람직하며 가능한 것으로 여겨지는, 급진적 사회 재편을 위한 제안이다. 탈성장은 점점 더 많은 연구에서 입증된 바와 같이, 산업화된 국가의 추가적 경제 성장이 지속 불가능하다는 사실에서 출발한다. 이러한 성장이 '녹색' 또는 '포용적'이거나, 심지어 재생가능 에너지와 지속가능성 전환에 대규모로 투자하는 혁신적인 진보 의제의 일부라고 하더라도, 산업국들이 경제를 계속 성장시키는 동시에 환경 영향(배출, 물질 처리량 등)을 충분하고 빠르게 줄일 수는 없다. 남반구가 발전할 수 있는 공간을 남겨둘 만큼 배출과 환경 영향을 줄인다고 가정한다면, 산업국에서 필요한 변혁은 북반구 경제의 규모를 줄이는 것으로도 이어질 것이다.[3]

이러한 충족의 필요, 부유층의 물질 처리량 감소나 과잉 소비 종식은 많은 사람에게 급진적으로 들릴 수 있겠지만, 생태 지향적 진보주의자 사이에서는 점차 공통 기반이 되고 있다. 예를 들어, 나오미 클라인은 그린 뉴딜을 옹호하는 자신의 최근 저서에서 다음과 같이 주장했다.

> 분명한 결론은, 천연자원의 과잉 소비에 뿌리를 두고 있는 생태 위기는 우리 경제의 효율성을 개선하는 것뿐만 아니라 지구상에서 가장 부유한 20%의 사람들이 소비하는 물질의 양을 줄임으로써 해결되어야 한다는 것이다.[4]

탈성장은 북반구에서 이러한 변화가 가능할 뿐 아니라 바람직하다고 주장한다. 성장 없이도 잘 살 수 있고, 그 과정에서 사회를 더욱 공정하고 민주적이며 진정으로 번영하게 만들 수 있다는 것이다. 그러나 이를 위해서는 사회의 근본적인 정치적, 경제적 재편이 필요하다. 이는 산업화된 인프라부터 사회 시스템과 성장 사회의 이데올로기적 신화에 이르기까지 자본주의 경제에 내재된 여러 구조적인 성장 의존성을 극복해야 한다. 더 구체적으로, 탈성장은 전 지구적 생태 정의를 실현하기 위해 더 적은 에너지와 자원의 처리량을 기반으로, 민주주의를 심화하고 모두에게 좋은 삶과 사회 정의를 보장하는 사회로의 민주적 전환이라고 정의할 수 있다. 그리고 이는 끊임없는 확장에 의존하지 않는다(이 정의에 대한 자세한 설명은 4장 참조). 탈성장이 어디에서 왔고 정확히 무엇을 제안하는지 설명하기 전에, 먼저 탈성장이 오늘날 정치 지형에서 이토록 중요한 위치를 차지하게 된 독특한 순간에 우리 자신을 자리매김하는 것으로부터 시작한다.

왜 그린 뉴딜이 아닌 탈성장인가?

수십 년간 지적되어 왔지만 이제 누구나 명확하게 알 수 있듯이, 우리는 수많은 위기가 가속화되는 시대에 살고 있으며, 기후 붕괴가 우리의 목을 조이고 있다. 전 세계 생태계에서 생물종 다양성이 무너지고 있으며, 물 순환, 토양 비옥도, 어류 군집, 미생물 다양성 등 많은 자연 안전망이 해체되고 있다. 내전과 자연재해로 국가가 산산조각 나서 수백만 명이 안전한 곳을 찾아 떠났지만, 그들이 마주한 것은 군인이 봉쇄한 국경이다. 팬데믹은 세계 경제를 마비시켰다. 금융 및 경제 위기가 대략 10년마다 세계를 뒤흔들고 있다. 민족주의적이고 인종차별적인 정당들이 부활하고 있다. 한편, 변화를 요구하는 대중운동이 매년 발생해 평소와 같은 방식을 가로막고 있다. 지도자들은 수십 년 전부터 번영과 중산층 생활을 약속했지만, 고용이 불안정해지고 고질적인 실업으로 기울면서 대다수 사람이 이러한 생활 수준을 달성하기가 점점 더 어려워지고 있다.

어떤 제안이 우리를 이 곤경에서 벗어나게 할 수 있을까? 여기서는 세계체제론으로 잘 알려진 이매뉴얼 월러스틴Immanuel Wallerstein의 용어를 빌리는 것이 유용할 것 같다. 신자유주의 전성기와 그에 대응하는 지구적 운동이 한창이던 2000년대에 월러스틴은 두 가지 주요 정치 진영이 있다고 보았다. 즉 매년 세계경제포럼에서 세계의 경제 및 정치 엘리트들이 만나는 '다보스의 정신', 그리고 세계사회포럼의 발상지로 세계의 대중적 사회운동이 함께 모이는 '포르투알레그리의 정신'이다. 오늘날 이 진영들은 각각 두 개의 극으로 나뉘어 있다.5

다보스 측에는 녹색 자본주의를 선호하는 세계주의자뿐 아니라, 특히 미국의 도널드 트럼프, 브라질의 자이르 보우소나루, 필리핀의 로드리고 두테르테로 대표되는 봉건적 권위주의자와 네오파시스트도 있다. 세계주의자들은 기후변화의 현실을 인정하고 생태적 현대화와 녹색 성장을 옹호하며, 현재 시스템을 근본적으로 바꿀 필요는 없다고 생각한다. 더 나은 기술, 더 높은 효율성, 과학 및 시장 메커니즘의 적절한 적용이 필요할 뿐이다.6 현재 보유한 것을 전기 자동차, 탄소 포집 및 저장, 녹색 가전제품, 재생가능 에너지와 핵에너지로 교체하기만 하면 문제가 해결된다고 여긴다. 이와 대조적으로, 네오파시스트들은 일종의 생태 아파르트헤이트eco-apartheid를 더 노골적으로 지지한다. 생태 붕괴와 자본주의 세계화의 폐해로부터 도망치는 이주민들에게 국경을 폐쇄하고, 경제 성장의 혜택을 받은 사람들의 특권을 지키기 위해 군사력을 확장하며, 지구적 노동 분업을 더욱 강화하고, 자원 추출을 가속화하는 것이다. 이 반동적 사고의 추동력은 사물의 자연스러운 질서로 보이는 것을 *보존하기 위해* 모든 것을 바꾸려는 의지다. 궁극적으로, 이 제안은 현재보다 더 불평등한 세상을 만들 것이며, 현 체제의 광범위한 붕괴를 초래할 것이다. 중요한 것은 세계주의자와 네오파시스트 모두 성장을 선호하며, 다만 이를 달성하기 위해 지지하는 수단이 다를 뿐이다.[7]

반대편의 포르투알레그리 진영에도 두 개의 극이 있다. 한편으로는, 사회주의 및 사회민주주의 노동자 운동의 전통에 따라 성장, 기술 생산성 향상, 재분배에 초점을 맞추고 수직적 조직 형태를 선호하는 경향이 있는 진보적 생산주의가 있다. 이들 일부 좌파는 기존의 기술 인프라를 유지하되, 중앙 집중적이고 위계적인 국가 계획을 통해 더 효율적이고 정의로운 사회를 만들고자 한다. 생산성 향상을 통한 노동 극복이나 '완전 자동화된 럭셔리 공산주의'에 기반한 유토피아 제안도 이 진영에 속한다.[8] 이를 '좌파 생산주의'라고 부르자. 다른 한편으로는, 아래로부터의 자기 조직화에 중점을 두고 성장에 근본적인 의문을 제기하는 자유의지주의 운동과 흐름이 있다. 우리는 이를 '좌파 자유의지주의left libertarianism'라고 부른다. 이는 위계와 생산주의에 반대하며, 다극적multi-polar 포스트−성장 국제주의를 향해 글로벌 관계를 근본적으로 변화시키고자 한다. 오늘날 탈성장은 북반구의 좌파 자유의지주의 속에서, 또는 최근 한 책에서 언급된 것처럼 성장, 산업주의, 지배를 넘어 더 나은 삶을 위해 싸우는 '대안의 모자이크' 속에서 하나의 주요한 참조점이 되었다.[9]

지난 5년간 생산주의와 자유의지주의 사이의 논쟁과 잠재적 동맹의 중심에 있었던 한 문구가 바로 그린 뉴딜이다. 그린 뉴딜 또는 '그린 딜'의 일부 희석된 버전들이 각국 정부, 국제기구, 유럽위원회에 의해 추진됐고, 본질적으로는 자본주의의 생태적 현대화로 귀결된다. 이러한 것들은 다보스 진영에 확고하게 자리 잡은 녹색 성장 세계주의로 간주될 것이다.

하지만 여기서 우리가 관심을 갖는 것은 좀 더 변혁적인 좌파적 변종뿐이다. 녹색당 후보들이 오랫동안 지지해온 일련의 전환 정책인 그린 뉴딜은 급진적인 환경 정치와 영국 노동당 및 미국 민주당 일부와 같은 거대 정당들의 초석이 되고 있다.[10] 그 기본 제안은 공공 투자 및 규제를 통해 화석연료 소비를 급진적으로 줄이고 완전한 재생가능 경제로 전환하는 동시에 모든 사람, 특히 소외된 사람들을 위해 대폭 개선된 생활 조건뿐 아니라 정의로운 노동 조건과 완전 고용을 보장하는 것이다. 1930년대 대공황 이후 미국 대통령 프랭클린 D. 루스벨트가 추진한 뉴딜에서 영감을 얻은 이 아이디어는 경제를 근본적으로 재구성하는 녹색 케인스주의의 대규모 동원 및 공공 투자 프로그램으로 볼 수 있다.

언뜻 보기에는 더 변혁적이고 좌파적인 그린 뉴딜과 탈성장 사이에 극명한 대립이 있는 것 같지만, 우리는 이 책에서 둘 사이에 중복되고 유사한 점이 많으며, 서로 배우고 협력할 수 있는 범위가 넓다고 주장한다. 그리고 탈성장이 기존의 그린 뉴딜 제안에 중요한 수정을 제공할 수 있다고 강조한다. 탈성장의 특별한 강점은 자본주의의 생물물리학적 신진대사, 생태적 현대화의 지구적 정의와 자원적 함의, 성장 기반 경제학이 영속시키는 이데올로기적 헤게모니에 대한 강력한 분석, 그리고 자율성과 돌봄, 충족에 기반한 경제를 위한 보다 심층적인 정책 제안의 발전을 포함한다.[11]

탈성장이 다른 사회생태론적 제안과 가장 명확하게 구별되는 점은 사회적 신진대사의 정치화와 정책 설계에 대한 파급 효과다. 탈성장은 지역 사회가 통제하는 재생가능 에너지원부터 민주적으로 관리되는 대중교통망, 개조된 사회 또는 집단 주택, 노동자 소유의 공단(오래 지속되고 수리 가능하며 재활용 가능한 소비재 등을 위한)에 이르기까지, 탈화석 사회의 물질적 인프라를 빠르게 구축하기 위해 대규모 투자를 요구하는 대부분의 생태적 현대화 및 그린 뉴딜 프로그램과 그 맥락을 같이한다. 케이트 아로노프Kate Aronoff, 알리사 바티스토니Alyssa Battistoni, 다니엘 A. 코헨Daniel A. Cohen, 테아 리오프랑코스Thea Riofrancos가 『우리가 쟁취할 지구A Planet to Win』에서 밝힌 전망과 유사하게, 탈성장은 단기적으로 녹색경제 발전의 '마지막 자극last stimulus'을 요구하여 공적 풍요의 경관을 구축하고, 새로운 정치 경제적 모델을 개발하며, 성장의 쳇바퀴에서 뛰어내려 자본과 단절하고 더 느린 리듬에 안착하도록 해준다.[12] 하지만 기후 부정의에 관한 광범위한 연구와 경제 성장에서 배출량 탈동조화 가능성을 고려하는 탈성장 분석은 이것이 경제 성장을 넘어 경제 전반의 전환을 수반해야 한다고 전제한다. 이런 연구들은 성장을 동반한 그린 뉴딜이 일시적으로는 가능할지라도 지속 가능하지는 않을 것임을 보여준다.

이처럼 그린 뉴딜 제안은 이러한 투자 추진과 지속 가능한 모든 것의 성장을 강조하는 경향이 있지만, 탈성장은 떠나야 할 모든 것에도 엄격하게 초점을 맞춘다. 전 세계적으로 정의롭고 지속 가능한 경제를 실현하려면 생산과 소비의 많은 영역을 해체하고 그 자리에 다른 시스템을 구축해야 한다. 대부분의 그린 뉴딜과 달리 탈성장은 지속 가능하지 않거나 사용가치가 거의 없거나 과잉 소비에 해당하는 경제활동을 선별적으로 축소하고 탈축적하기 위해 적극적인 정책을 수립한다. 그 활동에는 광고, 계획적 노후화, '불쉿 잡bullshit jobs', 자가용 비행기, 화석연료 및 방위 산업이 포함된다. 탈성장은 생태적 한도 초과overshoot를 피하기 위해 물질 및 에너지 처리량을 줄여야 한다고 주장한다. 나아가 배출량 상한선을 설정하고 화석연료 생산을 급격하게 억제하며 과잉 소비를 종식할 수 있는 정책은 GDP 감소로 이어질 가능성이 크다. 이것이 그 자체로 나쁘지는 않지만(GDP는 문제가 많은 지표이므로), 사회가 더 이상 성장과 축적에 의존하지 않도록 제도를 재구성하여 준비해야 한다.13

그린 뉴딜 플랫폼은 경제 성장을 지지하거나 사실상 경제 성장을 촉진하는 정책을 제시하면서도 목표가 성장인지 모호하기 때문에, 여기서 해결해야 할 긴장이 분명히 존재한다.14 그렇다면 그린 뉴딜의 '마지막 자극'은 어떻게 더 변혁적인 정책들과 결합할 수 있을까? 이러한 정책은 한편으로는 과도한 에너지 이용, 대량 배출과 관련된 생산 및 소비 영역을 탈성장시키는 것을 목표로 해야 하며, 다른 한편으로는 이러한 투자가 성장과 축적을 기반으로 구축된 경제 시스템을 안정시키는 데 그치지 않고 변혁을 시작하도록 만들어야 한다. 또한 그린 뉴딜 플랫폼은 선진국과 다른 국가 간의 불균등한 신식민지 관계에 대항하기보다는 단순히 지속시킨다는 비판을 받아왔다.[15] 예를 들어, 리튬을 구매하는 부유한 국가와 리튬을 채굴하는 가난한 국가 간의 불평등한 관계를 해소하지 않고 태양 에너지와 리튬 배터리 저장 기술을 확장한다면, 그린 뉴딜은 그저 새로운 문제를 만들어내고 신식민주의를 고착시킬 수 있다.[16]

이 책에서는 탈성장이 "성장 없는 그린 뉴딜"로 제안된 것을 포함하여, 진보 정치에 생산적으로 통합되고 비판적으로 적용되어야 하는 관점을 제시한다. 따라서 탈성장 지지자들은 성장 지향적 권위주의를 옹호하는 우경화뿐 아니라, 화석연료 중심 녹색 자본주의의 지속적인 영향력에 직면하여 정치적 프로젝트를 위해 사회 다수를 조직해야 하는 과제 앞에 놓여 있다. '포르투 알레그리 정신'을 대변하지만 생산주의를 지향하는 이들에게 탈성장 사회의 장점을 설득하는 것도 중요하다. 이런 식으로 탈성장 지지자들은 자본주의 체제의 반복되는 위기와 이에 대한 사람들의 대응으로부터 발생하는 다양한 정치적 현실을 탐색해야 한다.

이 책은 이러한 도전을 위한 하나의 시도다. 탈성장이 우리가 직면한 위기에 어떻게 대응할 수 있는지 보여줌으로써 성장에 대한 다양한 비판과 탈성장의 비전, 정책 및 전략을 소개할 뿐만 아니라, 자본주의와 사회적 위계를 구체적으로 다루며 좌파가 그것을 지지해야 한다고 주장한다.

탈성장은 어디에서 왔는가?

경제 성장에 대한 비판은 경제 성장 자체만큼이나 오래되었다. 그러나 오늘날 사용되는 '탈성장'이라는 용어는 비교적 최근에 시작된 것으로 추적할 수 있다. 그 역사를 간단히 살펴보자. 성장 비판의 일부 전통은 18세기 후반으로 거슬러 올라가며, 산업화 기계에 대한 러다이트 폭동부터 근대성에 대한 낭만주의적 불안이나 유럽 문명의 반식민주의적 해부까지 그 범위가 다양하다. 그러나 20세기 후반에 지구 자원의 유한성에 대한 대중의 인식이 바뀌면서 경제 성장에 대한 비판도 대중적으로 급증했다. 1972년 로마클럽에 제출한 첫 번째 보고서는 '성장의 한계 The Limits to Growth'에 대한 전 세계적 논쟁을 불러일으켰고, 이는 아직 수그러들지 않고 있다. 영어로 'degrowth'로 번역되는 데크루아상스décroissance라는 단어의 탄생도 1972년으로 거슬러 올라간다. 정치 이론가 앙드레 고르츠André Gorz는 이미 그 당시에 "물질적 생산의 성장 없음no-growth, 나아가 탈성장이 필수 조건인 지구의 균형은 자본주의 체제의 생존과 양립할 수 있는가?"[17]라고 질문했다. 이 시기의 다른 지식인들도 초기 탈성장 논의에 영향을 미쳤는데, 특히 물리학과 열역학에 대한 이해를 경제 이론에 통합한 루마니아계 미국인 수학자이자 경제학자인 니콜라스 게오르게스쿠-뢰겐Nicholas Georgescu-Roegen이 주요 인물이다. 당시 성장에 대한 논의는 환경운동을 훨씬 넘어 선진국 정부, 노동조합, 발전에 대한 반식민주의적 논쟁으로까지 확대됐다. 예를 들어, 현재의 탈성장 아이디어의 한 측면은 미국의 혁명적 지식인이자 민권 운동가인 제임스 보그스James Boggs와 그레이스 리 보그스Grace Lee Boggs가 정리한 것으로, 그들은 1974년에 "미국에서 이뤄질 혁명은 대중이 더 많은 물질을 얻는 대신 그들에게 물질적 희생을 요구하는 역사상 최초의 혁명이 될 것"이라고 주장했다. 그런 물질적 풍요는 "세계 인구의 3분의 1 이상을 저개발, 무지, 질병과 조기 사망의 상태로 몰아넣는 대가로 얻어진 것"이기 때문이다.[18] 그럼에도 불구하고, 이 시기 동안 '탈성장'이라는 용어는 거의 사용되지 않았으며, 더 광범위한 아이디어의 틀이 된 것은 훨씬 이후의 일이다. 또 석유 위기가 종식되고 1980년대 이후 신자유주의가 부상하면서 경제 성장에 대한 광범위한 비판은 뒷전으로 밀려났다.[19]

이런 경향은 2000년대 초반에 와서야 바뀌었다. 신자유주의 특유의 사고방식(마가렛 대처의 "대안은 없다")과 환경 논의에서 '지속 가능한 발전'의 헤게모니(경제 성장이 지속가능성과 타협할 수 있다는 주장)가 절정에 달했을 때, 탈성장은 정치적 프로젝트로 형성되어 체제적 대안을 위한 균열을 열어젖혔다. 2002년 프랑스

잡지 『S!lence』의 특별호는 "지속 가능하고 공생공락하는 탈성장 Decroissance soutenable et conviviale"이라는 제목으로 발행됐다. 이 특별호의 머리말에서 브루노 클레망탱Bruno Clémentin과 뱅상 셰네Vincent Cheynet는 당시 유행어인 '지속 가능한 발전'의 반대 용어로 '지속 가능한 탈성장décroissance soutenable'을 명시적으로 사용했다. 이들은 '탈성장'과 '지속 가능'이라는 단어를 함께 사용하면서 이렇게 강조했다. 즉 성장 추구의 종식은 '탈성장'이라는 단어가 많은 사람이 짐작하는 그런 붕괴나 경기 침체를 의미하는 것이 아니라, 더 정의롭고 지속 가능하며 물질과 에너지에 덜 의존하는 사회로 변혁하는 민주적 과정을 가리킨다는 것이다. 그리고 탈성장을 '공생공락convivial'('함께 살다'라는 뜻의 라틴어 con vivere에서 유래한 프랑스어)하는 것으로 언급하면서, 서로 그리고 자연과 협력함으로써 좋은 삶의 긍정적 비전, 즉 다른 세상이 실제로 가능하다는 비전을 의미한다고 강조했다.[20]

이 새로운 용어 사용에서 '탈성장'은 발전에 대한 주류 경제의 전제에 도전하고 미래를 위한 길을 제시하는 도발이자 정치적 제안이었다. 이는 처음에 두 가지 지적 요소를 결합했다. 첫째, 자본주의 성장에 대한 사회−신진대사 및 열역학적 분석이다. 이는 북반구 국가들이 비합리적이고 지속 불가능한 성장 경쟁에서 벗어나 GDP 성장이 훌륭하고 필수적이며 무한하다고 주장하는 '성장 패러다임'의 헤게모니를 전복하자는 것이다. 둘째, '포스트−발전' 학파의 급진적 비판으로, 자본주의적 '발전'과 더불어 진보가 성장을 필요로 한다는 생각은 잘못됐으며, 파괴적이고,

서구 이데올로기를 보편화하는 것이라는 내용이다.**21** 이 용어는 몇 해 뒤, 특히 프랑스의 경제학자이자 철학자, 발전 비평가인 세르주 라투슈Serge Latouche의 연구를 통해 확산됐다.**22** 2008년에는 영어 '탈성장degrowth'이 파리에서 열린 제1회 '생태적 지속가능성과 사회 정의에 관한 국제 탈성장 회의'를 통해 국제적인 주목을 받기 시작했다. 이때부터 탈성장 개념은 프랑스에서 스페인, 이탈리아, 그 밖의 유럽 전역으로 퍼져나갔다.**23**

이 운동의 기원은 아나키스트 환경단체, 차 없는 도시 캠페인, 대규모 산업 인프라 반대 운동, 공동 주거운동 단체와 에코 빌리지 같은 지역 공동 프로젝트에 뿌리를 두고 있다. 그러나 만남과 토론의 장이 되고 국제 탈성장 프레임워크를 서서히 형성하게 해준 것은 2년마다 열리는 국제 탈성장 회의였다. 2014년 라이프치히에서 열린 제4회 국제회의에는 3,000명의 참가자가 모였다. 2020년에는 코로나19 팬데믹 때문에 온라인으로 개최된 제7차 국제회의에 4,000명 이상이 참가했다. 이 주제에 관한 연구도 증가하여 수백 편의 동료 심사를 거친 학술 저널 논문이 발표됐다. 매년 유럽 전역의 여러 기관과 집단이 주최하는 탈성장 여름학교에는 수십 명, 때로는 수백 명의 참가자가 함께하고 있으며, 6월 글로벌 탈성장의 날은 지역 단체와 이니셔티브가 전 세계에서 축제와 회의를 개최할 수 있는 기회다.

탈성장은 여전히 학계와 활동가 사이에서 주로 논의되는 개념이지만, 성장이 가장 중요한 우선순위라는 생각에 대한 비판은 대중적 영역에서도 인기를 얻고 있다. 여론조사 결과의 해석에는 신중해야 하지만, 2018년 프랑스에서 실시한 한 여론조사에 따르면 응답자의 54%가 탈성장을 지지했고 녹색 성장을 지지한 비율은 46%였다. 또 다른 프랑스 여론조사에서는 응답자의 55%가 탈성장 미래에 찬성했으며, 29%는 현재보다 안전하고 안정적인 지속을, 16%는 신자유주의적이고 디지털화된 미래를 선호했다.[24] 또 다른 여론조사에서 대다수 유럽인이 경제 성장에 방해되더라도 환경이 우선시되어야 한다는 데 동의했다.[25] 이러한 여론조사가 반드시 투표 패턴으로 이어지는 것은 아니다. 탈성장 정당이 프랑스나 유럽의회 선거에서 두 자릿수 득표율을 얻는 것은 여전히 상상하기 어렵다. 그러나 이런 결과들은 대중의 관심과 수용이 어느 정도 존재한다는 사실과 함께, 탈성장이 생태적 현대화 및 녹색 성장 아이디어와 경쟁하는 새로운 생태사회적 상식으로서 더욱 번성하고 발전할 여지가 있음을 나타낸다.

현재 탈성장에 대한 연구는 매우 다양하고 경험적으로도 탄탄하다. 이는 경제학, 인문학, 정치학, 기후 과학, 기술 연구, 일부 자연과학 및 공학 등의 학문 분야에 걸쳐 있으며, 경제 모델링부터 국제 사회 신진대사 데이터 세트 분석, 바르셀로나의 무단점거 사례 연구에 이르기까지 다양한 문제에 대한 수백 개의 학술 논문을 포함한다. 2014년부터는 일반 대중을 위한 영문 서적도 점점 더 많이 출간되고 있으며, 주거, 기술, 정치경제, 여행, 식품, 민주주의, 사회운동, 페미니즘, 인류학, 역사학 등 여러 주제에 초점을 맞춘 수십 권의 편집본과 특별호도 나왔다.[26]

그러나 탈성장이 문헌에서 지배적인 생태학적, 경제학적 관점을 넘어서지만, 사회과학과 인문학을 중심으로 한 분석을 포함해 탈성장을 전면적으로 탐구하는 글은 그리 많지 않다. 그리고 탈성장 운동은 확실히 진보적이거나 대체로 반자본주의적이지만, 자본주의에 대한 명백한 비판적 관점에서 탈성장을 탐구하며 좌파의 더 광범위한 논쟁에 개입하는 책은 거의 없다. 가부장제, 식민주의, 제국주의, 인종주의, 자본주의와 같은 지배 체제를 오늘날 우리가 직면한 핵심적이고 구조적인 문제로 직시하는 것이 우리가 이 책에서 추구하는 바다. 이를 통해 우리는 탈성장이 정의로운 미래를 위한 매우 중요하고 내부적으로 일관된 프레임워크이며, 그린 뉴딜과 같은 진보적 제안을 보완하고 변혁시켜야 한다고 주장한다. '탈성장'이라는 용어가 해방적 사회운동과 더 넓은 좌파에 의해 채택될 필요는 없지만, 그것의 관점, 비판, 핵심 제안은 모두를 위한 정의로운 미래에 필수적인 더 큰 '운동들의 운동'의 통합적 일부를 형성해야 할 것이다.[27]

탈성장이란 무엇인가?

요즘 탈성장에 대한 관심이 높아지면서 한 주요 신문의 칼럼니스트가 거의 격주로 탈성장에 대한 비판 글을 쓰고 있다. 이는 당연한 일이고, 어느 정도는 환영할 만하다. 권력을 행사하는 위치에서 탈성장에 반대하는 사람이 많을수록 이제껏 그것을 들어보지 못한 사람들이 더 많이 접할 수 있기 때문이다. 그리고 실제로 탈성장의 초기 목표인 도발, 대화 시작, 혼란 야기도 달성할 수 있다. 하지만 일반적으로 이러한 칼럼니스트들은 탈성장이 무엇을 의미하는지 거의 이해하지 못하기 때문에 그들의 반대 의견은 심하게 빗나가는 경향이 있다.

탈성장의 의미를 알아보는 데 있어 가장 관심이 많은 사람들에게 물어보는 것보다 더 좋은 방법이 있을까? 우리 저자 중 한 명이 참여한 2014년 라이프치히 회의 때 탈성장 지지자들에게 진행한 가장 큰 규모의 설문조사에서 응답자들은 몇 가지 공통된 입장을 드러냈다. 그들은 대체로 자연 파괴 없는 경제 성장은 환상이며, 산업국들이 생산과 소비를 공평하게 줄일 필요가 있다는 점에 동의했다. 또한 부유층이 자신들에게 익숙한 일부 편의시설 없이 살아야 하고, 탈성장 사회로의 전환은 아래로부터 이뤄져야 평화로울 것이며, 자본주의와 가부장제를 극복해야 한다는 데 대부분 동의했다.[28] 회의 참석자들의 다양한 관점에 걸친 이런 기본적인 합의는 탈성장 지지자들이 근본적으로 성장, 자본주의, 산업주의에 비판적임을 보여준다. 또 그들은 다른 형태의 지배 극복, 산업화된 국가 경제의 급진적 재구조화, 특정 산업과 생산의 선별적 규모 축소를 원한다. 이는 탈성장을 다른 많은 정치적 입장과 확연히 구별해준다. 탈성장은 보수적 흐름(현상 유지, 녹색 파시즘, 녹색 성장)뿐 아니라 자본주의, 성장의 동학, 지구적 정의, 과잉 소비를 변혁할 필요에 엄밀하지 않은 대부분의 그린 뉴딜이나 포스트-자본주의 비전과 같은 좌파 생산주의와도 다르다.

그러나 이러한 기본적 합의는 차치하고서라도 탈성장은 하나의 통일된 개념이 아니라 다면적인 용어로 더 잘 이해될 수 있다. 그 특징 중 하나는 탈성장이 과학적 연구 패러다임일 뿐만 아니라 정치적 프로젝트라는 점이다. 이는 학계, 활동가, 대안 경제 프로젝트 실무자, 정치 행위자 간의 교류를 강조하는 국제 탈성장 회의와 탈성장 여름학교에서 매우 분명하게 드러난다. 이러한 교류는 종종 양방향으로 진행되며, 과학적 연구와 집단 행동은 상호 이익이 될 수 있다. 탈성장 학자들이 수행하는 과학적 연구의 대부분은 '활동가 연구' 또는 '포스트-정상 과학'으로 불릴 수 있는데, 이는 사회 변화가 필요한 시기에 학문적 연구의 정치적 함의를 강조하고 지식 생산과 비판적 평가에 일반인의 참여를 요구한다.[29]

이러한 다면적 가치의 또 다른 측면은 탈성장이 현재에 대한 비판인 동시에 비전을 제시하는 목표라는 점이다. 이 책에서 보여주는 것처럼, 탈성장은 생태학적, 페미니스트적, 반자본주의적, 탈식민주의적 접근 등 현재에 대한 다양하고 폭넓은 분석에 그 뿌리를 두고 있다. 우리는 탈성장이 성장에 대한 특정 비판의 조합으로 이해될 수 있다고 주장한다. 그러나 학계와 사회운동을 아우르며 다양한 비판을 기반으로 하는 탈성장은 성장으로부터 독립적인 유토피아적 사회가 갖춰야 할 특성, 제도, 인프라, 관계에 대한 질문도 제기한다. 이처럼 탈성장은 명백히 유토피아적 프로젝트다. 탈성장은 현재를 넘어서는 사고와 행동의 필요성을 수용하고, 대안적인 미래를 제안한다. 따라서 탈성장은 미래가 어떤 모습일지에 대한 일련의 공통 원칙, 거기에 도달하는 방법에 대한 정책, 변혁을 위한 전략을 포함한다. 이 책은 성장에 대한 구체적인 비판으로 시작하여 탈성장의 미래를 위한 제안을 제시하고, 마지막으로 현재에서 미래로 나아가는 방법에 대해 논의한다.

탈성장 비판의 핵심 대상은 경제학 분야라는 점에 주목해야 한다. 탈성장과 경제학의 관계는 여러 면에서 상당히 양면적이다. 한편으로, 탈성장은 세계 경제 패턴의 추세, 장기 침체, 생산성, 자원 이용, GDP 성장 간의 관계 등 경제학자들이 전통적으로 다뤄온 질문을 주로 분석하며, 탈성장에서 영감을 받은 연구가 이 분야에 중요한 공헌을 해왔다. 따라서 탈성장은 *경제학을 재구성*하려는 시도로 이해될 수 있다.[30] 다른 한편으로, 탈성장은 경제학 자체에 대한 급진적 비판이자, 성장 경제와 함께 지배적인 지식의 형태가 되어 버린 경제학적 사고에 대한 비판이기도 하다. 이런 경제학적 사고는 성장 경제와 밀접하게 연결되어 있으며, 성장과 '경제'의 논리에서 벗어나 다른 경제 및 사회 질서에 대해 사고하고 이야기하는 것을 가로막는다.[31] 그래서 탈성장은 '경제로부터의 탈출'[32]을 목표로 하며, 여기에는 *경제학에 대한 비판*, 즉 경제활동을 설명한다고 주장하는 학문의 관점, 방법론, 기본 가정에 대한 비판도 포함된다. 이 책에서는 '이단 경제학'의 이론과 통찰을 통합하면서도 특히 후자의 관점에 초점을 맞춘다. 탈성장이 경제적 사고와 경제학의 지배에 대한 비판을 제공하며, 그것이 특히 좌파에게 유용하다고 생각하기 때문이다.

탈성장은 비판과 제안을 넘어 특정 대화를 촉진하는 역할도 한다. 또한 탈성장은 프랑스 역사학자 폴 아리에스Paul Ariès가 '미사일 단어missile word'라고 부를 정도로33, 사람들을 자극하는 도발이자 혁신적인 질문을 던지기 시작하는 방법이다. 한편, 탈성장은 다양한 개념과 주장, 커뮤니티가 만나는 공간이기도 하다. 그래서 이탈리아 경제사학자 스테파니아 바르카Stefania Barca는 탈성장의 덜 군사주의적인 은유인 '우산 용어umbrella term'를 선호한다. 이는 다양한 비판과 제안, 전략을 담고 있을 뿐 아니라, 우산처럼 그것을 보호하기 때문이다. 바르카는 다음과 같이 설명한다.

> 생태계 파괴, 빈곤, [그리고] 긴축 조치의 폭우, 과소비, 과잉생산, 모든 것의 금융화라는 무자비한 열기로 끊임없이 시달리는 세상에서, 우산을 펴고 다양한 운동을 수렴할 공간을 만든다. 그들이 원하는 대안을 이야기(또는 실천)하는 것은 지난 10년간 특히 유럽에서 탈성장 용어가 해온 바로 그것이다.34

이러한 우산으로서의 탈성장 이미지를 기반으로, 우리는 탈성장이라는 이름 아래 상호 연결되고 중첩되지만 늘 조화롭지는 않은 많은 개념과 아이디어, 연구 방향, 정치적 프로젝트를 위한 공간을 마련하고자 한다. 이를 통해 우리는 탈성장이 폭넓은 비판적 사고의 전통에서 비롯된 총체적인 용어로 이해되어야 하며, 우리가 직면한 위기를 극복하는 데 필수적인 새로운 틀을 마련해 준다고 주장한다.

탈성장이 아닌 것

하지만 '탈성장'은 매우 도발적인 용어이기 때문에 일반적으로 탈성장의 목표를 공유하는 많은 사람들조차도 잘못 해석하거나 의도적으로 잘못 표현하는 경우가 많다. 따라서 가장 널리 퍼져 있는 오해에 대해 먼저 설명하고자 한다. 일반적인 오해 중 하나는 탈성장이 경기 침체나 긴축을 강요하거나, 필연적으로 경제 붕괴와 사회적 재난을 초래할 것이라는 생각이다. 경제 성장이 생활 수준을 향상시킬 유일한 방법으로 여겨지므로 경제 위기가 발생할 때마다 탈성장 비판론자들은 '탈성장하면 이런 일이 벌어진다'라며 거짓말을 할 것이다.[35] 그리고 우리 경제가 성장에 의존하고 경제 위기는 많은 사람의 생계에 치명적이기에, 사람들은 탈성장 역시 파국적이고 전면적인 붕괴로 이어질 것이라고 가정한다. 물론 이 두 가지 가정은 모두 진실이 아니다. 탈성장은 경기 침체와 정반대다. 경기 침체는 의도하지 않은 반면, 탈성장은 계획적이고 의도적이다. 경기 침체는 불평등을 악화시키지만, 탈성장은 불평등을 줄이고자 한다. 경기 침체는 일반적으로 공공 서비스 축소로 이어지는 반면, 탈성장은 필수 재화와 서비스를 탈상품화하는 것이다. 경기 침체는 성장을 재개하기 위해 지속가능성을 위한 과감한 정책을 포기하곤 하지만, 탈성장은 명백히 신속하고 결정적인 변화를 위한 것이다.[36] 그래서 프랑스 탈성장 운동은 '그들의 침체는 우리의 탈성장이 아니다'라는 슬로건을 내건다. 이처럼 변화되고 정의로우며 성장 독립적인 경제를 만드는 것이 탈성장 프로젝트의 핵심이다. 또한 탈성장은 구조적 위기를 초래하지 않을 확실한 시스템을 구축하도록 틀을 잡는다. 2008년 금융 위기, 코로나19 팬데믹, 아마존을 집어삼킨 화재, 과거뿐 아니라 현재 진행 중인 원주민 학살과 같은 위기는 성장 중심의 자본주의가 이미 재앙을 초래하고 있음을 보여준다. 그 어느 때보다 우리는 충족, 돌봄, 정의에 기반한 다차원적 변혁의 조합인 탈성장이냐, 아니면 야만이냐를 선택해야 한다. 즉 우리 앞에 다가와 있고 이미 세계 곳곳에서 일상적인 현실이 된 재앙을 피하기 위해 탈성장에 관해 이야기해야 한다. 탈성장이 위기가 아니라 자본주의가 위기다.

탈성장에 대한 또 다른 비판은 그것이 반동적이며 현대성과 진보에 반한다는 것이다.[37] 예를 들어, 그리스 경제학자이자 정치가인 야니스 바루파키스Yanis Varoufakis는 최근 "우리는 이제 덤불 숲으로 돌아가야 한다"라고 말하면서, 탈성장을 산업화 이전 시대로의 회귀를 목표로 하는 일종의 퇴행적 노스탤지어로 규정했다. 그와 유사하게, 세르비아계 미국인으로 불평등 경제학자인 브랑코 밀라노비치Branko Milanovic는 탈성장을 "초기 그리스도교의 추억을 불러일으키는 금욕주의"이자 "서구의 궁핍화"를 위한 제안이라고 비난했다.[38] 이 단어의 작은 "de-"는 종종 사람들을 잘못된 방식으로 자극한다. 그리고 좌파를 비롯해 많은 사람이 성장 이데올로기에 빠져 현대성, 발전, 해방, 개선 등을 경제성장, 더 많은 물건, 생산력의 끊임없는 발전과 혼동한다. 보수주의자, 중도주의자, 자유주의자들이 이런 비판을 제기하는 것은 이해가 된다. 이들에게 현재에 대한 모든 비판은 우리가 이룩한 진보를 무시하는 것으로 비난받기 일쑤다. '마음에 안 들면 동굴에 들어가 살면서 어떻게 되는지 보시라'는 식이다. 이런 극단적인 주장은 현상 유지를 목표로 하는 사람들의 최후의 보루다. 그러나 좌파가 이런 주장을 펼치면 다소 불성실해 보인다. 탈성장은 현대성과 진보에 반대하는 것이 아니라, 경제 성장에 기반한 시스템이 지구적 정의, 웰빙, 지속가능성을 향한 의미 있는 진전을 가로막는다고 주장한다.

그리고 앞으로 더 논의하겠지만, 탈성장은 현대의 운동들이 쟁취한 사회적, 정치적, 문화적 권리를 보호하고 강화하기 위해서는 경제 성장을 넘어서야 한다고 전제한다. 또 탈성장은 반동적이거나 모든 현대 기술과 편의에 반대하기는커녕, 공공의 풍요를 달성하기 위해 생산력과 사회적 신진대사의 발전을 민주화하는 것을 목표로 한다. 그리고 탈성장은 '허리띠를 졸라매는 희생'이 아니라, 더 의미 있고 덜 파괴적인 형태의 행복과 새로운 형태의 삶의 기쁨을 강화하는 것(가장 오래된 탈성장 정기간행물의 이름은 「삶의 즐거움 저널Le journal de la joie vivre」이다), 또는 '대안적 쾌락주의alternative hedonism'라 불리는 것이다.**39** 탈성장은 진보에 반대하지 않는다. 오히려 끊임없는 경제 성장을 고수하는 것이 진정한 진보를 저해하는 것이다.

비슷한 맥락에서 '탈성장'은 '긴축'의 또 다른 단어로 이해되기도 한다. 탈성장 옹호자들이 생태학적 논리를 이용해 우리가 덜 가져야 한다고 말하며 좋은 것을 빼앗고, 특히 가난한 이들의 허리띠를 졸라매게 한다는 것이다.[40] 성장에 비판적인 그린 뉴딜 지지자들조차 '누가 녹색 긴축을 위해 행진할 것인가?'라고 묻는다.[41] 긴축(또는 IMF와 세계은행이 완곡하게 '구조 조정'이라 부르는)이 *성장을 위해* 항상 다수의 사람에게 부과됐음을 고려한다면, 이는 기묘한 비판이다. 지난 반세기 동안 공공 서비스를 줄이는 것이 경쟁력을 높이고 예산 수지 균형을 맞춰 결국 성장으로 이어질 것이기에 우리에게 유익하다고 믿어왔다.[42] 이와는 대조적으로, 탈성장은 우리가 필요로 하는 것이 경제 성장이라는 바로 그 전제를 겨냥하는 것이며, 대신에 소득과 부의 급진적 재분배, 지구적 정의, 웰빙 보장에 초점을 맞춘다. 긴축 정책은 공공 서비스를 밀어내고 부유층에게 혜택을 줌으로써 불평등을 심화시키는 반면, 탈성장 정책은 생산의 민주화, 부유층의 자산과 과소비 제한, 공공 서비스 확대, 사회 내부 및 사회 간의 평등 증진에 중점을 둔다. 이 책에서 설명하겠지만, 탈성장 하에서 공공 서비스는 삭감되기보다 오히려 번성할 것이다. 탈성장은 개인의 충족과 공공의 풍요에 관한 것이다. 물론 삶이 많이 달라지고 많은 사람이 물질적 소유가 줄어들겠지만, 다른 사람들은 더 많은 것을 누릴 수 있고 사회는 더 지속 가능하고 정의롭고 공생공락하며 충만해질 것이다. 본질적으로 탈성장은 자본주의적 시장 거래, 교환가치, 물질적 소비가 아니라, 조달, 사용가치, 만족스럽고 의미 있고 공생공락적인 관계의 집합적 형태에 의해 웰빙이 매개되는 사회를 목표로 한다.[43] 탈성장 슬로건 중 하나가 말하듯, "더 적게 거래할수록 더 많은 관계가 이뤄진다moins de biens, plus de liens".

가장 흔한 오해 중 하나는 탈성장이 모든 유형의 생산이나 소비를 차별화하지 않고 전반적으로 감축하는 것을 의미한다고 가정하는 것이다. 이는 터무니없는 생각이다. 한편으로는, '보통 말하는 그런 성장growth as such'에 대한 탈성장의 비판은 필수적인 생산 및 소비와 불필요한 생산 및 소비를 구별하지 않고 모두 축소할 것을 제안한다는 주장이 제기된다. 최근 츠다 켄타Kenta Tsuda의 언급이 그렇다.

> 탈성장론자들Degrowthers은 소비에 대해 재화와 서비스로서 자원의 최종 이용이라는 경제학적 정의를 가지고 구어적 의미를 간과하는 경향이 있다. 자유 재량껏 하는 '쇼핑 요법' 같은 경우가 그렇다. 하지만 그 말의 의미에는 탈성장론자들이 감소시키거나 금지하는, 딱 봐도 과도한 수준의 자원 이용뿐 아니라 영양가 있는 음식, 안락한 주택, 의료와 보육 같은 명백히 필수적인 것들도 포함된다.[44]

하지만 탈성장은 그런 소비 자체를 반대하는 것이 아니라, 소비가 사회적이고 정치적인 삶을 좌지우지하는 소비문화의 지배 현상(현재의 위기에 대한 해법이 개인의 선택이라는 틀로 제한되는)과 위상 경쟁에 기반하는 '지위적 소비'의 부조리를 비판한다. 탈성장은 또한 유용한 성장과 파괴적인 성장, 필수적인 성장과 불필요한 성장을 구별하지 않는 바로 그 이유 때문에 GDP 성장을 촉진하는 정책을 겨냥한다. 반면, 탈성장은 특정한 경제활동과 생산 및 소비 형태를 구분하고, 사회적 필요, 정의, 돌봄, 지속가능성을 고려하여 그중 일부는 규모를 축소하고 다른 일부는 번성시키는 정책을 제안한다(4장 및 5장 참조).

다른 한편, 생태적 현대화 또는 그린 뉴딜 지지자들은 탈성장이 이치에 맞지 않는다고 반복해서 주장해왔다. 왜냐하면, 최근 노엄 촘스키가 주장한 것처럼 "지속가능 에너지로 전환하려면 성장이 필요하다. 태양 전지판과 풍력 터빈의 제조와 설치, 주택의 단열 개선, 효율적인 대중교통을 창출하기 위한 주요 인프라 프로젝트 등이 필요하기 때문이다".[45] 모든 탈성장 제안에는 이러한 모든 것을 선택적으로 확장하기 위한 정책이 명시적으로 포함된다. 그러나 탈성장은 이것이 다른 부문과 활동의 필수적인 수축과 결합할 때 GDP로 측정되는 경제 규모를 반드시 증가시킬지 질문한다. 왜냐하면, 탈성장은 경제 성장의 개념에서 사회적, 생태학적으로 필요한 개선을 분리하는 것을 목표로 하는데, 이것이 종종 사람들이 GDP를 통해 측정되는 경제 성장과 웰빙을 혼동하게 만드는 동시에, 경제 성장이 의존하는 물질 및 에너지 처리량을 모호하게 하기 때문이다.

또 다른 일반적인 오해는 가난한 국가의 탈성장은 불합리하다는 것인데, 특히 물질적 개발이 필요한 것은 빈곤층이기 때문에 탈성장은 지구적 불평등을 그대로 유지하려는 신식민주의적 음모 또는 마술과 같은 발상에 불과하다는 것이다.[46] 그러나 그 반대가 정답이다. 탈성장은 남반구를 위한 공간을 만들기 위해 북반구의 탈식민화를 목표로 하는 글로벌 정의의 관점에서 명확하게 출발한다.[47] 실제로, 탈성장의 관점은 공평하고 전 세계적으로 지속 가능한 수준에서 생활의 기준 수렴을 목표로 한다. 탈성장은 '발전의 대안들'이라는 광범위한 틀 안에서 남반구와 동맹을 맺고 있지만, 주로 북반구, 더 구체적으로는 소위 '제국적 생활 양식'을 유지하는 부유층에 초점을 맞춘다.**48** 또한 우리가 이 책에서 주장하듯이, 탈성장은 남반구–북반구 관계의 탈식민화, 회복적 정의와 자원, 기술 및 자금의 이전, 남반구의 박탈당한 사람들(그리고 북반구에서 너무나 가진 것이 적은 사람들)이 스스로 결정하는 물질 및 에너지 사용 증가에 대한 제안을 포함한다.**49** 이는 탈성장이 인구 증가에 대한 비판(중앙 인구 과잉이 탈성장론자들에 의해 정면으로 반박된다는 주장), '인류'가 더 충분히 살기 위한 탈정치화 요구, '지구의 절반'을 보존하기 위한 이니셔티브(생태 파괴의 원인을 잘못 진단하고 원주민의 토지 권리를 무시하는 경향이 있음)가 *아니라*는 점을 분명히 하는 데 충분해야 한다.**50** 일부 저자는 탈성장의 대중적 인기 상승이 지구 남반구의 다양한 관점을 억압하고 보이지 않게 만드는 지구적 의제를 설정함으로써 신식민지적 비대칭 상황을 재현할 수 있다고 경고했다. 즉 탈성장이 '플루리버스pluriverse의 대안적 토폴로지topology에 비해 현대적 발전이 우월한 것이라는 가정을 재연'할 것이라는 우려다.**51*** 이는

---

* [역주] 아르투로 에스코바르Arturo Escobar는 가부장제, 서구, 자본주의 원칙에 기반한 단일하고 모두를 아우르는 '문명화된 세계'를 유일한 것으로 보는 '유니버스'가 아닌 다원적이고 다차원적인 세계관으로서 '플루리버스'를 이야기한다. 이 구절은 북반구가 다시 한번 '탈성장'이라는 이름으로 자신들의 세계에 해당하는 의무를 전 지구적 도전 과제로 부여하고, 그에 대응하는 관점과 원칙을 단일화할 가능성에 대한 우려를 말하는 것이다. 그러나 이는 이후 부연되듯이 이 책에서 제안하는 탈성장 논의와는 거리가 있다.

주의를 기울여야 할 위험일 수 있지만, 탈성장은 제국주의와 서구의 헤게모니를 명시적으로 거부하고 '남반구의 자기결정적 사회 형성과 좋은 삶을 가능케 하는 전제로서, 일방적인 서구적 발전 패러다임으로부터의 해방'을 옹호하며, '발전의 대안들'이라는 광범위한 다원 우주적 틀 안에서 적극적인 동맹을 맺는다.[52]

어떤 사람들은 탈성장(또는 '포스트–성장')을 단순히 성장하지 않거나 추가로 성장하지 않는 사회를 특징짓는 설명적 개념 정도로 이해한다. 예를 들어, 글로벌 그린 뉴딜에 관한 최근 저서에서 로버트 폴린Robert Pollin과 노엄 촘스키는 탈성장을 정체되거나 위축된 경제에 대한 제안으로 분석하면서 "탈성장의 근본적인 문제는 일본의 사례에서 잘 드러난다"라고 주장하는데, 일본은 수십 년 동안 자본주의적이고 성장에 의존했지만 느리게 성장하는 경제였다.[53] 탈성장이나 포스트–성장이 단순한 분석적 용어로 이해된다면, 장기 성장률이 제로에 가깝거나 그 이하인 일부 선진 자본주의 국가를 특징짓는 데 사용될 수 있다. 그럴 경우 탈성장은 경제학자들이 '만성적 침체'라 부르는 성장률 하락 경향, 즉 자본주의 경제가 팽창하지 않으면 직면하게 되는 구조적 문제를 드러내는 위기 속의 경제 수축을 특징으로 하는 경향을 설명하는 말이 될 수도 있다.[54] 그러나 탈성장은 사회학자들이 '사회적 쇠퇴' 사회라고도 부르는, 성장 없이 신봉건적 위계질서와 착취를 지향하는 위기에 처한 후기 자본주의 산업사회의 경향에 대한 설명이 아니다.[55] 이와 반대로, 탈성장은 명백히 규범적인 개념이다. 탈성장은 성장 의존성을 분석, 비판하고 극복하는 데 초점을 맞추고 바람직한 민주적 변혁 과정의 윤곽을 설명한다. 실제로, 일부 선진국에서 성장률이 감소하고 있기 때문에 부분적으로 성장 의존이 원인인 실업, 불평등, 부채 증가와 같은 구조적 문제를 피하기 위해 탈성장이 제안한 노선에 따라 이런 경제를 재구성할 적기라고 주장한다. 즉 경제학자들이 침체를 문제로 여기는 것은 우리 경제가 지속적인 성장에 *의존하기 때문이다.* 탈성장은 성장의 필수 요소에서 웰빙을 분리함으로써 이러한 속박에서 벗어날 것을 제안한다. 우리가 이 책에서 다루는 것이 그러한 구체적인 유토피아의 윤곽이다.

마지막으로, 이 책 전체에서 다룰 다른 많은 오해가 있지만, 이러한 오해 옆에는 '탈성장'이라는 용어의 유용성이나 함정에 관한 격렬한 논쟁도 있다.[56] 사실 탈성장이 갖는 급진적 생태 변혁의 일반적 추동력에 동의할 수 있는 많은 사람도 여전히 이 용어가 성장을 해체하는 데 너무 초점을 맞추고 있으며, (이를 더 많은 좋은 것과 섞어 버려서) 오히려 피해야 할 '성장'이라는 문제적인 의미 체계를 활성화한다고 불평한다. 따라서 어떤 이들은 성장이라는 문제, 즉 GDP의 증가 또는 감소에 대해서는 불가지론을 유지하고, 필요한 정책과 변화에만 집중해야 한다고 주장했다.[57] '탈성장' 대신 '무신론atheism'이라는 용법처럼 '무성장agrowth'이 더 나은 용어로 제안되기도 했는데, 이는 웰빙에 큰 의미가 없는 GDP 통계에 의존하는 것은 좋은 방법이 아니라는 이유다.[58] 또 다른 이들은 여전히 '포스트-성장'을 선호하며, 목표는 수축이 아니라 '성장 이후' 시대에 성장이 독립적으로 되는 것이라고 강조한다.59 '포스트–성장'은 설명적 용어가 아닌 규범적 용어로 사용될 때 더 안전하고 덜 부정적이며 더 열망적인 개념으로 여겨지곤 한다. 그 결과, 포스트–성장은 GDP의 역할과 그것의 환경 및 사회적 영향과의 관계에 대해서는 불가지론적인 경우가 많다.

이러한 주장은 분명 어느 정도 일리가 있고 결국에는 '탈성장'이라는 용어를 폐기할 때가 올 수 있겠지만, 그들은 탈성장의 핵심 목표 중 하나가 성장 헤게모니의 구멍난 성채를 무너뜨리는 것이라는 점을 놓치고 있다. 2장에서 설명하듯이, 성장은 불균등한 글로벌 관계, 성장 의존성, 사적 이윤을 지지하는 정책을 정당화하는 이데올로기 구성의 초석이다. 따라서 그것은 단순히 무시할 수 있는 게 아니라 정면으로 다뤄져야 한다. 또한 이 책 전반에 걸쳐 자세히 논의하는 바와 같이, GDP 성장과 생태 파괴의 분리가 불가능하고 현대 사회가 구조적으로 확장에 의존한다면, 이러한 구조적 성장 의존성을 다루지 않는 것은 매우 무책임한 일이다. 그것들이 성장을 억제하는 효과적인 환경 정책들을 늘 가로막을 것이기 때문이다.60

제임스 볼드윈James Baldwin이 말했듯이, "대면한 모든 것이 바뀔 수는 없지만, 대면하기 전까지는 아무것도 바뀔 수 없다."61 성장 이데올로기에 정면으로 맞서지 않고는 우리에게 필요한 사회의 급진적 변혁을 이끌어낼 수 없을 것이다. '탈성장de-growth'이라는 부정적 용어를 사용할 때 종종 발생하는 혼란에도 불구하고, 우리는 이 용어가 여전히 유용하다고 믿는다. 그것은 더 포섭하기 어렵고('지속 가능한 발전'이라는 용어의 운명을 생각해 보라), 적을 호명하며, 도발적인 프레임을 통해 체제적 대안에 관한 대화를 시작하는 데 매우 생산적이기 때문이다. 이 책에서 주장하듯이, 탈성장은 첫째, 자본주의와 경제 논리에 대한 원칙적 비판을 통해 차별화된다. 둘째, 지구 생태적 정의를 목표로 하는 탈성장 정책과 이를 달성하는 데 필요한 물질 및 에너지 처리량의 필수적 감소로 차별성을 가진다. 또한 이는 GDP로 측정되는 '경제' 규모의 축소로 이어질 가능성이 높기 때문에 이에 대비하고 계획적으로 실행하는 것이 좋다.**62**

'포스트-성장'의 열망적 특성이 특정 맥락에서 이점이 있는 것도 사실이다. 예를 들어, 유럽 녹색당들은 탈성장 아이디어를 발전시키기 위해 덜 대립적인 방법으로 '포스트-성장'이라는 용어를 사용했다. '포스트-성장'은 '탈성장'보다 다소 개방적인데, 성장 프레임을 그다지 자극하지 않고 이로 인해 발생하는 복잡한 논쟁을 피해 경제 성장을 넘어선 미래에 초점을 두기 때문이다. 그러나 성장에 대한 논의는 여전히 매우 필요하다. 요르고스 칼리스Giorgos Kallis는 케이트 레이워스Kate Raworth와의 토론에서 '탈성장'이 좋은 단어인지에 관해 다음과 같이 말했다. "미사일이 떨어졌지만, 아직 폭발하지 않았어요. 그러니까 '자리를 옮길 때'가 아직 아닌 거죠."**63** 이 문제는 부분적으로 언어적 문제이기도 하다. 프랑스에서는 데크루아상스라는 용어가 탄생해 널리 알려졌지만, 독일어의 성장Wachstum에는 De- 또는 Ent-를 함께 사용하는 것이 어색하기 때문에 일반적으로 포스트-성장Postwachstum이 선호된다. 일본에서는 datsu seichou(대략 '탈성장'), 네덜란드에서는 ontgroei(대략 '성장하지 않음'), 스칸디나비아 국가에서는 일반적으로 '탈성장degrowth'이라는 영어 용어를 사용한다. 이 책에서 우리는 '탈성장'이라는 용어를 사용하지만, 이를 대신해 사용하는 '포스트-성장'이라는 용어를 반대하지는 않는다.

우리가 주장하는 것

이 책은 탈식민주의적, 페미니스트적, 반자본주의적 관점에서 경제 성장, 성장 비판, 탈성장의 다양한 흐름, 탈성장 정책, 그리고 탈성장을 위한 정치적 전략에 대한 역동적이고 분과학문을 넘나드는 논쟁을 체계적으로 소개한다. 책 전반에 걸쳐 우리는 탈성장 비판자들이 자주 제기하는 "탈성장에 대한 소박한 질문들"(예: 녹색 성장이 더 현실적이지 않은가? 계획된 수축을 어떻게 실행할 수 있는가? 무엇을 성장시키고 무엇을 탈성장해야 하는가?)[64]에 답한다. 많은 의문이 남을 수 있지만, 우리는 독자들이 성장 비판이 제기하는 문제에 대해 더 깊이 생각할 맥락을 제공하고자 한다.

탈성장의 특징은 사회적, 문화적, 생태적 문제를 통합해 이러한 방식으로 21세기의 시급한 문제에 해답을 제시할 새로운 아이디어를 발전시킨다는 점이다. 탈성장 논의의 특수성과 잠재력은 이러한 다양한 형태의 비판이 받아들여지고 인정되며, 상호 생산적인 교류로 이어지고, 공동의 담론 공간의 일부로 이해된다는 것이다. 따라서 이 책은 탈성장의 비전에 대한 입문서일 뿐만 아니라, 현대 사회의 성장 동학과 성장 비판에 대한 입문서다. 우리는 탈성장이 다른 좌파적 제안이 제공하지 못하는 것, 즉 오늘날 자본주의를 추동하는 지배 이데올로기(성장 이데올로기)를 해체하고, 우리의 일상, 사회제도 및 경제 구조에서 성장과 자본주의를 허물기 위해 나아갈 길을 보여주는 총제적 비판이자 제안에 기여한다고 주장한다.

따라서 2장에서는 '성장'의 개념에 대해 다룬다. 여기에서는 탈성장 논의에 대한 몇 가지 근본적인 주장을 강조한다. 우리는 경제 성장이 자본주의적 축적의 이데올로기적, 사회적, 생물물리학적 물질화로 나타난다고 주장한다. 오늘날 성장의 정치를 이해하고 해체하려면, 경제 성장을 시간의 흐름에 따라 역동적으로 진화해온 세 가지 상호 연결된 과정으로 분석해야 한다. 첫째, 정책 목표로서의 경제 성장과 오늘날 우리가 알고 있는 성장에 대한 광범위한 사회적 집착은 비교적 최근의 발전이다. 그것은 20세기 중반에 국가 개입을 통해 자본주의 경제를 안정시키고 계획하며, 국가 사회주의 경제와 비교 측정하고, 점점 더 전투적으로 되어 가는 노동계급을 달래기 위한 시도로 거슬러 올라갈 수 있다. 성장이 자연스럽고 필수적이며 좋고 무한하다는 믿음을 정당화할 수 있게 된 것은, 오직 '경제'가 GDP로 측정될 수 있다는 새로운 생각을 통해서만 가능했다. 그러나 성장의 새로운 헤게모니에만 초점을 맞추면, 성장의 사회적, 물질적 근원을 흐릴 수 있다. 따라서 둘째, 우리는 성장이 성장의 헤게모니에 선행하는 사회적 과정이며, 문화적 규범, 생산 및 생활의 특정한 양식, 증가, 가속화, 고조화를 지향하는 일련의 계급 이익을 낳았다고 주장한다. 그 결과 현대 사회는 성장과 축적의 동학에 의존하게 되었다. 셋째, 성장은 가부장제, 식민주의, 자본주의에 뿌리를 두고, 토지, 자원, 에너지 이용을 끊임없이 확대하는 물질적 과정이며, 그 결과로 이윤을 위한 물질 및 에너지 처리 가속화와 착취를 낳는다. 따라서 '경제 성장'은 경제적 생산의 증가이자, 지난 세기 동안 생명과 지구를 변화시킨 서로 맞물리고 자기 강화적인 문화적, 사회적, 물질적 과정으로 이해될 수 있다.

성장을 정의한 뒤 3장에서는 성장에 대한 비판을 살펴본다. 사람들은 흔히 탈성장이 자원을 제한하는 것이라고 여기지만, 그것은 훨씬 더 복합적이다. 탈성장은 성장 비판의 여러 다른 요소를 통합하려는 시도로 이해할 수 있으며, 여기서는 일곱 가지 비판에 초점을 맞춘다. 즉 경제 성장은 다음과 같은 이유로 비판받는다. (1) 인간 삶의 생태적 토대를 파괴하며, 이는 지속 가능한 것으로 변혁될 수 없다. (2) 우리 삶을 잘못 측정하여 모두를 위한 웰빙과 평등을 가로막는다. (3) 서로와 자연과의 사이에서 소외된 노동, 생활, 관계의 형태를 부과한다. (4) 자본주의적 착취, 경쟁, 축적에 의존하고, 이에 의해 움직인다. (5) 젠더화된 초과 착취에 기반하고 재생산을 평가절하한다. (6) 억압적이고 비민주적인 생산력과 기술을 만들어낸다. (7) 자본주의 중심부와 주변부 사이의 부정의한 지배, 추출, 착취 관계에 필연적으로 의존하고 이를 재생산한다.

성장에 대한 역사적 분석과 비판에 대한 논의가 이 책의 전반부를 구성한다. 후반부에는 탈성장이 비판일 뿐만 아니라 '구체적인 유토피아'를 만들고 이를 저항적 실천과 현재 삶의 대안적 방식과 결합하려는 비전적 제안이라는 입장에서 출발한다. 지난 10년 동안 이론의 다양한 측면에 중점을 두면서 탈성장이 무엇을 의미하는지에 대한 많은 논의가 있었다. 4장에서는 탈성장의 다양한 비전의 흐름을 살펴보고, 이를 공통된 정의로 통합한다. 또 전 지구적 생태 정의를 실현하기 위해 에너지와 자원의 처리량이 훨씬 적고, 따라서 경제 규모도 작으며, 이러한 변화한 신진대사 하에서 정의, 자기 결정, 모두를 위한 좋은 삶을 보장하고, 성장과 끊임없는 확장에 의존하지 않는 사회로의 민주적 전환으로 탈성장을 설명한다. 본질적으로 탈성장 비전은 사회 의사결정의 지배적 기반, 즉 모든 것이 재정적으로 성과를 거둘 수 있는지에 좌우되는 지배적인 경제 논리와 계산을 반대한다. 따라서 탈성장의 목표는 '경제'의 사회적 지배와 논리를 버릴 수 있도록 사회제도뿐 아니라 권력 및 자산 관계를 재정치화하고 민주화하는 것이다.

그런 다음, 그곳에 어떻게 갈 것인지 질문을 던진다. 5장에서는 탈성장을 현실로 만들 수 있는 정책을 살펴본다. 탈성장은 '비개혁주의적 개혁'(앙드레 고르츠) 또는 '혁명적 현실정치'(로자 룩셈부르크)를 위한 여러 가지 구체적인 제안을 제시한다.[65] 이는 기존 제도와 관료적 규제를 활용하면서도 사회운동에 즉각적인 이익이 되며, 심지어 자본주의적이고 성장 지향적인 생산 방식과 중앙 집중화된 기술관료 국가를 넘어서는 개혁을 의미한다.

그런 개혁들은 궁극적으로 이러한 제도를 극복하고 변화하는 데 도움이 되는 투쟁을 강화하여 혁명적 변화를 가져오는 데 기여한다.[66]

우리는 6개 영역의 변혁적 변화에 초점을 맞춘다. ⑴ *경제의 민주화.* 예를 들어, 커먼즈와 연대 경제 강화, 수도나 전기와 같은 공공 시설을 민주적 소유로 전환, 협동 작업장의 제도적 지원, 거시경제적 조정 및 참여 계획을 위한 제안 등. ⑵ *재분배 및 사회보장.* 모두를 위한 의료, 대중교통, 식품, 교육 등 기본 서비스에 대한 접근성을 보장하는 정책, 또는 프랑스 데크루아상스 운동의 보편적 기본 서비스dotation inconditionelle d'autonomie. ⑶ *기술의 민주화.* 기술이 전체 수명 주기에 걸쳐 사회와 환경에 미치는 영향을 평가하거나, 모든 지역사회에 수리센터를 개설하는 등의 정책으로 지원. ⑷ *노동의 재평가.* 노동시간의 급진적 단축, 쓸모없거나 사회적으로 해로운 일자리(광고 또는 프래킹 산업)를 제거하는 정책과 함께 경제를 필수 및 돌봄 노동을 중심으로 재구성. ⑸ *사회적 신진대사의 민주화.* 이는 생산과 소비의 상당한 영역을 해체해야 하는 한편, 다른 시스템을 개발해 그 자리에 채워야 함을 의미. 예를 들어, 유해한 산업 활동의 이익을 줄이기 위한 조세 개혁, 공항이나 초대형 고속도로 같은 화석연료 인프라 계획의 모라토리엄이 필요. ⑹ *국제 연대.* 예를 들어, 국제 통화 시스템을 재편해 국가 간의 불균등한 위계 해체, 남반구 국가의 부채를 탕감하고 기후 부채에 대한 보상으로 자원, 기술, 자금 이전. 이러한 광범위한 정책 선별과 모음은 탈성장이 모든 것을 바꿀 수 있는 단 하나의 정책을 제안하는 것(다수의 기본소득 지지자들이 주장하는 것처럼)이 아니라, 각 정책이 다른 정책을 보완하는 전체론적 패키지를 제공함을 보여준다.

그러나 정책만으로는 사회 전반의 변혁을 가져올 수 없다. 우리에게는 사회 변화를 위한 전략이 필요하다. 정책, 선거 캠페인, 사회운동, 지역 이니셔티브를 결합하는 방법에 대한 논의가 계속 진행 중인 가운데, 6장에서는 운동 구축, 기존의 협동적 대안 강화, 비개혁주의적 정책 변화를 연결하는 변혁적 접근 방식을 제공함으로써 이 논의를 발전시키고자 한다. 사회학자 에릭 올린 라이트Eric Olin Wright의 분석[67]을 바탕으로, 세 가지 상호보완적인 변환 전략을 구분한다. 첫째, 기존 구조 내에서 자본주의, 성장, 경쟁 논리를 따르지 않고 더 협력적인 경제적 실천과 공간을 창출하는 *틈새 전략*이다. 둘째, 정책과 제도를 변혁하고 근본적으로 경제를 민주화하여 대안과 투쟁의 범위를 넓히고 강화하는 *비개혁주의적 개혁*이다. 셋째, 파업, 봉쇄, 시민 의회, 자율적으로 조직되는 지방자치단체, 대안적 형태의 정부와 같은 대립적 전술을 통해 사회의 개별 부문 및 지역의 성장 논리를 깨뜨릴 수 있게 하는 *대항 헤게모니와 평행적 권력 구축*을 위한 전략이다.[68] 탈성장 사회로의 전환에는 이러한 세 가지 변혁 전략의 상호작용이 필요하다. 그러나 탈성장 논의에서 제대로 다뤄지지 않았지만, 대항 헤게모니와 평행적 권력 구축, 즉 이중 권력의 전략 추구가 가장 중요하다. 다른 변혁적 접근을 생산적으로 연결해 탈성장을 현실이 되도록 상상할 수 있게 하는 것은 집단적 권력과 새로운 종류의 상식 발전을 통해서만 가능하다.

우리는 탈성장이 하나의 비판이자 제안이며, 시의적절한 정치라고 믿는다. 이 용어는 프랑스, 스페인, 이탈리아, 독일에서 수용된 이후 유럽 너머로 확산됐다. 현재 북미, 인도, 멕시코 등 여러 곳에서 관련 단체, 행사, 축제, 출판물 등이 생겨나고 있으며, 다양한 사회 투쟁에서 탈성장이 점점 더 많이 다뤄지고 있다. 탈성장 논의는 처음에는 놀라울 정도로 서로 독립적으로 발전했지만, 탈성장 커뮤니티는 점점 더 전 세계적으로 상호 연결되고 있으며, 주류 사회에서 더욱 두드러지고 있다. 그러나 그렇다고 해서 탈성장이 더 이상 발전하지 않아도 좋다는 것은 아니다. 마지막 장에서는 탈성장 토론에 제대로 통합되어야 할 네 가지 영역, 즉 계급과 인종, 지정학과 제국주의, 정보통신 기술, 민주적 계획을 논의한다.

이 책에서 우리는 탈성장이 우리가 직면한 위기를 헤쳐나가는 데 도움이 될 수 있는 적절한 자리에 있다고 주장한다. 탈성장은 우리가 어떻게 여기에 도달했는지에 관한 분석과 더불어 우리가 직면한 위기의 근원에 도달하는 방법을 모두 제공한다는 점에서 독보적이다. 지난 5세기 동안 성장에 의존하고, 나아가 성장을 더욱 촉진하는 물질적, 문화적, 정치적 시스템이 발전해왔다. 이는 붕괴를 지향하는 시스템이다. 녹색 성장이나 좌파 생산주의는 모두 바람직한 선택지가 될 수 없다. 성장은 그것이 만들어내는 문제를 해결할 수 없다. 다가온 위기에 정면으로 맞서기 위해서는 전 세계 여성과 대다수 사람을 착취, 폐기, 비가시화하는 대신에 그 가치를 제대로 평가하는 경제가 필요하다. 그린 뉴딜은 좌파 진영에서 매우 고무적인 발전이며, 그 인기가 높아지는 것은 변혁적이고 급진적인 프로젝트에 대한 대중의 호소력이 높아질 수 있다는 유력한 지표다. 여기서 탈성장 관점은 어떤 것이 진정으로 변혁적인 정책인지, 즉 돌봄, 국제주의, 포스트−성장, 사회적으로 정의로운 정치 프로젝트가 함께할 정책인지를 가늠하는 나침반이 될 수 있다. 이 책이 그곳에 가는 방법에 대한 나침반과 가이드를 모두 제공할 수 있기를 바란다.

2.
경제 성장

　'성장'이라고 하면 어떤 단어가 떠오르는가? 아마도 경제, 진보, 번영, GDP, 향상, 웰빙, 부, 일자리 등일 것이다. 우리는 뉴스에서 개인의 성장을 위한 명상의 중요성에 관한 기사 바로 옆에서 위기가 연간 GDP 성장률에 미칠 예상 효과를 다룬 기사를 읽을 수 있다. 한 마디로, '성장'은 사회적·정치적 목표, 경제의 역동성, 개인적 또는 사회적 성취 등 여러 가지와 동일시된다. 인지 언어학자 조지 레이코프George Lakoff는 '인지적 프레임cognitive frame'이라 부르는 것을 형성하는데, 이는 한 단어의 언급으로 일련의 아이디어가 촉발되는 것이다.1 예를 들어, '규제'는 정치적 스펙트럼의 왼쪽에 있는 사람들에게 기업의 탐욕을 억제하고 빈곤층에 대한 보호를 강화하는 것을 의미함으로써 긍정적인 것을 나타낸다. 반면, 오른쪽에 있는 이들에게는 국민의 사생활에 대한 국가의 통제 강화, 권위주의, 사회주의 등의 부정적 의미를 내포한다. 그러나 인지적 프레임으로서의 '성장'은 아직 논란의 여지가 적다. 정치적 스펙트럼 곳곳에서 그것은 여전히 향상, 발전, 더 많은 기회, 더 많은 돈 등을 의미한다. 성장이 기본적으로 '더 많은 좋은 것' 또는 '진보'를 의미하는, 이 상호 연결된 아이디어들의 다발은 오늘날 거의 보편화되어 있으며, 거의 도전받지 않고 있다.

성장이라는 개념은 매우 *보편적이면서도* 모호해서 탈성장에 관해 이야기하기 전에 성장의 의미를 명확히 정의할 필요가 있다. 그러나 성장을 옹호하는 사람들이 그것에 집착하면서도 (거의 의도적으로) 제대로 정의하지 못하는 경우가 많다는 점을 고려하면 문제가 복잡해진다. 그리고 성장이 단순히 '더 좋은 것'을 의미하는 경우가 많기 때문에 반박하기 어려울 때도 많다.

이 책에서는 성장을 자본주의의 핵심적 특징으로 분석한다. 3장에서 자세히 논의하겠지만, 자본주의는 축적에 의해 움직이는 사회로 이해할 수 있다. 이런 관점에서 성장은 이러한 축적 동학의 *물질화*로 이해할 수 있다. 즉 자본주의는 성장으로 나타나며, 이런 물질화는 사회적일 뿐만 아니라 *생물물리학적*이거나 물질적이기도 하다. 이 장에서는 오늘날 성장의 정치를 이해하고 해체하기 위해서는 경제 성장을 시간이 지남에 따라 역동적으로 진화한 세 가지 상호 연결된 과정으로 분석해야 한다고 주장한다. 첫째, 성장은 비교적 최근에 등장한 개념으로, 그 헤게모니가 자본주의의 이데올로기이며, 성장은 자연스럽고 필요하며 좋은 것이라는 믿음을 정당화한다. 또한 생산량 증가와 생산력 발전처럼 성장은 진보 및 해방과 연결되어 있다. 둘째, 성장은 현대 사회에서 현재의 성장 헤게모니보다 오래전부터 진행된 *사회적 과정*이다. 즉 현대 사회를 동적으로 안정화하는 동시에 성장, 강화, 가속의 팽창적인 동학에 의존하게 만드는 자본주의적 축적의 결과이자, 이를 추동하는 특정한 사회적 관계다. 셋째, 성장은 지구를 근본적으로 변화시키고 성장의 토대 자체를 점점 더 약화시키는 위협이 되는 물질적 과정(토지, 자원, 에너지의 지속적인 사용과 이와 관련된 물리적 저량 증가)이다.[2]

우리의 핵심 주장은 이 세 가지가 각각 고유한 자기 강화적 동학을 가지고 있으며, 그럼에도 불구하고 서로 연결되어 우리가 사는 방식을 근본적으로 형성한다는 것이다. 따라서 '경제 성장'은 GDP로 측정되는 화폐 생산 경제의 증가와 가속화를 설명할 뿐만 아니라, 확장의 상호 구성적 동학에서 포괄적인 물질적, 사회적, 문화적 과정을 설명한다. 이 확장 과정은 지난 5세기 동안 인류의 삶과 지구 전체를 변화시켰다. 인류의 일부, 특히 지구 북반구에서 이것은 물질적 생활 조건을 획기적으로 개선했으며, 사회 참여를 위한 성공적인 투쟁을 가능하게 했다. 다른 이들에게 이 과정은 착취와 생계 수단의 파괴를 동반했다. 21세기 초인 오늘날, 이처럼 서로 얽힌 확장의 동학은 그 기반이 되는 생태적, 사회적, 정치적 토대를 약화시키기 때문에 점점 더 한계에 도달하고 있다. 우리는 배를 흔들지 않는다면(성장과 축적의 힘이 꾸준히 전개되는 것을 방해하지 않는다면) 성장의 밀물이 모든 배를 들어 올릴 것이라고 들어왔다. 그러나 '존재와 관련된' 수준의 생태적 위기에 직면해서는 그 반대가 더 정확해 보인다. 우리가 성장의 배를 흔들지 않고 비상 레버를 당기지 않는다면, 모든 하부 갑판이 곧 물에 잠길 것이다. 지금 당장 궤도를 바꾸지 않는다면, 우리는 성장 자체가 사회를 자신의 궤도에서 격렬하게 내던질 때까지 계속해서 위기에 휘말리게 될 것이다. 다음 장에서는 탈성장 문헌에서 도출된 다양한 성장 비판을 개괄적으로 살펴본다.

2.1. 아이디어로서의 성장

성장을 이해하는 가장 기본적이고 중요한 방식 중 하나는 이데올로기적 구성, 즉 현대 사회를 형성하고 그 안에서 세상과 우리 자신을 바라보는 방식을 형성하는 집단적 신화다. 아래에서 자세히 살펴보겠지만, 성장은 이보다 훨씬 더 많은 의미를 지니고 있다. 그러나 놀랍게도 많은 사람이 경제에 적용되는 성장이라는 개념 자체가 최근에 발명된 것임을 알아차리지 못한다. '발전', '진보' 또는 애덤 스미스가 많이 인용한 '국부'와 같은 다양한 앞선 개념들이 있지만, '경제 성장'이라는 용어가 사용된 것은 20세기 중반 이후에 와서다. 1930년대에 GDP가 발명되기 전까지는 현대적 의미의 성장을 측정할 수 없었고, 1950년대가 되어서야 GDP가 자본주의 사회와 실제 존재하는 사회주의 사회의 핵심 이데올로기가 되었다. 그 이후로 성장이 바람직하고 필수적이며 본질적으로 무한하다는 생각은 지구상의 정치적, 사회적, 경제적 발전을 근본적으로 형성하는 자명하고 광범위한 상식이 되었다.[3] 현대 사회의 헤게모니적 안정화에 중심 역할을 하는 이러한 글로벌 이데올로기를 우리는 '성장 패러다임'이라고 부른다.**4** 그러나 다음 섹션에서 살펴보겠지만, 이는 성장의 한 차원일 뿐이며, 비교적 최근에 등장한 개념이다. GDP에 대한 단순한 비판을 넘어서기 위해서는 적어도 식민화와 초기 자본주의로 거슬러 올라가 현대적 성장 패러다임이 어떻게 사회적, 물질적 과정으로서의 성장에 구축되고, 상호 연결되는지 분석해야 한다.

'경제'의 발명

경제 성장이 국가 통치의 중심이 되기 위한 중요한 전제 조건은 통계적으로 기록되고 측정될 수 있는 특정 법률에 기반한 독립적인 사회생활 영역으로서 '경제the economy'의 발명이었다. 이미 18세기와 19세기에 영국과 프랑스의 정치경제학자들은 경제 발전을 그 유명한 '보이지 않는 손'을 통해 스스로 균형을 잡는 비교적 자율적인 영역으로 가정했다. 그 과정은 자연 및 정치와 명확하게 분리되고, 자체 법칙에 의해 결정되는 것으로 간주됐다. 경제적, 정치적, 자연적 법칙 사이의 분리는 경제활동의 자율적 영역에 대한 최소한의 국가 개입을 내세우는 교리인 자유주의의 기초다.**5** 그러나 1930년대와 1940년대에 이르러서야 경제 전문가, 정치인, 그리고 점점 더 많은 대중이 '경제'를 국가적으로 조직된 국경 내에서 상품 및 서비스의 생산, 분배, 소비 간의 관계를 돈의 흐름이 규제하는 독립된 총체로서 이해하기 시작했다.**6** 오늘날 널리 당연시되는 이 아이디어는 경제적 과정이

물리적 물질과 에너지 흐름으로 개념화되어 자연스럽게 성장에 한계를 초래한다는 오래된 관점을 대체했다. 반면, '지폐가 손을 오가는 속도와 빈도'를 대상으로 하는 새로운 수단들은 물리적, 영토적 경계에 구애받지 않고 무한히 확장할 수 있는 것처럼 보였다.7

이러한 '경제'에 대한 이해의 중심에는 회계 기술과 통계 도구, 특히 국민 계정과 GDP의 발전이 있었다. 후자는 1930년대와 1940년대에 대공황과 싸우기 위한 케인스주의적 노력과 함께 2차 세계대전 동안 미국과 영국에서 전시 경제와 무기 생산을 계획하기 위한 도구로 개발됐다. 이전에는 모호했던 '경제' 영역은 GDP 속에서 명확하게 정의된 내용과 경계를 가진 기술적 대상으로 구체화됐다. 즉 GDP는 특정 경제 영역(예: 그리스 또는 전 세계)에서 주어진 기간(예: 1년) 동안 판매된 유급 노동에 의해 생산된 상품 및 서비스의 화폐 가치 합계를 측정한다. GDP는 국가 또는 지역의 주민 수로 나눈 다음 1인당 GDP로 표시되곤 한다. 이는 시간이 흐름에 따라 번영의 척도가 됐으며, 특히 다른 국가 또는 다른 기간을 비교하는 지표로 사용됐다.8

3장에서 자세히 논의하겠지만, GDP는 다양한 관점에서 비판받아 왔다. 본질적으로 GDP는 *유급 고용*gainful employment을 통해 생산된 상품과 서비스의 *화폐적 가치*만을 측정하기 때문에 이러한 상품과 서비스가 사회의 안녕에 미치는 *긍정적 효과와 부정적 효과*를 구분하지 못하고, 지불되지 않는 모든 것을 보이지 않게 만든다는 비판이다. 또한 GDP 측정은 누가 어떤 일에 대해 급여를 받는지, 이것이 사회에서 어떻게 *분배되는지*를 고려하지 않는다. 이는 가사노동과 돌봄, 자기 충족과 자급, 자원봉사, 토지 관리 등과 같은 무급 활동은 포함되지 않음을 의미한다. 예를 들어, 자동차 사고가 증가하면 의료적 조치, 자동차 수리 등으로 인해 GDP가 증가할 수 있으며, 이것이 유급 노동으로 이어진다면 환경 파괴도 증가할 수 있다. 낭비성 포장재, 폐기되는 전자제품, 손상되어 수리 불가능한 장비의 생산 증가, 차량 공유와 같이 이전에는 돈으로 규제되지 않았던 사회 전체 영역의 화폐화도 모두 경제 성장에 기여한다.[9]

잘 알려지지 않은 사실은 부와 경제의 정확한 측정에 대한 이러한 모든 논쟁이 1940년대 말과 1950년대 초의 GDP 개발 및 국제 표준화 시기로 거슬러 올라갈 수 있다는 것이다. GDP를 발명한 사람들을 포함해 20세기 중반의 거의 모든 주요 경제학자들은 GDP를 국가의 번영과 국제적, 역사적 비교를 위한 척도로 사용하는 것에 반대했다.[10] GDP를 측정하는 국가별 전통과 측정 방법에 대한 근본적인 이견 사이에는 많은 개념적 차이가 있었다. 외부 효과, 무급 가사노동, 최저생활과 같은 개념을 둘러싸고 토론이 벌어졌고, 이에 따라 국가마다 다른 방식으로 소득을 정의했다. 예를 들어, 일부 국가는 무급 가사노동을 계산에 넣거나 금전적 가치 외에도 가공된 철강과 같은 물질 흐름을 킬로그램 단위로 계산했다. 그러나 각국 정부와 국제기구(특히 OECD와 UN)는 회비와 국제 원조금을 관리하기 위한 비교 통계가 시급히 필요했고, 1950년대 초 특정 버전의 GDP 측정을 표준화하여 기존 접근 방식을 통합함으로써 이러한 치열한 학술적 논쟁을 정리했다.[11] 이후 이 통계적 측정 방법이 자본주의 서구에 이어 전 세계적으로 자리 잡았고, GDP를 '세계에서 가장 강력한 숫자'로 만들었다.[12] 통계적 측정 방법은 주로 무역과 기술 혁신의 중요성 변화를 다루기 위해 UN의 틀 안에서 지속적으로 업데이트되고 조정됐지만, GDP를 통해 '우리 삶을 (잘못) 측정'한다는 핵심 논리는 오늘날까지 그대로 남아 있다.[13]

'경제'에 대한 이런 현대적이고 *비물질화된*dematerialized 이해는 오늘날의 경제가 근본적으로 증가하는 에너지와 물질의 흐름에 어떻게 의존하는지를 보이지 않게 만들었다. 이는 20세기의 기술 및 지정학적 변화와 밀접한 관련이 있으며, 이는 이후 수십 년 동안 전 세계 에너지 공급 및 총 원료, 토지 이용의 폭발적인 증가로 이어졌다.[14]

GDP는 경제활동을 측정하기 위한 기술적 도구 그 이상임을 명심해야 한다. 그것은 경제학을 형성할 뿐 아니라, 무엇보다도 성장 패러다임과의 긴밀한 연결을 통해 전 세계적으로 공유되는 아이디어를 구조화하는 전체적 문법을 생성한다. 따라서 경제 성장은 매우 모호하고 이해하기 어려운 개념이지만, 그 의미론적 핵심은 통계적으로 고정되어 있다. 그것은 연간 GDP 또는 1인당 GDP의 증가율로 정의되며, 일반적으로 백분율로 표시된다.

성장 패러다임

경제 통계 측정의 국제적 표준화는 성장을 정책 목표로 삼는데 핵심적 역할을 했다. 시간과 공간에 걸쳐 측정할 수 있는 이 보편화된 '경제' 개념을 통해서만 무엇이 성장하고 있는지, 즉 국가 내 시장 거래의 합계인 성장을 측정할 수 있게 되었다. 그래야만 장기적이고 안정적이며 무한한 성장이 가능하고 바람직하다는 생각이 확립됐다.

사실, 전후 초기의 정치적 논의에서 경제 성장이라는 개념은 확연히 부재했다. 오히려 완전 고용, 안정성, 재건이 중심 주제가 되었다. 1950년 이전에는 정치 성명서나 경제 문헌에서 정책 목표로서의 경제 성장에 거의 관심이 없었다.[15] 그러나 이후 몇년 동안 성장은 정치적 목표 위계 구조의 최상위로 급상승했다. 당시 전 세계적으로 구식민지에서는 탈식민화 운동이 일어나고 있었고, 냉전이 한창이던 가운데 지구 북반구와 남반구에서 계급투쟁을 진정시키는 것이 급선무였다. 서구의 경제적 지배와 자본주의 계급 관계를 안정시키기 위해서는 무언가가 필요했다. 즉 자본주의 경제 발전을 결정적으로 보여줄 방법이 필요했다. 1949년 미국 경제자문위원회CEA 의장이 국가 경제 정책의 목표를 처음으로 선언했고, 그것이 1950년대 중반 이후부터 전 세계적으로 인정받는 진보의 척도가 되었다. 북미와 유럽의 백인 남성들이 개발한 사회학적 근대화 이론은 돌이킬 수 없는 일차적 경제 성장 과정으로 자리 잡았다.[16] 냉전 경쟁은 성장을 향한 경쟁을 더욱 부추겼고, 이를 통해 각국 정부가 경제적 우위를 보여줄 수 있었다. 성장은 자본주의와 사회주의 경제의 생산성을 비교하는 척도가 되었다. 성장 패러다임 발전의 이 중요한 단계를 상징하는 것은 1958년 소련 각료회의 의장 니키타 흐루쇼프Nikita Khrushchev의 다음과 같은 성명이다. "산업과 농업 생산의 성장은 우리가 자본주의 체제를 무너뜨릴 망치다."[17] 그래서 민족 국가들은 평등, 해방, 일자리가 아니라 그들이 생산할 수 있는 상품과 서비스의 양을 늘리기 위한 경쟁에 뛰어들었다. 1950년대 후반에 이르러 성장은 경제 정책의 중심 목표이자 가장 중요한 지표가 되었고, 성장과 복지를 하나로 묶어 시장 거래의 지속적인 확장과 동일시하게 되었다. 이런 상황에서 GDP는 국가의 근대성, 번영, 생활 수준, 개발, 위신을 나타내는 최초의 일반적인 지표가 되었다.

성장의 헤게모니는 국가의 임무, 목적, 정당성을 근본적으로 변화시켰고, 이 모든 것이 성장과 연결되어 경제와 이어졌다. 이 과정은 일반적으로 생각되는 것보다 훨씬 일찍 일어났다. 예를 들어, 웬디 브라운Wendy Brown은 1980년대에 국가의 삼중 경제화가 일어났다고 보고, 이를 신자유주의의 부상과 연결해 설명했다.

국가는 경제를 보호하고 발전시키며 지탱한다. 국가의 목적은 경제를 촉진하는 것이며, 국가의 정당성은 경제를 대표하는 명백한 행위자로서 경제 성장과 연결된다. 국가 행동, 국가 목적, 국가 정당성은 신자유주의에 의해 각각 경제화economize된다.

그러나 성장 패러다임의 부상에 초점을 맞추면, 이미 1950년 대부터 경제의 확장이 일종의 존재 이유가 되어 왔음을 알 수 있다.[18] 전 세계적으로 정부 개입은 주로 안정적인 성장 경로를 유지하며 유리한 투자 조건을 만들고 지속하는 데 초점이 맞춰졌다. 성장 국가는 20세기 후반의 안정과 번영의 장기 국면인 '황금기'라는 민주-자본주의 별자리의 중심에 서 있었다.

성장 패러다임은 부를 분배하는 방법에 대한 사회적 담론을 변화시키는 데 중요한 역할을 했다. 즉 고정된 금액이 분배되는 제로섬 게임(누군가는 이기고 누군가는 지는 게임)에서 모든 사람이 성장하는 경제 생산물로부터 이익을 얻고 경제 성장에 공통의 이해관계를 갖는 외견상 포지티브섬 게임으로 변모했다.[19] 성장은 분배를 둘러싼 어려운 정치적 갈등을 집단적으로 GDP를 증가시키는 방법에 대한 기술적, 비정치적 관리 문제로 전환할 것을 약속했다. 이 이데올로기는 '황금기' 동안 자본주의 핵심의 현실을 부분적으로만 반영했으며, 지구적 사회-신진대사의 관점과는 거리가 있었다.[20]

이는 계급 갈등과 다른 사회적 적대를 이른바 윈-윈 상황으로 전환함으로써 소위 '현실 모순의 상상적 해결'이라고 할 수 있는 기회를 제공했고, 구조화된 자유주의에 대한 안정적인 전후 합의를 도출하는 데 핵심적인 역할을 했다.[21] 서구에서는 성장을 통해 노동자 운동의 요구가 더 많은 참여와 평등으로 방향을 전환할 수 있었다. 동양에서는 민주주의의 부재와 혁명적 열망의 실패를 정당화했다. 또한 그 자체가 성장 패러다임의 논리를 통해 개발된 범주인 '개발도상국'에서는 '개발'의 개념과 결합되어, 자급과 전통 경제의 붕괴 및 식민주의의 공식적 종식 후 대규모 기술 인프라 구현의 정당화와 더 나아가 구조 조정과 공공재 박탈을 정당화하는 방법으로서 작용했다.[22] 따라서 성장은 평등과 재분배에 맞춰진 정치적 초점을 극복하고 경제를 탈정치화하도록 도왔다. 미국 아이젠하워 대통령의 고문이었던 한 경제학자가 지적한 바와 같이, "성장은 소득 평등에 대한 대체재다. 성장이 있는 한 희망이 있고, 그것이 큰 소득 격차를 견딜 수 있게 한다."[23]

실제로, 성장은 공동선으로 제시되어 시장 거래 확대와 자본 축적의 혜택을 가장 많이 받은 사람들의 특정 이익을 모두에게 유익한 것으로 정당화했다. 역사가 찰스 메이어Charles S. Maier는 간단히 이렇게 표현한다. "진정한 변증법은 계급 대 계급이 아니라 낭비 대 풍요에 있었다."[24] 이탈리아 마르크스주의자 안토니오 그람시가 발전시킨 헤게모니의 정의에 따르면, 성장은 임노동과 같은 사회적 생산 관계를 포함하여 현대 권력과 위계 관계를 정당화하고 사람들에게 암묵적으로 강요하는 사고와 일상적 상식의 네트워크 중심에서 의심할 여지 없이 긍정적인 가치로 나타난다.[25] 아래에서 자세히 논의하겠지만, 성장 패러다임은 해방과 진보라는 개념을 경제 성장과 긴밀하게 연결함으로써 자유주의 집단뿐 아니라 사회주의 사상에서도 근대성의 규범적 이상이 되었다. 실제로, 이 신화의 힘은 너무 강해져서 자본주의를 극복하고자 하는 진보좌파의 대부분의 지적 흐름과 사회운동을 포섭했고, 에릭 피노Eric Pineault의 말처럼 "성장이라는 형상에 갇히게 되었다".[26]

2.2. 사회적 과정으로서의 성장

이제 우리는 GDP와 담론적으로 연결되며 아주 최근에 등장한 헤게모니적 개념으로 성장을 이해할 수 있다. 그러나 성장은 일반적으로 정의되는 GDP의 증가 그 이상이다. 사실 GDP는 빙산의 일각에 불과하며, 성장을 주도하는 자본주의적 축적과 관련된 일련의 사회적 과정과 이 세계 경제에 의해 동원되는 생물물리학적 흐름의 표면적 현상일 뿐이다. 이 세계 시스템의 전체 그림을 보려면, 20세기보다 훨씬 더 거슬러 올라가야 한다. 왜냐하면 이 새로운 성장 이데올로기는 그 자체가 자본주의와 식민주의 팽창의 시작으로 거슬러 올라가는 *사회적*이고 *생물물리학적*인 과정에 뿌리를 두고 있기 때문이다. 성장의 본질에 대한 이러한 깊은 이해는 경제 성장에 대한 다른 모호한 비판과 탈성장을 구별한다. 그러한 비판은 GDP의 함정에만 초점을 맞추며, 성장의 뿌리를 다루기보다는 경제 산출을 측정하는 대안적인 방법을 제안하는 데 국한된다. 다음 섹션에서는 사회적 과정으로서의 성장을 분석한다. 여기서 사회적 과정으로서의 성장은 자본주의의 재생산을 추동할 뿐 아니라, 현대 사회에서 핵심적인 안정화 메커니즘으로 작용하는 자본주의 축적에서 비롯된 사회적 관계들의 특정한 집합이다. 성장의 이러한 측면을 이해하려면, 인문학, 사회과학, 정치경제학과의 연계가 필요하다. 이 섹션에서는 자본주의가 어떻게 출현했는지 논의하는 것으로 시작하여 성장이 특정 계급 구조로 이어져 계급 형성과 물질적 성장 사이의 역동적 관계를 가져온 과정을 분석한다. 우리는 '동적 안정화dynamic stabilization'가 현대 사회의 핵심 특징이라고 주장한다. 그 속에서 성장 사회는 사회 구조를 안정적으로 유지하고 재생산하기 위해 지속적인 경제 확장, 기술 혁신 및 고도화, 사회문화적 가속화가 필요하다. 동적 안정화는 성장 사회가 근본적으로 성장에 의존하는 방식과 이유를 설명한다.

자본의 족쇄 풀기: 축적의 동학

자본주의적 축적의 사회적 물질화는 이윤의 생산에 의해 추동되는 경제로 분석할 수 있다. 여기서 사회적 부는 "엄청난 양의 상품 축적으로 나타난다".[27] 이러한 상품의 연간 생산량은 GDP가 측정하는 것과 대동소이하다. 자본주의에서 돈은 사회를 통해 이동하고, 상품을 생산하기 위해 기계, 자원, 노동력을 동원한다. 3장에서 자세히 논의하겠지만, 이 상품화된 사회적 부의 산출물 확장은 상품 생산 및 유통 능력('산출물')을 증가시키기 위해 투자되는 자본('투입물')에 달려 있다.

자본주의에 대한 많은 분석과 비판은 주로 자본과 노동 사이의 동학에서 발생하는 구조적 관계, 긴장, 모순을 다루며, 산업화와 함께 화폐 생산 경제가 지배적으로 되는 시기에 초점을 맞춘다. 그러나 탈성장 논의를 형성한 자본주의 분석은 식민주의 맥락에서 자본주의적 기업의 부상과 함께 훨씬 더 일찍 시작됐다. 그뿐만 아니라, 자연과 돌봄의 상품화 및 전유, 평가절하 과정, 저렴화 및 외부화, 성장을 통한 자본주의 사회의 동적 안정화 등 자본주의 성장을 형성하는 다른 과정을 중심으로 분석한다. 이 책의 나머지 부분에서 더 자세히 다루겠지만, 다음 섹션에서는 이러한 관점을 설명하는 데 도움이 될 몇 가지 역사적 배경을 간략히 설명한다.[28]

호모 *사피엔스*는 약 20만 년 동안 지구에 살았다. 대부분의 인류 역사에서 모든 인간은 수렵과 채집을 하며 유목생활을 해왔다. 농업은 약 1만 년 동안 지역적으로 지배적인 생산 방식으로 존재했으며, 그 이후 세계 여러 지역에서 사회 발전 단계는 쇠퇴 단계와 번갈아 나타났다. 그러나 현대적 의미에서의 경제 성장은 없었거나 비슷한 것도 없었다. 이는 오직 식민주의의 시작, 자본주의 기업의 부상, 산업화와 함께 변화하기 시작했을 뿐이다.[29] 인류 역사 대부분에서 공동체의 관계와 자기 재생산은 자본의 끊임없는 축적이라는 자본주의 논리에 기초한 것이 아니라, 상호 의무, 권력, 부의 체계에 기반했다. 수천 년 동안 인류는 놀라울 정도로 평등주의적인 노선으로 조직된 크고 복잡한 문명, 무역 확장을 위해 투자하는 상인 등 다양한 사회 형태를 실험해 왔지만, 전반적으로 자본을 다루는 사람들은 그 사회에서 주변적인 위치에 머물렀다. 이러한 상황은 16세기 '세계 체제 world system'의 출현과 함께 변화하기 시작했다.[30]

당시 초기 근대 유럽 국가들의 군비 경쟁과 막대한 자본의 요구로 주도된 초기 벤처 자본 기업들은 면화, 은 등의 원자재를 수입하기 위해 아메리카 대륙으로의 확장 항해에 자금을 조달했다. 이러한 초기 식민지 기업에서 무역회사가 생겨났고, 이후 자본의 무한 축적이 핵심 목적인 주식회사로 발전했다. 자본가들은 점점 더 농업과 공업에 투자하기 시작했고, 끊임없는 축적의 논리를 인간 노동의 세계에 불어넣었다. 면화를 중심으로 한 플랜테이션 체제처럼, 가능하다면 전체 생산 양식을 그들에게 이익이 되도록 재구성했다. 노예 노동과 임노동을 기반으로 원자재를 전유하고, 유럽에서 아프리카, 아시아, 아메리카에 이르는 무역 흐름을 통해 이를 통합함으로써 이후 지구 전체를 재편성한 역동적인 세계 체제를 창출했다.[31]

이러한 축적은 세계 각지에서 다양한 방식으로 사람들을 희생시키며 이뤄졌다. 아메리카 대륙에서는 토착민에 대한 대량학살이 자행됐고, 아프리카 지역의 수백만 명이 노예로 팔려갔다. 자본주의의 출현과 매우 복잡하게 연결된 식민 기업들 모두가 다른 사람들의 이익을 위해 특정 집단을 체계적으로 비인간화하는 인종주의에 의해 정당화됐다. 이는 오늘날까지 자본주의의 사회적 동학에서 필수적인 부분을 형성하게 되었다. 공유지의 사유화를 통해 유럽의 농촌 인구는 생계 유지 기반을 잃었다. 이러한 인클로저는 오늘날에도 여전히 자본주의 성장의 기반이 되는 일상적 희소성을 만들어냈으며, 사람들이 주변 환경을 활용해 생계를 유지하고 공동의 부를 창출하는 능력을 제한했다. 토지와 생계 생산수단을 빼앗긴 사람들은 임노동을 강요당했다. 폭력적인 '원시적 축적'(카를 마르크스) 또는 비자본주의적 사회 세계의 포섭(로자 룩셈부르크) 과정은 오늘날까지 끊임없이 변화하는 형태로 계속되고 있다. 국가는 초기의 '전쟁 자본주의'뿐만 아니라, 전 세계 토지 장악을 주도하고 주요 자원의 '저렴화'에 국가 권력을 사용함으로써, 제국주의 전쟁에서 자본주의적 발전의 기저를 이룸으로써, 또는 애초에 자본주의적 생산을 가능하게 한 재산권을 보장함으로써 이 모든 과정에서 핵심적인 역할을 했다.[32] 다음 섹션에서 자세히 논의하겠지만, 18세기 초 아메리카 대륙의 플랜테이션 혁명이 석탄 연소 증기 기관이라는 진정한 혁명적 기술에 의해 점점 더 힘을 얻기 시작한 유럽의 신흥 산업 자본주의와 연결되면서 세계 체제의 전체 동학이 바뀌었다.[33]

이러한 사회적, 경제적 변화는 세계 체제 확장을 정당화하고 가능하게 하며, 심지어 확장을 주도하는 일련의 관점 및 개념의 출현과 밀접하게 연관되어 진행됐다. 이는 이후 현대 성장 패러다임의 발전을 위한 토대를 마련했다. 우선, 인간 사회의 '발전' 또는 '진보'라는 개념은 선형적인 시간의 흐름 속에서 적극적으로 생산되어야 했다. 과거의 알려진 문화와 일부 동시대 공동체는 시간을 '영원한 회귀'로서 순환적으로 이해했고, 현재를 신화적인 이상적 과거로부터 버림받아 복원되어야 할 것으로 해석하거나, 다른 비선형적인 시간 개념을 가지고 있었다. 그러나 르네상스로 시작해 최후의 심판으로 인간 사회의 절대적 종말을 가정하는 기독교적 묵시론에 기반하여 추상적인 시간과 공간 개념이 특히 17세기 이후 유럽에서 등장했다. 기계식 시계의 보급은 시간을 객관적이고 선형적이며 계산할 수 있는 것으로 이해하는 변화를 촉진했다. 또한 기하학과 지도 제작법은 땅과 영토를 필요에 따라 비우거나 채울 수 있고, 명확하게 경계를 정하며, 재산권을 통해 상품으로 거래할 수 있는 것, 즉 추상적이고 경계가 없으며 균일하고 측정 가능한 공간으로 새롭게 개념화할 수 있게 했다.[34] 초기 근대 자연과학은 추상적인 자연 개념을 촉진했을 뿐 아니라, 인간이 자연을 지배할 수 있다고 주장했다. 세계에 대한 기계론적 관점에서 자연과 인간의 노동은 그에 따라 조작되고 통제될 수 있는 법칙과 에너지 흐름에 의해 지배되는 메커니즘으로 간주됐다(섹션 3.6 참조).[35]

선형적 시간, 추상적 공간, 기계적 자연이라는 개념과 관행은 지구에 대한 자본주의 식민지화의 핵심 이데올로기적 구성요소가 되었다. 만물과 생명체를 비교 및 교환, 거래 가능한 것으로 취급하고, 선형적 사고에 기초한 자연에 대한 기계론적 이해가 식민주의 속에서 공고화됐다. 따라서 지구의 약탈은 토지, 천연자원, 여성과 피식민자의 노동, 모든 생명이 인류(이는 대개 소유권을 주장하는 백인 남성만을 의미했다.[36])를 위해 봉사해야 한다는 생각으로 정당화되어 마음대로 소유하고 착취하고 변경할 수 있었다(섹션 3.1 및 3.5 참조).[37] 이러한 생각은 17세기에 시작되어 세속화된 재공식화를 거치게 된다. 진보의 선형적 내러티브는 인종주의적 척도에 따라 사람들을 '문명화된' 사람과 '원시적인' 사람으로 구분하여 식민지 확장을 정당화했다. 제국주의가 절정에 달했던 초기 '발전' 담론에서 가난한 국가들은 사회적, 경제적 개선의 선형적 경로를 따라 '발전'을 가속하기 위해 유럽이나 미국

전문가들의 외부 개입이 필요한 것으로 여겨졌다. 20세기에는 일반적인 사회 진보가 생산의 확장과 점점 더 융합되면서 선형적 내러티브가 경제화됐다.[38] 자본주의하에서 성장은 구원에 대한 세속적 약속이 되었다.

또한 자연에 대한 기계론적 이해는 18세기 유럽 경제학자들이 '경제'를 태엽 장치처럼 측정 및 예측 가능하고, 노동 세계의 변화에 상응하는 별개의 사회생활 영역으로 이해하는 토대를 마련했다.[39] 공식 경제의 이 부문은 19세기 전반에 걸쳐 나머지 삶과 분리된 남성 지배적 부문으로서 유급 고용 확산으로 특징지어졌다. 동시에 무급 재생산 노동은 평가절하되어 노동력 재생산에 필요한 '가사노동'이 되었다. 따라서 임노동과 관련된 무급 재생산 노동의 비가시성과 전유는 오늘날에도 여전히 젠더 관계와 노동 세계를 특징짓는다(섹션 3.6 참조).[40] 공장, 군대, 감옥, 학교와 같은 기관에서 나타나는 다양한 규율 기술은 노동의 프롤레타리아화를 촉진했다. 이러한 노동의 변화는 점점 더 많은 삶의 영역을 화폐화하는 결과를 낳았고, 상호 관계의 억압을 동반했다.[41] 임노동 체계에 뿌리를 둔 이전 자급 기반 공동체의 프롤레타리아화는 노동자 역시 더 이상 자본주의 체제 밖에서 생존할 수 없기 때문에 가장 기본적인 필요를 충족하기 위해 성장에 의존하는 고착화 효과를 만들어냈다.[42]

시간과 공간에 대한 추상적 개념이 사회적으로 구현되고 전 세계에 도달하는 데 수 세기가 걸린 이 과정은 자본주의적 근대성의 추상적 논리, 즉 완전히 다른 구체적인 현실 사이에서 —과학적이고, 무엇보다 경제적인─ 등가를 생산하는 실천을 상징적으로 나타낸다. 노동, 토지, 그리고 기타 많은 것들이 주로 화폐로 표현되는 추상적인 비교 기준을 통해 측정 가능하고 비교할 수 있게 됐다는 사실은 모든 것을 다른 모든 것과 교환할 수 있는 조건을 만들었다.[43] 이런 의미에서 성장은 자연, 생활 세계, 재생산 활동의 무자비하고 폭력적인 상품화와 반복적인 식민화의 과정이며, 이 모든 것은 점점 더 시장을 매개로 한 사회관계에 의해 형성됐다. 그리고 이 과정은 여전히 진행 중이다.[44]

동적 안정화로서의 성장

현대 사회는 공간, 시간, 에너지 측면에서 지속적인 확장과 강화의 과정을 통해 동적으로 안정화된다.[45] 이는 현대 사회가 그 제도를 안정시키기 위해 본질적으로 성장에 의존한다는 것을 의미한다. 이러한 동학 관계는 위에서 분석한 것처럼 전유와 착취과정을 기반으로 하지만, 점점 더 많은 사람에게 물질적 번영을 제공했다. 처음에는 주로 유럽의 중산층과 상류층 백인 남성에게 국한됐으나, 지속적인 성장 동학이 성공적인 사회적, 정치적 투쟁을 가능하게 하여 점점 더 많은 인류, 특히 지구 북반구를 비롯해 남반구의 중상류층도 이러한 물질적 생활 수준을 누릴수 있게 됐다. 19세기 유럽 노동자들을 위한 설탕과 차 등의 소비재에서 20세기의 대규모 개인 주택, 가전제품, 자동차, 여행에 이르기까지 물질적 번영의 민주화 확대는 다시 경제 성장의 지속적인 가속화를 위한 토대를 마련했다. 그리고 자본주의의 안정화 메커니즘으로서 경제 성장을 통한 물질적 번영 향상에 대한 약속은 사회적 갈등을 진정시키고 성장 사회의 기술관료적, 생산주의적 정치에 대한 동의를 창출하는 데 기여했다.[46] 이것은 자본주의 핵심 국가에만 해당하는 것이 아니다. 20세기에 실존했던 사회주의 사회조차도 상황은 달랐지만 근본적으로는 생산주의적 성장 사회였다. 서구와 동구권의 경쟁이 치열해지면서 그들 역시 사회적 안정을 보장하기 위해 경제적 생산과 물질적 번영 증대에 의존했다.[47] 또 이 책 전반에서 살펴보겠지만, 성장을 통한 더 나은 삶에 대한 약속은 전 세계적으로 불균등한 발전을 정당화하고 안정화했으며, 미래 성장에 대한 약속은 불평등을 용인할 수 있는 것처럼 만들었다.

더욱이, 동적 안정화는 물질적 번영을 넘어선다. 실제로, 투표권, 최저 임금, 의료 서비스, 주 5일 근무제 등 오늘날 현대 복지국가의 사람들이 누릴 수 있는 사회적, 정치적 성과의 대부분은 화석연료를 기반으로 한 근대성의 맥락에서 강력한 사회운동과 노동조합 투쟁에 의한 것이었다. 예를 들어, 20세기 파업의 힘은 석탄 채굴, 운송, 가공에 필요한 시설을 운영하기 위한 노동력의 필요성, 즉 결과적으로 이를 효과적으로 마비시킬 수 있는 능력과 밀접하게 연결되어 있었다. 복지와 참여 쟁취 투쟁에 성공한 석탄 노동자들이 강력한 노동자 운동의 선봉이 될 수 있게 한 석탄의 물질적 속성과 그에 따른 대중 민주주의 사이의 긴밀한 관계를 강조하기 위해 역사학자 티머시 미첼Timothy Mitchell

은 현대적 대의 체제를 '탄소 민주주의carbon democracies'라고 명명했다.**48** 역사학자 디페시 차크라바티Dipesh Chakrabarty도 비슷한 주장을 펼친다. 해방운동은 화석연료를 동력으로 하는 성장의 동학과 함께 진행됐고, 이를 기반으로 했다는 것이다. "현대적 자유의 저택은 끊임없이 확장하는 화석연료 사용이라는 기반 위에 서 있다. 지금까지 우리가 누려온 대부분의 자유는 에너지 집약적이었다."**49** 다른 현대의 성취에 대해서도 비슷한 주장을 할 수 있다. 실제로, 자본주의를 진정시키고 억제하려 했으며, 19세기와 20세기의 위대한 해방 투쟁들로부터 등장한 복지국가를 포함해 현대 사회의 공적 제도들은 경제 성장을 통해 스스로를 안정화시킨다. 즉 그것들은 경제 성장에서 발생해 그에 기여했으며, 구조적으로 의존하고 있다.**50** 여기에는 연금 제도, 건강보험, 실업수당, 장기요양보험, 공교육 제도, 대학, 공공 인프라(도로 및 철도, 상하수도관, 전기 및 통신망)와 같은 제도가 포함된다. 생산 증가는 잉여를 창출하여 부의 분배, 노동시간 단축, 사회보장제도를 위한 투쟁을 촉진했다.**51** 토마 피케티Thomas Piketty가 주장한 것처럼, 불평등을 증가시키는 자본주의 내부의 구조적 경향은 역사적으로 고도성장 단계에서 상쇄될 수 있었다.**52** 그러나 이러한 성취, 권리, 자유는 자본주의 성장의 직접적인 결과가 아니라, 아래로부터의 투쟁의 결과라는 점에 유의해야 한다. 경제사학자 스테파니아 바르카가 지적한 것처럼 "*건강, 부, 장수, 안전은 세계 무역과 자본의 결과가 아니라, 이에 반대하는 힘들의 결과다.*"**53** 그럼에도 불구하고, 이러한 투쟁은 경제 성장의 맥락에서 발생했고, 근본적으로 그것에 의해 형성됐다. 이는 성장을 넘어선 미래에 중요한 의미를 갖는다.

19세기와 20세기에 성장을 특징으로 하는 팽창적 근대성의 경제적, 사회적 모델은 대부분 초기 산업화된 자본주의 중심부 내에서, 그렇지만 신흥국 등 세계적으로 일부에서도, 물질적 측면에서 매우 성공적이었을 뿐만 아니라, 지금까지 알려지지 않았던 사회적, 정치적, 문화적 성취와 권리 상승을 가능하게 했다. 따라서 핵심적인 민주적, 사회적, 문화적 권리가 팽창적 근대성의 맥락에서 투쟁 목표가 되었고, 사회적 진보가 성장 패러다임 내에서 GDP 성장과 통합됐다는 사실은, 생생한 경험을 바탕으로 사회적 향상에 실제로 경제 성장과 생산력의 발전이 필요하다는 강력한 상식의 토대를 마련했다. 이것은 특히 1920년대부터 1970년대까지 주로 산업화된 국가들에서 지배적이었던 포드주의 체제에 적용된다. 포드주의는 표준화된 공장 노동(주로 남성 생계부양자), 생산성 증가(화석연료와 표준화에 기반한), 임금 상승(증가하는 대중 소비 시장이 생산량 증가를 흡수할 수 있게 함)을 토대로 하는 생산 방식과 권력관계의 사회적 집합체로, 주로 산업화된 국가들에서 자본과 노동 간의 갈등을 일시적으로 완화시켰다. 이 시기의 높은 성장률은 일과 소비 윤리, 생산량 증가를 위한 충분한 시장 기반의 소비자 사회를 만드는 데 도움이 됐으며, 이는 자본 확장에 핵심적인 역할을 했다. 헨리 포드가 "자동차가 자동차를 사는 것이 아니다Cars don't buy cars"라고 말한 이유가 그것이었다. 동시에 높은 성장률은 번영의 민주화로 해석되어 교외에 집을 짓고 자동차를 운전하고 세탁기를 소유하는 서구식 생활 방식이 지배적인 시기였다.[54] 수십 년에 걸친 신자유주의적 복지 삭감과 긴축을 겪고 난 오늘날에도, 이 시대에 대한 사회적 기억은 여전히 사회 향상에 대한 희망을 성장과 강력하게 연결하고 있다.

이렇듯 성장과 강력하게 연결된 번영의 민주화 경험은 산업화된 국가의 전 세대에 걸쳐 형성된 경험이 되었다. 최근의 '제국적 생활 양식'이라는 용어는 자본주의 중심부를 안정시키는 데 큰 힘을 발휘하는 이러한 생활 방식이 어떻게 값싼 자원, 에너지, 노동에 대한 세계적 접근을 보장하는 불균등하고 제국적인 글로벌 구조를 필요로 하며, 동시에 지구 남반구 지역과 미래에 대한 생태적 비용을 외부화하는지를 설명하기 위해 도입됐다. 그것의 미디어적 재현이 세계적으로 확산한 덕분에, 화석연료에 기반한 안락함과 자본주의 소비재를 갖춘 제국적 생활 양식은 지금까지 번영의 토대를 마련하기 위해 고된 노동을 하고도 그 혜택에서 배제된 주변부 지역의 많은 사람에게조차 하나의 글로벌 드림이 되었다(섹션 3.7 참조).[55] 오늘날 성장에 대한 비판이 적어도 초기 산업화 국가에서 해결해야 하는 것은 포드주의적 번영의 민주화와 소비자 라이프스타일에 대한 애착의 경험이다. 사실, 성장의 진보적 성격과 생산력 발전에 대한 정당화 내러티브는 너무나 강력해서 좌파 일부의 전망을 형성하기도 한다. 그리고 안정화 메커니즘으로서 성장의 기능은 여전히 핵심 정당화 중 하나로 남아 있다.

그러나 이러한 상식은 점점 무너지고 있다. 1970년대 이후 동시대의 성장은 사회적 수익의 감소를 보여주고 있다. 자본주의 중심부에서 그 어느 때보다 높아진 경제적 산출은 웰빙의 비례적 증가로 해석되지 못한다. 성장의 과실이 대부분 소수의 글로벌 엘리트에게 집중되는 탓에 이러한 성장은 (아시아 일부를 제외하고) 더 많은 평등으로 이어지지 않았다. 그리고 가장 중요한 것은 끊임없는 성장과 소비 지향적 라이프스타일이 전 세계적으로 확산하면서 훨씬 더 확연하게 파괴적인 생태적, 사회적 영향을 낳고 있다는 점이다.**56** 이는 끊임없는 성장이 이익이 발생하는 중심부에서 사회적 조건을 안정화하고 생산과 잉여의 재분배를 통해 자본과 노동 간의 모순을 중재할 능력이 있더라도, 이것이 중심부에서조차 많은 사람의 경제적 조건 악화와 함께 점점 더 불안정해지고 있음을 분명히 보여준다. 그리고 그것에는 대가가 따른다. 이러한 모순은 실제로 다른 삶의 영역과 지구 남반구로 옮겨진다. 사실상 '제국적 생활 양식'의 세계화는 그 이데올로기적 권력이 의존하는 바로 그 성취를 파괴하는 위협을 가하고 있다. 성장은 자본주의적 근대성의 강력한 안정화 메커니즘이지만, 지구에서 인간 삶의 생태적 토대를 불안정하게 만들기도 한다.

2.3. 물질적 과정으로서의 성장

우리는 성장이 현대 사회에서 문화적으로 헤게모니적인 아이디어라고 주장해왔다. 또한 성장은 축적에 의해 추동되는 사회적 과정이며, 자본과 노동, 착취, 소외와 같은 자본주의 내부 관계뿐 아니라 전유, 외부화, 불평등 교환과 같이 그 경계에서 일어나는 투쟁을 규정하는 관계에 의해서도 특징지어진다. 사회적 과정으로서의 성장은 현대 사회를 역동적으로 안정시켰다. 이 섹션에서는 성장을 물질적, 생물물리학적 과정으로 논의한다. 자원, 에너지, 토지, 식품, 스마트폰과 같은 소비재의 점점 더 많은 사용, 그 결과로 발생하는 폐기물과 배출물 등 이 모든 것은 사회의 '사회적 신진대사' 일부로 간주된다. 성장에 대한 비판적 이론은 성장 이데올로기와 화폐 생산 경제를 비판적으로 분석하는 것을 넘어 성장이 생물물리학적 과정으로서 물질세계에 어떻게 나타나는지, 또 성장의 팽창적 본성이 어떻게 사회생태학적 모순을 낳는지 분석하는 것도 포함한다.[57]

이러한 성장의 물질적 차원에 대한 인상을 얻는 한 가지 방법은 건물과 인프라에서 페트병과 스마트폰에 이르기까지 인간이 생산한 모든 물체의 무게를 측정하는 과학적 분석을 통한 것이다. 산업과 정치 생태학 분야의 연구는 몇 가지 놀라운 결과를 도출했다. 주로 콘크리트, 골재, 벽돌, 아스팔트, 금속으로 구성된 이 '인공물 질량anthropogenic mass'은 1900년경부터 약 20년마다 두 배씩 빠르게 증가했다(그림 2.1 참조). 오늘날 전 세계 모든 사람의 체중과 맞먹는 양의 인위적 물건human-made stuff이 매주 생산되고 있다. 20세기 초만 해도 지구상 모든 바이오매스(나무, 관목, 기타 식물, 동물 사체 등)의 약 3%에 불과했던 이 '인공물 질량'은 2020년 전후로 총 바이오매스를 뛰어넘었다. 생산된 플라스틱

양만 해도 인간의 몸을 포함한 모든 지상과 해양 동물 양의 두 배에 달한다.**58** 경제 성장의 이러한 물질적 차원을 어떻게 개념화할 수 있으며, 이는 어떠한 생태적, 사회적 영향을 초래할까?

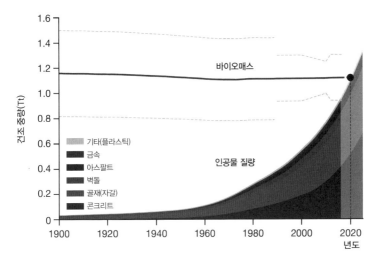

[그림 2.1] 20세기 초부터 건조 질량을 기준으로 한 바이오매스 및 인공물 질량 추정치
출처: Emily Elhacham, Liad Ben-Uri, Jonathan Grozovski, Yinon M. Bar-On, Ron Milo, 'Global Human-Made Mass Exceeds All Living Biomass', *Nature* 588, no. 7838 (2020): 442-4.

생물물리학적 성장으로서의 축적

경제 성장은 '상품의 엄청난 축적', 즉 상품화된 사물과 존재의 끊임없이 확장되는 흐름과 이를 가능하게 하는 사회적 관계로만 나타나는 것이 아니다. 성장은 생물물리학적, 물질적 변화와 물질의 축적으로도 경험된다. 여기에는 에너지 수요 증가로 인해 독일의 탄광이 마을과 숲을 삼키고, 석유 산업이 니제르 삼각주의 생계를 파괴하며, 전기 자동차에 필수적인 중국 북부의 희토류 채굴이 방사성 폐기물과 오염된 지하수를 남기고 토착민 인구를 내쫓는 등 우리 환경의 변화도 포함된다. 물질적 성장은 끝없이 커지는 도시, 높아지는 건물, 도시 팽창, 더 많은 고속도로 건설을 통해 경험된다. 혹은 다양한 농업 경제나 목축 시스템이 산업형 농업, 공장식 농업, 글로벌 농업 비즈니스를 위한 단일재배 작물 생산으로 계속해서 대체되는 형태로 나타난다.

이러한 성장의 생물물리학적 차원을 이해하기 위해 탈성장은 생물물리학과 생태경제학에 기반한 분석 도구를 제공한다(섹션 3.1 참조). 핵심적으로, 성장은 사회를 통과하는 에너지와 물질의 흐름으로 분석할 수 있는데, 이는 이용 가능한 형태로 추출되어 작업에 투입되거나 소비되고 결국 폐기물로 배출된다. 이러한 신진대사 과정에서의 흐름은, 인간과 비인간의 신체뿐만 아니라 인간이 구축한 인프라와 물질적 인공물을 유지하기 위해 에너지와 물질을 필요로 하며, 이는 '저량stocks'으로 분석된다. 이러한 생태적, 물질적 관점에서 볼 때 경제 성장은 필연적으로 에너지와 물질의 처리량 증가를 필요로 한다. 이는 화폐 흐름 측면에서 GDP 또는 '경제'에 초점을 맞추는 것으로 위장되는 경향이 있다.[59] 이 책 전체에서 더 자세히 설명하겠지만, 효율성 향상과 재생가능 에너지 및 자원 사용을 통해 경제를 비물질화하려는 노력이 이 등식을 다소 바꿀 수는 있지만, 경제 성장의 필수적인 물질성에서 벗어날 수는 없다.[60]

자본주의의 사회적 신진대사는 주로 '경제'를 끊임없이 관통해 저량 증가로 커지거나 폐기물로 방출되는 에너지와 물질의 비순환적 흐름에 의존한다. 즉 생산이 일어나기 위해서는 에너지와 물질이 '소스source'에서 추출되어야 한다는 것을 의미하며, 이는 생태계 고갈과 같은 생태적 영향을 초래한다. 그리고 처리량이 변환되고 소비된 후에는 폐기물로서 '싱크sink'로 배출되어 생태계와 생물학적 순환에 다시 통합되어야 한다. 즉 이는 바다를 오염시키는 플라스틱 폐기물이나 기후 재앙을 초래하는 탄소 배출과 같은 생태적, 생물지구화학적 영향을 유발한다. 자본주의가 자연과 만나는 소스와 싱크에서 물질적 과정으로서의 축적 및 성장으로 인한 생태적 모순이 가장 분명하게 나타나며, 이는 자본에 대한 저항과 함께 더 많은 혁신과 갱신의 기회를 제시한다. 그러나 뒤에서 자세히 논의하겠지만, 흐름은 경제적 동학뿐만 아니라 물리학 및 열역학 법칙의 영향을 받는다. 이는 처리량의 무한한 성장이라는 전망과 끝없는 축적이라는 전망에 광범위한 영향을 미친다(섹션 3.1 참조).

자본주의에서 경제를 통한 에너지와 물질의 흐름은 상품의 생산량을 늘림에 따라 항상 존재하는 과잉생산이라는 유령을 피하기 위해 지속적으로 유지되거나 가속화되어야 한다. 에릭 피노가 주장한 것처럼, 미사용 기계(고정 자본) 또는 투자되지 않은 이윤의 형태로 잉여 생산 능력을 흡수하기 위해 대량 소비사회의 산출물은 더 많은 성장을 허용하는 특정한 방식으로 관리된다.

가장 기본적인 상품조차도 산출물 소비를 극대화하도록 설계된다. 상품은 오래가지 못하고, 과대 포장되어 있고, 일회용이거나, 가정에서 그것을 향유하기 위해 수집해야만 하는 에너지와 물질에 의존한다. … 산출물은 흡수되고 소비되어야 할 뿐만 아니라, 끊임없이 늘어나는 산출물을 흡수할 여지를 만드는 방식으로 소비되어야 한다. 이것이 바로 성장이다.[61]

물론 과잉 축적이라는 구조적 위기를 저지하려는 경쟁적 노력으로 추동되는 이러한 물질적 성장은 소스와 싱크 모두에 재앙적인 영향을 미친다. 새로운 연구에 따르면, 축적에 따른 처리량으로 인해 낭비되는 자원과 에너지의 총량을 계산한 결과, 세계 경제는 매년 "생산된 식량의 49%, 생산된 에너지의 31%, 추출된 광석의 85%와 비금속 광물의 26%를 각각… 잘못 관리하고 있다"라고 결론내렸다. 그 결과, 천연자원이 고갈되고 생태계가 오염되며, 이에 의존하는 생계가 파괴되고 있다.[62]

화석연료는 자본주의의 사회적 신진대사에서 특히 중심적인 역할을 한다.[63] 이전 사회는 재생 가능한 형태의 에너지에 의존했다. 이들은 궁극적으로 바이오매스와 토지, 바람과 물 등 동시에 순환하는 태양 에너지에서 파생되며, 생산 규모를 확장하는 능력이 제한되어 쉽게 운송될 수 없다. 따라서 사람들은 주로 쉽게 이용 가능한 토지, 생물학적 과정, 동식물의 특정한 시간 범위, 날씨와 같은 바꿀 수 없는 현상에 의존했다. 화석연료는 이 모든 것을 근본적으로 변화시켰다. 과거 수백만 년 동안 저장된 광합성 에너지에 접근할 수 있게 함으로써 이러한 지하 매장 자원은 고도로 농축되고 강력하며 값싼 형태의 에너지를 제공했다. 그래서 19세기 초 영국의 산업가들이 석탄을 체계적으로 사용하여 증기기관을 가동하기 시작하면서 자본주의의 전체 동학이 바뀌었다. 시간이 지남에 따라 면화 공장의 제니 방적기부터 일론 머스크의 우주선에 이르기까지 모든 것을 움직이게 하는 강력한 '원동기prime mover'를 만들어냄으로써 매우 역동적이고 확장적인 사회 구성체, 즉 '화석 자본주의fossil capitalism'가 형성됐다.**64**

화석연료는 특정 위치와 관계없이 거의 마음대로 늘릴 수 있는 고농축 에너지의 흐름을 지속적으로 가능하게 함으로써 점점 더 시간과 공간에 구애받지 않고 생산할 수 있게 했다. 그리하여 노동력과 생산 과정에 대한 자본가의 힘을 극적으로 증대시켰으며, 노동력이 저렴하고 순종적인 곳이면 어디든 이동할 수 있었다. 또한 이는 산업 임노동의 확대뿐 아니라 전례 없는 생산성 향상, 철강, 시멘트, 플라스틱과 같이 모든 종류의 새로운 대량 생산 재료, 그리고 점점 더 빨라지는 새로운 형태의 교통을 위한 물질적이고 활력적인 기반을 제공했다.**65** 19세기와 20세기 동안 계속해서 증가한 화석연료 사용은 생활 방식, 전쟁, 식량 재배부터 특정 형태의 국민 국가와 지정학, 젠더 역할, 만연한 '탄소 문화'에 이르기까지 현대 사회의 거의 모든 영역을 근본적으로 변화시켰다.**66** 화석연료는 이 기간의 경제 확장뿐 아니라, 사회적 처리량 증가와 지구 시스템의 다른 핵심 변수 및 관련된 사회적 추세의 가속화를 촉진했다. 우리가 알고 있는 끊임없는 경제 성장의 자본주의는 근본적으로 화석 자본주의다. 최근 몇 년간 재생가능 에너지가 기하급수적으로 증가했지만, 이는 여전히 상대적으로 미미한 수준이며, 화석연료 에너지의 동시 증가로 인해 부분적으로 상쇄되고 있다. 우리는 전 지구적인 에너지 전환 대신 에너지 증가 추세를 목격하고 있다(그림 2.2 참조).**67**

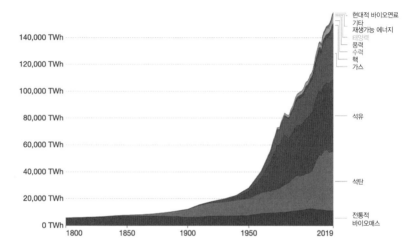

[그림 2.2] 전 세계 직접적 1차 에너지 소비
재생가능 에너지가 기하급수적으로 증가함에도 불구하고, 화석연료 사용 증가로 인해 왜소해 보인다.
출처: Vaclav Smil, *Energy Transitions: Global and National Perspectives* (Santa Barbara: Praeger, 2017), and BP Statistical Review of World Energy; Our World in Data, https://ourworldindata.org/grapher/global-primary-energy.

대가속과 생태적 위기

이러한 경제 확장이 가져온 물질적, 사회적 동학은 이제 상징적으로 되어 버린 '대가속great acceleration'의 그래프로 잘 설명된다. 과학자들은 1750년부터 2010년까지 일련의 사회경제 및 지구 시스템의 경향을 계산하고 시각화했다.**68** 이는 다양한 차원에서 지속적인 성장이 비교적 새로운 현상임을 보여준다. 19세기 이후부터 인구, 물 소비량, 비료 소비량, 도시화, 댐 건설, 교통 등의 측정 가능한 주요 변수가 의미심장하게 증가하기 시작했다. 이런 과정은 20세기 중반에 더욱 가속화됐고, 그 궤적은 현재까지 크게 깨지지 않고 이어지고 있다(그림 2.3 참조). 대가속의 추세를 이해하려면, 이를 사회의 물리적 성장뿐 아니라 축적의 동학으로 인한 결과로 해석할 필요가 있다.**69**

이 대가속은 인간의 삶과 지구를 돌이킬 수 없을 정도로 변화시켰다. 파울 크뤼천Paul Crutzen이 고안하고 자연과학자, 생태학자, 지질학자, 역사가들이 받아들인 '인류세Anthropocene'라는 개념은 인류 자체가 지구상에서 지배적인 지질학적 힘이 된 시대를 설명한다. 그러나 생태적 변화에 책임이 있거나 그것을 만들어낸 것은 추상적인 '인류'가 아니라, 성장과 확장에 기반한 특정한 (재)생산 방식이다. 그래서 일부는 '자본세capitalocene' 또는 '성장세 growthocene'라고 말하기도 한다.**70** GDP 성장과 물질적 성장(배출, 물질 처리량, 에너지 사용)을 탈동조화하려는 노력에도 불구하고, 이러한 경향은 계속 증가하여 지구 시스템이 과학자들이 권고한 한계치를 빠르게 넘어서고 있다.

실제로 다양한 연구에 따르면, 이러한 물질적 성장 궤적은 대부분 지속될 수 없음이 분명히 드러난다. 이미 1972년 로마클럽

사회경제적 추세

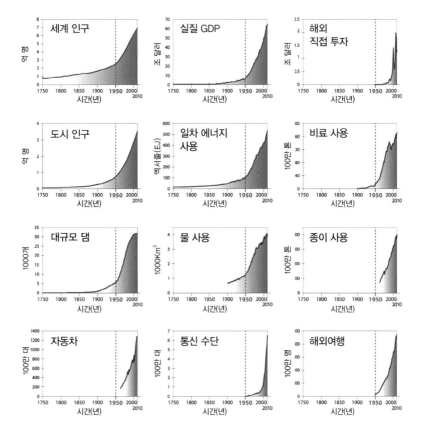

지구 시스템 추세

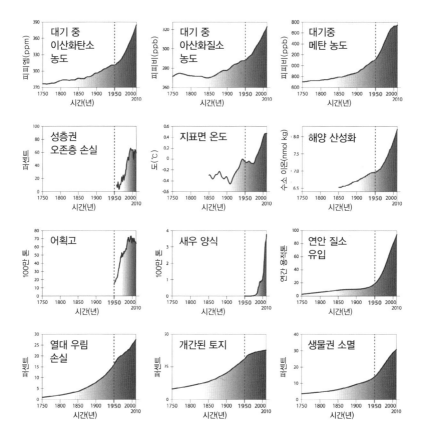

[그림 2.3] 대가속
출처: Will Steffen, Wendy Broadgate, Lisa Deutsch, Owen Gaffney, Cornelia Ludwig, 'The Trajectory of the Anthropocene: The Great Acceleration', *Anthropocene Review* 2, no. 1 (2015): 81–98.

에 제출된 「성장의 한계Limits to Growth」 보고서는 당시의 획기적인 컴퓨터 모델을 사용하여 경제적, 물질적 변수의 지속적인 성장 속도가 2030년대까지 주요 자원의 고갈로 이어질 가능성이 매우 높다는 것을 보여줬다. 많은 논의를 낳은 이 보고서는 성장에 대한 물질적 한계는 일반적으로 경제 성장에 대한 한계를 의미한다고 말한다. 이후 수십 년 동안 여러 과학자 그룹이 최신 데이터로 이 보고서의 모델링을 반복 검증한 결과, 일부 예외 사례를 제외하고는 현재의 데이터 맵이 1972년 모델과 거의 정확하게 일치함을 보여줬다.[71] 그 이후로 점점 더 많은 과학적 증거가 향후 수십 년 동안의 지속적인 생물물리학적 성장 전망, 즉 인간이 만든 물질의 저량과 유량이나 에너지 사용의 증가 전망에 의문을 제기했다. 이 연구는 물리적 한계가 결국 경제 성장 자체의 종말을 의미할 것이라는 주장에 힘을 실어줬다.[72]

2009년 스톡홀름 회복력센터의 요한 록스트롬Johan Rockström 연구팀은 아홉 가지의 '지구 위험한계선planetary boundaries'을 발견했는데, 이 한계를 넘어서면 예측할 수 없는 생태적 붕괴를 초래하게 될 문턱값이다. 이후 연구에 따르면, 세계 경제는 돌이킬 수 없는 기후변화, *대규모* 생물종 멸종, *과도한* 토지 사용, 질소 순환의 *과부하*, 플라스틱과 화학물질을 포함한 새로운 입자에 의한 오염 등 5개의 한계선을 이미 넘어섰다. 전 지구적 자연의 변형이 '인류를 위한 안전한 작동 공간'을 이미 초과한 것이다. 해양 산성화, 성층권 오존층 고갈, 전 세계 담수 사용량 등 나머지 한계에 대해서는 아직 국지적인 남용만 발생했지만, 상황은 점점 악화되고 있다.73 이러한 지구 위험한계선 중 기후변화와 생물다양성 손실 두 가지만 초과해도 지구 시스템을 근본적으로 불안정하게 만들 수 있다. 그러나 이러한 지구 '위험한계선'의 초과가 생태적 붕괴나 성장의 종말로 즉시 이어지는 절대적인 장벽이 아니라는 점에 유의해야 한다. 특히, 이러한 한계의 중요성은 무엇보다도 사람들의 지리적 위치와 권력 및 지배 관계의 지위에 따라 매우 다른 영향을 미치기 때문에 치열한 논쟁이 벌어지고 있다. 그러나 그것들은 우리가 어떤 시스템을 한계까지 밀어붙이고 있는지, 그 한계를 넘어서면 미지의 비선형적 티핑포인트의 미래에 도달하게 되는지를 보여주는 좋은 지표가 된다. 이러한 과학적이고 실증적인 발견들은 광범위하고 적극적이며 포괄적인 행동을 취해야 할 때가 훨씬 지났다는 결론을 정당화한다. 또한 그것들을 자본주의적 사회관계에서 비롯된 '사회적 한계선'으로 재개념화할 경우, 사회가 자기 제한을 포함해 이러한 한계에 어떻게 달리 반응할 수 있는지를 보여준다.74

기후변화 하나만으로도 미래 인류와 다른 생명체 대부분이 생존을 위협받을 수 있기 때문에 인간 활동으로 인한 기후변화를 제한하기 위해서라도 30년 이내에 온실가스 배출량을 0으로 줄여야 한다. 위에서 언급한 자본주의의 사회적 신진대사에서 화석연료가 차지하는 중심성을 고려할 때 이는 엄청난 도전이다. 그러나 온실가스 감축을 달성하더라도 자기 강화적 피드백 순환이 지구 시스템을 행성적 티핑포인트 너머로 계속 몰아가 기후 안정화를 막고 지속적인 온난화와 '찜통 지구hothouse Earth' 상태로

이어지지 않을지는 불확실하다.**75**

그러나 우리가 맞서고 있는 것은 기후변화만이 아니다. 대가속은 물 시스템부터 우리가 호흡하는 공기, 생물다양성, 토양 건강, 6차 대멸종, 인수전염병의 위험 증가에 이르기까지 인간과 자연 간 상호작용의 모든 측면에 영향을 미치고 있다. 작가 찰스 아이젠스타인Charles Eisenstein은 이 과정을 "천 번을 베인 죽음death of a thousand cuts"**76**이라고 부르는데, 여기서 기후변화 자체는 지구 생태계의 다각적인 악화의 한 측면에 불과하다는 것이다.

물론 이는 생물물리학적 과정으로서의 성장이 어떻게 생물지구화학적 자연계를 교란하고, 부분적으로 돌이킬 수 없는 티핑 포인트에 근접하거나 심지어 초과하는지를 분석하는 가장 대표적인 프레임워크 중 일부일 뿐이다. 그러나 산업 자본주의, 화석연료 주도 자본주의의 출발과 함께 시작되어 성장 패러다임의 발전과 동시에 1950년대에 가속화된 물질적 팽창 과정이 오늘날 여러 한계에 직면하고 있다는 뚜렷한 증거가 많이 있다. 한계가 다가오고 있다는 가장 뚜렷한 징후 중 하나는 성장 이데올로기, 축적의 사회적 동학, 그리고 그 물질적 형태인 생물물리학적 성장에 대한 사회적 저항이 증가하고 있다는 것이다. 전 세계 곳곳에서 사람들은 환경 부정의에 반대하는 다양한 운동 네트워크의 일부로서 저항하고 있다. 토지 수호자, 소농, 노동자, 토착민들은 그들의 땅에 대한 계속되는 침략, 자원 추출, 비하되고 소외된 노동, 집단적으로 정의된 자기 제한에 맞서 존엄하고 생태적으로 지속 가능한 경제로의 정의로운 전환을 위해 싸우고 있다.**77**

2.4. 성장의 종언?

성장의 미래는 무엇일까? 물론 아무도 모른다. 그러나 세계 경제가 매년 3%씩 계속 성장해 경제 및 대중 담론에서 '정상'으로 간주되는 일부의 예측이나 기대에 부합할 것이라는 생각은 (생태적으로뿐만 아니라, 다음 장에서 논의되는 다른 많은 이유로) 악몽일 뿐 아니라 환상이다. 연간 3%의 성장률을 합하면 24년마다 경제 규모는 2배가 되며, 금세기 말에는 세계 경제가 8배 더 커질 것이다. 이것이 어떻게 생태적, 사회적 한계에 들어맞을 수 있는지는 상상하기 어렵다.

그러나 1970년대 이후 초기 산업화 국가들을 시작으로 경제 성장 자체가 둔화되기 시작했다. 미국, 유럽, 일본은 1970년대 이래 성장률이 크게 하락했으며, 경제학자들은 이 과정을 '구조적 장기 침체secular stagnation'라고 불렀다. 그 이유는 다양하고 복잡하게 얽혀 있다. 그것은 사회복지국가에서 신자유주의 모델로 향하는 정치적, 구조적 단절부터 상품 시장의 포화 상태, 국제 경쟁 심화, 생산성 성장 감소, 세계 경제의 금융화에 이르기까지 다양한 요인이 있다. 또 다른 중요한 요인은 자원 가격의 상승이다. 1970년대 석유 위기로 인해 장기 침체가 촉발된 것은 우연이 아니다. 그리고 이제 세계 경제가 거대해짐에 따라 상대적 성장은 물질과 에너지에 대한 지출을 늘려야만 달성할 수 있으며, 특히 생산성 감소까지 더해져 비용이 점점 더 비싸지고 있다.**78** 장기적으로 볼 때, 경제는 우리가 익히 알고 있는 '하키 스틱hockey stick'(인류 역사의 상당 기간 정체되었다가 'J'자 곡선처럼 연속적이고 거의 수직에 가까운 상승을 가속화하는 것)과 같은 방식으로 발전하지는 않는 것 같다. 대신, 자본주의 산업화가 가장 일찍 시작된 지역들은 이제 가속이 느려지고 마침내 정지하는 'S'자 곡선으로 더 적절하게 설명될 수 있는 궤도로 바뀌었음을 보여준다. 장기적으로, 19세기와 20세기 사이 세계 경제 일부의 급속한 성장은 역사적 예외로 판명될 수 있을 것이다.[79]

그러나 단기적으로도, 사회적 축적 과정에 내재된 위기 경향뿐 아니라 성장의 다양한 생태적, 사회적, 물질적 한계로 인해 성장의 미래는 불확실하다. 향후 수십 년을 내다볼 때, 우리는 여러 위기에 직면하게 될 것이다. 각각의 위기는 성장에 기반한 세계 경제의 결과로, 더욱더 위기 속 성장에 기반을 두고 있다. 한편으로, 우리는 이미 경기 침체에 직면해 있다. 이는 '동적 안정화' 시스템을 흔들고, '제국적 생활 양식'을 누리는 사람들의 기대를 저버리며, 산업화된 국가와 중간소득 국가에서 새로운 형태의 대중적 반발을 일으키는 동시에 사회적 분열을 심화시킨다. 다른 한편으로, 화석연료에 기반한 현재의 에너지 시스템은 복지와 번영, 나아가 복잡한 인간 사회의 존립을 위한 기본 전제 조건인 기후 안정성을 빠르게 무너뜨리고 있다. 탄소 배출로 인한 기후변화 외에도, 세계 곳곳에서 생태계 악화, 오염, 식품과 환경의 독성 증가로 인해 생태적 파괴와 공중 보건 위기에 직면해 있다. 이 모든 생태적 위기는 인종, 계급, 젠더와 같은 교차적 위계질서에 의해 억압받는 사람들뿐 아니라, 가장 가난한 사람들에게 가장 먼저 가장 큰 타격을 입힌다. 이러한 다중적 위기는 성장에 의존하고 성장에 의해 주도되는 시스템의 결과다.

여기에 제시된 분석에 대한 주요 반대 의견은 성장의 물질적 차원이 사회적 축적 과정과 얼마나 복잡하게 얽혀 있는지 강조하면서, 과거에는 성장이 매우 물질적이고 파괴적이었을지 모르지만, 이미 비물질화되고 있으며 앞으로 더욱 비물질화될 수 있다고 가정한다. 그 희망은 재생가능 에너지로 전환하고, 에너지와 자원 효율성을 높이며, 재활용을 통해 자원 사용('소스' 문제)과 폐기물 및 배출 생성('싱크' 문제) 모두에서 GDP를 충분히 빠르게 탈동조화할 수 있다는 것이다. 그리고 이 모든 것은 일부 산업화된 국가에서 이미 일어나고 있다고 녹색, 비물질화, 순환적 성장의 내러티브는 주장한다. 그러나 이 희망은 잘못된 가정에 근거하고 있으며, 증거도 부족하다. 연구에 따르면, 탄소 배출량, GDP, 물질 발자국이 어떻게 약간 덜 동조화되는지 보여주지만, 그것들은 모두 여전히 매우 위험한 비율로 증가하고 있다(그림 2.4 참조). 이 책(특히 섹션 3.1)에서 자세히 논의하겠지만, 비물질화 또는 탈동조화의 모든 징후는 그 자체로 환영할 만하지만, 그것만으로는 충분하지 않다. 성장은 여전히 우리를 절벽으로 몰아가고 있다.

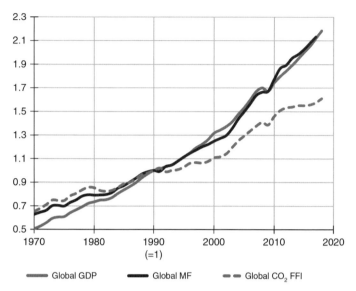

[그림 2.4] 1970년부터 2017년까지 주요 세계 경제 및 환경 지표의 상대적 변화.
이 그래프는 화석연료 연소 및 산업 공정에서 발생하는 전 세계 물질 발자국(MF, 전 세계 원자재 추출량과 동일)과 전 세계 CO_2 배출량(CO_2 FFI)이 전 세계 GDP(2010년 USD 고정가)와 비교해 어떻게 변화했는지를 보여준다. 1990년을 1로 보고 비교한 것이다.
출처: Thomas Wiedmann, Manfred Lenzen, Lorenz T. Keyβer, Julia K. Steinberger, 'Scientists' Warning on Affluence', *Nature Communications* 11, no. 1(2020): 1-10.

이 장에서는 점점 더 빠른 리듬으로 점점 더 많은 자원이 '경제'를 통해 흐르고 폐기물과 배출물을 남기는, 자연에 대한 사회의 팽창하는 사회적 신진대사로서 성장에 대해 논의했다. 또한 가속, 확대, 강화의 힘을 서로 키우고 동적으로 안정화하는 사회적 과정으로서의 성장에 대해 살펴봤다. 그리고 성장 패러다임의 형성과 힘에 초점을 맞춰 이데올로기로서의 성장을 분석했다. 이들 각각의 측면에서 볼 때, 성장은 궁극적으로 그 기반이 되는 토대를 약화시킨다. 그러나 성장 이데올로기의 헤게모니는 여전히 지속되고 있다. 이제 성장에 대한 비판이 나올 차례인데, 이는 3장에서 자세히 논의할 것이다. 4장, 5장, 6장에서 논의하겠지만, 탈성장 사회로의 전환을 위해서는 성장의 세 가지 차원을 모두 다뤄야 한다. 첫째, 탈성장은 모든 복잡성을 고려해 성장의 물질적 차원을 진지하게 다루며, 이것이 지구적 정의의 미래에 무엇을 의미하는지 주목한다. 둘째, 탈성장은 주로 사회적 투쟁을 통해서뿐만 아니라, 성장 사회의 맥락에서 성취된 사회적, 문화적, 민주적 성과를 위태롭게 하지 않으면서 팽창적 근대성의 자기 강화적 성장 동학을 어떻게 극복할 수 있는지를 진지하게 검토해야 한다. 셋째, 탈성장은 성장 패러다임과 관련된 약속, 신화, 희망에 비판적으로 개입하고 해체하는 동시에 이를 변혁해야 한다.

3.

성장 비판

'탈성장'이라는 단어를 처음 접했을 때 많은 사람이 그 지지자들을 반근대적이거나(동굴에서 살던 시절로 돌아가자는 건가!) 특권층이거나(사람들이 더 적게 가지길 바라지만, 이미 많은 사람이 가난하다고!) 비정치적이라고(문제의 근원인 자본주의에 관해선 얘기하지 않는군!) 여긴다. 사람들이 이런 식으로 반응하는 것은 성장이 사회가 제공하는 모든 좋은 것의 공급자로 간주되기 때문이며, 그래서 이 상식을 거스르는 것은 좌파와 우파를 막론하고 많은 사람의 분노를 불러일으킨다.

또 다른 이유는, '탈성장degrowth'이라는 단어에 부정적으로 반응하기는 쉽지만, 탈성장 프레임워크를 진정으로 이해하려면 그것을 제기하는 과학적 증거와 정치적 이론에 기초한 주장에 훨씬 더 헌신적으로 참여해야 하기 때문이다. 이전 장에서는 성장의 역사 일부를 최근 부상한 거버넌스의 패러다임에서부터 자본주의 내의 물질적, 사회적 뿌리에 이르기까지 살펴봤다. 자본주의에 대한 좌파적 비판 중 유일하게 탈성장은 이러한 성장 동학에 대한 엄밀한 이해를 제공한다. 이 장에서는 탈성장 관점을 함께 구성하는 다양한 프레임워크를 한데 모아 탈성장 문헌에서 발견할 수 있는 성장에 대한 다양한 비판을 설명한다.

우리는 탈성장이 다양한 관점에서 현대 사회의 성장 동학을 분석하는 다양한 성장 비판의 종합으로 이해할 수 있다고 주장한다. 그렇다고 탈성장이 비판을 넘어 긍정적인 제안을 제시하지 않는다는 것은 아니다. 다음 장에서는 탈성장의 핵심에 있는 비전과 제안을 제시할 것이다. 그러나 이 장에서는 비판에 중점을 둔다. 우리는 탈성장을 중심으로 생태적, 사회경제적, 문화적, 반자본주의적, 페미니스트적, 반산업주의적, 남반구-북반구 비판 등 각각 성장에 비판적인 일곱 가지의 뚜렷하고 중첩적인 논증 방식이 있다고 주장한다(표 3.1 참조). 포괄적인 탈성장 조망은 이들을 모두 통합해야 한다.[1]

[표 3.1] 탈성장의 성장 비판의 일곱 가지 주요 형태

성장 비판	경제 성장은…
생태적 비판	…인간 생활의 생태적 기반을 파괴하고 지속 가능하게 변화시킬 수 없다.
사회경제적 비판	…우리 삶을 잘못 측정하여 모든 사람의 웰빙과 평등을 가로막는다.
문화적 비판	…일하고 생활하고 서로 및 자연과 관계를 맺는 데 소외된 방식을 만들어낸다.

자본주의 비판	…자본주의적 착취와 축적에 의존하고, 그에 따라 움직인다.
페미니스트 비판	…젠더화된 초과 착취에 기반하며, 재생산을 평가절하한다.
산업주의 비판	…비민주적 생산력과 기술을 낳는다.
남반구–북반구 비판	…자본주의 중심부와 주변부 사이의 지배, 추출, 착취 관계에 의존하고, 그것을 재생산한다.

하지만 우리는 성장 비판이 반근대적이거나 퇴행적일 수 있다는 비판에 어느 정도 진실이 있음을 인정한다. 확실히 성장에 대한 비판은 비정치적이거나 인간 혐오적인 결론으로 이어질 수 있다. 예를 들어, 자본주의에 대한 비판이나 인간 사회에 대한 긍정적인 시각이 없다면, 성장 비판은 서구 환경주의에서 두드러지는 인구 증가나 '인간 본성'과 같은 잘못된 원인에만 초점을 맞추는 길로 쉽게 빠질 수 있다.[2] 또는 페미니즘적 관점이 없는 성장 비판은 젠더 불평등, 고정관념, 이분법을 재생산하고, 젠더화된 노동 분업을 해체하기는커녕 오히려 강화하는 경향이 있다. 성장의 문제에 대한 이러한 반응은 제한적이고 심지어 퇴행적인 방식으로만 문제를 극복해야 한다고 주장할 수 있다. 탈성장의 요지가 우익 극단주의와는 확연히 다르더라도, 그러한 오해에 맞서 계속 싸워나가는 노력이 여전히 필요하다. 사회학자 데니스 에버스버그Dennis Eversberg가 지적했듯이 말이다.

성장에 비판적인 입장들은 특히 우파에 의해 전유될 위험이 있다.

우파들은 지구적 문제에 대해 금리, 통화 시스템, 인구 과잉을 비난하는 데 초점을 맞추고, 해결책을 어떤 '자연적인' 혹은 '원초적인' 공동체의 더 나은, 더 지속 가능한 상태로 회귀하는 것으로 틀지어 버리곤 한다.3

이러한 관점과 달리, 탈성장의 핵심은 지구적 정의의 관점으로 이해해야 한다. 이 장의 결론에서 주장하듯이, 여기서 개괄하는 몇 가지 비판을 고려하는 전체적 조망의 접근만이 우익의 전유로부터 탈성장을 방어하고 현재의 위기에 효과적으로 대응할 수 있다.

더 깊이 들어가기 전에, 탈성장 프레임워크의 이러한 다양한 갈래에 대해 몇 가지 설명을 덧붙이고자 한다. 이 장에서 한편으로는, 탈성장의 주요 '원천'으로 여겨지는 성장 비판들에 초점을 맞춘다.4 그러나 다른 한편으로는, 잘 알려지지 않았지만 정확하게 탈성장을 구성하는 데 핵심이 되는 비판적 접근법이나 성장에 관한 논쟁에서 역사적으로 중요했던 접근법에 대해서도 논의한다. 이러한 모든 형태의 비판은 서로 다른 역사적, 사회적 맥락에서 비롯되며, 그들의 논증은 서로 다른 수준과 서로 다른 추상화 정도에서 이뤄진다. 거기에는 중첩과 교차 수정이 있다. 비판의 모든 형태가 성장에 대해 완전히 비판적인 것은 아니며, 몇몇 저자만이 자신을 탈성장 스펙트럼의 일부로 보고 있다. 일부는 탈성장 담론이 등장하기 오래전에 자신의 주장을 정식화했다. 그러나 그들 모두가 현재 우리의 곤경에 적합한 성장에 대한 포괄적인 비판에 구체적으로 기여하고 있다.

이러한 서로 다른 성장 비판의 공통 기반은 경제 성장 자체가 좋은 것이라는 헤게모니적 믿음의 해체다. 이를 위해 교조적 신고전파 경제학의 논리와 중심 가정을 다양한 논거로 공격한다. 모든 비판은 인간과 비인간 생명체가 복잡하고 상호 의존적인 관계망의 일부라는 사실을 지적한다. 순수한 경제학적 설명으로는 사회적, 사회생태학적 관계의 실제 논리를 적절하게 포착할 수 없으며, 그것들을 설명하기보다는 오히려 은폐한다. 따라서 탈성장은 성장을 향한 이데올로기적 지향, 그리고 모든 것을 결정하는 숫자인 GDP가 복잡한 관계망을 대체하는 데서 나타나는 경제적 합리성의 보편화를 비판한다.

다음에서는 일곱 가지 비판의 형태를 섹션마다 하나씩 소개한다. 각 섹션은 핵심 주장을 요약하는 것으로 시작하여 그 비판의 역사적 발전을 간략하게 서술한 다음, 몇 가지 주요 주장을 좀 더 자세히 설명한다. 마지막으로, 광범위한 탈성장 담론에 대한 각 비판의 중요성을 논의하고, 탈성장 비판들이 어떻게 반동적이고 보수적인 접근에 대항할 수 있는지 다시 한번 살펴본다.

3.1. 생태적 비판

유한한 행성에서 무한한 성장은 불가능하다. 생태적 성장 비판의 핵심 메시지는 자주 반복되는 이 평범한 주장으로 요약할 수 있다. 비록 이것이 탈성장을 필수적으로 만드는 여러 형태의 비판 중 하나일지라도, 이것은 많은 사람에게 경제 성장에 대한 비판적 개입의 출발점이 된다. 따라서 우리도 생태적 비판으로부터 시작할 것이다. 그러나 생태적 성장 비판은 이러한 대중적인 진술을 뛰어넘는다. 한편으로, 생태적 성장 비판은 경제 성장이 지속 가능하지 않으며, 성장의 갖가지 방식의 변조('녹색', '질적' 또는 '스마트' 성장), 기술 진보(효율성 증가, 디지털화 등), 또는 단순히 자원과 에너지 기반을 바꾸는 것(재생가능 에너지, 재활용 등)으로는 지속 가능하지 않음을 보여준다. 다른 한편으로, 생태적 성장 비판은 성장 지향적, 생산주의적, 자본주의적 경제 체제의 이러한 구조적 지속 불가능성에 대한 원인을 분석한다. 반동 효과rebound effects, 엔트로피, 녹색경제 비판, 환경 정의가 중심 키워드다. 또 다른 중요한 측면은, 인간 사회가 자연과의 신진대사적 관계에 의해 형성되는 근본적인 수준과 이러한 사회와 자연의 관계가 현대 사회에 어떻게 깊숙이 새겨져 있는지를 분석하는 것이다.

생태적 성장 비판은 환경운동 및 환경 정의 운동의 주장을 채택하고, 이를 구체화하여 과학적 토론과 연결한다. 그 현대적 형태는 적어도 19세기까지 거슬러 올라가지만, 경제 성장과 생태 사이의 연관성에 대한 논의가 탄력을 받은 것은 1970년대에 와서다. 2장에서 이미 성장의 물질적 차원에 대한 분석이 일부 생태적 성장 비판을 통합하는 성장에 대한 비판 이론을 논의했다. 생태적 비판의 또 다른 가닥은 첫째, 발전하는 생태경제학 분야, 특히 니콜라스 게오르게스쿠−뢰겐의 열역학적 주장에서 나왔다. 둘째, 환경 정의 운동과 사회적 신진대사에 대한 생태 마르크스주의 분석에서도 나왔다. 셋째, 이런 논의는 경험적 물질 흐름 분석, 자원 희소성 연구, 경제 성장과 환경 영향의 탈동조화에 관한 연구에서 도움을 받는다.

생태경제학과 엔트로피 법칙

생태경제학은 생태적 과정과 그것의 경제활동에 대한 중요성을 간과한 신고전파 경제학에 대한 비판에서 발전했다. 물리 법칙이 어떻게 성장을 결정하고 형성하는지부터 살펴보자. 다른 모든 것과 마찬가지로 경제도 물리 법칙을 따라야 한다고 말하는 것은 어쩌면 자명해 보일 수 있다. 그러나 주류 경제학은 이 사실을 거의 인정하지 않는다. 신고전파 모델은 경제를 노동과 자본, 가계와 기업 사이에서 돈과 상품이 순환하는 화폐 매개적이고 자립적인 과정으로, 그리고 이 모든 것이 스스로를 반복 재생산할 수 있는 것으로 개념화한다. 이 모델에서 성장은 저축과 투자에서 기인하며, 이는 지식, 기술, 자본의 증가를 낳는다. 오늘날에도 경제학 교과서의 첫 부분을 이루는 이러한 경제의 순환 흐름 모델은 근본적으로 도전을 받아왔다. 한 가지 예를 들자면, 이 모델에서는 (에너지, 원료, 토지 형태로의) 자연이나 (공식 경제의 필수 전제 조건으로서의) 재생산적 노동이 나타나지 않는다. 이에 반해, 생태경제학은 경제가 그것 없이는 기능할 수 없는 사회에 (법률, 사회제도, 도덕적 개념의 형태로) 배태되어 있으며, 경제

와 사회는 둘 다 자연에 배태되어 있다는 중심적 이미지를 제시한다.[5]

순환 흐름 모델은 경제가 자원, 에너지, 싱크에 좌우되지 않고 계속해서 무한 확장할 수 있다는 환상을 만들어내기 때문에, 수학자이자 경제학자인 니콜라스 게오르게스쿠–뢰겐이 말한 것처럼 "현대 경제학의 원죄"다.[6] 그는 1960년대와 1970년대에 경제 활동의 생물물리학적 측면에 대한 엄격한 분석을 통해 생태경제학과 이후 탈성장 담론의 핵심 구성요소 중 일부를 개발했다. 그는 경제 발전이 필연적으로 물리적, 생물학적 과정에 통합되어 있기에 물리적 법칙, 특히 엔트로피 법칙에서 발생하는 한계를 무시할 수 없다고 주장했다.[7]

1974년에 출간된 『엔트로피 법칙과 경제적 과정The Entropy Law and the Economic Process』에서 그는 우리가 주로 시장 교환 시스템으로 이해하는 경제가 사실은 에너지 및 물질의 유량과 저량의 복잡한 시스템이며, 각각은 지속 가능한 (재)사용에 있어 다른 특성과 잠재력을 갖는다는 것을 보여줬다. 에너지나 물질이 한 형태에서 다른 형태로 변환될 때마다 해당 물질의 질이 낮아지기 때문에 에너지 소비나 물질의 사용은 장기적으로 완전히 재생 가능하지 않은 경향이 있다. 화석연료로 돌아가는 경제는 수천 년의 광합성 −대체로 폐쇄적인 지구의 시스템에 들어가는 유일한 에너지원인 태양에서 얻어진− 과정에서 저장된 고농축 에너지의 제한된 공급량을 빠르게 사용하고 있다. 완전히 재생 가능한 경제로 전환하기 위해서는 태양을 동력으로 하는 경제로 변화해야 한다.

그러나 게오르게스쿠−뢰겐은 화석연료와 달리 태양 에너지는 "가랑비처럼, 거의 미세한 안개처럼 매우 낮은 강도로 우리에게 다가온다"라고 주장했다.[8] 가랑비를 붙잡으려 한다고 상상해 보라. 양동이로는 할 수 없다. 그러기 위해서는 현재의 에너지 포집 및 저장 시스템을 완전히 변환해 태양전지 패널, 풍력 터빈, 바이오 에너지 발전소, 조력 터빈, 그리고 가장 중요한 배터리와 같은 에너지 저장 기술에 의존하는 대규모 인프라를 구축해야 하는데, 이는 태양광과 달리 재생 불가능한 물질 자원에 의존한다. 이러한 태양 기반 경제는 기존 물질들로 관리해야 하므로 장기적으로는 성장을 제한해야 할 것이다.

특히 자원과 토지가 본질적으로 제한되어 있기 때문에, 기술적 진보와 비화석 에너지원(태양, 바람, 물, 바이오매스)은 결국 엔트로피 법칙을 이길 수 없다. 이 분석을 통해 게오르게스쿠−뢰겐은 만약 우리가 물리 법칙에 근거한 분석에서 출발한다면, 에너지와 물질을 점점 더 적게 소비하는 경제만을 생각할 수 있다고 추론했다. 왜냐하면 어떤 것도 100% 재활용될 수는 없으며, 재생가능 에너지를 포획하는 것 자체가 제한된 물질 자원에 의존하기 때문이다. 또한 그는 그러한 경제가 취해야 할 형태의 초기적 사고를 정식화했고, 탈성장의 핵심적인 제안 중 일부를 예상했다. 따라서 비록 그가 데크루아상스를 직접 사용하지는 않았지만, 이 단어가 그의 저서 『내일은 탈성장Demain la décroissance』의 제목으로 사용돼 1979년 프랑스어 번역본을 통해 처음 알려진 것은 우연이 아니다.

이런 주장들은 두 가지 기본적인 사실을 강조한다. 첫째, 모든 경제는 환경적 맥락에 배태되어 있으므로 물리학과 열역학 같은 자연법칙의 적용을 받는다. 둘째, 끝없이 성장하는 경제는 물질 및 에너지 사용과 관련해 무언가를 얻으면 무언가를 잃게 되는 관계인데, 에너지의 각 형태가 저장, 물질적 집약도, 재생 가능성, 운송, 필요한 시간과 공간 측면에서 서로 다른 특성을 가지고 있기 때문이다. 이것 자체가 무한 성장이 불가능하다는 것을 증명하지는 않지만, 경제 규모가 커질수록 유지하기가 더 어려워지고, 총 에너지 사용량을 줄이지 않으면 화석연료처럼 밀도가 높고 농축되고 운송 가능한 에너지원이 아닌 지속 가능한 형태의 에너지로 전환하기가 더 어려워진다는 것을 보여준다. 이 통찰력은 우리 경제뿐 아니라 모든 경제 시스템에 적용된다.⁹

바츨라프 스밀Vaclav Smil은 그의 최근 저서『성장: 미생물부터 메가시티까지Growth: From Microorganisms to Megacities』에서 성장에 관한 물리학과 경제학 연구를 새로운 차원으로 끌어올렸다. 그는 생물학에서 도시, 경제적 추세에 이르기까지 다중적 시스템의 성장에 대한 광범위한 분석을 통해 모든 시스템에서 성장이 기하급수적으로 보일 수 있지만, 결국 물질적, 열역학적 한계에 도달할 때까지 성장률이 감소하는 경향이 있다고 강조한다. 따라서 현재 성장을 경험하고 있는 사회가 모든 일이 그대로 지속될 것이라고 여기더라도, 대개는 결국 평평해지는 기하급수 곡선 안에 있거나 심지어 전체적인 붕괴를 초래할 수 있다는 것이다. 더 넓게 보면, 스밀의 연구는 모든 경제활동이 사회 조직과 관계없이 어떻게 물질적, 생태적, 물리적 제한을 받는지 상세히 보여준다. 본질적으로 게오르게스쿠−뢰겐의 주장과 거의 일치하는 그의 주장은 결국 모든 가능한 증거가 성장의 유한함을 시사한다는 것이다. 복합적인 경제 성장률에 의존하는 모든 사회는 궁극적인 한계에 직면하게 될 것이며, 이는 성장이 의존하는 복잡한 생태계의 붕괴로 나타날 것이다. 그러나 스밀은 붕괴를 피하는 방법에 대한 모델을 제안하는 데까지 나아가지는 않는다. 더욱이, 그의 작업은 성장을 영속화하는 이데올로기와 서로 얽힌 사회적 동학이 수행하는 역할을 고려하지 않는다. 이 책 전체에서 강조하듯이, 탈성장 프레임워크의 중요한 한 측면은 경제 성장에 대한 물질적 분석을 그 구조적 뿌리에 대한 이해와 결합하는 것이다.[10]

위에서 강조한 것과 관련된 또 다른 문제는, 경제적 복잡성이 증가하면 미래의 물질 및 에너지 처리량도 고착화된다는 것이다. 예를 들어, 화석연료를 중심으로 구성된 인프라(고속도로 및 컨테이너 선적항)가 더 많이 건설될수록 사회는 재생 불가능한 에너지원에 더욱 '고착'되며, 이런 시스템을 해체하고 재생가능 에너지에 기반한 시스템을 만드는 데 더 많은 작업이 필요하게 된다. 이러한 상호 강화적인 성장 동학은 서로 점점 더 결합하여 에너지원을 바꾸는 것을 더 어렵게 만들 뿐 아니라, 고도로 집중된 단일 에너지원(우리 경제의 경우 화석연료)에 의존함으로써 증가하는 무질서(오염, 환경 파괴, 사회적 분쟁)에 대처하는 것도 어렵게 만든다.[11]

사회적 신진대사와 신진대사 균열

경제의 물리적 기반에 대한 과학적 연구와 만나게 되면서 정치경제학자들은 이른바 '사회적 신진대사'에 대한 이해를 발전시키기 시작했다. 이는 탈성장 문헌의 핵심 용어이자 성장의 물질적 조건을 정확하게 이해하는 기초가 된다. 생리학과 생물학에서 신진대사는 유기체의 영양성분을 교환하고 균형을 취하는 시스템으로 이해된다. 예를 들어, 인간 유기체는 음식을 섭취하고 이를 처리하여 에너지를 생성하고, 그 일부를 사용해 지속적으로 신체를 재건하고 나머지는 배설한다. 신진대사의 개념은 생태 과학의 발달과 함께 19세기에 더 광범위한 생태적, 사회적 시스템에 적용되기 시작했다. 과학자들은 '신진대사'(독일어로 Stoffwechsel)라는 용어를 유기체뿐 아니라 자연계의 생화학적 과정에 적용했다. 이러한 새로운 자연과학 발전에 관심이 있었던 카를 마르크스는 자신이 *사회적* 신진대사라고 부르는 것을 탐구하기 시작했다. 여기서 사회적 신진대사는 사회가 스스로 재생산, 생산, 안정화, 성장할 수 있게 해주는 물질적이고 에너지적인 교환이다.[12] '사회적 신진대사'라는 용어를 고안한 마르크스는 이를 인간과 자연의 역동적인 관계로 묘사했다. 이 교환은 토양의 영양성분 용량이나 다양한 형태의 에너지 가용성과 같은 복잡하고 생태학적으로 특정한 동학에 의존한다. 사회는 생물학적이고 생태적인 기능에 의존하기 때문에, 이것이 경제활동의 잠재력을 제한한다. 이는 무한한 축적에 의지하는 자본주의적 발전이

위기로 향하는 또 다른 경향을 가지고 있음을 시사한다.13

마르크스는 자본주의에 관한 연구에서 자본주의 경제의 사회적 신진대사 과정이 생태계에 흡수될 수 없고 오히려 그 질을 저하시키는 폐기물(하수, 오염, 플라스틱)을 생산하는 등 자연적 신진대사 과정을 체계적으로 방해하는 방식에 대해서도 관심을 가졌다. 마르크스는 다음과 같이 지적했다.

> [자본주의적 생산은] 인간과 지구 사이의 신진대사적 상호작용을 방해한다. 즉 음식과 의복의 형태로 인간이 소비하는 구성요소가 토양으로 돌아가는 것을 가로막는다. 따라서 그것은 토양의 비옥도가 지속되기 위한 영속적인 자연조건의 작동을 방해한다.14

존 벨라미 포스터John Bellamy Foster는 마르크스의 생태정치학을 연구하면서 이런 동학을 '신진대사 균열metabolic rift'이라고 불렀다.15 따라서 마르크스의 연구와 생태 마르크스주의의 부활은 모든 사회 시스템의 물질적, 생태적 기초를 이해하는 것의 중요성과 더불어 사회적 신진대사가 자연적 순환과 신진대사 교환을 촉진하거나 방해하여 자본주의 위기의 동학에 기여하는 방식을 강조한다(섹션 3.4 참조).

생태경제학의 발전에 따라 과학자들은 물질과 에너지 '처리량'의 총계, 즉 기본적으로 경제가 소비하는 총 '물질stuff'을 측정해 다양한 경제의 사회적 신진대사를 추적하기 시작했다. 역사적으로 서로 다른 경제 체제는 신진대사의 비율과 형태가 크게 달랐다.[16] 사회적 신진대사 측정은 경제 성장이 물질 및 에너지 처리량과 탈동조화될 수 있는지를 뒷받침하는 실증적 증거의 핵심 기반이 되었다. 실제로 탄소 발자국과 물 발자국과 같은 신진대사 영향을 경험적으로 측정하는 도구가 등장하면서 과학자들은 사회의 총처리량이 환경 영향과 어떻게 연결되는지 이해하는 데 더 근접할 수 있게 됐다.[17]

사회적 신진대사에 대한 연구는 여러 이유로 경제의 물질적 기반을 이해하는 데 중요하다. 첫째, 그것은 자연과 사회가 별개의 대상이 아니라 생물학적, 화학적, 물리적 상호작용을 통해 어떻게 연결되는지 다시 한번 강조한다. 따라서 사회적 동학이 어떻게 생태계에 악영향을 미칠 수 있는지, 그리고 각각 고유한 특성을 지닌 복잡한 상호 고착 시스템에 어떻게 좌우되는지를 강조한다. 예를 들어, 침식에 취약한 농업을 통해 물 순환 속도를 높이는 사회적 신진대사는 화석연료 연소를 통해 탄소 순환 속도를 높이는 것과는 사회에 미치는 영향이 매우 다르다. 왜냐하면 물과 탄소 각각은 (공기, 토양, 해양에 대해, 그리고 그 밖의 것에 대해) 서로 다른 특성과 효과를 가지기 때문이다. 둘째, '사회적 신진대사'에 초점을 맞춘 이론적 관점과 실증적 측정은 GDP와 같은 대부분의 경제 측정 도구에 가려져 있는 경제의 한 부분을 밝혀준다. 셋째, 한 사회의 총체적 신진대사를 측정하는 것은 그 자체로 정치적 목적이 되는데, 이는 상호 연결된 과정의 부정적 효과가 불평등하게 분배되는 것에 도전할 뿐만 아니라(섹션 3.7 참조), 경제 성장, 물질 및 에너지 처리량, 생태적 파괴 사이의 관계를 실증적으로 평가할 잠재력을 갖기 때문이다. 요컨대, 모든 경제가 취하는 물질적 형태를 이해하고 지속 가능 여부를 판단하기 위해서는 사회적 신진대사에 대한 이해가 필수적이다.

탈동조화와 반동 효과

경제 성장과 환경 파괴 또는 자원 소비 사이의 관계에 대한 수많은 실증적 연구는 생태적 성장 비판의 기초이기도 하다. 이는 성장에 대한 생태적 비판에서 가장 중요한 논쟁인 탈동조화 문제로 이어진다. 이 연구 분야는 과거의 경제 성장이 경제 파괴의 핵심 동인이었다는 사실을 점점 더 부인하기 어렵게 만든다. 그러나 논쟁이 되는 것은 현재와 미래의 경제 성장이 환경 영향과 탈동조화될 수 있는지다. 앞 장 마지막 부분에서 언급했듯이, 녹색 성장 지지자들은 기술 진보와 효율성 혁명이 환경 파괴로부터 성장을 '탈동조화'할 수 있다고 말한다. 대규모 녹색 에너지원으로 전환하고 효율성을 개선함으로써 국가는 환경 부담과 배출량을 줄이면서 향후 수십 년, 그리고 그 이후까지 녹색 성장을 이룰 수 있다는 것이다.[18]

이러한 주장들에 대한 비판이 탈성장의 핵심 출발점이다. 이 논쟁은 복잡하며, 이론적 주장과 경험적 주장을 모두 포함한다. 우선, 기술 혁신으로 인한 생산성 향상이 자원과 에너지 절약으로 이어진다는 널리 알려진 생각은 역사적으로 오해의 소지가 있고 사실과 다르다. 사실 생산성 증가는 주로 값싼 노동력과 자연의 이용과 전유, 화석연료의 사용 증가, 생태적 약탈, 미래와 남반구 국가로의 비용 전가로 인해 발생했다. 또한 성장이 증가함에 따라 '반동 효과'가 환경 영향을 줄이는 데 중요한 난점이 되었다. 반동 효과에 대한 논쟁은 1865년 영국 경제학자 윌리엄 스탠리 제번스William Stanley Jevons가 발견한 역설로 거슬러 올라간다. 즉 에너지 및 물질 사용의 효율성을 높이면, 에너지와 원자재의 소비가 줄어드는 게 아니라 오히려 더 늘어난다는 것이다. 이 메커니즘은 신고전파 경제학에서 오랫동안 무시되어 왔지만, 점점 더 많은 실증적 연구를 통해 반동 효과가 탈동조화에 어떻게 반작용하는지 보여주고 있다. 반동 효과는 생산성 증가로 인해 발생하는 초과 수요로 정의된다. 연구에 따르면, 기술 개선으로 인한 절감이 종종 수요 증가로 상쇄됨을 보여준다. 예를 들어, 자동차가 더 무거워지고 사람들이 더 많이 운전하며 절약한 연료비가 다른 탄소집약적 소비에 지출될 때, 더 효율적으로 연소하는 엔진은 에너지 사용이나 CO_2 배출량 감소로 이어지지 않는다. 반동 효과는 매우 다양하고, 다양한 수준(가정, 기업, 경제)에 영향을 미치며, 때로는 서로를 강화한다. 사회학자 틸만 산타리우스Tilman Santarius는 반동 효과를 금융적, 동기부여적, 습관적, 산업적, 경제적, 구조적인 것으로 구별한다. 경험적 연구에 따르면, 이러한 모든 반동 효과는 효율성 향상의 최소 50%를 새로운 성장을 통해 직접적으로 상쇄하고, 어떤 경우에는 이를 상당히 넘어 효율성 향상이 부가적 순소비로 이어지는 '오버슈트overshoot'라 불리는 지점에 도달하기도 한다.[19]

탈동조화에 대한 논의는 지속가능성 목표를 달성하고 지속적인 성장을 이루기 위해 어떤 종류의 탈동조화가 실제로 필요한지에 대한 명확성이 부족한 경우가 많다. 탈동조화의 일부 형태에 대한 광범위한 증거가 있지만, 실제로 필요한 것은 모든 주요 지속가능성 지표(탄소 배출뿐 아니라 생물다양성 손실, 토지 사용, 자원 소비 등)에서 글로벌 형평성을 고려하는 동시에, 일부 국가나 지역에서만 발생하는 것이 아니라 전 지구적이고, 상대적일뿐 아니라 절대적이며, 일시적인 조건이나 가장 쉽게 달성할 수 있는 목표 등에 기인하는 것이 아니라 영속적이고, 장기적인 미래에나 가능한 것이 아니라 충분히 빠르며, 지구 온난화 1.5℃ 제한처럼 합의된 지속가능성 목표를 달성할 수 있을 만큼 충분히 강력한 탈동조화다.[20]

다행히 전 세계적으로 상대적인 탈동조화와 일부 지역적으로 절대적인 탈동조화의 징후가 나타나고 있다. 예를 들어, 오늘날 세계 에너지 집약도(세계 GDP 단위당 에너지 총량)는 1980년보다 거의 25% 감소했으며, 세계 경제의 탄소 집약도(세계 GDP 단위당 CO_2 총량)도 최근 수십 년 동안 매년 거의 1%씩 감소했다.[21] 그러나 세계 경제의 탄소 집약도가 계속해서 감소하는 반면, CO_2 배출량은 계속 증가하여 1990년 이후로 60% 이상 늘어났다. 필요한 것은 *상대적* 탈동조화가 아니라, 경제가 성장하더라도 자원 소비, 환경 피해 및 배출량이 절대적인 측면에서 충분히 빠르게 감소하는 *절대적* 탈동조화다. 그리고 CO_2 배출, 생물다양성 손실, 토지 이용 변화, 플라스틱 오염, 또는 일반적으로 환경 피해의 주요 지표인 인위적 자원 이용의 총 수준 측면에서 경제 성장과 환경 영향이 *전 세계적*으로 절대적 탈동조화를 보여주는 증거는 존재하지 않는다.[22]

또한 일시적이고 국지적인 절대적 탈동조화가 특히 성장률이 낮은 북반구 몇몇 국가에서 발생하기도 했지만, 이런 현상이 영구적이고 지구적인 규모로 일어났거나 발생할 수 있다는 증거도 없다. 예를 들어, 1980년부터 2008년 사이에 캐나다, 독일, 이탈리아, 일본과 같은 국가는 경제 성장으로부터 국내 물질 사용이 탈동조화됐으며, G8 전체적으로는 국내 물질 소비를 절반으로 줄였다. 그러나 무역으로 오가는 자원을 포함하여 절대적으로 측정할 때, 물질 발자국은 모든 부유한 국가에서 GDP를 바짝 뒤쫓고 있으며, GDP 성장률 하락에도 불구하고 지속 불가능한 속도로 계속 성장하고 있다.[23] 게다가, 오직 14개국만이 생산 및 소비 기반의 CO_2 배출량으로부터 GDP 성장을 절대적으로 탈동조화했는데, 이는 경제 성장 둔화에 따른 것이며 일시적인 현상에 불과했다.[24] 그러나 이들 국가가 달성한 감축율은 특히 형평성 문제를 고려할 때 기후 목표를 달성하는 데 필요한 수준에는 한참 모자란다. 즉 기후 비상사태를 피하기 위해 요구되는 연간 약 10%의 배출량 감소를 달성하는 데 필요한 지구 북반구의 경제 변화는 오직 경제 성장 없이만 달성될 수 있으며, 이는 GDP 감소로 이어질 가능성이 매우 높다.[25]

동료 심사를 거친 835개의 논문에서 나온 증거를 종합한 최근의 탈동조화에 대한 체계적인 검토에 따르면, 상대적인 탈동조화가 일반적이며, 최근 몇 년간 특정 영역에서 소규모의 느린 절대적 탈동조화를 볼 수 있지만, 우리에게 필요한 절대적 탈동조화는 가능성이 매우 낮다고 결론 내린다.

자원 사용과 온실가스 배출의 급격한 절대적 감소는 관찰된 탈동조화율decoupling rates을 통해 달성될 수 없으므로, 탈동조화는 충족성 지향 전략과 절대적 감축 목표의 엄격한 시행으로 보완되어야 한다.[26]

과거 추세와 모델 기반 예측을 통한 또 다른 분석은 다음과 같이 결론 내린다.

(1) 계속되는 경제 성장하에서 자원 사용으로부터의 절대적 탈동조화가 전 지구적 규모로 달성될 수 있다는 경험적 증거가 없으며, (2) 탄소 배출로부터의 절대적 탈동조화가 $1.5°C$ 또는 $2°C$ 이상의 지구 온난화를 방지할 만큼 충분히 빠른 속도로 달성될 가능성은 매우 낮다.[27]

물론, 이론적으로는 미래에 변할 수 있다. 그러나 그 가능성은 거의 없으며, 음의 배출 기술negative emission technologies*을 포함해

---

*   [역주] 대기 중의 온실가스를 기술적, 자연적 해법을 이용해 땅속이나 바다 밑에 격리하거나 흡수하여 총배출량에 마이너스 효과를 가져오는 것을 말한다. 산림 흡수원 확대, 바이오에너지와 결합된 탄소 포집 저장BECCS, 탄소 직접 공기 포집DAC 등이 대표적이다.

필요한 대규모의 빠른 에너지 전환은 실현 가능성뿐 아니라, 지속가능성과 정의 측면에서 상당한 위험을 안고 있다.[28] 또한 위에서 논의한 것처럼, 일부 효율성 이득을 상쇄할 반동 효과 외에도 충분히 빠른 절대적 탈동조화 가능성을 매우 낮게 만드는 다른 메커니즘들이 있다. 여기에는 에너지 및 자원 소비의 증가 가능성, 다른 지역 및 시간 범위로의 문제 전가, 서비스 영향, 재활용의 제한된 잠재력, 기술 혁신 부족, 오염 산업의 사회와 자연으로의 비용 전가가 포함된다.[29]

성장과 배출량의 이러한 강력한 동조화는 1990년대 초 소련 경제 붕괴 이후, 2008~2010년 세계 경제 위기,[30] 코로나19 팬데믹[31] 기간 등 총 CO2 배출량이 실제로 감소한 유일한 시기가 경제 침체기였던 이유도 알려준다. 어떤 이들은 이러한 위기의 사회적 여파를 탈성장이 결코 바람직하지 않다는 증거로 받아들인다. 그러나 탈성장 지지자들은 성장 지향적 경제에서 경제적 위기는 환경 규제가 완화되고 위기 이후 국가들이 생산을 가속함에 따라 결국 더 많은 환경적 영향으로 이어진다고 지적한다.[32] 탈성장 지지자들에게 경제 위기는 탈성장이 *아니다*. 오히려 경제 위기는 성장에 의존하는 경제가 사회적이고 환경적인 요구를 둘 다 충족시킬 수 없음을 보여준다. 대신에 요점은, 웰빙이 증가하면서도 환경 파괴는 줄어들고, 번영을 생태적으로 탈동조화해 경제 성장과도 탈동조화할 수 있는 경제로 나아가는 것이다.

탈성장에 대한 의의: 비정치적 생태학 피하기

이러한 생태적 접근들이 오늘날 탈성장 논의를 형성하지만, '손이 타지 않은' 자연 파괴에 대해 낭만적인 불편함을 느끼거나 인구 증가를 문제로 보는 맬서스주의적 비판이 동기가 된 고전적 보전 운동은 탈성장에 대한 중요성이 덜하다. 반대로, 많은 탈성장론자가 인구 증가에 주로 초점을 맞추는 주장을 구조적으로 인종주의적이라고 비판한다. 인구통계학적 주장은 대부분 암묵적으로 현재 인구가 증가하고 있는 지구 남반구를 향하고 있다. 그러나 역사적으로나 오늘날에도 생태 위기에 주로 책임이 있는 것은 현재 인구가 정체되거나 감소하고 있는 부유한 국가들이다. 생태적 측면에서 볼 때, 생존 인구의 추상적 숫자보다 라이프스타일이나 1인당 소비가 훨씬 더 중요하다.**33** 따라서 주어진 상황에서 인구 증가에 대한 비판은 대체로 (때로는 암묵적으로만) 지구 남반구 사람들의 높은 출산율에 대한 비판이기 마련이다. 그러나 남반구 사람들은 순수한 생태적 관점에서 훨씬 더 적절한 선을 유지하며 살고 있으며, 이런 시각은 훨씬 더 중요한 것, 즉 풍요와 성장의 체제적 동인으로부터 주의를 돌리게 만든다.**34** 인구 증가에 근거한 주장은 일반적으로 인류가 총체적이고 획일적인 영향을 미치는 것으로 간주하며, 전 세계 인구수에 따라 초래되는 영향으로 본다. 그러나 인류는 탄소 중립 또는 심지어 탄소 네거티브 사회를 발전시킬 수 있다. 토양을 복원함으로써 탄소를 저장하고 생태계를 재생하며, 행성적 경계를 넘지 않고 생태적 지식을 기반으로 하는 풍요의 세계를 구축할 수 있다. 인구 통계와 인구 증가에만 근거한 생태적 주장은 우리가 다른 사회 시스템을 만들 수 있고 만들어야 한다는 현실을 부정한다. 따라서 그것들은 비정치적 생태학의 한계에 머문다.

성장에 대한 생태적 비판은 이제 점점 더 일상적인 의식의 일부가 되고 있으며, 거의 모든 다른 성장 비판에서도 중요한 역할을 하는 근본적인 딜레마를 인상적으로 드러낸다. 즉 인간 삶의 생태적 기반이 더 이상 파괴되지 않으려면 향후 몇 년 동안 경제의 물질적 흐름이 매우 빠르게 느려지고 감소해야 하는데, 이는 경제 성장과 함께 일어날 가능성이 매우 낮고 불가능할 수도 있다는 것이다. 따라서 지속 가능한 사회로 나아가기 위해서는 효율성과 일관성 외에 원료, 에너지, 토지 소비를 줄이면서도 웰빙의 기반을 제공하는 충족성이 가장 중요하다.**35** 이 점을 더 강조하자면, 생태적 논의는 단지 한계와 포기의 문제가 아니다. 우리의 정치 체제에서 사회−생태적 상호작용을 우선순위에 놓는 것은 전 세계 모든 인류의 물질적 요구와 행성적 경계, 즉 한계 내에서의 웰빙을 충족시키는 모두를 위한 충족성의 세계를 구축할 잠재력을 제공한다.**36**

3.2. 사회경제적 비판

OECD는 최근 "20세기 대부분 동안 경제 성장이 진보와 동의어라는 암묵적인 가정, 즉 GDP가 증가하면 삶이 나아져야 한다는 가정이 지배적이었다"라고 언급했다.**37** 사회경제적 성장 비판은 이러한 가정에 의문을 제기한다. 지구 북반구의 경제 성장은 더 이상 삶의 질을 향상시키지 못한다. 따라서 성장은 그 자체로 바람직하지 않다. 오히려 삶의 질은 평등, 민주적 참여, 여가, 돌봄 노동의 재평가, 지위적 소비처럼 비합리적이고 성장 지향적인 소비 습관의 극복 등 성장이 필요하지 않은 다른 요인에 달려 있다.**38** 수많은 실증 연구에 따르면, 이러한 형태의 성장 비판은 특정 개인 또는 사회 소득 수준 이상의 성장에 따른 사회적, 환경적 비용이 그 편익보다 높다는 것을 보여준다. 따라서 사회경제적 성장 비판은 경제 성장 종말의 위협이 아니라, 새로운 형태의 웰빙과 모두를 위한 좋은 삶의 기회로 보는 탈성장 관점의 기초를 제공한다.

성장과 소비에 대한 초기 경제 비판

사회경제적 성장에 대한 비판은 몇몇 초기 선구자들과 함께 20세기 중반에 두드러지게 나타났다. 이는 1970년대 이후 이단(비–신고전파) 경제학, 특히 복지 경제학과 페미니즘 경제학뿐만 아니라 '행복 연구'라는 학제 간 분야와 사회사에서도 중심적인 역할을 해왔다. 이것은 주로 학계에 기반을 둔 좁은 의미의 주장으로, 성장에 비판적인 다른 논증들보다 덜 급진적('근원을 찾아드는 것'이라는 의미에서)이고 기존 시스템에 덜 비판적이지만, 상대적으로 접근하기 쉽다.

사회경제적 성장 비판의 일부 주장은 영국의 경제학자 존 스튜어트 밀로 거슬러 올라간다. 1884년에 그는 장기적으로 일어날 것으로 예측하는 경제 성장의 종말이 인류 진보의 종말을 의미하지는 않는다고 주장했다. 그에 따르면, "모든 종류의 정신적 문화와 도덕적, 사회적 진보를 위한 여지는 그 어느 때보다 커질 것이다. 사람들이 단지 먹고사는 기술에 몰두하지 않을 때 삶의 기예를 개선할 여지가 많아질 것이고, 개선될 가능성도 훨씬 커질 것이다."**39** 이러한 주장은 마르크스의 영향을 받은 윌리엄 모리스William Morris와 같은 더 급진적인 사상가들 사이에서도 공통적으로 나타났다. 그는 유토피아 소설『에코토피아 뉴스News from Nowhere』*에서 축적과 물질적 성장에 덜 집착하는 경제는 만족스러운 삶으로 이어질 수 있다고 주장했다. 1896년에 그는 다음과 같이 썼다. "그러나 간청하건대, 영국의 생산물과 세계의 작업장을 생각해보라. 제정신인 사람이라면 바라지 않겠지만, 우리의 쓸모없는 노고가 만들어 파는 수많은 것들을 생각하면 당황하지 않겠는가?"**40** '쓸모없는 노고'와 대조적으로 모리스는 인간의 번영에 창조적인 일이 필수적이라며 노동의 완전한 폐지보다는 유용하고 즐거운 일에 기반을 둔 사회를 제안했다.**41**

성장과 소비에 대한 또 다른 초기 비평가는 소스타인 베블런Thorstein Veblen이다. 그는 생태경제학에 큰 영향을 미친 이단 경제학 분야인 제도 경제학의 선구자 중 한 명으로, 박학하고 획기적

---

*   [역주] 한국어판은 박홍규 옮김, 필맥, 2008.

인 경제학자다. 베블런은 자신의 저서 『유한계급론The Theory of the Leisure Class』에서 부유층이 주로 사치품을 통해 자신의 부와 사회적 지위를 과시하려는 특정 목적으로 상품이나 서비스를 구매하는 것을 설명하기 위해 '과시적 소비conspicuous consumption'라는 용어를 고안했다.42 그의 분석에 따르면, 가난한 사람들이 이런 행동을 모방하면 부자들은 더욱 새롭고 호화로운 '지위재positional goods'를 소비함으로써 대응하는데, 이에 비합리적인 방식으로 시간과 자원을 낭비하는 사회로의 동학이 나타난다. 제도 경제학자들은 베블런의 주장을 한 단계 더 발전시켜 지위적 소비 제도와 같은 새로운 사회 규범이 결국 폭포 효과 및 자기 강화 효과로 이어질 수 있음을 강조했다.43 수십 년 후, 이 분야는 공동 자원을 관리하려면 시장 거래나 사유 재산을 넘어서는 관점이 필요하다는 것을 보여주기 위해 제도 경제학에 의지한 엘리너 오스트롬Elinor Ostrom과 같은 이단 경제학자들의 연구에 큰 영향을 미쳤다(섹션 4.1 참조).44

사회경제적 비판의 또 다른 유명한 선구자는 20세기 가장 영향력 있는 경제학자 중 하나인 존 메이너드 케인스John Maynard Keynes다. 그는 자신의 유명한 에세이 "우리 손자 세대의 경제적 가능성Economic Possibilities for Our Grandchildren"에서 성장, 단조롭고 고된 노동, 끝없는 축적을 넘어서는 좋은 삶에 대한 일련의 장기적인 예측을 공식화했다. 케인스는 관습적으로 주장되는 것처럼 인간의 필요가 정말 충족될 수 없는 것인지 논의하면서 인간의 필요를 두 부류로 구분했다.

동료 인간들의 상황이 어떻든 간에 우리가 느끼는 것이라는 의미에서 절대적인 필요와 그 만족이 우리를 상승시키고 동료보다 우월하다고 느끼게 할 때만 느끼는 것이라는 의미에서 상대적인 필요.[45]

이러한 구분을 바탕으로 그는 나중에 '지위적 소비'라고 불리는 것에 대한 필요는 충족될 수 없을지라도 '절대적인' 필요는 유한하다고 주장한다. "우리가 비경제적 목적에 더 많은 에너지를 쏟는 것을 선호한다는 의미에서 이러한 필요가 충족될 때 아마도 우리 모두가 알고 있는 것보다 훨씬 빨리 그 지점에 도달할 수 있을 것이다."[46] 이런 분석을 바탕으로 케인스는 산업화된 국가의 경제 생산과 생활 수준이 21세기까지 계속해서 향상될 것이지만, 2030년까지 그의 손자 세대는 저축, 축적, 임노동과 같은 세속적 활동을 계속하는 대신 여가나 예술과 같은 더 고상한 재화higher goods에 전념하는 풍요로운 상태에 도달할 것이라고 결론짓는다. 이러한 초기 분석에서도 끊임없는 성장이 역사의 종말이 아니라, 오히려 미래의 특정 시점에서는 성장이 인류의 진보에 걸림돌이 될 수도 있다는 생각이 나타났다. 그때부터 물질적 번영의 증가는 좋은 삶, 쾌락, 의미, '시간의 번영time prosperity'(모든 사람의 노동시간을 대폭 단축)을 추구하거나, 윌리엄 모리스의 경우처럼 더 즐겁고 유용한 일에 대한 탐색으로 대체될 것이다.

소비 비판과 지위재

전후 수십 년간 높은 성장률의 '황금기'가 절정에 달했을 때, 제도 경제학에서 많은 부분을 끌어와 번영의 사회적, 심리적, 생태적 비용을 살펴보는 번영과 소비에 대한 비판이 발전했다. 소비자 사회에 대한 비판 증가는 좌파와 보수주의자 모두에 의해 정치적으로 표출됐고, 존 케네스 갤브레이스John Kenneth Galbraith의 『풍요한 사회』(1958), 데이비드 리스먼David Riesman의 『무엇을 위한 풍요인가?』(1964), E. J. 미샨E. J. Mishan의 『경제 성장의 비용The Costs of Economic Growth』(1967), 프레드 허시Fred Hirsch의 『성장의 사회적 한계Social Limits to Growth』(1977) 등 많은 논쟁이 된 대중 과학서의 형태로 나타났다. 이러한 비판은 다양한 방식으로 정치적으로 이용될 수 있다. 보수적 또는 계급주의적 변종의 주장은 이전에는 사회 엘리트만 누릴 수 있었던 소비 관행의 민주화에 반대한다. 예를 들어, 대중 관광은 이제 아무도 예전처럼 한적한 해변을 즐길 수 없기 때문에 문제라는 식이다. 그러나 오늘날에도 여전히 생산적일 수 있는 더 중요한 변형에서, 비판은 삶의 질 향상 대신 더 많은 소비로 이어지는 일련의 증가, 가속, 차별화의 사회적 논리에 대한 반대다. 프레드 허시는 초기 연구를 바탕으로, 특히 희소성에서 가치를 도출하여 사람들이 더 많이 소비할수록 가치가 떨어지는 상품으로서 '지위재'의 개념을 정식화했다. 이 '풍요의 역설abundance paradox' 사례로 그는 관광이나 교외에 집을 갖고자 하는 욕구를 든다. 사회 전체에서 경쟁 메커니즘은 지위에 대한 소모적 경쟁으로 이어지며, 모든 사람이 다른 사람을 희생해서라도 사회 계층에서 더 높은 위치를 차지하려 한다. 그것은 "승자가 이기면 패자가 지는" 제로섬 게임이다.[47] 이와 유사한 개념을 바탕으로 현대 행복 연구는 지위 경쟁으로 인한 '행복의 러닝머신' 기능과 그 증가 및 가속의 사회적 논리, 그리고 이 햄스터 쳇바퀴에서 벗어날 수 있는 가능성을 분석했다.[48]

행복과 소득의 역설

사회경제적 성장 비판에 대한 초기 기여는 주로 이론적으로 주장됐지만, 1970년대 중반 이후에는 광범위한 경험 지향적 연구가 발전했다. 1974년 미국의 경제학자 리처드 이스털린Richard Easterlin은 "경제 성장이 인류의 많은 것을 개선하는가?"라는 도발적인 질문을 던졌다. GDP와 주관적 행복감의 관계에 대한 그의 통계적 분석은 경제학 논쟁에 널리 논의되는 '이스털린의 역설Easterlin paradox' 또는 '행복—소득 역설'을 불러들였다. 즉 삶의 질이 어느 정도는 소득(국가 내, 국가 간 모두)과 직결되지만, 장기적으로는 국가 소득이 일정 수준을 초과하면 삶의 질이 향상되지 않는다는 것이다. 40년 뒤 광범위한 연구를 통해 이 가설은 대체로 사실로 확인됐다.[49]

사회경제적 성장 비판과 '행복—소득 역설'의 산물로서 1970년대부터 웰빙을 측정하는 다양한 대안적 방법들이 개발됐다. 이는 GDP에 대한 페미니스트의 비판(섹션 3.5 참조)에서 결정적인 영감을 받았다. 이러한 방법에는 무급 노동, 환경 악화, 웰빙과 같은 비시장적 요인을 포함해 국민 계정(대략적으로 GDP)을 보완하는 방법(참진보 지표(GPI, Genuine Progress Indicator) 또는 지속 가능한 경제복지 지수(ISEW, Index of Sustainable Economic Welfare)), 사회적 가치에 기반한 '사회적 지표' 측정 방법(주거 여건, 교육, 환경, 건강 등을 측정하는 OECD의 더 나은 삶의 지수(BLI, Better Life Index)), 그리고 설문을 통해 주관적 웰빙을 직접 조사하는 방법 등이 있다.[50] 서로 다른 국가를 비교하는 연구와 시간 경과에 따른 국가 내 삶의 질 변화를 분석하는 연구에 따르면, GDP와 삶의 질 사이의 관계는 일정 수준의 번영까지만 안정적임을 보여준다. 대부분의 산업화된 국가에서는 1970년대나 1980년대까지 그러했지만, 이후에는 경제가 계속 성장하더라도 번영이 정체되거나 심지어 최근 수십 년 동안에는 감소하기 시작하는 등 이 관계가 극적으로 무너졌다.[51]

사회경제적 비판의 근간이 되는 이러한 경험적 결과를 어떻게 해석할 수 있을까? 다섯 가지 설명이 특히 중요할 것으로 보인다. 첫째, 물질적 차원에서 보면, 많을수록 항상 더 좋은 것은 아니라는 것이다. 경제학에서는 이를 재화(또는 소득)의 '한계효용 체감'으로 논하는데, 이는 상품의 양이 늘어날수록 추가 만족도가 줄어든다는 것을 의미한다. 소득이 5,000달러인 사람이 100달러의 추가 소득이 있다고 해서 더 행복해지기는 어렵다. 그러나 소득이 600달러나 30달러인 사람에게 100달러의 추가 소득은 큰 차이가 난다. 둘째, '상대적 소득 효과'는 더 많은 소득이 한 국가의 인구를 더 행복하게 만들지는 못하더라도, 개인이 주변 다른 사람들보다 더 부유해지는 것은 여전히 가치가 있음을 의미한다. 국가 간 비교에 따르면, 소득 증가를 통한 삶의 만족도의 절대적 증가는 가난한 국가보다 부유한 국가에서 훨씬 더 낮다. 이는 사회 전반의 무의미한 지위 경쟁과 사회적, 생태적 비용 증가로 인해 대부분 상쇄되거나 심지어 능가한다. 영국의 경제학자이자『성장 없는 번영Prosperity without Growth』의 저자인 팀 잭슨Tim Jackson에 따르면, 이 연구의 핵심 메시지는 "선진국이 가난한 나라의 성장을 위한 여지를 마련해야 한다는 강력한 이유가 있다"라는 것이다. 후자에서 "성장이 실제로 차이를 만들기 때문이다."[52] 셋째, GDP 상승과 웰빙 사이의 불일치는 단순히 GDP가 비시장 노동을 무시하고, 경제 성장의 사회적, 환경적 비용을 측정하지 않으며, 불평등을 무시하는 등(2장 참조) 웰빙 척도로는 좋지 않다는 사실에서 기인한다. 넷째, 1970년대와 1980년대에 지구 북반구 대부분 지역에서 포드주의의 '황금기' 또는 '민주적 자본주의'가 막을 내렸다. 그것은 금융화, 규제 완화, 민영화, 사회적 삭감과 같은 신자유주의 정책으로 대체됐고, 이는 사회적 불평등의 엄청난 증가, 불안정성 증가, 노동 및 생활 조건의 유연화로 이어졌다. 밀물이 모든 배를 들어올린다는 일반적인 생각이 틀렸음이 드러났다. 울리히 벡Ulrich Beck이 '엘리베이터 사회elevator societies'라고 부른 상향식 사회적 이동이 많은 사회로부터 소수의 엘리트가 점점 더 큰 몫을 차지할 수 있는 사회적 쇠퇴, 소진, 불안이 특징인 사회로 뚜렷한 전환이 일어나고 있다.[53] 다섯째, 재분배 조치가 없는 산업화된 국가에서 성장률이 감소하는 일반적 경향(장기 침체)은 계급 불평등 증가와 대다수 인구의 삶의 질 정체 및 저하로 이어진다(그림 3.1 참조). 장기적으로, 성장 없는 자본주의는 신봉건적neo-feudal 시장 경제로 변하고 자본 축적은 둔화되며 과잉생산이 증가하고 불평등이 폭발한다.[54] 사회경제적 성장 비판에 따르면, 이러한 이유에서 정치는 삶의 질 향상을 달성하기 위해 부유한 국가의 추가적 경제 성장에 현실적으로 의존할 수 없다. 따라서 경제 성장에 의존하지 않는 웰빙의 다른 원천이 논의의 중심으로 옮겨져야 한다. 이러한 주장은 최근 유럽환경청 European Environment Agency도 강조한 것이다. 유럽환경청은 2021년 보고서에서 다음과 같이 주장했다. "미래 GDP 성장에 대한 불확실성이 커지고 있는 유럽 및 기타 선진 지역에는 더 넓은 '포스트-성장' 개념이 매우 유의미할 것으로 보인다"(그림 3.1 참조).[55]

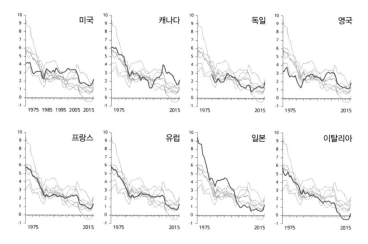

[그림 3.1] 연간 GDP 성장률(2010 USD), 지난 10년 동안의 평균 변화.
출처: 유럽 환경청, 녹색 성장에 대한 성찰: 환경적 한계 내에서 회복력 있는 경제 만들기European Environment Agency, Reflecting on Green Growth: Creating a Resilient Economy within Environmental Limits (코펜하겐: 유럽환경청, 2021), 24; 세계은행 데이터를 사용해 작성.

탈성장에 대한 의의:

성장에 기반한 경제에서 모든 경기 침체는 위기다

　최근의 탈성장 논쟁에서 이 연구는 성장 없이도 번영이 가능하다는 증거로 해석된다. 이것은 탈성장 비전의 핵심 요구 중 하나를 나타내지만, 성장이 더 이상 추가적인 번영을 가져오지 않는다는 사실이 자본주의 내에서 성장이 사람들의 웰빙에 무의미하다는 것을 의미하지는 않는다. 자본주의 성장 사회에서 경제적, 사회적, 제도적, 정신적 하부구조는 성장과 축적을 기반으로 설계되며, 그에 적합하도록 맞춰져 있다. 현대 사회의 이러한 제도는 확장을 통해 동적으로 안정화되고, 성장의 맥락에서만 기능한다. 이러한 구조가 바뀌지 않는다면, 성장의 결핍은 우선 위기로 이어진다. 코로나19 팬데믹 동안의 경기 침체는 대부분 사람들에게 위기로 다가왔다. 그 이유는 성장 감소가 웰빙과 안정성을 보장하는 정책과 짝을 이루지 못했거나 적절하지 않았기 때문이다. 경험적 연구에 따르면, 경제 위기 시 삶의 만족도는 급격히 떨어진다. 호황기에는 기대치가 빠르게 상승하는 경향이 있지만, 위기 상황이라고 해서 기대치가 하향 조정되지는 않기 때문이다. 이는 웰빙과 행복이 사회적으로 결정되고 경제적으로 좌우된다는 것을 보여준다. 소비자 사회에서 사회적 참여는 소비재와 그 안에 내재된 상징적 언어를 통해 정체성, 소속감, 라이프스타일, 지위를 표현하는 데 크게 좌우되며, 이는 하위 계층의 경우에도 마찬가지다. 그리고 현대 복지국가는 기본적으로 성장 국가로서 기능한다. 정치적 스펙트럼 전체에 걸쳐 복지의 약속은 인구 중 빈곤층의 생활 수준을 높이는 동시에, 세금을 통해 복지 프로그램에 재정적 수단을 제공하는 성장에 기반한다.[56]

따라서 개인의 금욕에 대한 호소와 행복에 대한 주관적 논의를 넘어, 지위 경쟁과 돈이 되는 일자리에 편중된 성장 사회의 사회적 기반을 극복하고, 이를 다른 사회 조직으로 대체하는 것이 필요하다. 삶의 질이 성장에 달려 있는 것이 아니라 평등, 번영, 신뢰, 사회보장, 정치 참여, 돌봄 노동의 향유와 같은 요소 (이 중 어느 것도 GDP 성장을 필요로 하지 않는다)에 달려 있음을 입증한 연구들은 이것이 가능하다는 것을 알려준다.[57] 이러한 연구들은 산업화된 국가가 이미 오래전에 도달한 특정 소득 수준 이상에서는 사회 구성원 모두에게, 심지어 부유층에게도 소득 증가보다 삶의 질에 중요한 수많은 요소(기대 수명, 건강, 사회적 이동성, 신뢰, 교육 등)의 평등 개선이 훨씬 더 중요함을 보여줬다.[58] 이것이 탈성장 논의에서 평등이 중요한 이유 중 하나다. 이러한 아이디어는 최근 철학자 케이트 소퍼Kate Soper에 의해 더욱 발전했는데, 그는 탈성장 관점의 핵심 직관 중 많은 부분을 공유하는 '대안적 쾌락주의'를 주장한다. 소퍼에 따르면, 대안적 쾌락주의는 다음과 같은 생각을 전제로 한다.

소비주의적 라이프스타일이 무한히 지속 가능하더라도 이미 많은 사람이 도달한 특정 수준 이상으로 인간의 행복과 웰빙을 향상시키지 못할 것이라는 생각에 근거한다. 이는 생태적 재앙에 대한 두려

움보다는 새로운 형태의 욕망이 지속 가능한 소비 방식을 장려할 가능성이 더 높다고 믿는다.**59**

따라서 탈성장을 가리키는 모든 생태적 정당성 외에도 다른 많은 이유가 있으며, 그중 핵심은 실제 성장률 하락과 이에 적응해야 할 필요성, 그리고 소비주의 라이프스타일과 경제 성장의 한계를 넘어 웰빙을 더욱 향상시키려는 인간의 욕구다.

3.3. 문화적 비판

교외, 쇼핑몰, 마트, 스웻샵sweatshops*, 브랜딩, 대량 소비 등 소비문화에 대한 비판은 이제 진부하고 쉽게 접할 수 있다. 종종 얄팍하기는 하지만, 이런 비판에는 얼핏 나타나는 것보다 훨씬 더 많은 의미가 있다. 문화 비판은 올바르게 수행된다면 가장 심오한 사회 문제를 다룰 수 있으며, 많은 사람이 경제에 대한 폭넓은 비판을 개발할 접근 경로가 될 수 있다. 실제로 생태적 비판 외에도 문화적 비판은 1970년대와 1980년대 성장 비판 논쟁의 첫 번째 물결에서 가장 영향력 있는 갈래였다. 여기에서는 성장 사회에서 사람들이 어떻게 주체로 형성되는지를 다루는 다양

---

*   [역주] 1990년대 미국 나이키의 축구공과 스포츠화가 파키스탄과 방글라데시 등 아시아에서 노동자의 건강이나 생활 따위는 무시하고 그 땀을 착취하여 만들어지고 있다는 사실이 알려지며 '스웻샵 반대 운동'이 전개된 바 있다. 이후 유사한 노동 착취 공장을 일컫는 데 이 용어가 종종 소환된다.

한 형태의 비판을 요약한다. 문제는 내면화된 성장 논리가 어느 정도까지 성장의 주요 동인인지, 경제 성장이 인간 내면에 존재하는 '주체적 한계'에 어떤 방식으로 맞서는지다. 문화적 비판은 무의식적으로 행해지는 이러한 내면화된 논리의 메커니즘과 결과를 가시화하고, 그것들이 우연적, 즉 사회문화적으로 결정되고 변화할 수 있음을 보여주는 것과 관련이 있다. 문화적 비판에서 핵심 개념은 '소외'다. 또한 문화적 비판은 종종 인류학적 질문, 즉 인간이 무엇을 의미하는지, 우리가 경제를 이야기할 때 생성하는 인류의 이미지가 어떤 것인지에 관한 질문이다.

생태적 휴머니즘과 현대 사회 비판

탈성장 운동의 주요 사상적 원천은 '생태적 휴머니즘'이라는 광범위한 범주에 속할 수 있는 진보적 저자들의 분야다(섹션 3.6 및 4.1 참조). 이러한 사상의 대표적 인물로는 헨리 데이비드 소로, 레오 톨스토이, 마하트마 간디, 그리고 좀 더 동시대적으로 레이첼 카슨Rachel Carson, 에른스트 프리드리히 슈마허E. F. Schumacher, 제인 제이콥스Jane Jacobs 등이 있다. 이 사상가들을 하나로 묶는 것은 인간 경험의 다양성, 고유성, 연결성을 함께 결합하고, 근대성에 비판적 자세를 가지며, 생태적 인식을 옹호하는 생태적 휴머니즘이다. 늘 그렇지는 않지만, 여기에는 자본주의에 비판적인 사상가들이 포함되는 경우가 많다.[60]

중요한 점은 이러한 생각 대부분이 개인을 고립된 존재로 보는 관점에 반대한다는 것이다. 오히려 인간 경험에 대한 (종종 매우 시적인) 평가에 뿌리를 둔 이 사상가들은 인간과 생태계의 상호 의존성을 강조하는 경향이 있다. 그러나 이것은 톨스토이, 에리히 프롬, 미하일 바쿠닌, 머레이 북친의 저작에서 볼 수 있듯이, 자유와 자율의 중요성을 인식하고 권위와 사회적 위계를 거부하는 균형 잡힌 시각을 가지고 있다.

두 번째 측면은 근대성과 근대적 삶에 대한 비판이다. 슈마허, 제이콥스, 이반 일리치, 루이스 멈포드Lewis Mumford, 커크패트릭 세일Kirkpatrick Sale, 알도 레오폴드, 웬델 베리, 소로, 간디와 같은 사상가들은 단순성, 정치적 분권화, 인간적 척도의 경제 및 기술 조직을 강조했다. 이들에게 현대 문명은 개인과 집단의 번영을 소외시키고 해롭게 하는 사회경제적 시스템을 만들어냈다.

생태적 휴머니스트들이 제기한 세 번째 비판은 생태적 이해가 진보적 분석에 통합되어야 한다는 것이다. 레이첼 카슨과 머레이 북친 같은 많은 사상가는 사회 자체에 대한 생태적 비판을 발전시키는 데 있어 동시대 서양인보다 훨씬 앞서 있었다. 그들의 접근 방식을 살펴보면, 사회와 자연의 관계, 생태적 복잡성, 현대 사회가 이런 관계를 체계적으로 저하시키는 방법에 대한 깊은 이해가 있었다. 탈성장은 상호 의존과 자기 결정의 개념을 강조하고, 진보를 자연에 대한 지배나 분리가 필요한 것으로 보지 않는 생태정치를 옹호함으로써 이러한 다양한 전통을 이어받는 것이라 할 수 있다.

그러나 생태적 휴머니즘 접근은 무비판적으로 낭만적이고 반근대적이거나 자본과 식민적 관계에 대한 비판이 부족할 때 문제에 봉착할 수 있다. 예를 들어, 미국 생태 사상가들의 전통에는 토착민 인식론과의 충분한 관계 맺음이 없는 경우가 많았으며, 토착민의 환경은 사람의 손길이 닿지 않은 야생의 상태로 격하됐다. 실제로, 문화적 비판 대부분은 '고결한 야만인'이라는 이상적 상태와 현대 사회를 탈출하는 방법으로서 전원생활로의 도피를 주장한 장 자크 루소의 18세기 작업에서 영향을 받아 '냉정하고 합리주의적인' 산업화 세계에 대한 낭만적 불편함으로부터 나타났다. 또한 젠더 불평등에 대한 문제 있는 정당화와 희생의 한 형태인 모성애에 대한 가부장적 이상을 고수할 위험도 있다. 이것은 생태적 휴머니즘이 일반적으로 낭만주의에 빠진다는 말이 아니다. 바쿠닌, 북친, 프롬, 제이콥스와 같은 사상가들의 연구가 그렇지 않다는 것을 보여준다. 오히려 현대 사회에 대한 생태적 비판이 자본주의, 가부장제, 소외와 생태적 파괴의 식민주의적 뿌리를 제대로 인식하기 위해 얼마나 더 깊이 들어가야 하는지를 강조하기 위함이다.

'소외'라는 키워드

1844년 젊은 마르크스는 자본주의적 노동과 계급 사회를 통한 인간의 '소외'에 관한 테제를 공식화했다. 자본주의 사회에서 사람들은 일하러 가는 것을 스스로 선택하지 않는다. 그들은 생계 수단으로부터 '자유롭게' 살기 위해 수입이 필요하므로 어쩔 수 없이 일한다. 그리하여 사람들은 자신들의 인간성과 멀어지게 된다. 마르크스가 설명했듯이, 노동자가 작업 과정이나 노동의 결실을 통제하지 못하기 때문에 노동은 상당 부분 소외된다. 노동자의 기능은 조립 라인의 특정 부분을 실행하는 기계의 톱니바퀴와 동일하다. 대부분의 경우 일은 창의적이지도 만족스럽지도 않다. 사람들은 자신의 행동과 운명, 다른 사람들과 자신의 노동 생산물과의 관계를 결정할 능력을 박탈당하고 있다. 따라서 노동자는 사람이 아닌 사물로서 기능하는 도구로 전락한다.[61] 이러한 주장을 바탕으로, 이반 일리치 등의 사상가들, 프랑스의 반공리주의 단체MAUSS, 상황주의자 인터내셔널Situationist International, 『일차원적 인간』의 허버트 마르쿠제, 『소유냐 존재냐』의 에리히 프롬 등은 자본주의 사회가 불평등뿐만 아니라, 자신과 세계에 대해 소외된 관계를 생산한다고 주장했다. 소외에 대한 비판은 탈성장 논쟁에서 매우 두드러지게 나타나며, 다른 좌파적 비판과 구별되게 한다. 그러나 이 섹션의 결론에서 논의하듯이, 이는 종종 반근대적이거나 개인주의적 접근으로 간주되기 때문에 이러한 비판의 정당성에 대한 논쟁을 불러오기도 한다.

오늘날 우리는 작업 현장에서 더 소외되어 있다. 우리가 가진 많은 직업이 전혀 유용하거나 생산적이라고 느끼지 않기 때문이다. 최근에 데이비드 그레이버David Graeber는 효율적이고 경쟁적이라고 추정되는 현대 자본주의 체제에서 우리가 하는 일의 상당 부분이 무의미하고 불필요하며 심지어 해롭다는 것을 설명하기 위해 '불쉿 잡'이라는 개념을 도입했다.[62] 탈성장 관점에서 보면, 로비스트부터 불완전 고용된 사무직 노동자, 금융 서비스 제공자, 텔레마케터에 이르기까지 이 모든 '불쉿 잡'은 완전히 소외될 뿐 아니라 불필요하다. 성장을 중심으로 구조화되지 않은 사회에서는 사람들이 싫어하는 쓸모없는 일을 하도록 요구하지 않을 것이다.

소외에 대한 비판을 간략히 살펴보자. 더 넓게 보면, 소외는 자신과 세계와의 관계에서 '침묵'을 의미하며, 극단적인 경우 우울증이나 번아웃으로 나타날 수 있다.[63] 소외는 일과 소비, 또는 섭식 장애와 같은 자신의 신체와 관련해 발생할 수 있다. 산업사회에서 노동자 자신의 활동에서 소외되는 것은 산업화에 대한 비판의 핵심 대상이다(섹션 3.6 참조). 그러나 비판 이론은 소외의 개념을 소비 분야와 산업적으로 맞춰진 소비자 및 문화 경험으로 확장했다.[64] 성장 논리에 종속된 사회의 전형적인 특징은 기하급수적으로 증가하는 다양한 옵션(점점 더 많은 소비재와 서비스를 구매할 수 있고, 스마트폰을 통해 자신의 사회적 상호작용 범위를 전 세계로 확장할 수 있는 가능성)과 특히 시간적, 물리적으로 제한된 실제 사용 가능성 사이의 모순이다.

그 결과, 일부 소비재는 주로 사용을 목적으로 구매되지 않는다. 대신에 '쇼핑' 이벤트와 그러한 상품이 가져다주는 약속이 전면에 등장한다. 예를 들어, 새롭거나 더 나은 배드민턴 라켓은 오후의 경기를 약속하지만, 우리는 일상에서 그것을 사용할 시간이 거의 없음을 곧 깨닫는다.[65] 이러한 부조리하고 보상적인 소비자 행동은 오늘날의 성장 비판적인 소비자 비판의 중심에 있다. 따라서 이는 노동자의 소비 증가에 대해 고전파적 방식으로 불평했던 가부장적 부르주아의 전후 소비주의 비판과는 다르다(섹션 3.2 참조).

여기서 언급해야 할 소외에 대한 또 다른 중요한 비판은 상황주의 인터내셔널의 비판인데, '스펙터클의 사회'와 소비자 사회에 대한 이 비판은 탈성장 이론에도 영향을 미쳤다. 1950년대 이후 기 드보르Guy Debord와 라울 바네겜Raoul Vaneigem 같은 상황주의자들에게 마르크스의 소외 이론은 기본적으로 옳았지만, 현대 사회의 변화하는 현실에 더 잘 맞도록 확장해야 했다. 이 사상가들에게 작업장에서의 소외는 일상으로 확장됐다. 자본주의적 축적과 착취는 항상 존재하는 광고, 광대한 쇼핑 지구, 소비를 자극하도록 재설계한 도시 공간과 라디오, 잡지 같은 대중매체의 특징이었다. 상황주의자들은 서로의 관계가 사물과 미디어를 통해 매개되는 방식에 점점 더 주목했다(이들의 주장이 소셜 미디어, 표적 광고, 플랫폼 자본주의의 도래보다 반세기 앞서 있었음을 기억하라). 개인의 표현은 직접적이고 진정성 있는 의사소통보다는 상품 소비의 형태를 취한다. 따라서 상황주의자들은 작업장을 넘어 문화 자체가 우리를 스펙터클한 축적과 경쟁으로 끌어들이는 핵심적인 통제의 장이라고 주장했다.66 아래에서 설명하겠지만, 상황주의자들은 사회의 '스펙터클'을 극복하는 실질적 방법, 즉 탈성장 운동에도 영향을 미칠 수 있는 방법들을 제안했다.

애드버스팅과 문화 교란

"리얼리스트가 되라, 그러나 불가능한 것을 요구하라Be realistic, demand the impossible." 이것은 1968년 파리 거리에 스프레이로 그려진 수많은 장난기 가득한 슬로건 중 하나로, 거대한 사회 불안 시기를 이끌었다. 이후 이 슬로건은 사람들이 반문화적 메시지를 전달하기 위해 주변 환경과 미디어를 해킹하고 장난치는 더 큰 운동, 즉 '애드버스팅(adbusting, 광고 비틀기)' 또는 '문화 교란culture jamming'으로 통칭되는 관행의 초기 사례가 되었다. 실제로 이러한 전략은 2000년대 초 탈성장 운동을 형성하는 데 큰 영향을 미쳤다. 애드버스팅은 광고의 의미를 비판적이거나 유머러스하게 바꾸기 위해 공공장소에서 광고에 개입하거나 장난치는 행위를 말한다. 상황주의자들은 이 접근법의 얼리 어답터였는데, 그들이 소비 지향적인 스펙터클 사회를 돌파하기 위해 주장한 주요 방법 중 하나가 주류 문화에서 헤게모니적 아이디어를 가져와 스스로에게 등을 돌리는 전략인 '데투르느망détournement'('경로 변경' 또는 '납치'라는 뜻)이기도 했다. 이는 펑크 운동, 게릴라 걸스Guerrilla Girls와 같은 전투적 페미니스트, 그리고 월스트리트 점령Occupy Wall Street 시위를 촉발하는 데 중요한 역할을 했다. 또 이후 더욱 유명해진 잡지 「애드버스터스Adbusters」가 실행한 것처럼, 활동가들이 '문화 교란'을 통해 반문화적 아이디어를 주류에 침투시킬 수 있도록 했다.67

이러한 전략적 관점의 중요성을 강조하기 위해 탈성장 운동의 시작에 대해 간략히 설명할 필요가 있다. 앞에서 언급했듯이, '탈성장'이라는 용어는 2002년 「Casseurs de pub」(애드버스터스의 프랑스어판) 편집자들에 의해 시작됐다. 이들은 게오르게스쿠-뢰겐이 일찍이 사용한 '데크루아상스' 용어를 참고해(섹션 3.1 참조) 당시 WTO와 산업화된 국가의 지도자들이 주창한 '지속 가능한 발전développement durable'을 재치 있게 비틀어 '지속 가능한 탈성장décroissance durable'이라는 문구를 고안했다. 이렇게 '지속가능성'과 '탈성장'을 결합하는 것은 공평한 규모 축소equitable downscaling의 필요성을 강조할 뿐만 아니라, 주류 헤게모니적 개념을 스스로 뒤집는 방식으로 전환해 상황주의자와 반체제 문화 교란자의 전통을 이어가는 것이었다. 따라서 탈성장은 반문화 운동에 뿌리를 두고 있으며, 처음부터 주류 문화 헤게모니를 불안정하게 만들려는 장난스러운 단어로 여겨졌다.**68** 탈성장은 이후 계속해서 애드버스팅 운동의 중심 개념이 됐고, 탈성장과 연계된 기후 정의 운동은 대중매체의 스펙터클을 돌파하기 위해 이와 유사한 극적이고 유희적인 방법을 사용하곤 한다.**69**

관계 복합체로서의 인간

문화적 개입을 위한 전략을 넘어 탈성장은 뿌리 깊은 서구의 가정에 저항하기 위해 문화에 대한 접근 방식을 채택했다. 2장에서 분석했듯이, 점점 더 많이 원하는 것은 '인간의 본성'이 아니다. 반대로, 소비자의 무한한 욕구는 끊임없이 증가하는 수요와 이에 따른 시장의 지속적인 성장을 위해 기능적으로 필요하다. 이는 과잉 축적이라는 자본주의적 위기를 지연시킨다. 오늘날의 지구 북반구의 소비자 사회는 인간이 만족할 줄 몰라서 생겨난 것이 아니라, 사실 전후 시대 말에 의도적으로 구축된 것이다. 신고전파 경제학 이론은 소비자가 모든 구매 결정에서 자기 이익을 극대화한다는 가정에 기초한다. 이는 인간이 본질적으로 이기적이고 탐욕스럽고 만족할 줄 모르며, 다른 동물과 마찬가지로 '적자생존'이라는 영구적인 경쟁을 통해 자신을 증명하려 한다는 생각과 같이 대중적이고 자명해 보이는 주장에 의해 뒷받침된다. 이는 신고전파 경제학 이론의 중심에 있는 호모 이코노미쿠스Homo Economicus 개념에서 구체화된다. 즉 인간은 합리적으로 자신의 효용을 극대화한다는 것이다. 이것은 과학적 지식이기는커녕 하나의 이데올로기적 구성물이다.[70]

그럼에도 불구하고, 이 이데올로기는 현실을 창조한다. 사람들은 대부분 경제학의 지시에 따라 구조화된 사회 시스템을 통해 주체가 되기 때문이다. 이렇게 사회화된 사람들은 소비사회에서 '성장 주체grow subjects'로 특징지을 수 있다. 종종 부르주아 백인 남성의 모델에 따라 개념화되는 '성장 주체'의 분석에서 특히 다음의 세 가지 특성이 주목할 만하다. (1) 겉으로 보기에 완전히 독립적인 개인의 지위 갖기, (2) 여행, 소비, 미디어 사용 등을 통해 자신의 '세계 도달 범위'를 극대화하거나 세계의 더 넓은 부분을 자신이 이용할 수 있도록 지향하기 (3) 경쟁 상황에서 이러한 목표를 달성하기 위해 자기주장을 펼치도록 노력하기.[71]

인간에 대한 이러한 일방적인 관점과 달리, 호모 이코노미쿠스에 대한 페미니스트 비판(섹션 3.5 참조)에서 강하게 영감을 받은 탈성장은 인간을 다양한 이해관계를 가진 복잡한 관계 체계의 일부로 보는 관점을 취한다. 그런 관계 복합체 속에서 사익과 물질적 번영의 추구는 여러 측면 중 하나일 뿐이다.72 탈성장과 밀접하게 관련된 반공리주의 학자 그룹인 MAUSS의 프랑스어권 네트워크는 협동주의 및 타인과의 상호 의존성을 포함하여 인간 주체가 가질 수 있는 모든 다양한 상태에 존재할 권리를 주장한다.73 따라서 호모 이코노미쿠스에 대한 비판은 두 가지로 나뉜다. 하나는 경제학과 대중과학에서 발견되는데, 인간을 합리적 효용 극대화의 추구자로 국한해 이해하는 것에 대한 비판이다. 다른 하나는, 성장 사회에 수반되며, 그것에 의해 생성되고 구조화되는 특정한 '성장 주체'의 헤게모니에 대한 비판이다.

강화, 가속, 소외의 논리

반공리주의자들은 자본주의 사회에서 인간의 다양한 목표가 제약된 경제 주체의 만족으로 환원되는 방식을 올바르게 비판한다. 사회학자 하르트무트 로자Hartmut Rosa는 이 비판을 확장하여 주체가 가속과 시간 부족을 통해 표현되는 '강화의 논리'를 내면화하고, 그에 내재된다고 주장한다. 따라서 근대적 주체의 핵심 조건은 사물 세계, 사회 세계, 주체 자체가 영구적으로 변화하고 더욱 빠르게 움직이며, 모든 사람이 자신의 관계와 세계 범위를 끊임없이 강화하여 뒤처지지 않도록 한다는 것이다. 세 가지 동학이 이러한 논리를 추동한다. 첫째, 자본주의적 생산 양식의 '경제적 원동력'에 의해 추동되는 기술적 가속화가 있다. 둘째, 기능적 차별화의 '사회-구조적 원동력'에 의한 사회 변화의 가속화가 있다. 즉 경쟁적 동학 속에서 복잡성, 전문성, 차별화가 증가해야만 복잡성을 다룰 수 있게 만드는 (정치, 경제, 법률, 과학 등과 같은) 그들 자신의 특정 논리, 요구, 과제를 가진 수많은 사회적 하위 시스템이 출현한다. 셋째, '가속의 약속the promise of acceleration'이라는 '문화적 원동력'에 의해 만들어지는 삶의 속도 자체가 있다. 이 약속은 자신의 세계가 지속적으로 확장되고 자신의 삶에서 선택의 폭이 다양해지는 것을 포함하며, 이것 없이는 사회 참여가 위축되고 불안정해진다. 가만히 서 있는 것은 아래로 움직이는 계단에 오른 것처럼 결국 후퇴가 된다. 우리가 이러한 가속 경쟁의 동학에 참여하지 않는다면 뒤처질 것이다. 식품 포장 창고에서 일하는 한 노동자는 여행할 여유를 갖기 위해 다양한 부업을 하며 자신을 혹사한다. 한 사무직 노동자는 쉬는 시간을 이용해 인스타그램 스토리를 게시하고 팔로워 수를 늘린다. 한 기후정의 활동가는 시위 캠프를 오가며 틈틈이 탈성장에 관한 기사 몇 편을 쓴다. 우리는 각기 다른 방식으로 연애, 일, 여가를 포함한 삶의 모든 영역에 적용되는 성장 사회의 이러한 가속화 지시에 종속되어 있다. 로자에 따르면, 이러한 제약은 개인이 가속을 전혀 원하지 않을 때에도 작동한다. 성장 사회에서는 현상 유지를 위해서도 강화가 필요하다. 따라서 강화의 논리는 개별적으로 자신의 삶을 바꾸는 것으로는 극복될 수 없으며, 구조적이고 집단적인 변혁이 요구된다(이는 4장과 5장에서 논의할 것이다).[74]

성장에 대한 주체적 한계

이러한 광범위하고 체계적인 비판 외에도, 일부 저자는 성장에 대한 '주체적' 한계에 초점을 맞추기도 하는데, 이는 탈진, 전반적인 불만족, 결핍감 또는 자신의 일이나 삶의 상황에 대한 저항으로 나타날 수 있다. 바바라 무라카Barbara Muraca에 따르면, 성장과 일, 소비 제도의 압력은 우리를 한계로까지 밀어붙인다.[75] 이미 1970년대에 이반 일리치는 생산성 증가에만 치중하고 늘 새로운 필요를 만들어내는 사회는 새로 생성된 이러한 필요를 완전히 충족시킬 수 없기 때문에 결핍, 부족, 결여의 희생양이 될 수밖에 없다고 주장했다.[76] 사회학자 데니스 에버스버그는 '성장의 개인적 한계individual limits to growth'를 말한다. 이것은 인간의 생리학적 한계(일정 기간 음식이나 수면이 부족하면 필연적으로 사망에 이른다는 사실과 별개로)보다 끊임없이 가속화되는 일과 소비의 세계에서 그들의 생산성을 강화해야 한다는 부담에 맞서 증가하는 저항에서 더 잘 드러난다.[77] 이처럼 서로 다른 '성장 체제growth regimes'는 서로 다른 한계와 이에 상응하는 저항의 형태를 생산한다. 예를 들어, 포드주의 체제에서 일과 소비의 단조로움과 획일성은 이 체제 내에서 계속 일하고 소비하려는 사람들의 의지와 확장 가능성을 모두 제한하는 요인이 되었다. 하지만 공장 노동자는 8시간 근무 중 허용되는 화장실 가는 시간을 이용해 밖으로 나가 담배를 피울 수도 있으며, 이 시간에 다른 노동자와 이야기를 나누고 결국 노조를 결성하는 데 사용할 수도 있다. 다른 한편, 신자유주의 또는 유연한 자본주의 체제에서 경력을 쌓고 싶어 하는 페이스북 직원은 점점 더 효율적이고 '창의적'이며 미래지향적인 일꾼이 되고자 노력하지만, 조만간 번아웃에 직면하게 될 것이다. 그녀는 자신의 경력을 포기하거나, 자신이 구축한 자원을 공동 소유의 소셜 미디어 플랫폼을 시작하는 데 사용할 수 있다. 또 다른 동시대적 사례는 노인 간병인인데, 그녀는 매우 엄격한 일정을 지키고 근무 시간 동안의 모든 활동을 기록해야 한다. 하지만 사실대로 기록하는 대신 자신이 돌보는 사람과 차를 마시거나 수다를 떨 수 있다. 이처럼 일상생활에서 경제적 압박이 우리를 강요하고 제한하더라도 우리는 그 제약을 유리하게 활용할 방법을 찾는다. 따라서 성장 체제에서 개인에게 가해지는 제한 내에서는 활용할 수 있는 가능성도 존재한다. 이를 확장해 6장에서는 에른스트 블로흐Ernst Bloch의 유토피아적 잉여 이론이 성장 체제가 우리 정신에 미치는 영향에 어떻게 집단적 저항의 기회를 열어주는지 논의한다.

탈성장에 대한 의의: 인간 조건으로서의 상호 의존

문화적 비판은 여러 나라의 탈성장 논의에서 매우 다른 방식으로 통합됐다. 데크루아상스에 대한 프랑스어권 담론에서는, 상황주의자들과 앙드레 고르츠의 연구에 영향을 받은 탓에 소외가 중심적인 역할을 한다(섹션 3.6 참조). 또한 그곳에서는 MAUSS 그룹의 테제들이 널리 받아들여졌다. 독일의 Postwachstum('포스트-성장') 담론에서 가속과 확장에 관한 하르트무트 로자의 테제는 매우 중요하지만, 지금까지 국제적 논쟁에서 거의 다뤄지지 않았다. 최근에야 탈성장이 본격적으로 침투한 영어권 담론에서는, 현대 사회를 비판하며 더 생태적이고 사색적인 대안을 제시하고자 한 E. F. 슈마허와 웬델 베리 같은 작가들과 밀접한 관련이 있다.

우리는 문화적 비판이 이러한 다양한 국제적 뿌리를 기반으로 하고, '현대적 삶의 방식'에 대한 일방적인 부르주아적 비판으로 나타나지 않는다면, 해방적 포스트-자본주의 정치에 특히 유익하고 필수적인 요소라고 주장한다. 부르주아적 비판은 육체노동을 옹호하고, '공동체로의 회귀'를 무비판적으로 조장하며, 대중문화 앞에서 개인의 자기 최적화와 개성에 대한 흔한 비유 사용에 머물거나, 사회 구조 및 정치 권력 시스템에 대한 비판에 제대로 개입하지 못한다. 어떤 종류의 문화적 비판은 근대성을 넘어서려는 것으로 이해되기보다는 반동적이고 근대성에 반대하는 것으로 보이곤 한다. 특히 소비주의에 대한 비판은 애초에 소비를 주도하고 창출하는 자본주의적 생산에 대해서는 충분히 비판하지 않고, 개인의 행동에 초점을 맞춘다는 비난에 직면한다(섹션 3.4 참조). 더 넓게 보면, 소비에 대한 비판이 탈정치적이고 개별적이며 단순히 반동적인 것처럼 보이는 것이 사실이지만, 우리는 훨씬 더 많은 것을 제공하는 비판을 강조하려 노력했다. 실제로, 여기에서 설명하는 성장에 대한 문화적 비판은 주로 문화가 개인 착취를 촉진하고 더욱 강화하여 새로운 형태의 자본 축적으로 이어지는 역할을 한다는 점을 지적한다. 즉 이 비판은 소비와 문화 자체가 작업장 내 착취나 생태적 파괴만을 다루는 것을 넘어 총체적으로 다뤄야 하는 자본주의적 지배의 장소로 숙고돼야 한다는 사실을 강조한다. 그리고 문화는 우리 삶과 매우 긴밀하게 연결되어 있기에 문화적 비판은 많은 사람이 반체제적 사상에 참여하기 시작하는 진입점이기도 하다. 문제는 이것을 개인의 불만이나 자기 개선을 넘어 자본주의적 소외에 대한 설득력 있는 비판으로 바꾸는 것이다.

따라서 탈성장에 대해 문화적 비판은 성장과 확장을 극복하는 다른 주체화의 형태가 어떤 모습일지에 대한 질문을 제기한다. 예를 들어, 위계를 허물고 스스로를 자율적인 존재가 아니라 다른 생명체와 근본적으로 연결된 것으로 보려는 '관계적 자아' 같은 주체가 있다. 이에 접근하는 한 가지 방법은 상호 의존, 대인 관계의 협상, 그리고 좋은 공존을 가능하게 하는 사회 조직 형태인 '공생공락'이라는 더 정확한 개념을 전면에 내세우는 것이다. 이와 함께 소외에 대한 비판은 더 큰 번영, 개인의 자율성, 세계 범위 확장(더 많은 소득, 이동성 등)에 초점을 맞추는 대신에 비성장 형태의 풍요를 개발하고, 우리의 삶, 경제, 자연과의 관계를 집합적으로 관리하는 민주적 제도를 통해 소외되지 않는 형태의

노동 조건을 만듦으로써 세상과 소외되지 않은 관계를 위한 사회적 조건을 논의할 길을 열어준다.[78]

3.4. 자본주의 비판

"축적하라, 축적하라! 그것이 바로 모세와 예언자들이다!"[79] 마르크스의 『자본』에서 인용한 이 구절은 자본주의가 축적에 대한 경쟁적 강박을 통해 근본적으로 경쟁적 확장, 성장 및 강화를 중심으로 조직되며, 오직 이러한 방식으로만 기능할 수 있다는 논지를 간결하게 요약한다. 고전파 경제학에서 축적('쌓다'는 뜻의 라틴어 accumulare에서 유래)은 자본에 가치를 추가하는 지속적인 과정을 설명한다. 가치는 노동의 형태로 자연과의 신진대사적 상호작용을 통해 생성되며, 완성된 상품을 판매해 잉여가치를 추출할 수 있는 유산계급에 의해 착취된다. 경쟁적 시장 체제에서 이 잉여가치는 대체로 자본(기계, 자원, 노동)으로 재투자되어야 하며, 확장과 자본의 지속적인 확대 재생산이 훨씬 더 높은 수준으로 이어진다. 이러한 축적 과정은 성장으로 구체화되지만, 체제적 위기와 생태적, 금융적, 사회적, 정치적 '모순들'로 이어진다.[80] 페미니스트와 지구 남반구 비평가들이 강조하듯이, 작업장(마르크스의 유명한 용어로 '생산의 숨겨진 거처')에서의 착취를 넘어 자본주의는 근본적으로 비자본주의적 외부의 지속적인 식민화와 전유에 의존한다. 로자 룩셈부르크에 이어 란트나흐메(Landnahme, 토지 강탈)로 이론화된 비자본주의적 '외부'를 전유하는 이러한 과정은 지리적으로(식민주의로), 사회적으로(재생산 노동, 아직 상품화되지 않은 삶의 영역으로), 그리고 자연과 관련해 이해될 수 있다.[81] 경제 성장 과정에 내재된 착취와 전유의 이런 이중 동학에서 비롯된 위기는 자본주의적 축적의 지배와 착취라는 체제적 논리와 관련된 사회적 관계를 파기하지 않고는 이해하거나 극복할 수 없다. 자본주의 비판의 핵심 주장도 이것이다.[82]

자본주의에 대한 비판은 자본주의 자체만큼이나 오래됐다. 탈성장 논의 일부에서 자본주의에 대한 비판이 무시되더라도, 그것은 성장 사회를 이해하고 변화시킬 가능성에 필수적이다. 성장에 대한 비판은 자본주의적 축적에 대한 비판도 포함해야 한다. 자본주의와 파시즘의 연관성에 대한 막스 호르크하이머Max Horkheimer의 주장을 수정한 엘마 알트파터Elmar Altvater의 말에 따르면, "자본 축적에 대해 말하지 않으려는 사람들은 성장에 대해서도 계속 침묵할 것이다."[83]

탈성장 관점에서 성장은 자본주의적 축적의 필연적 결과이자 조건으로 분석될 수도 있다. 소비 비판과 성장의 외부적 한계에 더해 생산과 생산 양식도 성장에 대한 비판의 중심이 되어야 한다. 여기에는 계급 갈등뿐 아니라 자본주의가 위기로 빠져드는 경향, 생산 양식의 변화와 새로운 국경으로의 추가 확장을 통한 위기의 지속적인 극복, 축적과 성장 과정에 관여하는 사회제도(부동산, 기업, 은행, 국민국가, 군대, 독점)가 포함된다. 성장의 한계는 성장을 통해 스스로를 동적으로 안정화하는 자본주의의 한계이기도 하므로, 숙고해야 할 대상은 경제 성장만이 아니라 자본주의 체제 그 자체다. 성장이 없는 자본주의는 강화된 국경과 자원에 대한 갈등으로 특징지어지는 봉건적이고 비참하며 불평등하고 권위주의적인 체제로 더욱 악화될 위험이 있다. 이러한 비판의 관점에서 탈성장은 필연적으로 포스트-자본주의를 의미하며, 특히 반자본주의 운동 및 생태 사회주의와 밀접하게 연결된다.[84]

끊임없는 축적 과정

마르크스에 따르면, 자본주의는 첫째, 더 많은 돈을 벌기 위해 투자되는 자본에 의해 구동되고, 둘째, 생산수단의 사적 소유, 임노동, 경쟁 시장에 기반하는 이러한 축적 동학이 사회에 결정적 영향력을 미치는 사회 구조이자 경제 시스템이다. 이는 흔히 M - C - M′(화폐 - 상품 - 더 많은 화폐) 공식으로 설명된다. 자본가는 기계, 원자재, 에너지와 같은 상품뿐 아니라 노동에도 자본을 투자한다. 자본주의에서 임노동의 '이중성'은 구체적인 사용가치는 물론, 추상적인 교환가치를 지닌 생산물을 만들어낸다. 교환가치를 기반으로 상품은 투자된 자본보다 더 높은 가치를 지니고 시장에서 다시 판매된다. 이는 처음에 사용된 화폐(M)가 자연과 상품(C)을 생산하는 상품화된 노동(임노동)과의 신진대사 교환을 통해 더 큰 화폐(M′)로 변환됨을 의미한다.[85] 이것이 전부라면, 자본주의는 단순히 저택이나 교회 건설, 대규모 잔치나 퍼레이드 개최를 통해 사적으로 소비되거나 사회적으로 소비되는 잉여를 포함하는 것에 그칠 것이다. 그러나 시장 경쟁과 기술 개선을 통한 생산력 향상, 자본 축적의 경쟁적 필요성 때문에 이윤의 상당 부분은 더 많은 자본을 확보하는 데 재투자돼야 한다. 이는 지속적인 축적 과정을 만든다.[86] 창출된 잉여가치가 더 좋고 현대적인 기계, 더 많고 값싼 재료 구매, 더 많은 생산 노동자 고용에 지속적으로 재투자된다는 사실은 자본가의 개인적 탐욕의 결과가 아니다. 시장 점유율 경쟁과 생산성 향상으로 인해 투자는 자의적인 결정이 아니라, 자본 소유자의 모든 행동과 전체 경제 시스템을 지배하는 제약이다.

자본주의하에서 생산성의 엄청난 증가는 이러한 경쟁 원칙으로 거슬러 올라간다. 더 나은 생산 방법, 기술 진보, 더 효율적인 작업 조직을 통해 추가 이윤을 추구하는 데서 뒤처진 기업은 경쟁에서 시장 점유율을 잃고, 기계를 최신 표준으로 업데이트할 자원이 부족해 조만간 비즈니스 기반을 잃게 되기 때문이다. 사회 전체가 생산량을 늘려야 한다는 압박도 이러한 축적의 동학에서 비롯된다. 성장이 없다면 일반 자본가들은 실현되지 않은 가치에 갇히고, 팔리지 않은 상품은 교환가치를 잃으며, 투자가 감소하고, 전체 공급망이 둔화되거나 심지어 정지된다. 그리고 자본주의에서 인간의 삶은 기본 생필품 공급이 의존하는 시장을 통해 스스로 재생산하기 때문에 모든 자본주의 위기는 사회적 위기이기도 하다.[87] 아래에서 설명하겠지만, 이 자본주의적 축적 과정은 근본적으로 불평등, 지배, 다양한 형태의 사회적 규칙에 기반을 두고 있다. 자본주의 체제는 계급, 인종, 젠더 관계를 포함한 사회적 관계, 포스트-식민주의적 세계 체제, 국가와 정당으로 구성된 정치 형태로 분석되어야 한다. 또한 자본주의는 생물물리학적 체제로도 분석되어야 한다.[88]

성장은 축적의 물질화다

자본주의 경제는 축적을 향한 추동력으로 정의된다. 경제 성장은 이 과정의 물질화로, 2장에서 살펴본 것처럼 사회적인 동시에 생물물리학적이고 생태학적인 물질화다. 경제 성장은 이윤을 창출하려는 추동력의 결과이며, 축적에서 비롯되는 과정이다. 그러나 경제 성장은 축적의 조건이기도 하다. 성장과 관련된 생물물리학적, 사회적 과정 없이는 축적도 있을 수 없다.[89] 자본은 필연적으로 과잉이며, 그 경계를 알지 못한다. 자본의 유일한 동력은 스스로 성장하는 것인데, 여기엔 자본이 스스로를 수량으로만 지칭한다는 특징이 있다. 사람들의 필요는 부차적인 역할을 할 뿐이다. 교환가치를 지향하는 생산 수요는 확장된 생산과 자본의 재생산 조건을 충족할 수 있는 정도여야 하고, 그 이상은 안 된다.[90] 즉 노동자가 일할 수 있을 만큼 건강하지 않거나 소비자가 소비할 수 있을 만큼의 돈이 없다면, 자본주의적 축적은 이윤을 남기거나 상품을 판매할 수 없을 것이다. 각각은 지속적인 축적 과정과 잉여가치 포획의 필수 조건이다.

따라서 경제는 이윤 추구에 따라 움직인다. 이 '화폐적 생산 경제' 내에서 성장은 상호 연결되어 있지만 서로 다른 두 가지 형태의 투자에서 비롯된다. 이 두 가지 모두는 생산 및 축적 능력의 확장을 목표로 한다. 즉 "확장은 단순히 더 많은 기계, 재료, 노동력의 생산일 수도 있고, 새로운 형태의 기계, 재료, 노동력의 생산일 수도 있으며, 지금까지 존재하지 않았던 새로운 상품 형태의 설계일 수도 있다."**91** 외연적 투자와 내포적 투자 모두가 성장에 영향을 미치지만, 특히 축적은 내포적 투자에 기반한다. 내포적 투자는 생산성을 높이고, 지속적인 확장과 소비자 시장의 변화를 주도하며, 광고로 그 필요한 수요를 창출하는 제품의 영구적 '개선'을 주도한다. 노동 중심적, 생산주의적 관점에서 볼 때, 자본주의에 역사적으로 '진보적인' 방향을 제시하는 것은 바로 이런 후자의 추동력이다.

경쟁에 의해 추동되는 이 축적의 논리가 자본주의 발전 규칙에 따라 모든 조건의 영구적인 혁명을 가져왔고, 이전에는 알려지지 않았던 생산력의 발전을 전개했으며, 전 세계의 끊임없이 성장하는 지역뿐 아니라 사회의 새로운 영역으로도 확장되고 있다. 마르크스주의 좌파 내의 생산주의적 흐름을 포함해 많은 사람이 자본주의가 기술 혁신을 통해 생산력을 발전시켜 해방된 포스트—자본주의 사회를 실현할 수 있기를 희망한다.**92** 그러나 아래에서 살펴보는 것처럼, 위기와 같은 자본주의의 본질을 뒷받침하는 것 역시 이러한 축적의 동학이다.

영속적인 위기로서의 성장

마르크스는 다음에 인용하고 있는 『자본』의 유명한 구절에서 혁신과 기술, 도시와 교외의 분리를 통한 농업과 산업에서 생산수단의 끊임없는 발전에 관해 언급했으며, 이후 '신진대사 균열'이라 불리는 것에 대해서도 논했다.

자본주의적 생산은 인구를 거대한 중심지에 집중시키고, 도시 인구가 점점 더 우세해지도록 한다. 이는 두 가지 결과를 낳는다. 한편으로는 사회의 역사적 원동력을 집중시키고, 다른 한편으로는 인간과 지구 사이의 신진대사 상호작용을 방해한다. 즉 인간이 음식과 의복의 형태로 소비하는 지구의 구성요소가 토양으로 돌아가는 것을 가로막는다. 따라서 그것은 토양의 지속적인 비옥도를 위한 영원한 자연조건의 작동을 방해한다. ⋯ 그러나 그 신진대사를 둘러싼 환경을 파괴함으로써⋯ 그것은 사회적 생산의 규제 법칙으로서, 그리고 인류의 완전한 발전에 적합한 형태로서 그것의 체계적인 복원을 강제한다. ⋯ 자본주의적 농업의 모든 진보는 노동자를 강탈하는 것뿐만 아니라, 토양을 강탈하는 기술의 진보다. 주어진 시간 동안 토양의 비옥도를 증가시키는 모든 진보는 그 비옥도의 더 오래 지속되는 원천을 파괴하는 방향의 진보다. ⋯ 따라서 자본주의적 생산은 모든 부의 원천인 토양과 노동자를 동시에 훼손함으로써만 기술, 그리고 생산의 사회적 과정의 결합 정도를 발전시킬 뿐이다.[93]

자본주의 발전의 변증법이 생태적으로 의미하는 바는 특히 생태 마르크스주의 전통에서 많이 논의돼왔다(섹션 3.1 참조).[94] 그러나 그에 못지않게 중요한 것은 살아 있는 노동의 생태학, 강도화, 유연화, 노동일의 확장을 통해 인간 노동을 착취하는 자본주의적 경향이며, 이는 번아웃과 재생산 위기, 기타 사회적 위기로 이어진다(섹션 3.3 및 3.5 참조).[95] 축적 과정의 핵심 동학은 점점 더 많은 자본이 극도로 집중되기 때문에 그 자본을 수익성 있게 투자하는 것이 점점 더 어려워진다는 사실에 있다. 이러한 과잉축적 문제는 역사적으로 다양한 변형으로 발생하는데, 주로 너무 많은 공장에서 충분히 구매될 수 없을 정도로 너무 많은 상품을 생산하고, 특정 부문에 너무 많은 자본을 투자해 거품을 일으키는 것처럼 과잉생산이나 금융 위기의 형태로 나타난다. 주기적으로 발생하는 이러한 위기는 종종 '비자본주의적 외부'의 지속적인 통합을 통해 극복된다. 로자 룩셈부르크에 이어 페미니스트와 식민주의 및 생태학 이론가들이 보여준 것처럼, 자본주의는 역사적으로 폭력적인 전유 과정(인클로저, 식민지, 노예제, '원시적 축적')에만 기반을 두는 것이 아니다. 전유는 오늘날까지 자본주의의 전체 역사를 형성해 왔다. 비자본주의적 삶의 형태를 통합하는 것은 탈상품화된 활동의 상품화(공유 차량이 우버Uber가 되는 경우처럼)를 통해 시장 확장에 중요한 역할을 한다. 화폐 교환과 노동 착취에 기반한 자본주의 상품 시스템(M‑C‑M′)은 근본적으로 인간과 비인간인 자연으로부터 무급 노동과 에너지를 전유하지 않고서는 기능할 수 없다. 무급 가사노동, 신식민지적 착취,

공적 구제금융 등 사람과 자연의 원자재 및 에너지로부터 나오는 무급 투입이 없다면, 생산 비용이 너무 높아져 이윤이 감소하고 축적이 중단될 것이기 때문이다.[96]

자본주의는 축적과 성장에 대한 장벽을 극복하기 위한 끊임없는 운동으로 이해할 수 있다.[97] 지구 북반구의 '제국적 생활 양식'(섹션 3.7 참조)과 같이 일부 지역에서의 자본주의 위기 동학의 안정화와 계급 갈등의 억제는 종종 위기를 다른 지역으로 이전하거나 외부화하는 것과 연결된다. '여성, 자연, 식민지'의 전유[98]는 시장 메커니즘을 통해 직접적으로 드러나지 않는 경우가 많지만, 과학기술, 국가 및 군사력, 문화적 관점과 밀접하게 관련된 자본주의 발전의 필수적인 부분이며, 이것이 페미니스트 및 남반구–북반구 비판의 초점이다(섹션 3.5 및 3.7 참조). 파괴적인 성장의 결과에 대한 체계적 외부화(섹션 3.1 참조)와 결합하여, 자연의 지속적인 상품화의 이러한 동학은 "*사회적 신진대사, 즉 생명 자체의 자연법칙에 의해 규정되는 신진대사의 상호 의존적 과정에서 발생하는 돌이킬 수 없는 균열로서*"[99], 잠재적으로 해결할 수 없는 자본주의 사회화의 위기를 발생시킨다. 실제로, 이것은 가속주의자들이 주장하는 것처럼 사회주의에 도달하기 위해 자본주의를 '통해' 가는 것은 바람직하지 않을 뿐 아니라 불가능함을 의미한다. 자본주의가 생성하거나 재조직할 수 있는 것보다 더 많은 것을 파괴하기 때문이다.[100]

도시화와 성장

마르크스는 이미 국가와 도시의 분할을 자본주의 출현의 토대로 분석했는데, 특히 상황주의자와 앙드레 고르츠 시대에 글을 쓴 앙리 르페브르Henri Lefebvre 같은 도시 지리학자들이 이 주제를 더욱 발전시켰다. 이 사상가들은 자본이 더 이상 1차나 2차 생산(원료 추출 또는 공장 생산)에만 투자되는 것이 아니라, 점점 더 부동산 투기로 이동하고 있음을 알아차리기 시작했다. 포스트-포드주의 세계화로 인한 자본의 과잉 축적을 처리하는 방법으로서 부동산과 토지에 대한 투자는 데이비드 하비의 표현처럼 일종의 '공간적 조정spatial fix'이 되었다.101 오늘날 세계 자본의 약 60%가 부동산에 투자되고 있다.102 결과적으로, 도시 공간은 포드주의 시대에 공장 생산이 그랬던 것처럼, 자본의 흐름에 저항하고 대안을 구축하는 핵심 장소다. 도시 지리학자들은 이제 '행성적 도시화'에 대해 이야기하면서 지구가 점점 더 도시화되고 있으며, 도시화되지 않은 지역은 인프라 개발과 지역 기관의 재배치를 통해 도시 개발을 위한 상설 예비력standing reserve 제공 목적으로 재구조화된다는 점에 주목한다. 학자들은 이 도시화가 물과 에너지 사용 같은 도시 신진대사 과정의 포획과 이를 둘러싼 갈등에 의해 어떻게 추동되는지, 그것이 특히 콘크리트와 강철을 매개로 어떻게 물질적 성장을 추동하는지 추적했다(2장 참조).

도시 지리학자들은 이윤만을 목적으로 도시 성장을 촉진하고 관리하려는 엘리트들(주로 개발업자와 정치인)의 소위 '성장 연합'

또는 '성장 기계'에 대해 논의하면서, 이들이 일종의 '부동산 국가'로 기능한다고 보았다. 이 결합된 과정은 자본주의적 축적을 성공시키기 위해 (교외화, 쇼핑몰, 쓸모없는 대형 프로젝트, 젠트리피케이션, 고속도로 등을 통해) 함께 작동하는 도시 개발, 건설, 생산 및 소비의 기반 시설망을 의미하는 '생산의 톱니바퀴'의 핵심 부분이다. 그 결과 이제 도시화가 자본주의 발전의 핵심 동인이 됐지만, 지방자치주의 정치 발전을 통해 성장 연합의 이윤 달성을 차단하고 노동계급 및 다양하고 생태 지향적인 공동체의 대안적 도시 연합을 구축함으로써 자본주의에 대한 독특한 저항의 장소이기도 하다고 주장한다.[103]

최근에야 이러한 질문이 탈성장 학자들에 의해 더욱 깊이 제기됐다. '성장 기계', '생산의 톱니바퀴', '도시 신진대사'와 같은 개념은 탈성장 분석에 특히 유용하며, 탈성장 프레임워크에 이들을 통합하기 위해 더 많은 연구가 이뤄질 수 있다. 도시화와 주거에 대한 문제는 탈성장 문헌에서 점점 더 많이 탐구되고 있으며, 탈성장 사회에 적합한 인간 거주지 유형과 성장을 주도하는 도시화의 역할에 대한 논의가 대두하고 있다.[104]

데팡스

프랑스 작가이자 철학자인 조르주 바타유Georges Bataille가 소개한 데팡스(dépense, 프랑스어로 '지출' 또는 '소모')라는 개념은 탈성장 논의에서 자본주의에 대한 구체적인 비판을 표현하기 위해 채택됐다. 데팡스는 비자본주의 사회에서 사회적으로 생산된 잉여를 재투자하는 대신 비생산적인 지출(예를 들어, 한 해의 잉여 수확물로 잔치를 벌이는 것)로 사용하는 일반적인 관행을 설명한다. 이 용어는 부가가치의 생산적 재투자에 대한 약속이 자본주의 사회의 특수한 특징이지만, 인류학적으로는 역사적 예외임을 보여준다. 거의 모든 사회에서 집단적 축하 행사, 의식, 보석, 값비싼 옷, 정원, 공원 등을 통해 집단적이거나 개인적인 부를 과시할 때 잉여의 집단적, 의식적 또는 개인적 소모를 발견할 수 있다. 따라서 데팡스라는 용어는 자본주의 비판에 두 가지 아이디어를 추가한다. 첫째, 그것은 대부분 사회에서 집단적으로 소비되는 풍요로 존재하지만, 자본주의 사회에서는 끝없는 재투자를 통해 매우 파괴적인 방식으로 해결되는 과잉생산을 처리할 가능성을 열어준다. 둘째, 모든 인간 사회에서 잉여의 소모를 짚어줌으로써 자본주의 내 희소성의 논리가 보편적인 진리가 아니라 역사적으로 우발적인 현상임을 설명한다. 즉 집단 축제, 예술에 대한 지출, 또는 더 일반적으로 사회적 잉여를 어떻게 분배할지를 민주적으로 결정하는 것이 단순한 사치가 아니라 공동선이될 수 있다는 가능성을 받아들인다. 예를 들어, 사회는 화석연료를 땅에 남겨두고 사용하지 않기로 결정할 수 있고, 자원과 노동력을 대규모 토지 재경작에 투자해 자연 탄소 흡수원으로 전환할 수 있다. 이렇게 돈과 자원을 순환 속에서 제거함으로써 자본은 축적 과정에서 제거될 수 있으며, 이는 성장을 추동하는 무한축적을 해체하기 위한 필수 전제 조건이다. 따라서 데팡스 개념은 자본주의에 대한 비판과 탈성장 담론을 더 일반적으로 연결하고, 경제에 대한 순수한 생산주의적 개념을 넘어설 방법을 제공한다(5장 참조).[105]

자본주의와 희소성

저명한 탈성장 사상가들은 자본주의, 희소성, 풍요 사이의 교차점에 대한 새로운 사고방식을 발전시켰다. 첫째, 자본주의가 공유지의 인클로저와 공유지의 기술관료적 관리 및 규제를 통해 일상생활에서 일반화된 희소성을 초래한다는 이론이다. 예를 들어, 초기 자본주의 유럽에서 방목지와 삼림의 인클로저는 소작농들에게 희소성의 조건을 형성했고, 도시로의 이동을 강제했으며, 사람들을 '화폐적 관계cash nexus'(마르크스)로 통합시켰다. 인클로저를 통해 희소성을 창출하는 이 과정은 이후 중국과 같은 식민지화되고 산업화된 국가에서 복제됐으며, 나아가 플랜테이션 농산업의 확장이나 화석 또는 녹색 자본주의를 위한 자원 추출을 목적으로 아마존, 아프리카, 태평양 지역에서 토지 강탈을 통해 점점 더 늘어났다.[106] 산업화된 국가에서 노동계급은 자본주의적 생산에만 의존하지 *않는* 것이 거의 불가능한 현실에 살고 있다. 예를 들어, 공간은 엄격하게 규제되며 정원 가꾸기나 비공식 판매와 같은 공공 공간의 대안적 사용은 '쓸데없는 행위loitering'로 코드화되거나 범죄화된다. 반면, 초기 산업화된 국가에서는 고도로 규격화된 세금 및 복지 시스템을 통해 비공식적인 비과세 생산(추가 수입을 얻기 위한 공예품 제작 및 판매 등)이 원천적으로 통제된다. 자본주의는 이런 식으로 희소성을 부과하면서도 인위적으로 만들어진 풍요를 창출한다. 이용 가능한 상품과 서비스의 엄청난 양은 번영과 풍요로움을 느끼게 하지만, 이 풍요는 그럴 여유가 있는 가계와 개인에 의해 사유화되고, 팔리지 않을 때는 음식물 쓰레기처럼 폐기 처분된다.[107]

요르고스 칼리스와 같은 탈성장 학자들은 이 동시적인 희소성과 풍요가 사실상 성장 기반 시스템에 내재되어 있다고 주장했다. 칼리스는 경제적 한계를 극복하기 위해 인구 통제를 주장하는 것으로 종종 해석되는 토머스 맬서스Thomas Malthus가 실제로는 성장을 옹호하기 위해 한계의 위협을 불러일으키고, 희소성은 *자연 진리natural fact*이며 성장 기반 경제만이 이를 극복할 수 있다고 주장했음을 보여준다. 이런 방식을 주장한 맬서스는 최초의 '성장의 사도' 중 한 명이었다. 이후 신고전파 경제학자와 엘리트들은 자연적 희소성을 극복하기 위해 성장이 필요하다는 생각을 상식으로 굳히기 위해 노력했다. 그러나 희소성은 자연 진리가 아니다. 오히려 희소성은 자율성과 자기 결정권을 제한하는 사회적 위계와 더불어 자본주의적 생산 체제에 의해 부과되는 것이다. 따라서 탈성장은 자연적 희소성에 따라 사회에 한계를 부과하는 것이 아니라, 집단적으로 공공의 풍요를 창출하기 위해 자율성을 회복하는 것이며, 한계를 숙고하고 설정하는 것이다. 또 그리스 철학자 코르넬리우스 카스토리아디스Cornelius Castoriadis가 그의 연구에서 주장한 것처럼, 집단적으로 한계를 설정하는 것은 자율적이고 민주적인 거버넌스 형성을 위한 핵심 전제 조건이다. 실제로, 우리를 비민주적으로 제한하고 자신의 한계 설정을 불가능하게 만드는 것은 바로 자본주의다. 즉 자본주의는 우리를 서로에게서, 그리고 지구의 풍요로움으로부터 소외시킨다. 따라서 탈성장이 집단적 재전유와 사회적 잉여의 데팡스에 관한 것이듯, 그것은 자연적 희소성의 거부, 자본주의와 위계가 우리에게 부과한 한계의 해체, 집단적 한계에 대한 숙고, 스스로 결정하는 포스트─희소성의 사회를 만드는 일에 관한 것이다.[108]

탈성장에 대한 의의: 성장에서 자본주의의 역할

자본주의 비판과 성장 비판의 관계는 양면적이고 복잡하며, 상호 회의주의를 특징으로 한다. 탈성장 스펙트럼의 일부는 자본주의에 대해 너무 노골적으로 말하는 것을 두려워하는 것 같고, 탈성장이 실제로 포스트─자본주의를 의미해야 하는지 명시하는 것을 꺼리는 듯하다.[109] 또한 탈성장 지지자들은 자본주의에 대한 거부 자체가 성장에 대한 거부를 의미하지는 않는다고 주장한다. 결국, 현실 사회주의는 결정적으로 성장 지향적이고 생산주의적이며 기술관료적인 프로젝트였을 뿐만 아니라, 사회주의나 포스트─자본주의에 대한 오늘날의 많은 제안도 해방적 성장 비판에 미치지 못한다.[110] 그럼에도 불구하고, 탈성장 회의 참석자들을 대상으로 한 설문조사에 따르면, 대부분 참가자가 자본주의에 비판적이며 탈성장을 포스트─자본주의적 제안으로 보고 있다. 이러한 추세는 최근 간행물들에 의해 더 확실해지는 것으로 보인다.[111] 마찬가지로, 더 광범위한 지속가능성과 포스트−성장 논의에서 탈성장 지지자들은 정상 상태 경제steady-state economy나 포스트−성장 지지자보다 자본주의 비판을 더 잘 받아들이곤 한다. 실제로, 탈성장은 정상 상태 경제학이나 다른 사회 생태학적 대안보다 현 사회에 대한 더 급진적인 비판으로 제시되는 경우가 많다.[112]

다른 한편, 자본주의를 비판하는 학자와 활동가들은 탈성장에 대해 회의적이었다. 탈성장은 자본주의에 대한 피상적인 비판만을 형성한다거나, 성장의 실제 동인을 잘못 판단한다거나, 금욕에 대한 개인화된 호소를 내놓는다는 비난을 되풀이해서 받아왔다. 물론 이러한 비판이 타당할 때도 있다. 예를 들어, 소비, GDP를 넘어설 대안 지표, 정책 개혁에 초점을 맞추는 경향은 자본주의적 축적이 성장 과정을 추동하는 역할을 제대로 보지 못할 위험이 있다. 이 섹션에서 제시한 자본주의 비판은 성장의 중심 동인으로서 순환, 소비, 신용의 영역에만 초점을 맞추는 비판들이 성장은 자본의 실현에서 비롯된다는 실제적 문제를 지나쳐 버린다는 것을 강조했다. 그러나 탈성장에 대한 반자본주의적 비판은 탈성장의 핵심 주장과 제안을 제대로 살펴보지 않고, 유익한 만남의 가능성을 무시해 버리곤 한다. 특히, 자본주의적 성장을 축적의 물질화로 보는 탈성장에 영감을 받은 비판은 성장의 물질적 차원, 사회적 신진대사, 전유, 소비사회, 인위적 희소성, 데팡스와 같은 쉽게 무시될 측면에 초점을 맞춤으로써 자본

주의에 대한 폭넓은 이해를 심화시킬 수 있다.[113]

　자본주의 비판은 탈성장 논의를 위한 다양한 출발점을 제공한다. 비록 자본주의에 비판적인 많은 접근 방식이 생태적 문제와 지구적 정의에 거의 관심을 기울이지 않고, 종종 지구적 착취에 의존하는 산업화된 중심부의 생산, 기술, 제국적 생활 양식에 무비판적인 태도가 두드러지더라도 말이다. 자본주의와 관련해 탈성장 관점에서 제기되는 핵심 질문, 즉 성장의 감소가 반드시 자본주의 극복을 의미하는가에[114] 대해서는 여러 방향에서 많은 논의와 답변이 있었다. 역사적 경험에 따르면, 침체 또는 GDP 감소 국면이 지역적이거나 일시적일 경우, 그것이 자본주의 경제의 종말을 즉각적으로 가져오지는 않는다. 오히려 그런 상황은 사회정치적 위기를 극적으로 악화시키고 위기를 수반하는 독점자본주의, 불평등 심화, 전유를 통한 축적 과정, 사회적 관계의 재봉건화로 가는 경향을 보여준다.[115] 급진적 개혁에 의해 근본적으로 변화하고 성장을 굴복시킨 '포스트−성장 자본주의'가 가능한지, 아니면 탈성장이 필연적으로 자본주의 너머를 가리키는 것인지에 대한 논쟁은 앞으로도 계속될 것이다.[116] 그럼에도 불구하고, 우리가 무엇에 맞서고 있는지 이해하려면 자본주의 비판이 필수적이다. 에릭 피노는 다음과 같이 말한다.

　　축적에 대한 비판 이론은 불평등한 소득 분배, 소외된 노동 과정, 착취, 계급 지배와 같은 자본주의의 사회적 차원을 포착한다. 성장에 대한 비판 이론은 물질세계에서 자본주의의 양태와 그 확장적

이렇게 두 이론을 함께 보면, 이러한 모순들이 어떻게 성장 기반의 해법을 찾는 경향이 있는지 이해할 수 있게 된다. 탈성장의 생태적 유물론은 해방적인 포스트−자본주의 사회의 생물물리학적 규모와 형태에 대한 비판적 논쟁을 가능하게 하며, 어느 정도는 독자적으로 진화한 탈성장의 자본주의 비판은 포스트−자본주의 논쟁에 독특하게 기여한다.

3.5. 페미니스트 비판

성장에 대한 페미니스트의 비판은 경제 성장과 생산성을 지향하는 자본주의 경제에서 주로 여성, 특히 토착민과 흑인 여성, 유색인종 여성이 수행하는 사회의 필수적인 재생산 노동이 근본적으로 인정받지 못하고 보이지 않으며 평가절하되고 불안정한 상태로 남아 있다는 논지에 기반한다. 따라서 이 경제 체제는 본질적으로 가부장적 체제다. 재생산 노동은 자본주의 사회를 포함해 모든 인간 사회의 근간이다. 재생산 또는 돌봄 노동은 어린이와 노인 돌봄부터 요리, 가사, 개인 정원 가꾸기 및 수리 작업, 자연 돌보기, 자급 농사에 이르기까지 사람들의 생활 유지와 웰빙에 직접적으로 기여하는 모든 활동을 의미한다. 이러한 활동은 계산 방법에 따라 국가 경제 생산량의 30~70%를 차지한다. 가부장적 경제 체제에서 재생산 노동은 구조적으로 평가절하되고 보수가 낮거나 전혀 없기 때문에 영구적인 위기에 처해 있다. 이 위기는 필연적으로 인간과 자연 관계의 위기적 발전과 연결된다. 재생산 노동의 영구적 위기는 돌봄 노동을 중시하고 장려하는 다른 경제 체제에 의해서만 극복될 수 있다. 이것이 젠더 정의의 전제 조건이자 목표이며, 돌봄을 중심에 두는 것은 탈성장의 핵심 초석이 되었다.[118]

에코 페미니즘과 페미니스트 경제학

적어도 1980년대부터 페미니스트 진영에서는 성장에 비판적인 논쟁이 활발하게 전개됐다. 그러나 자본주의에 비판적인 페미니스트들이 성장에 기반한 사회 문제를 오랫동안 논의해왔고 지금도 그렇지만, 이러한 논의가 탈성장 담론에 늘 포함되거나 인정된 것은 아니었다. 탈성장 논의의 지적 '아버지' 목록에서 '어머니'는 전혀 언급되지 않거나 미미하게만 언급됐을 뿐이다.[119] 이는 최근 몇 년 사이에야 바뀌었고, 출판물과 국제 탈성장 회의에서 페미니스트가 개입한 덕분에 그들의 주장이 탈성장 논의에 점차 통합되고 있다. 모든 페미니스트 흐름이 탈성장 사상과 함께할 수 있는 것은 아니다. 많은 형태의 자유주의 페미니즘이 생태적 문제나 자본주의를 간과하지만, 페미니스트 비판의 두 가지 이론적 흐름은 특히 탈성장에서 중심이 된다. 첫째는, 체제적 수준에서 자본주의, 가부장제, 자연에 대한 착취 사이의 연관성을 명확히 하는 에코 페미니즘이다. 둘째는, 성별 없는 호모 *이코노미쿠스*를 경제의 중심인물로 구성하는 것을 비판하고, 무급 가사노동이 누락된 GDP 계산을 거부하는 페미니스트 경제학이다.[120]

빙산 모델

일반적으로 우리가 보는 빙산은 물 위에 떠 있는 끝부분일 뿐이며, 90%는 보통 물속에 있어서 잘 보이지 않는다. 오래전부터 페미니스트 경제학자들은 자본주의 시장이 빙산과 같은 기능을 한다고 주장해왔다. 상품, 노동, 투자 등 일반적으로 '경제'로 식별되는 것은 사실 빙산의 일각에 불과하며, 그 아래에는 생명을 재생산하고 유지하는 경제, 그리고 무엇보다도 시장 경제를 가능하게 하는 보이지 않는 경제가 존재한다(그림 3.2 참조). 말하자면, 수중에서 일어나는 모든 활동은 경제학과 그 측정 도구에 보이지 않는다. 즉 경제 정책이 수립되는 방식과 대중이 다양한 종류의 노동을 평가하는 방식에도 보이지 않지만, 그것 없이는 최상위가 전혀 존재할 수 없는 토대를 형성한다.[121] GDP는 빙산의 일각인 돈의 흐름만 측정하므로 대부분의 경제활동을 무시한다. 이 시스템의 비합리성은 '주부 패러독스'와 관련해 오랫동안 논의돼왔다. 이론적으로 보면, 한 남자가 가사도우미와 결혼하고 그 이후 그녀가 무급 가사노동을 하면 GDP는 감소하게 된다. 그녀의 노동은 자연의 서비스를 포함하는 모든 비시장적 서비스와 마찬가지로, 이제 '무료'이고 보이지 않으며 '전혀 중요하지 않은'

것으로 간주될 것이다.**122** 경제의 시장 중심적 관점은 모든 경제 활동이 주로 여성(일부 부유한 국가에서는 점점 더 불안정하게 고용된 이주민)과 자연(무한한 자원으로 간주되는)에 의해 이뤄지는 재생산

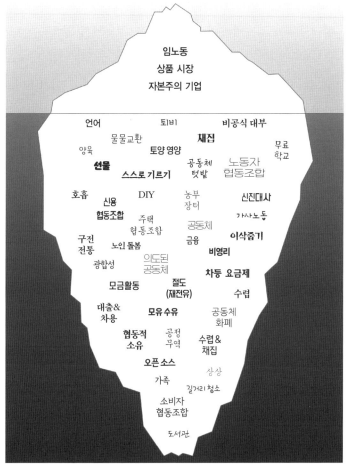

[그림 3.2] 경제의 빙산 모델
출처: 커뮤니티 경제연구소Community Economies Institute

영역에 근본적으로 의존한다는 점을 부인한다. 이러한 부정의에서 벗어날 한 가지 가능성은 '가사노동에 대한 임금', 즉 1972년 국제 페미니스트 집단International Feminist Collective이 요구한 재생산 활동에 대한 금전적 보상 캠페인으로 대변된다. 이 요구는 탈성장 맥락에서 더 깊이 논의 중이다.[123]

경제학에서 경제활동의 많은 부분을 억누르지 않으면, 호모 이코노미쿠스를 경제학의 기본 인물형으로 삼을 수 없다. 호모 이코노미쿠스는 독립적이고 합리적으로 행동하며 이기적이고 건강하고 젠더리스한 중년에 자신의 이익을 극대화하는 인물로 개념화된다. 경제학은 인간에 대한 극도로 협소한 개념에서 출발하기 때문에 경제학의 많은 부분이 경쟁 기반의 성장을 경제활동의 유일한 합리적 목표로 정당화한다.[124]

빙산의 일각만을 배타적으로 고려하는 것은 '자본중심주의capitalocentrism'로 이어져 기부, 물물교환, 대부, 상호부조 등 다른 모든 경제 형태에 내재된 논리를 보이지 않게 만든다. 따라서 '자본주의'가 모두를 아우르는 시스템이라는 생각은 자본주의에 비판적인 사람들조차 재구성하고 암묵적으로 지지하는 반면, 다른 다양한 경제는 여전히 무시된다. 성평등 사회와 탈성장 경제는 비자본주의적 경제활동을 촉진하고 J. K. 깁슨-그레엄J. K. Gibson-Graham이 '공동체 경제'라고 부르는 것을 발전시켜야 할 것이다.[125]

젠더화된 착취

그러나 모든 비자본주의 또는 '공동체' 경제는 이윤과 상품화 논리의 확장에 잠식당할 위험에 늘 처해 있다. 이것이 로자 룩셈부르크의 연구에 기반한 페미니스트 마르크스주의 경제 연구의 핵심적 발견이다(섹션 3.4 참조). 이윤을 얻기 위해 자본가는 소위 '원시적 축적'과 무급 재생산 노동의 형태로 점점 더 많은 공짜 자원을 지속적으로 전유해야 한다.[126] 이 공짜(또는 값싼) 자원의 '비자본주의적 외부'는 (여전히) 주로 남반구에 있는 비자본주의적 자급 사회와 자본주의 사회의 자급 활동에서 찾을 수 있다. 교육, 돌봄, 가사, 정원 가꾸기와 같은 후자의 활동들은 '여성적feminine'이라는 의미를 내포하며, 대부분 무보수로 이뤄진다. 한편으로, 무급 재생산 노동은 자본주의적 생산의 지속적인 무료 기반을 형성한다. 반면, 자본주의적 생산은 지속적인 확장을 위해 고안됐으며, 요양원이나 의료 민영화 같은 새로운 분야를 개척하기 위해 재생산 노동의 상업화를 끊임없이 시도하고 있다.[127]

착취는 생산과 재생산을 이분법적으로 정의함으로써 정당화되며, 그중 한 쪽이 더 가치 있는 것으로 간주된다.[128] 그 결과는 '재생산' 활동(자급 노동, '저발전' 세계, 가정, 자연, 여성다움)이 '생산적' 활동(임노동, 서구 문명, 공공 영역, 남성다움)에 종속되는 담론적 위계다. 이 이분법의 기초는 페미니스트 비판이 지적하듯이, 유럽 자연과학의 뿌리에 있다. 예를 들어, 프랜시스 베이컨과 같은 계몽주의 사상가들은 남성 탐험가이자 과학자가 자궁으로부터 ('여성적'이라 간주되는) 자연의 비밀을 빼앗는 이미지를 옹호하고, 자연을 인간의 노예가 된 주체로 만들었다.[129] 지구적 불평등과 환경 위기의 뿌리에 있는 서구적 근대성의 '지배자 모델'은, 겉보기에 자연스럽고 타협할 수 없으며 계층적으로 분리된 '각각 젠더, 계급, 인종, 자연의 억압에 직접적으로 상응하고 이를 자연화하는' 이원론(남성/여성, 마음/몸, 문명/야만, 인간/자연)의 맥락 속에서 발전했다.[130]

빙산 모델을 생각해보면, 대다수의 '여성화된' 노동이 사실상 경제를 지탱하고 기능하도록 한다는 것을 분명히 알 수 있다. 하지만 이 관계는 담론적으로나 물질적으로 끊임없이 왜곡된다. 가부장제 사회에서 임노동은 실제로 중요한 일이고, 생계와 돌봄노동은 중요하지 않은 것처럼 여겨진다. 이러한 구분은 1980년대 빌레펠트Bielefeld 개발 사회학자인 마리아 미즈Maria Mies, 클라우디아 폰 베르호프Claudia von Werlhof, 베로니카 벤 홀트–톰슨Veronika Bennholt-Thomsen이 처음 공식화한 '빌레펠트 자급subsistence 접근법'에 뿌리를 두고 있다.[131] 임노동은 생존이 아닌 경제적 가치 평가에 중심을 두기 때문에, 삶을 가능하게 하는 것 자체가 왜곡된다. 빌레펠트 이론가들이 아주 명쾌하게 설명했듯이 말이다.

생계 생산 없이는 상품 생산도 없지만, 상품 생산 없이도 생계 생산은 확실히 존재한다. … 자본 축적 과정–생명(살아 있는 노동과 자연)을 상품, 화폐, 꾸준히 증가하는 자본으로 전환하는–은 양극화되고 돌이킬 수 없다. 즉 생명은 돈과 자본을 낳을 수 있지만, 자본과 돈은 어떤 새로운 생명도 낳을 수 없다.[132]

이 주장은 또한 성장에 대한 남반구—북반구 비판의 중요한 구성요소를 형성한다(섹션 3.7 참조). 이러한 인식은 모든 것을 자동화하는 것이 아니라, 노동에 대한 우리의 이해 자체를 변화시킴으로써 노동을 완전히 재설계해야 함을 의미한다. 좋은 삶은 노동을 극복하는 것이 아니라, 노동에서 소외를 극복하고 근절하는 것과 관련된다. 다른 방식으로 일한다는 것은 여가 시간을 늘리고 유급 노동시간을 줄이는 것만이 아니다. 그런 생각은 주로 남성에게만 해당하는데, 대다수 여성, 특히 돌봐야 할 자녀나 노인이 있는 여성은 어차피 '여가' 시간 대부분을 돌봄 노동에 소비하기 때문이다. 다르게 일한다는 것은 돌봄 노동부터 물질적 기반 시설의 유지 관리, 식량 생산에 이르기까지 필요한 모든 종류의 일을 동등하게 분담하는 것이다.[133]

탈출구: 퀴어 생태학과 돌봄의 경제학

1990년대 이래 페미니스트 이론 내에서는 에코 페미니스트 접근이 '본질주의'인지에 대한 활발한 토론이 벌어졌다. 문제는 여성과 자연에 대한 억압이 서로 연결되어 있다는 분석이 생물학적 범주('여성' 또는 '자연')를 넘어서는 대신 이분법적으로 규정하고 일반화하는지 여부다. 따라서 비나 아가왈Bina Agarwal이나 로

지 브라이도티Rosi Braidotti 같은 일부 이론가는 더 이상 '에코 페미니즘'이라는 용어를 사용하지 않는다. 아리엘 살레Ariel Salleh와 베로니카 벤홀트-톰슨 같은 가장 중요한 에코 페미니스트 사상가 중 일부는 에코 페미니스트 주장이 마르크스주의 이론에서 발전했으며, 여성을 하나의 '계급'으로 간주한다는 점을 강조한다. 즉 이는 생물학주의와 무관하지만 특정한 사회적 관계에 관한 것이며, 사회적으로 '여성'으로 묘사되는 많은 사람의 구체적인 경험과 관련이 있다는 것이다. 최근의 성장 비판적 페미니스트의 접근은 젠더가 가부장제에 의해 형성되는 사회적 구성으로 간주된다는데 동의하며, 나아가 마르크스주의 범주뿐 아니라 포스트-구조주의적 사고를 포함하는 구성주의적 에코 페미니즘을 주장하면서, 에코 페미니즘과 퀴어 생태학 사이의 연결고리를 만든다.**134**

퀴어 생태학은 자연, 젠더, 노동 사이의 주어진 관계를 재구성하고 문제삼고자 한다.**135** 이 논증에는 두 가지 주요 갈래가 있다. 첫째, 퀴어 생태학은 누가 생산하고 재생산할 수 있는지, 그리고 어떤 관계가 자연스러운지를 묻는다. 여기에는 특정 활동이 비(재)생산적이도록 허용하고, 비인간과 새로운 관계를 형성하는 출산이나 확장에 대한 정언명령에 의문을 제기하는 것이 포함된다.**136** 둘째, 가부장제 내에서 자연과 돌봄 노동은 종종 함께 결합되는데, 1980년대부터 에코 페미니스트들이 이미 보여준 것처럼 역사적으로 착취와 불평등을 정당화하는 데 사용된 이분법이다. 이 이분법은 자연적인 생산성과 돌봄 노동을 억제해야 하는 상황에서도 이윤을 내기 위해 작동하는 성장 기반 경제의 물질적 기반이기도 하다. 따라서 위의 희소성에 대한 논의에서 분명히 알 수 있듯이, 그러한 경제에서는 진정한 지속가능성이 *구조적*으로 불가능하다. 퀴어 생태학적 접근은 이러한 이분법에 의문을 제기하고, 그것이 본질적으로 자연스러운 것이 아니라 사회적, 생태적으로 공동 구성된다는 사실을 지적한다는 점에서 가치가 있다.

다른 경제 시스템을 향한 첫 번째 단계는 경제학 분야에서 생산적 영역과 재생산적 영역 사이의 이분법을 해소하는 것이다. 독일의 사전예방 경제학 네트워크Netzwerk Vorsorgendes Wirtschaften는 경제의 총체적 접근을 위해 '(재)생산성'이라는 용어에 기반한 사전예방 경제학이라 부를 것을 제안한다. 이 개념은 '생산적인 것'과 '재생산적인 것'의 구분을 제거하고, 인간의 생산은 시장 경제 안팎에서 자연의 생산과 재생산 활동에 내재된 것으로 간주한다. 사전예방 경제학의 근간은 생명을 유지하는 데 기여하고 예방적(미래지향적, 방어적, 주의 깊은) 합리성으로 이어지는 '돌봄의 윤리'다.[137] 실제로 페미니스트 경제학자들은 현재 시스템을 성장 지향적이지 않은 '돌봄 경제'로 재구성할 것을 제안한다.[138] 따라서 이 관점은 자급의 접근법에 가깝다. 자급은 *생명을 지탱하는 것* 외에 아무것도 의미하지 않기 때문이다.

성장의 가부장적 논리를 구조화하는 이분법의 해체는 경제를 '퀴어링queering'하는 것으로도 이해될 수 있다.[139] 이는 여성이나 논바이너리로 규정되는 사람들의 위치뿐 아니라 남성의 위치에도 초점을 맞춘다. 돌봄을 행하지 않는 인간(호모 이코노미쿠스)으로서 남성을 구축하는 것은 그 자체로 역사적이며, 현대 사회의 성장주의 발흥과 밀접한 관련이 있다. 래윈 코넬Raewyn Connell의 용어인140 '헤게모니적 남성성'은 생산과 재생산의 분리로부터 출현했고, 생존 노동을 희생하면서 임노동에 특권을 부여했다. 따라서 가부장제는 특정 남성들을 다른 이들보다 우위에 놓기에 이른다. 여기서 남성다움은 지배적이고 무관심하며 겉보기에 독립적이고 강한 개인으로 정의되며, 따라서 확장적이고 전유하는 성장 주체의 전형이다. 최근의 남성성masculinity 연구는 '돌봄' 또는 '생태적' 남성성이 얼마나 그런 이분법을 불안정하게 만들고 남성성과 젠더 역할에 대한 새로운 이해를 만들 수 있는지, 그리고 모든 젠더가 여러 방식으로 발전할 수 있는 재협상된 경제 모델의 기본 구성요소가 될 수 있는지에 대해 질문해왔다.141

탈성장에 대한 의의: 기본적이고 더 많은 개입이 필요하다

탈성장에 대한 최근 논의에서 이러한 접근법의 수용은 양면성으로 설명될 수 있다. 한편으로, 전체로서의 탈성장은 다음과 같은 페미니스트 입장들을 통합하는 접근 방식으로 이해할 수 있다. 구조화된 이미지로서 호모 이코노미쿠스의 거부, 모두를 위한 시간제 노동 또는 자급 노동의 업그레이드에 대한 요구, 점점 더 많은 삶의 영역을 포획하는 자본주의 논리에 대한 비판, 과학적 이성을 통한 자연 지배에 대한 비판은 모두 탈성장 논의에서 널리 받아들여지는 입장이다. 특히 내용과 실제 참가자 측면에서 1980년대와 1990년대의 포스트-발전주의 이론가들의 연구와 밀접하게 얽혀 있는 자급 접근법은 비록 이름이 알려지지는 않았지만 최근 탈성장 논의의 지적 기반을 형성한다. 페미니스트 논의들은 산업주의 비판, 자본주의 비판, 원시적 축적론의 심화 발전, 또 특히 노동의 개념에 의문을 제기함으로써 사회경제적 비판과 같은 다른 비판에도 큰 영향을 미쳤다.

다른 한편으로, 논의에 참여한 페미니스트 참가자들은 탈성장 논의에서 적어도 처음에는 페미니스트의 목소리가 크게 소외됐다는 점을 거듭 지적했다. 학술 문헌에서 페미니스트 성장 비판은 충분히 논의되지 않거나 심지어 무시되곤 한다. 그러나 최근 몇 년 동안 회의, 운동 행사, 출판물에서 이러한 흐름이 변화하기 시작했다. 탈성장에 있어 페미니스트적 관점은 분석 도구를 제공할 뿐만 아니라, 탈성장 정책이 반동적인 결과를 가져오거나 젠더화된 노동 분업을 재생산하는 것을 방지하기 위해서도 매우 중요하다. 페미니즘과 탈성장을 주제로 한 논문과 특별 이슈의 증가는 물론, 페미니스트의 목소리와 운동이 탈성장과 결합되는 것은 성장에 대한 페미니스트 비판에 관심이 커지고 있음을 보여준다.[142]

3.6. 산업주의 비판

산업주의에 대한 비판은 소유권이나 사회 조직의 종류와 관계없이 현대 사회의 생산력과 기술의 발전이 권위주의적이고 소외적이며 자기 결정권을 제한하므로 해방 사회에 바람직한 것으로 간주될 수 없다고 주장한다. '산업주의'는 기계화된 노동을 기반으로 하는 현대 산업사회의 전반적인 구조를 의미한다. 더 짧은 시간에 더 많은 상품을 생산할 수 있는 능력인 생산성의 진보에 대한 비판과 함께 이 비판은 자본주의 사회와 사회주의 사회가 그들의 성공을 측정하는 중심 구성요소에 의문을 제기한다. 레닌은 이미 자본주의와 사회주의 간의 경쟁에서 더 높은 노동 생산성을 달성하는 사회 체제가 승리할 것이라고 언급한 바 있다. 산업주의 비판은 좋은 삶이 반드시 생산력의 지속적인 진보에 의존할 필요는 없다고 주장한다. 1970년대부터 시작된 저술에서 이 사상가들은 두 패권 체제 간의 경쟁보다 더 깊은 문제가 있다고 주장하면서 냉전의 두 적대자를 넘어 개념적인 제3의 길을 열고자 했다. 사회 철학자 앙드레 고르츠가 말했듯이, "산업주의 문명을 말하는 것은 그 본질적인 자본주의적 특성을 부정하거나 무시하는 것을 의미하지 않는다. 산업주의가 자본주의와 사회주의에 공통적이라는 사실은 이 개념의 힘과 범위를 잘 설명한다. 왜냐하면 위기조차도 자본주의와 사회주의에 공통적이기 때문이다."[143]

산업주의에 대한 비판은 경쟁에 의한 기술 발전과 이와 관련된 생산성 증가 자체가 성장의 추동 인자로 작용한다고 주장한다. 기술은 중립적이지 않으므로 단순히 이윤의 논리에서 분리될 수 없으며, 증가하는 기계화는 일과 일상생활에서 사람들의 자기 결정을 방해한다는 것이다. 이런 의미에서 탈성장 사회의 목표는 산업주의를 극복하고 근본적으로 다른 종류의 기술을 추구하는 포스트−산업 사회로 향하는 것이어야 하며, 이는 전기 네트워크, 운송 경로, 통신 기술과 같은 생산 및 물질 인프라 수단의 근본적인 변혁과 민주화를 의미한다(5장 참조).

산업주의 비판의 여러 갈래

현대 기술과 그것이 개인과 사회, 소비에 미치는 영향을 비판하면, 러다이트Luddite라고 불리거나 현대 경제에서 누리는 특권을 부정한다고 비난받을 수 있다. 그러나 피터 라인보우Peter Linebaugh가 주장한 것처럼, '러다이트'는 사실 모욕이 되어서는 안 된다. 19세기에 활동한 영국 북부의 러다이트는 소외된 노동과 그것이 미국의 노예제도와 연결되는 것을 반대했기 때문에 면직 공장을 파괴했다.[144] 실제로, 산업주의와 기술에 대한 비판은 18세기와 19세기의 산업적 생산양식을 비판적으로 분석하면서 생겨난 것이다. 어떤 경우에는 중국, 고대 유럽, 중동에서 현대 산업주의와 농업에 기반한 도시 및 계층적 문명 발전 사이의 연관성에 주목하기도 했다.[145]

산업주의에 대한 비판은 종종 성장에 대한 문화적 비판과 매우 밀접하게 얽혀 있으며, 둘 다 매우 다른 정치적 태도와 연결될 수 있다. 19세기 초 낭만주의에서 산업주의에 대한 초기 지적 비판의 일부는 보수적이고 반평등주의적이며, 봉건적 계급 사회를 미화했다. 그러나 동시에, 영국에서 발생한 러다이트 노동자

반란과 같이 더 나은 노동 조건과 임금을 위한 노동자 투쟁의 일환으로 기계 면직기를 파괴한 경우는 탈성장 사상의 해방적 선례에 해당한다.[146] 기술과 산업화된 라이프스타일에 대한 비판은 19세기 초기 사회주의 운동의 핵심 주장 중 하나이기도 했다. 20세기 초의 라이프스타일 운동은 아나코-생디칼리스트와 종족 이주 정착 프로젝트의 설계에서 이러한 모티브를 다시 이어갔는데, 그중 일부는 원형적 나치proto-Nazi와 에코-파시스트의 색채를 띠고 있었다.[147] 이것은 산업주의에 대한 비판을 이 장에서 논의한 다른 철저한 해방적 비판과 결합하는 것이 얼마나 중요한지를 보여준다.

20세기의 세계 대전, 특히 핵발전의 개발은 귄터 안더스Günther Anders의 *진부화된 인간성*Antiquated Humanity*이나 한스 요나스Hans Jonas의 *책임의 원칙*Principle of Responsibility과 같이, 대규모 기술의 파괴적 잠재력을 명시적으로 다루는 새로운 형태의 기술 비판을 낳았다. 그다음으로 E. F. 슈마허의 『작은 것이 아름답다Small Is Beautiful』에서 주창된 것처럼, 기술에 대한 더 나은 투명성과 민주적 책임에 대한 요구가 뒤따랐다. 1970년대 산업주의 비판의 새로운 정식화는 탈성장에 대한 논의에서 특히 중요해졌다. 루이스 멈포드의 『기계의 신화Myth of the Machine』, 자크 엘륄Jacques Ellul의 『기술, 혹은 시대의 쟁점La Technique, ou L'enjeu de siécle』, 이반 일리치

---

*   [역주] 귄터 안더스는 1950년대에 인간이 현대 기술매체 사회에서 골동품과도 같은 '어제의 것'이 되어 버렸다고 진단했다.

의『공생공락의 도구Tools for Conviviality』와 같은 사회철학적 저작들이 자주 인용된다. 앙드레 고르츠,『급진적 기술Radical Technology』의 저자 피터 하퍼Peter Harper,『대안The Alternative』의 저자 루돌프 바로Rudolf Bahro와 같은 이들은 마르크스주의 기반 위에서 기술에 대한 비판을 공식화하고, 자본주의가 해방된 사회의 생산력을 발전시킨다는 진보에 대한 고전적 사회주의의 믿음을 깨뜨렸다. 캐럴린 머천트Carolyn Merchant와 같은 페미니스트 이론가들도 산업주의 비판을 가부장제 비판으로 확장했다.

기술은 중립적이지 않다

복잡한 기술은 중립적이지 않다. 그것은 글로벌 공급망, 대규모 인프라, 사회 계층, 고도로 전문화된 전문 지식이 필요한 기술로 정의할 수 있다. 이러한 기술은 생산이나 사용에서 특정한 행동과 권력 구조, 즉 특정 형태의 사회를 선호하거나 요구한다. 또한 자본주의 체제든 사회주의 체제든 상관없이, 쉽게 민주화될 수 없는 그 자체의 합리주의-공리주의 논리rationalist-utilitarian logic를 펼친다. 이 문제는 현대 과학이 오늘날 기술의 기초로 등장한 때까지 거슬러 올라갈 수 있다. 자연을 가장 작고 연결되지 않은 구성요소로 분해하는 객관적 인식 방식으로서 자연과학을 개념화하는 것은 그 자체로 지배적이고 젠더화된 과정이다. 자본주의 비판은 무엇보다 이윤 증가의 합리성에 초점을 맞추지만, 산업주의 비판은 또 다른 도구적 합리성, 즉 현대 사회를 뒷받침하는 과학적-실험적 합리성scientific-experimental rationality에 초점을 맞춘다. 이는 생태적 관계에 대한 기술적 개입의 기초로 작용한다. 이러한 합리성에서 문제가 되는 것은 기술적 가능성에 대한 매혹만이 아니라, 기계가 사회 전체와 인간 발달의 모델로 간주된다는 것이다. 이런 식으로 랭던 위너Langdon Winner가 지칭하는 '기술적 사고의 합리성'은 사실상 사회적 혼란의 비인간적 동인으로서 자본의 역할을 모호하게 하고 이를 정당화하려 한다. 페이스북 CEO 마크 저커버그가 만든 실리콘밸리의 슬로건인 "빠르게 움직여 혁신을 꾀하라move fast and break things"는 이를 극단적으로 밀어붙인다. 기술의 파괴적 특성 자체가 사회 발전과 사적 이익의 원천으로 간주되는 것이다. 이는 혁신이나 실험 자체가 나쁘다는 것이 아니라, 오히려 혁신과 실험이 미치는 영향과 외부효과를 고려하지 않을 때 발생하는 문제를 지적하는 것이다.[148]

17세기 현대 과학의 창시자 중 한 명인 프란시스 베이컨이 처음 정식화한 이 과학적-실험적 합리성은 기술적 진보가 구세주라는 준종교적 믿음과 함께한다.[149] 루이스 멈포드는 기술적 진보가 전체적으로 진보의 개념을 몰아내고, 그 자리를 단독으로 차지했음을 지적한 바 있다. 기술 혁신은 그 자체로 목적이된다.

> 서구 사회는 가장 원초적인 터부만큼이나 자의적인 기술적 정언명령을 논쟁의 여지가 없는 것으로 받아들였다. 즉 단순히 발명을 촉진하고 지속적으로 기술 혁신을 유발해야 한다는 의무뿐 아니라,

이러한 혁신이 제공된다는 이유만으로 인간에게 가져올 결과와 상관없이 무조건 복종해야 하는 의무인 것이다.**150**

오늘날 이러한 믿음은 과학과 기술을 다양한 위기에 대한 주요하고 유일한 해결책으로 옹호하는 학자와 생태적 현대화론자의 작업에서도 계속되고 있다. 그래서 종종 '잘못된 해법'을 홍보할 뿐 아니라, 똑같이 중요하고 종종 더 효과적인 사회 혁신, 민주주의 운동, 집단행동을 억압한다. 그것은 또한 노동의 완전 자동화를 통한 생산력 발전과 생산량 증가를 포스트-희소성 사회주의post-scarcity socialism의 전제 조건으로 간주하는 좌파의 공통된 입장이기도 하다.**151**

기술에 대한 또 다른 비판은 페미니스트 관점에서 나온다. 테크노-페미니스트techno-feminists는 여성이 의학이나 정보기술 등 많은 기술 발전에 중요한 역할을 했음에도 불구하고, 기술이 종종 '남성적'으로 젠더화되고 적절한 '여성적' 경험의 범위 밖에 위치한다고 주장한다. 또한 기술은 헤게모니적으로 남성적 시각(대형의, 고도로 중앙 집중화된 전원)을 통해 설계됐기 때문에 타인의 참여를 배제하고(예를 들어, 공학 문화는 매우 남성 중심적이다), 나아가 주변화된 집단을 더욱 억압하며(인공 지능 보안 기술에서 나타나는 인종적 편견 등), 자연과 사람에 대한 남성적 통제를 확대하는 경향이 있다. 많은 기술이 통제를 확장하고 자율성을 방해하지만, 우리는 돌봄과 공생적 관계를 지원하는 다른 기술을 개발할 수 있다. 다시 말해, 테크노-페미니스트는 기술을 전면 거부하는 것이 아니라, 억압적 관계를 변화하고 이분법을 약화하기 위해 특정 기술의 잠재력에 대해 비판적이면서도 희망적인 시각을 갖는다. 따라서 테크노-페미니즘은 기술이 가부장제와 같은 지배적인 사회 규범에 의해 형성된다는 점을 인식하는 동시에, 변혁의 가능성을 배제하는 비관적 테크노포비아를 넘어서고자 한다.[152]

마지막으로, 복잡한 기술이 사회 전반의 위계적이고 비민주적인 관계를 조장한다는 우려도 있다. 예를 들어, 오늘날 존재하는 핵발전소는 관리와 해체를 기술 전문가 체제에 의존한다. 충분한 해체 전문 지식, 사회적으로 수용 가능한 핵폐기물 처분장, 새로운 에너지원이 없다면, 핵발전소는 오늘날 많은 서구 국가처럼 설계 수명 이상으로 계속 가동되어야 한다. 또한 핵 자산 보호 및 폐기물 관리를 위해서는 강력한 군사적 개입과 이를 수용하기 위한 대규모 인프라가 필요하며, 그런 다음 수천 년 동안 일반인이 접근할 수 없도록 해야 한다.[153] 마찬가지로 2장에서 살펴본 것처럼, 석탄에서 석유로의 전환은 더 기술관료적이고 분산된 에너지 시스템의 형성으로 이어졌으며, 광부와 항만 노동자들은 더 이상 에너지 흐름을 쉽게 공격하거나 차단할 수 없게 되었다.[154] 이처럼 특정 에너지 기술이 바람직한지를 판단하는 것은 단순히 신뢰할 만한 기술적 전력 공급의 능력을 평가하는 문제가 아니라, 이러한 노동, 전문 지식, 관리 및 보안의 위계적 분업이 민주적 사회에 적합한지, 또 그런 에너지 시스템이 사회를 얼마나 소외되고 권위주의적이며 군사화되고 중앙 집중화된 사회 시스템으로 재구성하는지 묻는 것이다.[155]

성장의 추동력으로서의 기술권[*]

특히 20세기 중반 이후 기술 시스템과 인프라의 대규모 확장은 생태 문제의 주요 원인이다(섹션 3.1 참조). 육상·해상·항공 운송 경로, 발전소, 전력망, 상수도 및 처리 시스템, 세계 무역, 산업 식품 시스템, 케이블 및 무선 네트워크는 무엇보다도 성장 경제를 가능하게 하며, 주로 화석연료에 기반한다. 그러나 인프라는 높은 투자 비용과 관련되어 있으며, 수십 년 혹은 수 세기의 경로 의존성을 생성하는 경우가 많아서 한번 구축되면 사회를 구성하는 방식에 계속 영향을 미치기 때문에 변화를 이루기가 쉽지 않다. 이러한 시스템은 전동화된 개인 교통수단이나 디지털 방식으로 연결된 통신수단과 같은 복잡한 사회기술 시스템에 통합된다. 따라서 그것들은 일상생활의 많은 부분을 결정한다. 기술 시스템의 복잡성이 증가함에 따라 기술 인프라 자체가 성장의 추동력이 되고 있다. 이는 특히 이 시스템이 야기하는 문제를 정확하게 다루려면, 성장 논리에 따라 조직된 사회에서는 복잡성을 지속적으로 증가시켜야 하기 때문이다. 예를 들어, 앙드레 고르츠는 "자동차의 사회적 이데올로기"라는 놀라운 에세이에서 자동차와 그들이 만든 세계의 문제를 다음과 같이 설명

---

[*] [역주] 학자들은 문명을 통해 지구에 생겨난 물질들을 '테크노스피어technosphere'라고 부른다. 말뜻 그대로 번역하면 '기술권'으로, 지질학자이자 환경공학자인 피터 해프Peter Haff 미국 듀크대학 교수가 2014년에 처음 주장했다. 자연이 만들어낸 지구의 영역을 '바이오스피어biosphere', 즉 '생물권'으로 부르는 것에 비유해 만든 개념어다. 테크노스피어는 인류 문명이 낳은 유형의 결과물, 곧 인류가 지구를 변형시킨 총량이라고 볼 수 있다.

한다.

> 자동차는 대도시를 살기 힘든 곳으로 만들었다. 악취가 나고, 시끄
> 럽고, 숨이 막히고, 먼지가 많고, 너무 혼잡해서 아무도 더 이상 저
> 녁에 외출하려 하지 않는다. 자동차가 도시를 죽였기 때문에 우리
> 는 더 먼 교외로 탈출하기 위해 더 빠른 자동차가 필요하다. 얼마나
> 흠잡을 데 없는 순환 논증인가. 자동차로 인한 파괴에서 벗어날 수
> 있도록 더 많은 차를 달라니.**156**

또 다른 예를 보자. 석유는 운송의 용이성 때문에 주요 에너지
원이 됐지만, 이는 전례 없는 기후 붕괴를 앞당겼다. 기후가 뜨
거워지면서 더 많은 에어컨을 사용하기 시작했고, 이는 결국 열
공해로 인해 지역 실외 온도를 더욱 높인다. 심지어 석유 채굴을
기반으로 부유해진 도하와 같은 도시에서는 거주 환경을 조성하
기 위해 더 많은 탄소 배출에 의존하는 야외 에어컨 시스템을 계
획했다. 이 과정이 결국 새로운 복잡한 기술의 부작용을 차례로
제거하기 위한 일련의 루브 골드버그 기계Rube Goldberg machines*로
어떻게 이어지는지 볼 수 있다.**157** 추가적인 기술 혁신으로 얻어
진 이윤은 복잡성이 증가함에 따라 감소하는 경향이 있으며, 이
로 인해 혁신 주기가 한층 더 빨라진다. 디지털 프로세스와 기

---

*   [역주] 1883년 샌프란시스코에서 태어난 루브 골드버그는 공학을 전공한 뒤 만화가가 되어
     기계가 우리 삶에 미치는 영향력을 풍자했다. 루브 골드버그 장치는 매우 단순한 결과를
     얻기 위해 지나치게 복잡한 과정을 거치도록 설계된 기계를 말한다.

술은 이 과정을 더욱 가속화한다. 자동차는 점점 더 디지털화되어 수리하기가 더 어려워지고, 자율 주행은 도로 인프라까지 디지털화하도록 요구할 가능성이 높다. 이런 프로세스는 생활 습관과 모빌리티에서 노동, 감시, 농업 분야에 이르기까지 점점 더 많은 삶의 영역에서 기술 침투technical penetration와 의존성을 증가시킨다.**158**

근원적 독점과 역생산성 문턱

이런 기술 환경은 직간접적으로 우리 삶에 영향을 미친다. 이반 일리치는 개인이 새로운 기술 발전을 받아들이지 않는 것은 비용이 많이 들고 거의 불가능에 가깝다고 지적했다. 이는 자동차, 컴퓨터, 스마트폰과 같은 사회기술 시스템이 산업사회에서 '근원적 독점 상태radical monopoly'가 되어 사람들이 자신의 생각대로 삶을 살기 위한 자기 결정권을 훼손하기 때문이다.**159** 사회제도는 의무교육과 같이 명시적으로든 또는 디지털 통신수단의 사용과 같이 암묵적으로든 근원적 독점을 통해 하나의 의무가 된다. 탈성장 사회가 개인의 검약함을 통해 달성될 수 있다는 생각과 반대로, '극원적 독점 상태' 개념은 이러한 개인적 감축이 전혀 불가능하거나 사회로부터 부분적 또는 전체적으로 배제된다는 위협하에서만 가능함을 분명히 한다. 따라서 탈성장은 자본주의 사회의 생산력에 내재된 근원적 독점을 민주화하고 극복하는 것을 목표로 해야 한다.

이반 일리치가 도입한 또 다른 개념은 '역생산성 문턱counter-productivity threshold'이다. 이것은 유익해 보이는 것을 너무 많이 사용하면 오히려 역생산적일 수 있다는 생각이다. 다음은 남유럽의 데크루아상스 운동에서 달팽이가 탈성장의 상징이 된 이유 중 하나를 설명한다.

> 달팽이는 점점 늘어나는 나선형을 하나씩 추가해 껍데기의 섬세한 아키텍처를 만들다가 갑자기 멈추고 반대 방향으로 다시 감는다. 사실, 나선형을 하나만 더 추가하면 껍데기가 16배나 커졌을 것이다. 이는 달팽이에게 유익한 것이 아니라 과부하를 가져오는 것이다. 달팽이에게 생산성 증가는 미리 정해진 한계를 넘어 껍데기가 커짐으로써 발생하는 어려움을 상쇄하는 데만 사용됐을 것이다. 나선형 크기 증가의 한계에 도달하면 과도한 성장의 문제가 기하급수적으로 증가하지만, 달팽이의 생물학적 능력은 최상의 경우에도 선형 성장을 보이며 산술적으로만 증가할 수 있다.**160**

일리치는 어떤 유익한 기술이 제도화되고 너무 커지면, 더 이상 사회에 서비스를 제공하지 않는다고 주장한다. 예를 들어, 밀집된 도시에서 모든 사람이 개별적으로 자동차를 운전한다면, 도로에 교통량이 너무 많아져 아무도 운전의 이점을 얻지 못할 것이다. 바로 이것이 기술에서 파생되는 비용이 그 이점을 능가하기 시작하여 역생산적으로 되는 지점이다. 따라서 탈성장은 '많을수록 좋다'는 기술 진보 이데올로기의 비합리적 함정에 빠지지 않고, 모두의 좋은 삶을 방해하는 기술 사용을 제한하며 이러한 기술 형태의 집단적 결정을 목표로 한다.

사회생태론

정치생태론 또는 사회생태론의 논의는 마르크스의 주장을 기반으로 자연에 대한 사회적 관계를 비판적으로 분석했으며, 현대 사회의 발전은 자연과의 신진대사가 인간의 노동에 의해 형성되는 특수한 방식을 조사해야만 이해할 수 있다고 주장했다. 이러한 유물론적 관점에 기초해 '사회적 신진대사' 자체에 대한 경험적 분석뿐 아니라(섹션 2.2 및 3.1 참조), 사회적·자연적 조건에 대한 비판적 이론도 발전해왔다. 이런 관점의 지지자들은 20세기 초 서구의 사회민주주의와 소비에트 마르크스주의와는 대조적으로, 사회적 진보와 인간 해방은 반드시 자연에 대한 지배 확대와 완수를 포함해야 한다는 생각을 비판한다. 막스 호르크하이머와 테오도르 W. 아도르노는『계몽의 변증법』에서 이를 위기에 대한 급진적인 진단으로 발전시켰으며, 이는 탈성장 내에서 녹색경제 비판의 핵심으로 남아 있다. "자연을 파괴함으로써 자연의 충동compulsion을 깨려는 어떠한 시도도 그 충동에 더 깊이 굴복할 뿐이다. 이것이 유럽 문명의 궤적이었다."[161] 탈성장은 이러한 궤적을 깨는 것을 목표로 한다. 이 관점의 또 다른 중요한 분석가인 머레이 북친은 인간 사이의 지배와 억압의 관계(계급, 인종, 젠더, 연령 등)가 결국 자연 세계에 대한 우리의 관계를 어떻

게 형성하는지 설명하기 위해 '사회생태론' 이론을 개발했다.[162]

화석연료, 핵에너지, 바이오 에너지의 개발을 통한 기술 향상이라는 방식으로 자연에 대한 의존성을 해결하려는 시도는 사회에서 자연의 소멸로 이어지지 않는다. 오히려 자연에 대한 지배는 사람들 사이의 지배에 '반영'된다. 예를 들어, 자연에 대한 지배는 무급 가사노동을 하는 여성이나 사람들의 이동 자유를 방해하는 국경 체제에 의해 가부장적, 인종차별적, 계급 억압적 형태로 살아 있다. 따라서 자연에 대한 지배는 그 갖가지 변종을 막론하고 ―특히 진보에 대한 기술-과학적 신념뿐 아니라 현대적 시간성과의 관계 또는 인간과 동물의 관계에서도― 이러한 비판의 핵심 대상이 된다. 또한 위계적인 사회와 자연 관계의 극복은 일반적으로 지배를 극복하는 토대가 되기도 한다.[163]

산업 노동을 통한 소외

산업주의 비판의 한 핵심 논거는 더 나아가 생산성 향상에 필요한 원자화, 기계화, 가속화된 작업 과정이 사람들을 그들의 활동에서 소외시킨다는 것이다(섹션 3.3 참조). 이는 삶을 영위하는 방법을 결정하는 개인과 집단의 자율성을 근본적으로 훼손한다. 이반 일리치는 "지금까지 100년 동안 우리는 기계가 사람을 위해 일하도록 만들고, 사람들이 기계에 평생 봉사하도록 훈련시키려고 노력해왔다. 기계가 사람을 노예로 만들었음이 드러난 것이다"[164]라고 주장했다.

산업 노동의 소외 문제를 해결하기 위한 한 가지 제안은 자동화를 확대해 생산에서 고된 노동을 하는 사람이 점점 더 적어지도록 만들자는 것이다.[165] 그러나 자동화를 지지하는 사람들은 신자유주의적 자본주의에서는 서비스업과 돌봄 산업에 종사하는 사람들도 산업 모델에 따라 근무시간이 정해져 있으며, 그마저도 돌봄 직업은 업무 논리가 다르기 때문에 자동화할 수 있는 범위가 제한적이라는 사실을 인식하지 못하곤 한다. 대부분의 서비스업, 일부 형태의 채굴과 추출, 그리고 농업은 자동화에 저항한다. 또한 완전 자동화가 가능하다고 해도 그 자체가 바람직하지 않을 수 있다. 예를 들어, 지속 가능한 생태 농업은 지역 생태계에 대한 복잡한 참여와 지식을 필요로 하거나, 많은 돌봄 활동은 우리가 인간으로서 소중하게 여기는 많은 것을 잃어야만 자동화될 수 있다. 더욱이 완전 자동화의 약속은 위에서 언급한 현대 기술 지배의 근본적인 문제에 대한 해답을 제공하지 않고, 소유 조건이나 소외된 노동의 형태 자체를 변화시키지도 않으며, 완전한 자동화와 관련된 자원, 생태, 지구적 정의의 문제를 해결할 수도 없다. 따라서 산업주의에 비판적인 사상가들은 기술 발전에 대한 민주적 통제의 필요성을 강조한다. 그리고 이런 비판이 자동화 자체를 반대하지는 않지만, (불쾌하고 지루하고 건강을 해치거나 위험한 작업의 경우, 자동화는 탈성장 관점에서 바람직하다) 돌봄의 논리를 바탕으로 노동을 재개념화하고 변혁하여 사회 참여의 근본적인 형태로서 우리 삶을 지속시킬 사회적으로 유용한 활동을 인식하고 활성화할 필요성을 함께 강조한다.[166]

탈성장에 대한 의의: 적정 기술을 넘어

흑표범당Black Panthers은 1972년 그들의 10대 강령에 "현대 기술에 대한 인민/민중 공동체 통제"를 위한 요구를 추가하여*, 모든 해방 사회의 핵심 전제 조건을 강조했다.**167** 탈성장 관점에서는 현대 기술을 민중의 손으로 가져오기 위해 다른 비권위적 기술을 개발하려는 노력을 수반해야 한다. 실제로 페미니스트 비판과 함께 산업주의와 기술에 대한 비판은 무비판적으로 기술 혁신 가속화를 옹호하는 (잠재적) 포스트-자본주의 프로젝트에 대해 —기술 중심의 그린 뉴딜 제안이든, 디지털 포스트-자본주의 또는 가속주의든— 가장 단호히 반대하는 탈성장 비판의 한 갈래다.**168** 비소외적이고 비착취적인 기술을 위해서는 자본주의와 관료적

---

*   [역주] 흑표범당은 1967년에 처음으로 10대 프로그램을 발표했고, 1972년에 보완된 강령에는 본문에서 언급된 구절 등이 덧붙여졌다. 1972년 강령의 항목은 다음과 같다.

1. 우리는 자유를 원한다. 우리는 흑인과 억압받는 공동체들의 운명을 결정할 권력을 원한다.

2. 우리는 우리 인민을 위한 전 고용을 원한다.

3. 우리는 흑인과 억압받는 공동체에 대한 자본가의 노략질을 종식시키기를 원한다.

4. 우리는 인간의 쉼터로 적합한 괜찮은 주택을 원한다.

5. 우리는 이 퇴폐적인 미국 사회의 본질을 드러내는 우리 인민을 위한 괜찮은 교육을 원한다. 우리는 현대 사회에서 우리의 진정한 역사와 역할을 가르치는 교육을 원한다.

6. 우리는 모든 흑인과 억압받는 사람을 위한 완전한 무상 의료 서비스를 원한다.

7. 우리는 미국 내에서 흑인, 기타 유색인종, 모든 억압받는 사람에 대한 경찰의 만행과 살해를 즉각 종식시키기를 원한다.

8. 우리는 모든 침략 전쟁의 즉각적인 종식을 원한다.

9. 우리는 현재 미연방, 주, 카운티, 시 및 군 교도소에 수감된 모든 흑인과 가난한 사람의 자유를 원한다. 우리는 이 나라 법에 따라 소위 범죄로 기소된 모든 사람에 대해 동료 배심 원단에 의한 재판을 원한다.

10. 우리는 토지, 빵, 주택, 교육, 의복, 정의, 평화, 현대 기술에 대한 인민 공동체 통제를 원한다.

국가 및 위계적 사회에서 발전해온 생산수단의 구조가 근본적으로 변혁되어야 한다. 이 점에서도 경제 성장은 진보적이지 않다.[169] 생산 분배의 수정 또는 생산에 대한 완전히 다른 소유권 조차도 충분하지 않다. 기술, 인프라, 생산 시설이 전유되어야 할 뿐만 아니라, 변혁되고 (부분적으로는) 단계적으로 축소돼야 한다는 자각이 탈성장의 핵심이다.[170] 그럼에도 불구하고, 산업주의와 기술에 대한 비판이 기술 진보와 노동 분업을 전반적으로 거부하고 그 장점을 기각한다면 문제가 있다. 이러한 비판이 정의를 강력하게 강조하는 다른 형태의 비판과 결합하지 않으면, 반동적이거나 엘리트주의적으로 변할 위험이 있다. 또한 산업주의에 대한 비판은 소외되지 않고 인간의 필요와 웰빙을 충족시키는 대안적인 경제적 생산 형태에 대한 제안과 함께 이뤄져야 한다.

최근 탈성장 논의에서는 '공생공락적 기술', '공생공락적 디자인', '검약한 혁신', '디지털 커먼즈', 'P2P', '소프트 디지털화' 등의 키워드로 기술 개발을 위한 기준(로우테크와 개방형 디지털화 사이의 대안적 기술 경로를 위한 관행과 기준)이 강조되고 있다. 주로 현대 과학기술의 위험성에 초점을 맞춘 1970년대의 논의와 달리, 특히 디지털 커먼즈 분야의 논의는 하이테크가 제공하는 기회도 강조한다.[171] 그러나 글로벌 디자인과 결합된 탈집중화된 생산의 가능성에 대한 사고는 이제 막 시작됐을 뿐이다. 이러한 접근법이 탈성장에 적합한지에 대한 (전 수명주기 평가 등에 기반한) 기술적 평가는 여전히 부족하며, 하이테크 미래의 그러한 비전이 문화적, 생태적 비판에 적절하게 부합하는지도 불분명하다.[172] 5장과 7장에서 공생공락적 기술에 대한 제안과 이러한 격차를 다룰 필요성에 대해 더 자세히 논의한다.

3.7. 남반구—북반구 비판

여기에서는 글로벌 정의의 관점에서 개발과 성장의 사회적, 생태적 결과를 검토하는 비판의 형태들을 요약한다. 이런 비판들은 근본적으로 자본주의 및 유럽 문명의 보편화와 관련된 위계, 배제, 착취의 형태에 주목한다. 이러한 형태의 비판들은 '성장'과 '발전'은 물론, 개념으로서의 '경제'조차 지구 남반구에 지역 간의 (신)식민적 종속성을 창출하고 유지하며, 성장 지향적, 산업주의적, 자본주의적 라이프스타일을 강요하는 20세기의 발명품이라고 주장한다. 그들은 또한 15세기에 유럽 확장이 시작된 이래로 중심지의 성장이 (신)식민지 전유, 채굴주의적 자연 착취, 사회적 · 생태적 비용의 외부화에 기반을 두었다고 주장한다. 따라서 지구 남반구 국가들은 자체적으로 큰 부가가치를 창출하지 못한 채 원료 공급자라는 의존적 역할로 전락하고, 불평등과 불균등한 권력관계가 심화되는 결과를 낳았다. 그리고 이 비판은 이러한 전유와 외부화 과정이 부유한 사회의 성장 동학, 그 안의 세력 균형, 제국적 생활 양식의 안정성에 근본을 이룬다고 주장한다. 증가하는 생태 위기의 맥락에서 이러한 삶의 방식은 일반화할 수 없기 때문에 시스템적 위기를 초래한다.

탈식민주의 사상의 기원과 유럽 중심주의 및 이와 관련된 근대성의 도구적 합리성에 대한 비판은 수 세기를 거슬러 올라가며 아메리카 토착민과 아프리카계 카리브인의 사상에서 식민주의와 근대성에 대한 대항운동으로 등장했다.[173] 이후 수 세기 동안 그들은 식민주의, 제국주의, 서구적 발전 정책, 세계화의 확산에 대응하며 '대지의 저주받은 자들'의 목소리를 냈다.[174] 이 담론의 세 가지 중요한 흐름은 성장 비판적 논의와 관련이 있으며, 각각은 탈성장 주장을 보완하는 고유한 핵심을 지니고 있다. 이는 다음과 같다. 첫째, 1980년대 이후 '발전'의 시도 전체를 파괴적이고 잘못된 것으로 비판하며 탈성장 운동의 초기 출현에 중심적인 역할을 한 포스트-발전 논의. 둘째, 라틴 아메리카의 영향을 받아 탈성장에 대한 영감의 중요한 원천이자 동맹으로 발전한 부엔 비비르(buen vivir, '좋은 삶')와 포스트-채굴주의에 대한 논의. 셋째, 종속, 생태적으로 불평등한 교환, 그리고 최근의 제국적 생활 양식에 대한 마르크스주의적 분석.

포스트-발전 대 서구적 진보 이데올로기

　포스트-발전 접근은 1980년대에 '발전'에 대한 근본적 비판으로 등장했다. 이는 포스트-식민주의, 탈식민주의, 서발턴 운동subaltern movements과 밀접한 관련이 있다.[175] 아르투로 에스코바르, 구스타보 에스테바Gustavo Esteva, 마지드 라흐네마Majid Rahnema, 세르주 라투슈, 볼프강 작스Wolfgang Sachs, 반다나 시바Vandana Shiva,

질베르 리스트Gilbert Rist와 같은 저자들은 '발전'이 서양의 구성물이자 이데올로기라고 주장했다.176 발전은 20세기 중반에 '저발전' 지역 사람들에게 자본주의 세계 경제로의 통합과 그에 따른 생활 수준 향상을 약속하기 위한 —여기에서 1949년 해리 S. 트루먼 미국 대통령의 두 번째 취임 연설이 자주 언급된다— 정치적 개념으로 발명됐다. 이러한 '발전'의 약속은 무엇보다도 지구 북반구의 남반구에 대한 후기 및 포스트 식민주의 지배 전략에 정당성을 제공하려는 의도에서 비롯됐다. 그러나 '발전'에 함축된 자본주의적 임노동 특성의 산업적 대중 소비사회라는 보편적 목표는 노동 분업에 기초한 세계 경제 구조와 생태적 한계로 인해 결코 모두에게 도달할 수 없다(섹션 3.1, 3.4, 3.5 참조). 또한 많은 사람의 생계를 위협하기에 바람직하지도 않다.177

포스트—발전은 유럽이 스스로의 노력과 합리성, 문명, 자유주의적 가치를 통해 보편적으로 인정되고 바람직한 발전 경로의 정상에 도달했다는 성장 기반의 진보 개념에 의문을 제기한다.178 포스트—발전 사상가들은 지구 남반구에서의 식민주의, 착취, 강탈 없이는 지구 북반구의 성장과 번영이 이해될 수 없다고 지적한다. 또한 포스트—발전은 오늘날의 발전 정책을 역사적 맥락 속에서, 즉 식민지 지역과 —나중에 '인종 이론'에 의해 평가절하될— '원시적'으로 규정되는 사람들을 외부의 개입을 통해 '개선'하려는 계몽주의에서 시작된 노력으로 자리매김한다.179 탈성장 논의에서 매우 두드러지고 19세기와 20세기의 산업화에 초점을 맞춘 생태적 접근과 달리, 포스트—발전 사상가들은 수 세기

전에 시작된 식민주의 맥락에서 계몽주의와 근대성의 파괴적인 측면에 초점을 맞춘다. 포스트-발전의 관점에서 발전의 대안은 주로 지역 공동체의 자급 전통과 관행, 그리고 발전 이데올로기에 반대하는 지구 남반구의 운동에서 발견된다. 『레드 딜: 우리 지구를 구하기 위한 토착민 행동The Red Deal: Indigenous Action to Save Our Earth』에 따르면, "우리는 이윤보다 서로와 지구와의 관계를 회복하는 가치 혁명이 필요하다."[180] 이러한 가치 혁명의 선구자들로는 사파티스타Zapatistas, 토착민의 자기 결정권 투쟁, 아프리카-디아스포라 투쟁, 비아캄페시나와 브라질의 무토지 농민운동과 같은 소농운동, 환경적 분배 갈등에 저항하는 운동 등의 자율적 운동들이 있다. 아래에서 살펴보는 바와 같이, 탈성장 논의의 대부분은 성장 체제에 반대하는 국제적 연대를 구축하고 다양한 발전 대안의 동맹을 위해 그러한 운동 지원의 중요성을 강조해왔다.[181]

부엔 비비르와 포스트-채굴주의

*부엔 비비르*의 개념과 실천은 안데스산맥, 특히 에콰도르와 볼리비아에서 유래했지만, 페루와 콜롬비아에도 존재해왔다. 이 개념은 지난 20년 동안 전통적 지식에 기반한 정치적 프레임으로 발전했다. 이는 토착민 그룹의 세계관, 관점, 경험에 강력한 기반을 두고 사람과 자연의 불가분성과 상호 의존성, 균형 잡힌 삶을 상징한다. "'좋은 삶'이라는 개념에서 중요한 것은 공동체에

통합된 인간 개인으로서, 자연과 조화로운 관계를 일구고 그들의 공동체뿐 아니라 개인적 삶에서도 모두를 위한 지속 가능하고 존엄한 삶을 만들기 위해 노력하는 사람이다."[182] 이 개념의 잘 알려진 지지자로는 에두아르도 구디나스Eduardo Gudynas, 마리스텔라 스밤파Maristella Svampa, 알베르토 아코스타Alberto Acosta, 파블로 솔론Pablo Solón이 있다. 포스트-발전과 유사하게 부엔 비비르(키츠와Kichwa 토착민은 수막 카우사이sumak kawsay, 아이마라Aymara 토착민은 수마 카마냐suma qamaña로 부른다)는 사회적, 생태적 파괴 때문에 자본주의적, 사회주의적 발전 형태 모두를 비판한다. 수 세기에 걸친 식민주의 경험을 바탕으로 이 비판은 자본주의 문명의 진보, 경쟁, 개선, 합리화, 생산성, 효율성이라는 기본 전제, 자연과 사람을 분리하는 인간 중심주의, 뿌리 깊은 가부장제를 겨냥한다. 남아프리카공화국의 우분투ubuntu, 인도의 생태적 스와라지swaraj와 급진적 생태 민주주의, 그리고 기타 가난한 이들의 환경 정의 운동 등 유사한 관점을 가진 다른 비서구적 개념들도 탈성장 운동의 파트너로 간주된다. 이러한 다양성은 비전과 우주론의 '플루리버스pluriverse'로 프레임화되고 있다. 이러한 의미에서 탈성장은 발전을 넘어서는 인간의 번영을 위한 많은 제안 중 하나일 뿐이다.[183]

개념으로서 부엔 비비르는 탈성장과 마찬가지로 정치적으로 논쟁의 여지가 있는 개념이다. 이 개념은 에콰도르와 볼리비아의 헌법에 채택됐지만, 부엔 비비르 프레임워크의 생성에 영감을 준 토착 세계관 및 운동의 전유와 포섭에 대한 우려를 함께 가져왔다. 그 핵심은 여전히 살아 있다.

> 식민지 시대의 긴 암흑 속에서 저항을 경험하고, 그 결과 중 다수를
> 오늘날에도 생생히 느끼고 있는 경험의 총합으로서 '좋은 삶'은 많은
> 토착민 공동체에서 여전히 살아 있는 비전이다. 이들은 자본주의적
> 근대성에 완전히 흡수되지 않고 그 변두리에 계속 존재하기 위해 분
> 투하는 공동체들이다. 그들의 공동 지식은 다른 세계에 대한 아이디
> 어와 그것을 달성하는 데 필요한 변화의 기초를 형성한다.184

부엔 비비르와 긴밀하게 연관된 지난 20년간의 투쟁은 라틴
아메리카의 신채굴주의에 반대하는 포스트-채굴주의 개념의 발
전으로 이어졌다. 채굴주의는 국가가 자원의 대규모 추출과 지
구 북반구로의 수출에 의존하면서, 경제를 다각화하지 못하고
불평등한 무역 관계에 의존하는 경제 모델이다. 신채굴주의는
여러 라틴 아메리카 국가에서 발견되는 고전적 상품 기반 경제
모델의 변종을 설명한다. 이 모델은 1990년대 이후 좌익 정부들
에 의해 발전된 것으로, 천연자원 착취를 강화함으로써 생성된
자원 수익 증대로 성공적인 개발과 사회 프로그램의 재정을 마
련하는 것이다. 좌익 정부들이 사회 프로그램을 통해 고난을 완
화하려고 노력하는 동안, 화석 및 광물 자원의 추출과 단일 재배
가 확산하거나 열대우림이 황폐화된 목초지로 급속히 변모하는
생태적, 사회적 결과가 이어졌다. 이에 영향을 받은 공동체, 사
회운동, 지식인들은 이러한 동학에 대한 비판을 포스트-채굴주

의 개념으로 요약했다. 이는 마리스텔라 스밤파가 말하는 것처럼, 신채굴주의와 신자유주의의 '상품 컨센서스commodity consensus'에 대한 근본적 비판이며, 추출 관계를 지속하지 않으면서 좋은 삶을 위한 조건을 추구하려는 비전이다.[185] 신채굴주의는 식민지적 약탈과 연결되는 이데올로기와 관행(섹션 3.4 참조)이며, 자연을 착취의 대상으로 보는 위계적 관점(섹션 3.1 및 3.6 참조)과 밀접하게 연관되는 것으로 비판된다. 포스트-채굴주의적 비판은 모든 녹색 성장 체제의 핵심 요소이자, 주로 지구 남반구에서 공급되는 태양광 패널, 배터리, 전기 자동차, 바이오 에너지, 재생가능 연료에 대한 지구적 자원 수요를 논의하는 데 특히 적절하다.[186]

또한 '녹색 자본주의'와 자연의 가치화valorization에 대한 비판이 증가하고 있다. 이는 사회운동과 투쟁에서 강하게 영감을 받은 것으로, 최근에는 지구 남반구 사람들을 희생시켜 기후 위기를 '해결'하려는 최근의 시도들에 반대한다. 예를 들어, 남반구에서 곡물 연료를 경작해 부유한 국가들의 생활 방식을 유지하려는 시도는 토지 사용 갈등으로 이어지고, 투자자와 기업의 남반구 토지 구매(토지 강탈land grabbing)를 촉진한다. 그리고 단일 재배 삼림이나 토착민 공동체가 접근할 수 없는 삼림 보호구역을 조성하는 등 지구 남반구에서의 '상쇄'로 북반구의 이산화탄소 배출량의 '균형을 맞추는' 현재의 관행은 신식민지적 불평등을 영속화하고 사람들을 그들의 땅에서 몰아내는 데 일조하고 있지만, 기후를 보호하는 데에도 실패했다. 따라서 이 비판에 따르면, '녹색경제'는 불평등과 채굴주의를 극복하지 못하고 생태 위기에 대한 허구적 해결책만 제시하는 지배와 통제의 프로젝트다.[187] 지구 남반구의 사회생태적 투쟁에 대한 연구는 바르셀로나 자치대학교의 후안 마르티네즈-알리에Joan Martínez-Alier와 그의 동료들 덕분에 탈성장 연구와 밀접하게 연결되어왔다. 이 대학은 탈성장에 관한 가장 큰 연구 네트워크 중 하나인 '연구와 탈성장'의 본거지이며, 동시에 EJOLT* 조직이 만든 환경 정의 지도Environmental Justice Atlas 제작 프로젝트를 통해 지구 남반구의 환경 갈등에 관해 연구하고 있다.[188] 알베르토 아코스타와 울리히 브란트가 포스트-채굴주의와 탈성장을 논의한 그들의 저서『급진적 대안Radical Alternatives』에서 주장하듯이, 자본주의는 북반구와 남반구 주체들 간의 다양한 동맹을 통해서만 극복될 수 있다. 좋은 삶과 같은 적극적인 개념들이 운동 구축의 최전선에 있어야 한다.[189]

불균등 발전에서 제국적 생활 양식까지

위의 비판들은 산업화된 국가와 지구 남반구의 극도로 불평등한 식민적 관계에 대한 광범위한 비판에 뿌리를 두고 있으며,

---

* [역주] EJOLTEnvironmental Justice Organisations, Liabilities and Trade는 생태적 분배 갈등을 기록하고 분석하며 환경 부정의에 맞서기 위해 과학과 사회를 결합하는 지구적 연구 프로젝트다. 데이터베이스 및 네트워크 플랫폼 구축, 워크숍, 법률 지원, 정책과 모범사례 제공, 교육자료 제작을 수행하며, 특히 환경 정의 지도 작업이 대표적 활동이다.

상당 부분은 자본주의와 제국주의에 대한 비판적 분석에서 많은 영향을 받았다. 불균등한 발전과 불평등한 교환에 대한 마르크스주의 이론은 자본주의적 발전은 다른 곳의 구조적 저발전에 의존해서만 일어날 수 있음을 알려준다. 발전은 불평등한 무역 조건에서 산업화된 국가와 교환되는 자원의 착취뿐 아니라, 지구 남반구 노동자의 노동에 대한 불평등한 가치화에 기반을 두고 있다. 원자재, 식품, 노동은 축적 과정에 들어가는 '저렴한' 투입물로 전유되는 반면, 이를 통한 생산품은 많은 부가가치가 더해지며 지구 북반구에서 제조된다. 불평등한 교환으로 인한 지구 남반구의 유출을 정량화한 최근 연구에 따르면, 그 규모는 1960~2018년 동안 약 62조 달러로 추정된다. 이는 현재 북반구 GDP의 최대 7%, 남반구 GDP의 최대 9%를 차지함으로써 남반구에서 152조 달러의 성장 손실을 초래하고 있다.[190] 또 불균등 발전은 가난한 나라에 더 높은 이자율로 돈을 빌려주고 부채를 갚을 수 없을 때는 구조 조정을 부과하는 금융기관들에 의해 주도되고 있다. 이처럼 산업화된 국가의 국가 부채가 훨씬 더 높음에도 불구하고, 남반구 국가들은 필수 서비스에 대한 비용 삭감 외에는 선택의 여지가 없으며 시스템적으로 저발전 상태에 놓여 있다. 즉 산업화된 국가들이 금전적, 군사적 우위를 유지하면서 특권을 누리는 것이다.

이러한 분석은 지구 북반구의 자본 축적과 그에 따른 경제 성장이 역사적으로 남반구와의 불평등한 교환을 통해 발생했고 현재도 이를 필요로 하며, 따라서 이를 가능하게 하는 제국주의 및 신자유주의적 장치에 의존한다는 것을 보여준다. 『레드 딜』의 저자들은 이를 다음과 같이 표현했다. "지구 북반구의 과잉 소비는 … 토착민과 흑인 삶의 박탈과 지구 남반구에서의 제국주의 전쟁으로 인해 직접적으로 가능해졌다."191 이러한 현실은 국제주의를 더 광범위하게 심화하고 남반구의 부채를 폐기하기 위해 투쟁하는 것뿐 아니라, 남반구 국가 간 동맹 구축의 필요성을 강조한다.192

최근 몇 년 사이 탈성장과 관련된 분석은 북반구 국가들의 생산과 생활 양식을 비판적으로 바라보고 있다. 예를 들어, 기후정의에 관한 논쟁은 산업화된 국가가 남반구 국가에 상당한 '기후 부채'를 지고 있다는 주장을 통해, 그리고 불균등 발전을 '생태적으로 불평등한 교환'이라는 틀로 재인식함으로써 불균등 발전에 대한 비판을 생태적 접근과 통합했다. 후자의 이론은 먼저 산업화된 경제가 가난한 나라로부터 생산 과정에서 오염을 유발하는 상품과 천연자원을 수입함으로써 생태적으로 유해한 산업의 영향을 피한 것이 불균등 발전의 조건이 되었다고 지적한다.193

유사한 맥락에서 사회학자 슈테판 레세니히Stephan Lessenich는 자유와 무한한 가능성으로 특징지어지는 라이프스타일은 역사적으로(식민주의, 기후 부채 등을 통해), 그리고 오늘날에도 사회적, 생태적 비용의 외부화를 통해 가능해졌다고 주장한다. 즉 누군가는 『타인의 희생으로 잘 사는 것Living Well at Others Expense』이다. 외부화는 현대 세계 시스템의 필수 불가결한 구조적 특징이다. 페미니스트와 마르크스주의 비평가들이 주장하듯이, 전 지구적 자본주의는 '외부'(값싼 노동력, 토지, 돌봄 활동, 원자재 등)의 지속적인 포섭뿐 아니라, 비용의 *아웃소싱*에도 의존한다.[194] 외부화의 근간이 되는 지구적 권력의 비대칭성과 착취적 관계는 부유한 국가의 '외부화의 아비투스externalization habitus'에 의해 안정화된다. 외부화 과정 및 그와 관련된 구조적 폭력은 '알고 싶지 않다'라는 사회적으로 일반화된 관행을 통해 체계적으로 억압되고 분리되며 타자에게 투사된다. 레세니히에 따르면, 외부화는 계몽주의의 자아 개념을 특징지은 칸트의 '항상 자신의 행동이 모든 사람에게 일반화될 수 있는 방식으로 행동하라'는 정언명령을 근본적으로 뒤집고 왜곡한다. 외부화는 배타성, 즉 공공 부의 인클로징에 기반한다. 산업화된 중심부의 많은 시민에게 거의 무제한적인 지구적 이동의 특권을 포함하는 이런 배타적 번영은 군사화된 국경 체제에 의해 방어된다. 이동의 자유와 그에 따른 삶의 기회는 외부화 사회 바깥에서 살고 '출생 복권birth lottery'에서 탈락한 사람들에게는 비대칭적이고 배타적이며 선택적으로 차단된다. 그러나 기후변화와 탈출 및 이주 운동의 증가로 인해 오늘날 자본주의 중심부의 외부화 사회는 그런 외부화 결과에 직면하고 있으며, 불행히도 점점 더 반동적이고 파시즘적인 조치로 대응하고 있다.[195]

정치학자 울리히 브란트와 마르쿠스 비센Markus Wissen은 강조점이 다소 다른 '제국적 생활 양식'이라는 개념으로 관련 분석을 제시한다. 그들은 헤게모니에 대한 네오-그람시안 접근법, 국가에 대한 유물론, 피에르 부르디외의 일상생활의 아비투스에 대한 이해를 활용해 북반구의 많은 사람에게 표준이 된 자동차 운전, 휴가를 위한 비행, 다량의 육류 섭취, 소비재 및 기타 편의 시설 등 특정한 삶의 방식이 갖는 지구적, 생태적 차원을 분석한다. 그 핵심 아이디어는 자본주의 중심부의 일상생활이 근본적으로 남반구에서의 사회생태적 관계의 폭력적인 형성을 통해 가능해지며, 여기에는 노동력, 천연자원, 오염 흡수원에 대한 지구적 규모의 무제한적 접근이 포함된다는 것이다. '제국적 생활 양식'의 개념은 매우 광범위하며, 우리가 살고 일하고 먹고 여행하는 방식과 같은 생산, 분배, 소비의 특정 규범이 어떻게 지구 북반구와 남반구 신흥 국가에서 정치, 경제, 일상적 관행에 배태되는지에 초점을 맞춘다. 이러한 삶의 방식은 한편으로는 기후변화, 생물다양성 손실, 빈곤, 사회적 양극화 등의 다양한 위기를 초래하고 악화시키지만, 다른 한편으로는 계급 타협을 통해 이러한 삶의 양식의 혜택이 집중된 중심부에서 사회적 조건을 안정화시키는 역설을 낳는다. 또 '제국적'이라는 용어는 이것이 대량 이주나 기후 정책의 불평등한 적용과 같은 위기를 더욱 악화시키는 제국주의적 구조(군사 개입, 채굴주의, 군수 산업, 국제기구, 화폐 헤게모니, 강화된 국경)와 연관되어 있음을 분명히 해야 한다. 울리히 브란트와 마르쿠스 비센은 '연대적 생활 양식solidarity mode of living'의 형태로 급진적 대안을 주장한다.**196**

탈성장에 대한 의의: 글로벌 연대와 상호 의존성

남반구—북반구 비판의 다양한 요소는 각각 탈성장 논의에서 중심적인 역할을 한다. 아래에서 논의하겠지만, 탈성장은 전 지구적 생태 정의를 위한 프로젝트로 이해될 수 있으며, 이 점에서 남반구—북반구 비판은 핵심적이다. 그러나 모든 형태의 비판과 마찬가지로 몇 가지 함정은 피해야 한다. 예를 들어, 문화적 비판에서 공동체에 대한 찬사가 공공 서비스 삭감의 정당화가 될 수 있는 것처럼, 일반적으로 포스트—채굴주의가 주창하는 국가 조직이나 사회 복지의 형태에 대한 거부는 신자유주의에 대한 냉소적 정당화를 촉진하는 경향이 있다. 마찬가지로, 포스트—발전 담론 일부에서 지역 공동체와 문화적 전통에 대한 무비판적인 태도는 때때로 위계적이고 억압적인 통치의 전통적 형태를 정당화할 수 있다. 이는 특히 탈성장 관점 전체에 대해서도 유사한 비판이 이뤄질 수 있기에 중요한 지점이다. 동시에 중심과 주변부 사이의 위계적이고 착취적인 관계를 강조할 때, 이 관계에 중첩된 계급 분석을 간과하지 않고, 전체 사회나 소비 영역을 분석의 중심 범주로 획일화하지 않는 것이 중요하다. 또한 남반구—북반구 비판은 문화적 상대주의로 이어질 수 있는데, 이는 인간과 집단적 권리에 대한 교차 윤리적 약속을 설명할 수 없고, 국민성 또는 '피와 땅'의 정치를 적절하게 분석하지 못할 수 있다.**197** 실제로, 프랑스의 뉴라이트 민족주의 사상가인 알랭 드 브누아Alain de Benoist는 민족적으로 분리된 단일한 국가라는 자신의 이데올로기를 설명하기 위해 '플루리버스'와 '민족다원주의 ethnopluralism'라는 용어를 사용했다. 이러한 오용을 막기 위해 부엔 비비르와 '플루리버스'를 옹호하는 탈성장 지지자들은 다양성, 차이에 대한 관용, 상호 의존, 민족적 배외주의 주장에 대한 거부라는 공동의 노력을 강조해왔다.[198]

이는 탈성장에 필수적인 근본적 변화는 주로 지구적 민주화 과정과 남반구 사회운동과의 동맹, 타인을 희생시키며 살거나 그렇게 살도록 강요받지 않을 권리 추구 및 요구에 의해 주도된다는 결론으로 이어진다.[199] 세계의 서구화와 서구 문명 전반에 대한 급진적 비판을 정식화한 세르주 라투슈는 포스트–발전의 아이디어를 게오르게스쿠–뢰겐의 생태적 관점과 결합하는 데 핵심적인 역할을 했다. 더불어, 이러한 관점은 데크루아상스 담론의 초기 핵심을 형성했다. 가부장제, 서구, 자본주의 원칙에 기반한 단일하고 모두를 아우르는 '문명화된 세계'에 대한 안티테제로서, 위에서 언급한 '플루리버스' 개념은 전 세계로부터 다양한 성장 비판적 관점을 결합하고자 하는 최근 시도의 최전선에 있다. 지구 남반구의 이러한 '발전의 대안'은 '급진적 상호 의존'을 통해 지구와 공존하는 다양한 형태의 사회와 삶, 세계와 인류의 발전을 위한 탈성장의 동맹자가 될 수 있다.[200]

3.8. 탈성장 논의 바깥에서의 성장 비판

탈성장은 생태적, 사회경제적, 문화적, 반자본주의적, 페미니스트적, 반산업주의적, 남반구–북반구 비판이라는 7가지 형태의 성장 비판의 융합으로 이해할 수 있다. 성장에 대한 이러한 다양한 비판을 관통하는 것은 아마도 경제를 독립적 합리성의 영역으로 이해하고 경제적 계산을 의사결정의 주요 기반으로 삼는 것에 반대하는 시도다. 이를 위해서는 필연적으로 더 복잡하고 상호 연결되며 다양한 세계가 필요하다. 여기에는 하나의 사회로서 우리의 상충하는 가치와 요구를 숙고하고 평가하는 것이 포함된다. 우리는 이제 '이것이 최저선(이윤)을 충족시키는가?'라고 질문하는 대신 '이것이 우리의 필요, 가치, 민주적 결정을 충족시키는가?'라고 물을 것이다.

다음 두 장에서는 이러한 서로 다른 비판의 가닥들이 탈성장의 중심 원칙, 비판에서 제기된 문제에 대응하기 위해 개발된 제안, 그리고 이에 도달하는 데 도움이 될 전략들로 함께 엮이는 방법을 보여주려 한다. 그러나 그 전에 몇 가지 미완성된 작업이 있다. 이 장의 서두에서 탈성장이 반근대적이고 원시주의적이며 암묵적으로 중간계급의 특권적 위치에서 파생된다고 주장하는 탈성장에 대한 몇 가지 공통된 비판을 언급했다. 이 장의 나머지 부분에서는 탈성장 논의의 일부가 *아닌*, 그 바깥에서의 성장 비판 형태를 더 직접적으로 다룬다. 그리고 다양한 보수적, 민족주의적, 자본주의적, 특권적, 반동적 성장 비판에 대해 간략하게 논의할 것이다. 이전 섹션들에서 이미 그중 일부를 언급했지만, 잠시 시간을 내어 더 자세히 살펴봄으로써 우리가 만나는 함정과 도전, 그리고 해방적 탈성장 관점이 어떤 것인지 이해하는 데 도움이 될 수 있다.

성장에 대한 보수적 비판

믿거나 말거나, 성장에 대한 몇 가지 보수적 비판이 제기되어 왔다. 가장 눈에 띄는 것은 보수주의 싱크탱크의 설립자이자 독일의 신자유주의적 노령연금 민영화의 주창자 중 한 명인 마인하르트 미겔Meinhard Miegel이다. 그는 산업 국가의 사람들이 분수에 넘치는 생활을 하고 있으며, 고령화와 시장 포화, 생활 환경 훼손 등으로 인해 향후 경제 침체나 심지어 축소가 현대 산업사회의 불가피한 운명이라고 주장했다. 이를 바로잡기 위해 그는 검소함과 생태적 문화를 지지할 뿐 아니라, 그의 관점에서 과도한 복지국가를 축소해 자원봉사, 자선, 가족에 대한 새로운 강조의 문화로 대체할 것을 지지한다. 이런 방식으로 성장에 대한 비판과 '성장 없는 번영'에 대한 요청은 사회적 삭감, 민영화, 젠더 관계의 후퇴를 정당화하는 수단이자 지렛대가 된다. 본질적으로, 긴축에 대한 신자유주의적 주장은 이제 녹색 페인트를 칠해 재활용된다는 점에 유의해야 한다. 우리는 더 이상 사치를 누릴 여유가 없으므로 *기존 사회 질서를 유지하기 위해 허리띠를 졸라매야 한다*는 것이다.**201**

보수주의자들은 현상 유지를 추구하고, 궁극적으로 오늘날 자본주의 헤게모니의 필수 요소인 경제 성장을 보호하려 하기 때문에 성장에 대한 보수적 비판은 여전히 드물다. 실제로, 긴축은 통상적으로 경제 성장에 반해서가 아니라 경제 성장을 위해 시행된다. 지금까지 미겔의 제안은 국가 수준의 논의에는 거의 영향을 미치지 않았다. 그럼에도 불구하고, 이를 언급해야 하는 이유는 성장에 대한 비판 자체가 미래지향적이지 않다는 것을 보여주기 때문이다. 그리고 실제로 그러한 제안은 임박한 생태적 붕괴와 변화된 경제 현실을 인정하지만, 사회 위계를 유지하고 심화하기 위해 이런 계기를 이용하는 보수적 정부에 의해 결국 수용될 수 있다.

  말할 필요도 없이, 탈성장 현장에서는 그러한 견해가 거부된다. 탈성장은 근본적으로 우리 사회 시스템을 돌봄, 평등, 집단적 웰빙을 중심으로 구축하려는 것이기 때문에, 그러한 제안은 탈성장이 의미하는 모든 것과 상반된다. 보수적 비판과 탈성장 사이의 유일한 공통점은 현재의 경제 상황(장기 침체)과 생태적 위기의 사회적, 문화적 뿌리를 다룰 필요성을 인정하는 것이다. 그러나 그 점에 있어서도 미겔의 제안은 사회적 위계를 해체하기보다는 보존하려는 본질적으로 보수적이고 퇴행적인 희망이라는 점에서 한계가 있다.

녹색 파시즘

2019년 8월 텍사스주 엘패소에서 한 총잡이가 46명을 총격해 23명이 사망했는데, 희생자 대부분이 유색인종이었다. 2019년 3월 뉴질랜드의 크라이스트처치 총격범이나 다른 에코−파시스트의 성명서와 마찬가지로, 그의 선언문에는 '백인'의 땅을 이주민에 의한 남용으로부터 보호해야 한다는 이유로 이주와 문화적 혼합에 반대하는 피−와−땅blood-and-soil 환경주의에 대한 언급이 가득했다. 이러한 백인 우월주의적 신념은 오늘날 많은 뉴라이트와 '대안 우파alt right'의 기본 이데올로기적 기둥을 제공한다. 그리고 뉴라이트의 지역주의적이고 민족다원주의적 갈래의 맥락에서, 탈성장 사상과 녹색 파시즘 사이의 일부 교차점이 문서화되기도 했다. 프랑스 뉴라이트의 지적 지도자 알랭 드 브누아가 2007년 초에 출간한 책 제목인 『내일은 탈성장!Demain, la décroissance!』은 1970년대 게오르게스쿠−뢰겐의 획기적인 판본에 붙여진 제목과 동일했다. 드 브누아는 초기 프랑스 데크루아상스 운동의 원로 중 한 명인 세르주 라투슈가 처음 만들어낸 '상상의 탈식민화', '플루리버스', '생산의 재지역화', '자율적 미시−사회autonomous micro-societies' 등의 탈성장 개념과 유사한 용어들로 자신의 민족다원주의적 생물지역주의를 구체화했다. 그러나 그 비전은 생물지역주의 녹색 파시즘 중 하나였으며, 안드레아스 말름Andreas Malm과 체트킨 컬렉티브Zetkin Collective*그룹이 요약한 것처럼, "각 인종은 고유의 서식지에서 혼합도 희석도 없이 세계

자본주의를 동질화하려는 힘에 대항함으로써 차이를 보존"한다는 것이다.**202**

다른 나라에서도 유사한 움직임을 볼 수 있다. 2014년 독일 최대 극우 정당인 독일 대안당AfD의 비외른 회케Björn Höcke는 다음과 같이 주장했다. "21세기 중반에 우리는 지구의 수용량에 도달할 것이다 … 우리는 포스트-성장 경제가 어떠한 모습일지 고려해야 한다 … 우리는 생태와 경제를 조화시키는 경제 형태를 찾아야 하며, 그것은 오직 우리가 이런 종류의 자본주의를 극복해야만 가능하다."**203** 2014년 스위스에서는 운동 그룹 에코팝Ecopop이 생태적 이유로 이민을 제한하자는 제안을 국민투표에 제출했다. 그들은 이를 "인구 과잉 멈추기 – 생명의 자연적 기반 보호를 위해"라고 불렀다. 다행히 이 발의안은 통과되지 않았지만, 놀랍게도 큰 인기를 끌었다. 이탈리아에서는 데크레시타decrescita 운동의 일부가 우파도 좌파도 아니라고 주장하는 성장-비판적 오성운동Five-Star Movement과 협력했고, 오성운동은 2018년에 우익 극단주의자이자 인종차별주의 그룹인 북부동맹Lega의 연합 파트너가 되었다.

이러한 모든 움직임을 하나로 모으는 것을 우리는 녹색 파시즘이라고 부를 수 있다. 이는 기후변화의 현실을 인정하면서도 남성과 여성, 백인과 유색인종, 산업화된 국가와 지구 남반구,

---

*   [역주] 체트킨 컬렉티브는 1920년대 이탈리아 파시스트 운동을 연구한 독일 마르크스주의 이론가 클라라 체트킨의 이름을 딴 연구 그룹으로, 생태 파시즘과 맬서스주의, 기후 부정론, 생태 민족주의 등 극우적 정치생태학을 분석하는 활동을 한다.

사회 계급 간의 현재 위계를 유지하고자 하는 보수주의자나 과거 기후 부정론자 우파에게 다음 단계로 나아갈 수 있는 논리적 단계다. '파시즘'은 자주 오용되는 단어지만, 여기서는 이를 국가 권력, 포퓰리즘 운동, 폭력적인 민병대를 이용해 국민을 동원하고 기존의 사회적, 인종적 위계와 분열을 더욱 심화시키려는 자본주의의 한 형태로 지칭한다. 따라서 녹색 파시스트는 국경을 강화하고 이주를 제한하는 동시에, 현재의 위계를 더욱 공고히 하면서 더 녹색이고 생태적인 삶을 위한 사회로 재편하기를 원한다. '기후 아파르트헤이트climate apartheid' 또는 '녹색 민족주의'는 이 비전을 이르는 다른 용어들이다. **204**

녹색 파시즘에도 서로 다른 갈래들이 있다. 어떤 부류는 백인이 자연과 하나가 되어 살 수 있는 낭만적인 목가적 과거로의 회귀를 바라는 반면, 다른 부류는 지구공학, 스마트 농업, 대규모 국경 장벽과 같은 현대적 개입을 옹호한다. 그럼에도 불구하고, 그들은 민족성에 대한 집착, 보수적 가치, 인구 과잉에 대한 비판을 공유한다. **205**

분명히 알다시피, 탈성장은 이러한 사상 및 운동과 근본적으로 상충되며, 사실 그들은 탈성장이 추구하는 것과 정반대의 것들을 지지한다. 지역주의적 이상, 생태적 삶, 세계화와 성장에 대한 비판은 탈성장 스펙트럼 전반에 걸쳐 공유되지만, 탈성장의 핵심 내용인 지구적 정의에 대한 초점은 녹색 파시즘에 정면으로 반한다. 대부분 탈성장 지지자는 모든 사회적 위계를 거부하고 국경 개방과 이동의 자유를 위해 노력하며, 모든 종류의

'기후 아파르트헤이트'의 미래를 거부한다. 탈성장은 녹색 파시즘이 국민국가의 이름으로 폭력적으로 방어하는 특권을 종식시키는 사회를 위한 제안이다. 포퓰리스트 우파가 더 많은 권력을 얻고, 기후변화 부정론이 정치 전략으로서 실현 가능성이 낮아짐에 따라 성장에 대한 다양한 비판이 우파에 더 흡수될 위험이 있다. 이러한 이유로 탈성장 지지자들은 모든 자본주의적 성장-주도 이데올로기를 거부하듯 원칙을 분명히 해야 하고, 녹색 파시스트 주장 및 운동과 (탈성장 스펙트럼 내에서도) 연결하려는 모든 시도에 반대해야 하며, 모든 형태의 피-와-땅의 정치를 거부해야 한다. **206**

반-현대주의

2020년 지구의 날을 맞아 저명한 다큐멘터리 감독인 마이클 무어는 '거대 녹색big green'*의 신화를 깨뜨리는 영화를 무명의 영화감독 제프 깁스Jeff Gibbs에게 맡겨 제작했다. 이 〈인간들의 행성 Planet of the Humans〉은 태양력 발전, 바이오 에너지, '녹색' 기업 및 NGO에 분노를 표출했다. 이 작품은 '성장 중독' 때문에 녹색 자본주의가 불가능하다고 주장하려 했지만, ―우리도 그 점에 동의한다― 인구 과잉이 진짜 문제임을 암시하고, 나아가 화석연료를 대체할 대안 에너지원에 대한 모든 믿음을 불식시키려 노력

---

* [역주] '빅 그린'은 거대 환경단체들이 주도하는 주류적 환경운동을 의미한다.

했다. 마이클 무어의 플랫폼을 활용한 덕분에 이 영화는 개봉 첫 주에 유튜브에서 500만 조회수를 기록하며 좋은 성적을 거뒀다.

〈인간들의 행성〉은 자본주의에 대한 심도 있는 비판을 제시하지 않으며, 대부분 '에코 하우스'에서 살기, 채식 위주 식단 채택과 같은 라이프스타일 선택이나 인구 증가 종식에 초점을 맞춘다. 그 결과 관객들은 기존 기술에 대한 거부감만 남게 되고, 대안으로서 라이프스타일주의lifestylism를 제안받는다. 그러나 이는 사회 전체에 대한 절망이나 거부감으로 이어질 수밖에 없는 메시지다.[207] 이러한 종류의 기술-회의주의는 모든 기술을 전면적으로 거부하는 경향이 있는 환경운동의 광범위한 담론의 일부이며, 더 일반적으로 근대성이나 문명에 대한 전면적 거부 외에는 다른 대안을 제공하지 않는다. 이는 파괴해야 할 것은 문명 그 자체라고 주장하는 '반-현대주의' 또는 '반-문명적anti-civ' 형태의 환경주의로 간주되며, 이는 인간 혐오적 결론으로 이어진다.

탈성장은 여러 방식으로 이러한 비판을 넘어선다. 성장 기반 경제에서의 녹색 자본주의, 성장, 재생가능 에너지의 한계에 대한 공통된 인식뿐 아니라 산업주의적, 가부장적, 구조적으로 인종차별적인 문명에 대한 비판이 존재하지만, 탈성장은 결코 반-현대적이거나 반-문명적이지 않다. 실제로, 다음 장에서 논의하는 바와 같이, 탈성장은 현대 문명의 특정한 측면을 단호하게 비판하는 동시에, 그것의 해롭고 소외되고 지속 불가능한 요소에도 불구하고 평등을 보장하고 달성하는 데 있어 사람들의 투쟁이 갖는 역할을 강조한다. 다시 말해, 탈성장 관점은 현재의 권력관계에서 벗어나거나 이를 재구성할 책임을 면하기보다는 현재의 권력관계를 재구성함으로써 자본주의적 현대성을 넘어서고자 한다.

부자들의 환경주의

이것은 우리가 '중간계급 환경주의' 또는 '부자들의 환경주의'라고 부를 수 있는 성장에 대한 마지막 비판, 즉 주로 소비에 대한 비판으로 이어진다.[208] 우리는 환경을 지키려면 재활용 화장지를 사고, 비행기를 덜 타고, 유기농 식품을 먹으라는 말을 들어왔다. 또는 더 효율적인 자동차, 탄소 중립 유람선, 핵융합 발전소가 우리가 직면한 문제를 해결할 것이라는 말을 듣는다. 즉 문제는 자본주의가 아니라 성장의 환경적 영향을 해결하기 위해 기술과 시장을 적절히 활용할 수 있는지 여부라는 것이다.

중간계급 환경주의는 지속 불가능한 성장을 과소비와 불충분한 기술 혁신의 탓으로 돌리고, 개인의 라이프스타일 변화와 소비의 변화 또는 문제에 대한 기술적 해결책을 옹호한다. 이렇게 중간계급 환경주의는 집단적 정치 행동을 선택지로 여기지 않으며, 소비에 대한 선택권이 거의 없고 여러 면에서 *너무 적게* 가진 노동계급에게 어떤 종류의 대안도 제공하지 않는다. 또한 부자들의 환경주의는 불평등한 교환, 외부화, 북반구의 소비에 대한 경제적 의존 부담에 계속 직면해 있으면서도, 산업화된 국가의 녹색 기술에 감당 가능한 접근권에서 배제되는 남반구 사람

들에게 그다지 제공할 것이 없다.209

탈성장 지지자들은 성장에 대한 이러한 비판을 받아들이지 않는데, 그 이유는 다음과 같다. 첫째, 탈성장은 산업화된 국가의 특권적인 중간계급뿐 아니라 모든 사람을 포함하는 생태적 사회를 옹호하기 때문이다. 둘째, 기술적 해결책이나 개인적 소비 선택에 대한 비정치적 강조보다는 집단적이고 정치적인 행동의 필요성을 강조하기 때문이다.

3.9. 탈성장은 왜 다른가?

어떤 사람들은 성장에 대한 퇴행적 비판들과의 언어적 근접성과 특정한 표면적 유사성 때문에 탈성장을 본질적으로 보수적인 주장으로 해석하지만, 자세히 살펴보면 근본적인 차이가 있다. 성장에 대한 생태적 비판에서 탈성장은 무한한 성장이 불가능하다는 과학적, 경험적 증거와 함께, 성장과 환경 영향의 분리가 거의 불가능하다는 잘 정리된 증거를 기반으로 한다. 이 장에서 논의한 보수적, 특권적, 퇴행적 비판 중 일부는 이러한 발견을 참조해 덜 물질적이거나 덜 에너지 집약적인 생활 방식의 변화를 제안할 수도 있지만, 그렇다고 해서 탈성장이 다른 유사점까지 공유하지는 않는다. 사실, 탈성장의 핵심은 생태적 정의, 모든 형태의 착취와 위계에 대한 비판, 연대의 비전을 강조하며, 보수적, 반현대적, 퇴행적 성장 비판들과는 정반대를 가리킨다. 모두를 위한 평등과 좋은 삶에 대한 이러한 요구는 지구적 부정의, 제국적 생활 양식, 그리고 이를 가능하게 하는 제국주의에 대한 비판과 함께 진행된다.

탈성장의 강점은 총체적인 관점이다. 탈성장은 성장 비판의 어떤 하나의 흐름에 의존하지 않고, 처음부터 이 장에서 논의된 일곱 가지 해방적 흐름을 결합해 페미니즘, 반자본주의, 남반구—북반구 비판 등을 포함하는 응집력 있고 잘 발전된 광범위한 성장 비판으로 엮어낸다. 마지막으로, 다음 장에서 다룰 탈성장의 비전, 제안, 전략은 이러한 퇴행적 성장 비판들과 유사한 모든 것과 근본적으로 상충한다. 그들은 결코 동맹이 될 수 없다. 하지만 탈성장이 현실이 되려면, 공개 토론을 통해 반박하고 사회적으로 대응해야 한다.

탈성장이 비판 앞에서 자신의 주장을 더욱 선명하게 하는 것은 여전히 매우 중요하다. 그러기 위해서는 성장에 대한 반현대적, 인종차별적, 보수적 비판을 끊임없이 비판적으로 검토하고 이해하며, 자신과 명확히 구분해야 한다. 이러한 이유로, 탈성장을 이 장에서 논의된 일곱 가지 비판의 융합으로 이해하자는 우리의 제안이 어떤 영감을 줄 수 있기를 바란다.

4.

탈성장의 비전

오늘밤 잠이 들고는 100년 후 미래의 아침에 깨어난다고 상상해 보라. 그 세상은 어떤 모습일까? 예술가이자 정치 이론가인 윌리엄 모리스는 1890년에 그러한 시나리오를 묘사한 유토피아 소설 『에코토피아 뉴스』를 출간했다. 윌리엄 게스트라는 남자가 활동가 회의를 마치고 집으로 돌아와 잠이 들었는데, 사유 재산도 없고 일이 즐겁고 행복한 삶을 사는 데 필요한 만큼을 가진 세상에서 눈을 뜬 자신을 발견한다. 대도시도 없고, 시골은 도시 생활에 완전히 통합되어 있다. 화폐 제도도, 정부도, 감옥도 없다. 모두가 함께 모든 것을 결정한다.

모든 유토피아적 비전이 같은 것은 아니지만, 공통점이 있을 수 있다. 어슐러 K. 르 귄Ursula K. LeGuin은 소설 『빼앗긴 자들The Dispossessed』*에서 모든 사람이 자원이 부족한 사막 행성에서 사

---

*   [역주] 한국어판은 이수현 옮김, 황금가지, 2002.

장, 돈, 중앙집권적 정부 따위 없이 함께 일하는 아나레스Anarres 행성을 상상했다. 아나레스의 아나키스트 사회는 첨단 기술을 활용하지만, 민주적이며 모든 사람이 모든 것을 공유한다. 실제로, 아나레스 사람들은 지구와 비슷한 우라스Urras 행성의 위계적이지만 훨씬 더 풍요로운 시장 사회를 거부하고, 자원이 부족한 이 사막 행성에 살기로 결정했다. 이런 가정은 자율성과 집단적 자기 제한이 무엇을 의미하는지 보여준다. 르 귄의 고전 공상과학소설은 "성장만 있는 일방통행의 미래에 … 돼지를 선로에 올려놓아 가로막겠다"라는 열망이 담겨 있으며, 오늘날 더 나은 세상을 만들고자 하는 많은 활동가에게 영감을 주고 있다.[1]

우리 중 많은 사람이 자신만의 유토피아, 즉 자신이 바라는 세상의 비전을 가지고 있다. 『에코토피아 뉴스』와 『빼앗긴 자들』이나 킴 스탠리 로빈슨Kim Stanley Robinson의 『미래부The Ministry of the Future』와 같은 '가까운 미래'에 대한 공상과학 소설은 작가의 창의성과 유쾌함을 통해 우리가 살고 싶은 세상뿐 아니라, 사회적 변화가 실제로 어떻게 작동하는지를 상상할 수 있게 도와준다. 이는 현재와 다를 수 있다는 희망을 주며, 우리가 함께 노력할 수 있는 무언가를 갖기 위한 유용한 연습이다. 머레이 북친은 유토피아적 사고의 중요성을 이야기하면서 이렇게 말했다. "백일몽은 상상의 한 조각이자 시의 한 부분이다. 그것들은 역사 속으로 날아오르는 풍선들이다."[2]

에른스트 블로흐는 유토피아를 "욕망의 교육"이라는 유명한 말로 지칭했다. 그에게 유토피아는 단지 먼 꿈이 아니라 바로 우리 곁에 있으며, 일상 경험과 스쳐 지나가는 단편들을 통해 볼 수 있다. 그러나 많은 해방적 사상가, 특히 사회주의 전통에서 유토피아적 사상은 회의적으로 보인다. 특히 마르크스는 당대 유토피아적 사회주의자들을 "미래의 요릿집을 위한 레시피를 작성하는 사람들", 즉 불가능하고 무익한 작업을 하는 사람들로 묘사했다. 그는 현재 현실의 모순과 그로 인한 투쟁에서 출발하여 거기서부터 나아가는 것이 더 낫다고 말했다. 이는 비판 이론에서 형상 금지Bilderverbot라 불리는 것, 즉 유토피아에 대한 이미지를 금지하는 것(테오도르 W. 아도르노)으로 이어졌다. 게다가 유토피아적 비전을 꿈꾸는 사람들이 누구인지도 중요하다. 윌리엄 모리스의 책에서는 여전히 여성이 주로 집안일을 하는 반면, 르 귄은 가부장제와 젠더화된 노동 분업의 종식까지 상상한다. 유토피아는 미래에 대한 백인적, 이성애적 관점을 제시하는 것일 수도 있고, 그러한 위계에 도전하고 그 너머의 세계를 상상할 수도 있다. 따라서 유토피아가 되기 위한 까다로운 점은 그것이 원칙적이고 개방적이어야 하며, 미래에 대한 다양한 비전의 공간을 제공해야 한다는 것이다.3

유토피아적 사고에 수반되는 어려움에도 불구하고, 대안에 대한 열망이 현재를 변화시키기 위해 행동하도록 동기를 부여할 수 있음은 분명하다. 그럼에도 불구하고, 유토피아적 비전을 문학이 아닌 이론적 개념으로 제시할 때는 완전한 그림을 그리는 것이 아니라, 현재에 대해 우리가 알고 있는 것에 기초하도록 유의해야 한다. 또 기존의 권력 구조가 이를 극복하려는 우리의 비전조차 어떻게 형성하는지 주의를 기울이고, 실험과 자유, 지속적인 사회 변화를 위한 충분한 여지를 허용해야 한다. 이런 마음으로 우리 지식의 불완전성, 삶의 연약함, 미래를 함께 창조하려는 열망을 인식하고, 유토피아를 하나의 청사진으로 제시하는 전문가 주도의 계획에 도취되지 않는 것이 중요하다. 오히려 탈성장 비전은 이상적인 최종 상태가 아니라 사회 변혁을 위한 단계들을 묘사한다. 그런 상태는 처음부터 존재할 수 없을 뿐 아니라, 관점과 표현의 다양성이 바람직한 미래의 핵심적인 특징으로 이해되기 때문이다. 따라서 탈성장은 보편적인 미래가 아닌 '플루리버스', 즉 다양한 세계가 공존하는 세상을 제안한다.4 미래가 어떤 모습일지는 아무도 모른다. 사람들이 믿을 수 있는 비전을 구축하는 것이 중요할지라도, 유토피아적 제안들은 확고하거나 전체주의적이고 보편적인 것이어서는 안 된다.

이 장에서는 탈성장이 현재에 대한 비판일 뿐만 아니라, 성장 사회의 '사회적 상상력'을 해방시키기 위한 더 나은 미래에의 제안이자 비전이라고 주장한다. 탈성장은 논쟁의 여지가 있는 다가치적 개념이기 때문에, 여기서는 탈성장에 대한 사고와 실천의 다섯 가지 '조류'를 설명하는 것으로 시작한다. 이들은 각각 고유한 특성이 있지만, 유사한 방향으로 이동하는 난류의 흐름으로 생각할 수 있다. 이러한 흐름에 따라 우리는 세 가지 공통 원칙으로 구성된 탈성장의 정의를 제안하고, 이를 통해 다음 장에서는 현재에서 탈성장 유토피아로 나아가기 위한 더 구체적인 정치적 전략을 설명할 수 있다.

4.1. 탈성장의 조류

탈성장은 하나의 청사진이나 보편적인 제안이 아니기 때문에 계속해서 논쟁이 벌어지는 개념이다. 이 섹션에서는 탈성장 스펙트럼 내에 존재하는 탈성장의 다양한 이미지 또는 '조류'를 파악해 본다. 이들은 각각 탈성장 사회가 어떤 모습인지에 관한 질문에 보완적이거나 논쟁의 여지가 있는 서로 다른 답변을 제공한다. 이러한 조류에는 (1) 제도 지향적 조류, (2) 충족성 지향 조류, (3) 커머닝 및 대안 경제의 조류, (4) 페미니스트 조류, (5) 포스트-자본주의와 대안 세계화의 조류가 있다. 이는 이상화된 구분이므로, 한 부류의 그룹에 대한 설명으로 이해해서는 안 된다. 우리가 각 조류에 이름을 붙이기 위해 사용하는 용어는 우리 관점에서 각 주장의 핵심을 강조하기 위한 것이다. 물론, 각 조류는 다른 조류의 중심이 되는 다양한 측면을 다루기도 한다. 예를 들어, 제도적 개혁은 거의 모든 조류에서 중요한 역할을 한다.[5]

제도 지향적 조류

이 조류는 정부의 입장이 될 가능성이 가장 높다. 성장에 대한 사회경제적, 생태적 비판에 상당 부분 기반을 둔 제도 지향적 조류는 성장에 대한 정치적 고착을 극복하고, 개혁과 충족성의 정책을 통해 과거의 성장 의존적이고 성장 주도적인 제도의 변화를 목표로 한다. 그 기본 지향은 녹색-자유주의이며, 이 조류에

속하는 사람들은 주로 제도의 급진적 개혁 및 광범위한 정책 프레임워크와 결합된 시장 도구, 환경적·사회적 과세 및 규제의 혼합을 옹호한다. 이러한 정책 변화는 개인의 라이프스타일 변화를 촉진하고, 시장 활동을 생태적이고 더 정의로운 방향으로 이끌며, 일자리에서 연금, 신용에 이르기까지 필수적인 사회제도를 성장 독립적으로 만드는 것을 목표로 한다. 따라서 생태경제학자와 이단 경제학자들은 '생태적 조세 개혁', 재분배, 대안적 경제 측정 지표 등의 정책을 제안했다. 이들은 성장에서 벗어나 번영이라는 새로운 개념으로 거시경제적 전환을 수반할 수 있는 광범위한 정책 도구를 주장한다.[6] 덜 급진적인 포스트−성장 제안 중 일부는 이미 성공을 거둔 바 있다. 케이트 레이워스의 '도넛 경제학' 개념이 암스테르담시의 새로운 장기 지속가능성 정책의 지침이 되었고, 2018년 유럽 의회에서는 이러한 주제를 중심으로 포스트−성장 회의가 조직됐다. 여기에는 다른 조류들과 겹치는 탈성장 정책을 위한 더 급진적인 제도 지향적 제안들도 있다. 소득 상한 설정부터 노동시간 단축에 이르는 이러한 제안들은 다음 장에서 논의할 것이다.[7]

이러한 조류에 따르면, 사회적 변혁은 기업, 결사체, 시민 사회와 같은 비국가 제도뿐 아니라 선거 정치, 정부, 국가, 지역 행정부에 의해 추동된다. 이는 더 넓은 경제 속에서 성장으로부터의 구조적 독립성을 허용하도록 기본 조건을 이상적으로 변화시킬 것이다. 정치적 개혁을 통한 복지국가나 노동시장과 같은 제도의 변화는 사회 전체의 민주적 변혁을 위한 수단이자 핵심 조건으로 여겨진다. 탈성장 스펙트럼의 일부에서 팽배한 갈등 없는 사회 변화라는 순진한 관념을 가진 것과 달리, 이 조류는 정치적 압력과 정책 프레임워크의 필요성을 강조한다(5장 및 6장 참조).

충족성 지향 조류

주로 성장에 대한 생태적, 문화적 비판과 산업주의에 대한 비판에 기반한 이 조류는 지역적이고 비상업화된 자급 경제, DIY 이니셔티브, '자발적 단순성'을 통해 자원 소비를 근본적으로 줄이는 것을 목표로 한다. 따라서 소비 추동적 자본주의 시장 외부에서 이뤄지는 실천에 초점을 맞춘다. 지속가능성에 대한 주류 담론에서는 '충족성sufficiency'이라는 용어가 거의 주목받지 못한다. 충족성은 올바른 척도에 관한 질문을 제기한다. 그것은 집단적 제한, 소비 감소, 감속, 충분히 갖고자 하는 욕망 행동의 변화에 관한 것이다. 독일 경제학자이자 탈성장 지지자 니코 페히Niko Paech의 입장이 좋은 사례인데, 그는 탈동조화 신화에 근본적인 비판을 제기하고 '과잉으로부터의 해방'과 '적을수록 풍요롭다'라는 검약한 삶을 주장한다.8 이탈리아의 모비멘토 페르 라 데크레시타 펠리체Movimento per la Decrescita Felice와 세르주 라투슈의 일부 글에서도 비슷한 입장이 견지된다.9

특히 라투슈는 더 많은 것을 사야만 더 행복해질 수 있다는 희소성 경제학의 소비주의적 함정에 대한 비판을 강조하고, 이를 생산주의 체제와 성장의 종교에서 벗어나기 위한 수단인 '검약한 풍요'로서의 탈성장과 대비시킨다.[10] 국제적 탈성장 논의에는 '자발적 단순성', '검약한 삶', '느린 경제'와 같은 관련 개념도 자주 등장하며, '전환 마을' 운동, 에코 빌리지, 그리고 여타의 더 '단순한 삶'을 위한 운동들과 함께 실천적인 탈성장 프로젝트에서 중요한 역할을 한다.[11]

이러한 조류에서 소비와 산업주의에 대한 비판이 특히 두드러지며, 생태 위기에 대한 비관적이거나 재앙적인 평가와 문명에 대한 근본적인 비판과 결합되는 경우가 많다. 전 세계 모든 사람의 동등한 생태 예산, 개인의 책임, 지금 여기에서 시작하는 변화에 초점을 맞추기 때문에 이 입장은 쉽게 전달되고 공감을 불러올 수 있다. 그러나 이처럼 생태적 위기에 대한 주요 책임을 개인에게 부여함으로써 지구 북반구 사회에서 소비의 계급 특수성을 무시하는 경향이 있으며, 필요한 사회적, 구조적 변화의 중요성을 과소평가하여 해법 모색의 개인화 및 탈정치화로 이어질 수 있다. 이러한 조류는 다른 모든 것이 파생되는 생태적 한계에 우선권을 부여하는 경향이 있으며, 때로는 사회적 문제를 부차적인 것으로 치부하는 결과를 낳기도 한다. 『탈성장 개념어 사전 Degrowth: A Vocabulary for a New Era』의 독일어 서문에서 니코 페히는 탈성장 논의에서 '권력과 분배의 문제'를 명시적으로 배제하며, 자신의 탈성장 경제는 경계들의 인식에 따르는 '윤리적 결과가 아니라 수학적 결과'라고 주장한다.[12]

따라서 페히와 같은 일부 사람들은 충족성을 주로 소비를 줄이기 위한 개별 전략으로 보지만, 탈성장 논의에서는 일반적으로 변화된 정치적 조건, 사회제도 및 소유 논리에서만 달성할 수 있는 급진적인 사회적 프로젝트로 이해한다.[13] 여기에서 또 다른 사람들은 생태적 충족성에 대해 이야기한다. 이는 개인의 변화를 지향하기보다는 사회생태적 변혁으로 더 많이 이해되며, 재생산 정의 및 기후 부채와 같은 에코 페미니스트 및 국제주의 원칙들로 뒷받침된다.[14] 더 나아가, 글로벌 에코빌리지 네트워크와 전환 마을 등의 이니셔티브는 지구적 네트워크를 통해 자원을 교환하고 지역 지방자치단체 정치에 적극적으로 개입하기 때문에 충족성 접근 방식의 집단적 특성을 강조한다. 충족성 접근 방식에 대한 유의미한 한 가지 사례는 바르셀로나 탈성장 여름학교의 개최지이기도 한 프랑스 남부의 포도원인 캉 드크레스 Can Decreix를 들 수 있다. 캉 드크레스는 대안 기술, 농생태학, 체험 교육, '쓸모없는 물건 박물관' 행사 개최를 통해 검약하고 공생공락적인 삶의 가능성을 보여준다. 대다수는 일과 생활의 제약으로 인해 이런 방식으로 살지 못할 수도 있고, 그런 노력이 구조적 시스템에 직접적으로 도전하지는 않지만, 캉 드크레스와 에코빌리지와 유사한 이니셔티브는 포스트―자본주의적 생활 방식, 즉 '대안적 정상성'이 가능하고도 바람직하다는 것을 쉽게 상상할 수 있게 해준다(섹션 6.1 참조).[15]

커머닝 및 대안 경제의 조류

커머닝 및 대안 경제의 조류는 대안적 인프라, 연대에 기초한 협동조합, 비자본주의적 형태의 공동 생산과 생계 구축에 더욱 중점을 두고 있다. 간단하게, '나우토피아nowtopias'는 지금 여기에서의 유토피아 실현 가능성을 강조하는 용어다.**16** 이 조류는 커뮤니티 지원 농업, 커머닝, 연대/협동/커뮤니티 경제, P2P 생산, 플랫폼 협동조합, 대안 경제 및 공유 경제 등의 이니셔티브로 보이는 많은 실제 실험에 초점을 맞추고 있다. 여기서 큰 영향을 미치는 것은 남반구의 연대 경제와 공정무역 운동뿐 아니라 농생태학과 소농의 투쟁이다. 자유무역협정과 단작 농업의 부정적인 영향에 초점을 맞추는 이러한 운동들은 주권, 협동적 소유권, 공정한 노동 조건을 강조하며 대안적 발전을 위한 투쟁을 지원하기 위해 세계사회포럼 같은 이니셔티브를 통해 지구 북반구의 소비자 및 운동과의 연결을 구축하고자 한다.**17**

이러한 조류에는 두 가지 주요 강조점이 있다. 커먼즈를 중심으로 하는 첫 번째 강조점이 특히 두드러진다.**18** 여기에는 공동체 관리 토지부터 연대 프로젝트까지 커먼즈의 끊임없는 인클로저에 대한 저항, 그리고 자본주의 확장의 핵심 성장 동력으로서 지속적인 토지 강탈에 대한 저항만 포함되는 게 아니다. 이 조류는 커머닝에 기반하고 커머닝으로 야기된 거버넌스 원칙과 경제활동뿐 아니라 공동 자산의 강화와 확장을 목표로 한다. '노벨 경제학상'(실제로는 노벨상이 아님) 수상자 엘리너 오스트롬의 연구에서 영감을 얻은 이 관점은 시장과 국가를 넘어 위키피디아, 커뮤니티 가든, 대안 통화 등 커먼즈 기반의 대안을 옹호하고 확장하는 것을 목표로 한다. 이것의 핵심은 공동체와 책임 있는 관계 및 규칙을 협상하는 커머닝 프로세스다. 탈성장 경제가 수많은 대안 경제에 이미 존재하는 커머닝 이니셔티브에 뿌리를 두어야 하며, 커머닝의 원칙이 전체 사회를 조직하는 중심에 있어야 한다는 것이 핵심 아이디어다.[19]

또 다른 강조점은 자본주의를 전복하는 길로서 커먼즈에 더 중점을 두고 있다. 마르크스주의에서 영감을 받은 이 관점은 자본주의 경쟁과 물물교환 논리, 즉 시장과 화폐 사용에 대한 근본적인 비판에 기초한다. 그 목표는 대부분의 자산 형태가 폐지되고, 시장이 없는 경제 시스템에 기반하며, 모든 사람이 자신의 수단에 따라 기여하는 사회다. 이런 관점에서 볼 때, 위에서 언급한 커먼즈 접근법은 국가의 동원 해체 능력과 그에 따른 자본주의 경제의 회복 능력에 충분히 도전할 수 없다. 예를 들어, 갓 태어난 '공유 경제'가 우버와 에어비앤비에 의해 빠르게 자본화된 것이나, 영국의 긴축 정책하에서 지방자치 민주주의라는 명목으로 사회 서비스를 위한 연방 자금을 삭감한 사례를 생각해 보자.[20] 이런 관점들은 협동조합, 연대의 경제 네트워크, 시민 이니셔티브 연합이 지배적 경제에 대한 '대항 헤게모니'를 구축할 수 있는 대규모 이니셔티브 건설에 크게 좌우되는 경향이 있다. 이는 국제노동자연맹IWW의 슬로건 "낡은 것의 껍데기 속에서 새 세계를 건설하라"를 연상할 수 있다.[21] '급진적 지방자치주의', '자유의지적 사회주의', '사회적 아나키즘', '자율주의적 마르크스주의'와 같은 표현이 이 접근법을 특징짓는 데 자주 사용된다. 따라서 이 접근법은 자본주의와 세계화에 비판적인 조류와 밀접하게 연관되어 있지만, 지역의 민주적 커머닝 실천, '화폐를 넘어선' 세계 및 조직 확장을 모든 교환 논리 극복의 핵심 요소로 강조한다.[22]

페미니스트 조류

페미니스트 탈성장 조류는 많은 설명에서 간과되는데, 가장 큰 이유는 페미니스트 주장이 탈성장 담론에서 인정받기 위해서는 투쟁이 필요했기 때문이다. 그럼에도 불구하고, 가장 눈에 띄는 탈성장 개념 중 상당수는 적어도 1970년대 이후 페미니스트 경제학과 비판 이론, 그리고 자급의 접근법에서 예견된 것이다 (섹션 3.5 참조).

자급의 접근법은 남반구의 주부 및 소작농에 대한 자본주의적 착취와 자연 사이의 연관성을 명확히 밝혔는데, 그들이 가부장제와 자본주의 비판의 분석적 출발점으로 제대로 본 것이다. 성장 경제의 구조적인 돌봄 없음carelessness과 달리, 페미니스트 제안들은 사회와 삶 전반의 기초를 형성하는 재생산 활동과 돌봄을 경제와 경제적 사고의 중심에 두고 생산과 분리의 극복을 목표로 한다.[23] 예를 들어, 이것은 모든 사람의 노동시간을 급진적으로 줄이는 동시에, 성별에 관계없이 돌봄 활동의 공정한 분배, 즉 '돌봄 혁명'을 요구한다.[24] 여기서 변혁은 변화된 관행, 주체성, 인식론, 제도적 개혁으로 구성되는 것으로 이해된다. 핵심 주장은 탈성장 사회가 사회 사이와 사람 사이의 관계에서 가부장적 구조를 끝내야만 달성할 수 있다는 것이다. 또한 에코 페미니스트의 조류는 대안적 경제 시스템의 핵심 원칙으로서 생태적 충족성을 중심에 둔다.[25] 이 조류의 또 다른 구체적인 예는 페미니즘과 탈성장 연합(Feminisms and Degrowth Alliance, FaDA)으로, 이는 탈성장과 급진적 페미니스트 접근의 교차점에 관한 분석을 발표하고, 연구 의제를 제안하며, 토론을 조직하는 국제적이고 다양한 네트워크다. 코로나19 팬데믹 이후 FaDA는 유급 가사노동과 가부장적 핵가족을 돌봄 공동체로 전환하는 등 건강한 돌봄 경제를 구축하는 데 필요한 변화를 설명하는 성명서를 발표했다. 이런 내용은 다른 탈성장 조류에서 자주 논의되지 않는 원칙을 담고 있다.[26]

포스트–자본주의와 대안 세계화의 조류

마지막으로, 무엇보다도 자본주의 사회의 성장 강박에 대한 명확한 분석과 권력의 동학에 대한 강조로 특징지어지는 포스트–자본주의와 대안 세계화의 조류가 있다. 이러한 관점에서 해방적 탈성장 사회는 우리가 일하는 방식부터 소유 형태에 이르기까지 근본적인 구조적 변화를 수반하며, 이를 달성하기 위해서는 사회적 투쟁이 요구된다. 이 접근법을 지지하는 사람들은 시장 지배를 해제하고, 경제의 핵심 부문을 사회화하며, 지배의 사회적 관계를 축소하기 위해 노력한다.[27] 탈성장을 '성장 없는 사회주의'(아래로부터의 반–생산주의적 사회주의라는 의미에서)로 이해하는 것은 탈성장에 관한 국제적 토론에서 점점 더 중심적인 역할을 하고 있으며, 이는 생태사회주의적 접근법과도 연결된다.[28] 이 조류는 탈성장 문헌에서 계속 진화하고 있으며, 최근 몇 년 동안 뚜렷한 발전을 보이고 있다. 여기에는 마르크스주의적 관점에서 자본주의 성장 역사에 대한 연구, 탈성장의 정치경제학에 관한 중요한 출간물, 그리고 탈성장, 생태사회주의, 공산주의 사상가의 더 깊은 개입이 포함된다. 이는 본질적으로 1970년대에 등장했던 것과 같은 적-녹 연합의 부흥이다. 전략과 관련해, 이 조류는 개별화된 해법이나 소비자 행동의 변화보다는 비자본주의 및 커먼즈 기반 경제를 실험하는 데 중요한 영역으로 간주되는 한에서 나우토피아에 초점을 맞춘다. 그러나 커머닝 접근법과는 달리, 이 조류는 집합적 문제에 대한 자체적인 해법으로서의 커먼즈보다는 부의 재전유와 사회화를 통해 사회의 구조적 원칙을 변혁하는 커먼즈의 측면에 관심을 둔다. 또한 분배와 소유권, 경제 민주주의, 노동시간 단축과 같은 정치 및 경제 구조의 체계적 변화와 함께 석탄과 농산업, SUV에 이르기까지 특정 산업 부문을 재구성하고 해체해야 할 필요성을 강조한다. 이 조류의 활동가들은 시민 불복종과 주요 장소 점거 등의 직접 행동, 자신들의 영토를 지키기 위해 투쟁하는 지구 남반구와의 강력한 연대를 주장한다.[29] 이 조류에서는 다양한 구조적 수준의 변혁이 다뤄지지만, 개인과 공동체 수준의 변혁은 덜 강조되는 경향이 있다. 개인 생활에서의 젠더 관계 변화와 대안적 구조 내에서 자신의 자급과 재생산을 조직해야 할 필요성은 때때로 무시되고, 대신에 대학 같은 기존 인프라 내에서의 이론화와 활동가 개입이 선호된다.

4.2. 탈성장 정의하기

그렇다면 우리가 지금까지 설명한 다양한 관점과 상상, 조류를 뛰어넘는 탈성장 제안의 핵심은 무엇일까? 앞 섹션에서 논의한 다양한 탈성장 조류와 거기에 도달하기 위한 다양한 경로는 그 모든 다양성과 내부 긴장을 가지면서 각각 탈성장 사고의 중요한 차원을 강조한다. 다음에서는 공통점에 중점을 둘 것이다. 먼저 지금까지 등장한 탈성장의 다양한 정의를 살펴보고, 그 핵심 요소를 강조하는 것으로 시작한다. 이를 통해 세 가지 공통 원칙에 기반한 정의를 제안할 수 있다. 우리는 이것이 다양한 조류를 통합할 만큼 개방적이면서도 탈성장 사회의 윤곽을 명확히 그릴 수 있을 만큼 구체적이기를 바란다. 이 정의의 세 가지 핵심 요소를 풀면서 미래 사회를 향한 각 접근 방식이 해결해야 할 주요 과제를 제시하고, 이를 통해 탈성장 비전과 그 특수성의 합리적 근거를 설명한다.

탈성장의 정의를 향해

탈성장은 무엇보다 현재 진행 중인 운동이며, 좌파의 다양한 운동과 프레임워크를 포괄하는 용어로 여겨져야 한다. 그럼에도 불구하고, 무엇이 탈성장 사회를 구성하는지 정의하려는 다양한 시도가 있어왔다. 우선, 탈성장은 대체로 미래 사회에 대한 제안, 즉 달성해야 할 목표로 정의된다. '연구와 탈성장' 연구 네트워크에서 초기에 많이 인용된 정의는 탈성장이 인간의 웰빙과 생태적 지속가능성 모두를 포괄하는 생산 및 소비의 공정한 감축을 설명한다고 강조한다.

> 지속 가능한 탈성장은 장단기적으로 지역 및 전 세계 수준에서 인간의 웰빙을 증진하고 생태적 조건을 향상하는 생산과 소비의 공평한 규모 축소로 정의할 수 있다.[30]

같은 네트워크에 속한 저자들의 유사한 정의는 탈성장이 산업화된 국가들에 관한 것이며, 재분배가 중심 역할을 한다는 점을 더욱 강조한다.

> 탈성장은 성장의 헤게모니에 도전하고 환경적 지속가능성, 사회 정의 및 웰빙을 달성하기 위한 수단으로, 산업화된 국가에서 민주적으로 주도되는 재분배적 생산 및 소비 축소를 요구한다.[31]

또 다른 정의는 변혁의 과정과 정치적 특성에 더 초점을 맞추고 정치 제도를 관심의 중심으로 가져온다. 요르고스 칼리스는 다음과 같이 말한다.

지속 가능한 탈성장은 경제 및 정치 제도의 거시적 수준과 개인적 가치 및 열망의 미시적 수준에서 방향 전환을 위한 지원을 동원하려는 다각적인 정치 프로젝트다. 그 과정에서 많은 사람의 소득과 물질적 안락함이 줄어들겠지만, 이것이 복지 손실로 경험되지 않도록 하는 것이 목표다.[32]

마지막 문장에서 언급된 소득과 물질적 안락함의 상실("다른 사람들이 단순하게 살 수 있도록 단순하게 살기"[33]라는 슬로건을 사용하여 '자발적 단순함' 또는 '혁명적 긴축'으로 논의된)은 탈성장에 대한 대중의 인식에 중심적인 역할을 한다. 충족성 지향 조류에서는 무엇보다 경제적 감축이 강조된다. 니코 페히에 따르면, 탈성장 경제는 "안정적인 공급 구조를 갖는 GDP의 성장은 없지만, 상대적으로 줄어든 소비 수준을 갖는… 경제"다.[34] 이 정의에는 GDP와 안정성을 극복하는 것 이상의 적극적인 비전이 포함되어 있지는 않지만, 다른 사람들은 탈성장을 "웰빙과 평등을 증진시키기 위한 계획된 경제활동 축소"로 이해할 수 있다고 강조한다.[35]

이러한 정의는 무엇보다도 지속가능성, 정의, 성장으로부터의 독립이라는 전반적인 목표에 중점을 둔다. 다른 접근 방식들은 사회의 근본적인 변혁에 더 방점을 찍는다. 예를 들어, 널리 인용되는 『탈성장 개념어 사전』에는 탈성장에 대한 정의가 없지만, 편집자들은 탈성장이 *더* 작은 것일 뿐만 아니라, 무엇보다도 *다른* 무엇에 관한 것이라고 강조한다. 탈성장은 사회적 신진대사가 낮은 사회를 의미하지만, 더 중요한 것은 *다른* 구조를 가지고

*새*로운 기능을 수행하는 사회적 신진대사라는 점이다. 탈성장은 더 작은 규모로 똑같은 것을 이루기를 요청하지 않는다. "목표는 코끼리를 더 날씬하게 만드는 것이 아니라, 코끼리를 달팽이로 바꾸는 것이다."**36** 탈성장에 관한 최근 연구를 종합적으로 개관한 한 논문에서 나온 최근의 정의는 이런 "다른 정치—경제 시스템"의 측면을 강조하고, 이전 정의에서 강조된 경제적 성과의 감축 대신 물질 및 에너지 처리량의 감축에 초점을 맞춘다. 즉 "탈성장의 가설은 자원 처리량이 급진적으로 적은 다른 정치—경제 시스템에서 전환을 조직하고 잘사는 것이 가능하다는 것이다."**37** 마찬가지로, 『운동(들) 속의 탈성장Degrowth in Movement(s)』이라는 책에서도 탈성장의 변혁적 특성과 함께 성장 지향적 문화와 성장 의존적 자본주의에 대한 근본적인 변화의 필요성을 강조한다.

> 탈성장은 모든 사람의 좋은 삶을 촉진하면서 물질 및 에너지 처리량의 급격한 감축을 목표로 하며, 산업사회의 정치 및 경제 구조의 급진적인 민주적 재조직화를 대안으로 제시한다… 탈성장은 일상적인 사회적 관행의 근본적인 변화뿐 아니라, 자본주의적 생산 양식을 극복하는 심오한 문화적, 사회적, 경제적 변혁을 요구한다.**38**

이러한 정의는 대체로 비슷해 보이지만, 각각 다른 측면을 강조한다. 일부는 물질적 소비와 충족성에 초점을 맞추는 반면, 다른 일부는 더 일반적으로 이해되는 경제 성장에 초점을 맞추고,

또 다른 일부는 여전히 사회적 변혁이나 더 구체적으로 자본주의 종식에 초점을 둔다. 그것들을 하나로 모으는 것은 급진적 전환, 신진대사 자체의 정치화, 정의에 대한 초점, 현 경제의 비판을 위한 제안이다.

탈성장의 다양한 정의에 대한 광범위한 분석에서 티모시 파리크Timothée Parrique는 우리 자신의 정의를 파악하는 데 도움이 되는 세 가지 정의를 설명한다. 즉 탈성장을 *하강*으로 특징짓는 환경주의적 정의, 탈성장을 *해방*으로 보는 혁명적 정의, 탈성장을 *목적지*로 보는 유토피아적 정의다. 이러한 다양한 측면을 강조하는 각 정의는 탈성장의 다양한 조류와 충돌하기도 한다. 예를 들어, 어떤 정의는 물질적 안락함의 *감소*를 부각하는 반면, 다른 정의는 탈성장을 웰빙의 증가로 정의한다. 다른 한편으로, 탈성장을 산업화된 국가에만 해당하는 과정으로 제한하면, 북반구─남반구의 분할을 가로지르는 세계화와 제국적 생활 양식에 대한 비판에서 표현되는 것처럼, 지구 남반구에 대한 탈성장의 적절성을 인정하지 않게 된다. 따라서 더 섬세한 정의는 위에서 강조한 다양한 탈성장 조류 사이의 요동을 설명할 수 있다.

이 세 가지 정의의 균형을 유지하면서, 파리크는 "탈성장은 감소décroissance를 통해 도달하게 되는 희망적 미래espérance를 포함하며, 그 자체는 불신décroyance에 의해 가능해진다"라고 주장한다.**39** 이 광범위한 정의는 탈성장을 비판이자 제안으로 개념화하는 동시에, 탈성장 제안에서 축소의 역할을 부각한다. 그러나 이 제안 내용은 명확하지 않다. 감소와 유토피아는 어떻게 균형을 이룰 것인가? 탈성장의 중심축으로서의 유토피아를 넘어, 이 정의의 정의로움은 구체적으로 어떤 역할을 하는가? 다음에서는 이러한 정의들의 다양한 측면을 통합하고, 탈성장 조류들 사이의 균형을 유지하면서 우리만의 정의를 제안한다. 그리고 이 정의의 틀이 오늘날 우리가 직면한 다양한 위기의 근원에 다가가게 할 것이다.

구체적인 유토피아를 위한 공통의 탈성장 원칙

우리가 제안하는 탈성장 사회는 민주적 변혁 과정에서 다음과 같은 사회다.

1. *지구적 생태 정의*를 가능하게 한다. 즉 삶의 방식이 장기적, 생태적으로 지속 가능하고, 지구적으로 정의로운 방식으로 물질적 신진대사를 변화, 감소시켜 생산과 소비 또한 변화, 감소시킨다.
2. *사회 정의*와 *자기 결정*을 강화하고, 이러한 변화된 신진대사 조건에서 모두를 위한 좋은 *삶*을 위해 노력한다.
3. 제도와 인프라를 재설계하여 그것들의 작동이 *성장과 끊임없는 확장에 의존하지 않도록* 한다.

이 세 가지 원칙은 탈성장 스펙트럼 전반에 걸쳐 공유되는 핵심 관심사를 고려하며, 이러한 각 원칙을 얼마나 강조하거나 간과하는지에 따라 다양한 탈성장 접근법을 평가하는 데 도움이 될 수 있다. 우리는 이 세 가지 모두가 중요하다고 생각한다.

지구적 생태 정의

탈성장 사회는 민주적 변혁 과정을 통해 생태적으로 지속 가능하고, 전 세계적으로 정의로운 방식으로 사회의 물질적 신진대사를 변화시킴으로써 *지구적 생태 정의*를 가능하게 하는 사회다. 따라서 이는 생산과 소비 방식의 변혁을 요구하며, 필연적으로 부유층의 생산과 소비 감소를 포함한다. 탈성장 정의의 첫 번째 차원은 생태적 위기와 지구적 정의의 문제를 다룬다. 탈성장은 근본적으로 전 지구적 생태 정의, 즉 생태적으로 지속 가능하고 사회적으로 더 평등한 세계에 대한 비전이다. 우리는 한편으로는 지구의 생태적 수용 능력을 초과하지 않고, 다른 한편으로는 생활의 물질적 기준이 전 세계적으로 수렴되어 모두가 좋은 삶을 누릴 수 있는 세계에 관해 이야기하고 있다.**40**

이러한 탈성장 조건에는 세 가지 주요 전제가 있다. 첫째, 전 세계 부유층의 *생활 양식에 큰 변화*가 필요하며, 여기에는 특히 지구 북반구 사람들의 변화가 포함된다. 둘째, 전 지구적 생태 정의를 실현하려면 성장을 넘어 변혁으로 나아가는 *시스템적 변화*가 필요하다. 셋째, 이는 북반구의 변혁이 남반구로 문제를 전가해서는 안 된다는 의미이기도 하다. 아래에서 각 전제를 살펴보자.

첫째, 전 지구적 생태 정의를 달성하려면 경제활동을 전 세계적으로 공평하고 계획적으로 축소하고, 자신들의 생활 방식에 드는 비용을 현재나 미래의 다른 존재(인간과 비인간)에게 외부화하는 이들의 특권을 박탈해야 한다. 즉 이는 대부분의 환경 영향에 책임이 있는 부유층이 '기술적 진보를 보완하는 광범위한 생활 양식의 변화'를 받아들여야 한다는 뜻이다.[41] 따라서 탈성장 사회의 한 가지 핵심 요소는 자연과의 물질적 대사를 비롯해 다른 사회의 경제적 생산 역시 장기적이고 생태적으로 지속 가능하며, 전 세계적으로 일반화할 수 있는 수준에 맞춰진다는 것이다. 이런 의미에서 탈성장은 제국적 생활 양식을 연대 기반의 생활 양식으로 대체하고, 외부화 사회를 극복하며, 환경적으로 지속 불가능한 부유층의 과잉 소비와 사회적으로 지속 불가능한 빈곤과 박탈을 종식시키는 지속 가능한 생활 방식을 고양하는 것을 목표로 한다.[42]

탈성장은 소비와 금욕에 초점을 맞추고 있으며, 따라서 그 요구는 더 많은 것을 필요로 하는 북반구 노동계급을 겨냥한다는 비판을 받아왔다.[43] 그러나 이런 비판은 탈성장이 무엇인지 놓치고 있다. 탈성장은 그럭저럭 살아가기 위해 고군분투하고 임대료를 감당하기 위해 세 가지 일을 병행해도 의료비조차 낼 수 없는 북반구 사람들을 포함하여 모든 사람의 생활 여건 개선을 분명한 목표로 한다. 그러나 탈성장은 (지속 불가능하고 전 세계적으로 부정의한) 전체 경제 생산량을 증가시키지 않고도 불평등을 해결하고 공적 풍요를 보장함으로써 이를 달성할 수 있다고 주장한다. 실제로, 탈성장은 노동계급의 웰빙이 축적에 의존하는 바로 그 체제에 도전하는 것이며, 이것이 어떻게 바뀔 수 있는지를 보여준다. 탈성장은 더 적은 것의 정치가 아니라, 모두를 위한 충분함의 정치다.

따라서 전 지구적 생태 정의와 경제의 생물물리학적 규모 축소가 주요 목표라면, 왜 이 모든 것이 *경제* 성장에 대한 이야기인지 궁금해할지도 모르겠다. 탈성장이 이런 식으로 오해되는 경우가 많지만, 경제적 축소는 탈성장의 목표가 *아니며*, 탈성장을 성장의 반대 개념으로 이해해서도 안 된다. 오히려, 생산과 소비의 감소는 성장을 물질 처리량 및 배출량과 충분히 탈동조화하는 것이 불가능하다는 사실의 결과다(그 증거는 2장과 3장 참조). 따라서 이는 지구적으로 정의로운 사회를 향한 변혁의 필연적인 귀결일 뿐이다.[44]

탈성장은 북반구 경제의 사회생태적 신진대사를 지속 가능하고 전 세계적으로 정의로운 수준으로 줄이는 것을 목표로 하지만, 경제 성장에 무관심한 것은 아니다. 그와 반대로, 경제 성장 문제는 여러 가지 이유에서 탈성장 논의의 절대적 중심에 있다. 그중 하나는 생태학적 성장 비판이 보여주듯이, 경제 성장에서 자원 소비와 배출량의 절대적인 탈동조화는 불가능하며, 자연의 소비를 줄이는 것이 GDP로도 측정되는 경제적 산출의 감소 (경제 전반의 효율성 개선으로 덜 두드러지지만) 또한 함축하기 때문이다.[45] 즉 탈성장은 지구적 생태 정의를 목표로 하며, 그 목표를 달성하기 위해서는 경제 성장을 지속할 수 없기 때문에 탈성장은 웰빙을 충족하기 위해 성장에 의존하지 않는 경제로의 변혁을 요구한다. 이는 심오한 영향을 미치며, 두 번째 전제로 이어진다.

탈성장은 성장과 자본주의를 넘어서는 체제적 변화도 요구한다는 두 번째 전제는 지구적 생태 정의에 대한 요청의 핵심 결과 중 하나이며, 탈성장 커뮤니티의 많은 사람이 자본주의에 비판적이고 자본주의를 넘어서려는 이유를 설명한다. 2장과 3장에서 논의한 것처럼, 경제가 확장되고 있는지 여부는 부수적인 문제일 뿐이다. 자본주의 사회는 성장을 통해 동적으로 안정되며, 성장의 논리가 성장 사회의 물질적, 사회적, 정신적 인프라에 깊이 새겨져 있기 때문에 성장 문제에 대해, 더 나아가 자본주의를 포함하는 문제에 대해 불가지론적 태도를 유지하는 것은 대단히 태만하다.**46** 오히려, 탈성장은 성장 이데올로기에 정면으로 맞설 뿐 아니라, 사회와 경제 구조를 변혁해 경제적 산출량이 감소하는 조건에서 안정성, 민주주의, 그리고 모두를 위한 좋은 삶을 보장하는 문제를 다룬다.

세 번째 전제, 즉 이러한 변혁이 가난한 사람들, 특히 남반구의 어깨에 불평등하게 전가돼서는 안 되며, 오히려 지구적 정의를 위한 조건을 만들어야 한다는 전제는 앞의 두 가지 전제에서 이어지는 것이다. 주로 녹색 투자, 녹색 기술, 재생가능 에너지에 의존하는 북반구의 지속가능성 전환에 대한 많은 제안은 실제로 바이오연료나 수소 생산, 위험한 네거티브 배출 기술을 활용하기 위해 엄청난 토지를 요구하며, 남반구에서의 핵심 물질 추출이 증가함을 의미한다. 탈성장 관점에서 볼 때, 북반구에서의 정의로운 전환은 남반구의 채굴, 착취, 오염 증가에 의존해선 안 된다. 오히려, 전 지구적 생태 정의는 전 세계적으로 부와 자원, 배출권의 급진적 재분배와 같은 것이며, 결과적으로 선진국 경제의 생물물리학적 규모, 또는 이 경제를 통해 이동하는 물질의 양과 이에 필요한 에너지를 줄여야 할 필요성을 의미한다. 오늘날 이것은 남반구에서 광업 분쟁과 토지 수탈을 추동하는 녹색 기술의 역할에 대한 진지한 평가를 포함한다.[47]

탈성장에서 지구적 정의 관점의 중요성(따라서 탈성장이 가난한 사람들을 계속 가난하게 만들 것이라는 비평가들의 주장이 얼마나 잘못된 것인지)은 2008년 파리에서 열린 제1차 국제 탈성장 회의에서 채택된 선언문에 나타나 있다. 이 선언문은 탈성장을 "세계 및 국가 경제의 '적정 규모화right-sizing'"를 목표로 하는 개념이라고 소개한다. 구체적으로 다음과 같이 언급하고 있다.

> 지구적 수준에서 '적정 규모화'는 지구적 생태 발자국(탄소 발자국 포함)을 지속 가능한 수준으로 줄이는 것을 의미한다. 1인당 생태 발자국이 지구적으로 지속 가능한 수준보다 큰 국가들에서 적정한 크기 조정은 합리적인 기간 내에 이 수준까지 감소시키는 것을 의미한다. 극심한 빈곤이 여전히 남아 있는 국가들에서 적정 규모화는 외부에서 부과되는 발전 정책이 아니라, 지역적으로 결정된 빈곤 감소 경로를 따라 빈곤층의 소비를 가능한 한 빨리 지속 가능한 방식으로, 품위 있는 삶에 적합한 수준까지 늘리는 것을 의미한다.[48]

즉 북반구의 탈성장은 남반구-북반구 관계의 '적정 규모화'도 필요로 한다. 제이미 타이버그Jamie Tyberg와 에리카 정Erica Jung이 말하듯이, "북반구의 물질적 과잉 발전과 남반구의 극단적 초과 착취 사이의 모순은, 후자가 종식되려면 전자가 먼저 끝나야 함을 나타낸다".[49]

따라서 초기 산업화된 국가의 생산 감소를 요구하는 탈성장 지지자들이 남반구의 환경 정의 운동의 동맹을 자처하는 것은 당연하다.[50] 가난한 남반구 사람들의 풀뿌리 운동을 이끄는 환경 정의 원칙에 영감을 얻은 탈성장은 "상한 설정과 공유", "축소와 수렴", "배상"의 원칙을 따른다.[51] 지속 가능한 수준의 소비를 위해서는 서로 다른 지역과 국가 간의 극도로 불평등한 소비뿐 아니라 그들의 역사적 궤적도 해결해야 한다. 이는 현재 존재하거나 아직 남아 있는 부, 자원, 원료, 배출 예산이 국가와 지역 간, 그리고 그들 내부에서 공정하게 분배되어야 한다는 것을 의미한다. 식민주의와 수 세기에 걸친 착취의 결과뿐 아니라, 선진국의 "생태 부채"도 고려되어야 하며, 이는 결과적으로 배상을 요청하게 된다.[52] 그러나 최근 올루페미 오 타이와Olúfẹ́mi O. Táíwò가 주장한 것처럼, 배상은 특권층에게 이익이 돌아가는 현재의 인종화되고 불평등한 세계 경제와 권력 체계를 해체하고, 약자에게 유리하도록 작동하는 체제를 창출할 건설적인 "세계 만들기" 프로그램으로도 이해할 수 있다.[53] 이를 기반으로 탈성장은 제국적 생활 양식에서 발생하는 지구 북반구의 특정 문제를 해결할 더 나은 사회 질서를 구축하는 미래 지향적 프로젝트의 일부로 해석할 수 있다. 따라서 지구적 정의는 자본주의 중심부의 번영을 위해 제국적 생활 양식을 지키는 데 기여하는 국경 체제의 억압과 인종주의에 맞서는 것을 의미한다. 이는 사람들이 고향을 떠나도록 몰아가는 세력에 맞서 싸우는 것, 즉 남아 있을 권리 보호에 더하여 지구적 이동의 자유도 포함해야 한다.[54]

사회 정의, 자기 결정, 좋은 삶

탈성장이 다루는 두 번째 과제는 신진대사가 훨씬 더 적고 (탈동조화의 불가능으로 인해) 더 작은 경제 규모를 갖는 동시에, 사회 정의와 자기 결정을 강화하면서 모두의 좋은 삶을 위해 노력하는 사회로의 변혁을 달성하는 방법이다. 이를 달성하기 위해서는 다음과 같은 질문이 요구된다. 지난 세기 동안 쟁취해온 경제적, 사회적, 문화적 권리와 성취가 유지되고 확장되면서도 물질적 신진대사가 급격히 감소하고 경제가 탈성장할 수 있는 조건은 무엇인가? 이것은 사소한 질문이 아니다. 성장의 역사 분석에서 논의했듯이, "현대적 자유의 저택은 끊임없이 확장하는 화석연료 사용의 기반 위에 서 있으며", 여기에 디페시 차크라바티의 적절한 정식화, 즉 경제 성장의 기반을 추가할 수 있을 것이다.[55] 역사적으로 살펴보면, 현대적 민주주의에서 노동자의 권리, 보편적 의료 시스템, 복지국가에 이르기까지 일부 현대 국민 국가에서 사람들이 일시적으로 얻은 많은 해방적 성취는 성장 사회와 '대가속'의 맥락에서 사회적 투쟁을 통해 얻어졌으므로 이들은 밀접하게 연결되어 있다. 우리는 모더니티를 확장의 과정으로만 알고 있다. 이 "현대적 자유의 저택", 사회권과 복지 성취를 경제 성장에 의존하지 않는 방식으로 변혁할 수 있을까?

많은 '현대적'인 사회적 권리와 해방적 성취가 경제 성장, 제국적 생활 양식, 화석 자원 사용과 얼마나 얽혀 있는지 이해하면, 확장적 현대성을 극복하고 '탈성장 현대성degrowth modernity'이라 불리는 모종의 경로로 나아가는 일의 복잡성과 규모가 분명해진다. 따라서 탈성장 사회를 위한 제안은 근본적인 사회 변혁의 필요성과 그것의 모든 반향을 언급하지 않을 수 없다. 이는 다음과 같은 질문을 의미한다. 성장, 가속, 경쟁을 넘어 모두의 좋은 삶에 필수적인 물질적 기반을 어떻게 만들어낼 수 있을까? 이 질문에 답하기 위해 탈성장 운동은 사회 정의, 민주주의, 성장과 무관한 웰빙이라는 세 가지 차원에 초점을 맞춰왔다.

첫째, 탈성장은 *사회 정의*에 관한 것이다.[56] 사회가 모든 사람에게 '기본적인 물질적 안정성'을 제공할 수 있는가의 문제는 반드시 화폐적 부의 분배에 의존하지 않으며, 기본적 필요의 충족에 달려 있다.[57] 탈성장 지지자들이 보기에, 핵심 재화와 서비스의 필요 기반 제공은 반드시 중앙 집중식 관료제에 의존할 필요가 없으며, 민주적으로 관리되거나 커먼즈에 기반한 인프라를 통해 보장될 수도 있다. 또한 사회 정의는 계급 사회, 인종주의, 식민주의, (이성애 중심) 성차별주의, 능력주의 및 여타 형태의 배제와 같은 광범위한 지배 구조를 무너뜨리는 것을 의미한다.[58]

둘째, 탈성장은 성장을 넘어 집단적 *자기 결정* 강화를 목표로 한다. '산출'을 공유할 권리 외에도 사회적, 경제적 조건을 형성하는 데 동등한 '투입'을 가질 권리도 있다. 따라서 대부분의 탈성장 접근법은 민주주의, 자율성, 집단적 자기 결정의 발전을 매우 중요하게 생각한다. 그리스계 프랑스 철학자 코르넬리우스 카스토리아디스의 연구에서 파생된 '자기 결정'은 여기에서 사회의 자주 관리로 이해되며, 그 속에서 지역 에너지 공급업체, 공공 은행, 교육 기관, 교통 시스템과 같은 기관과 구조가 투명하고 통제 가능하며, 영속적으로 질문하고 비판적 검토 및 발전의 대상이 되도록 설계된다. 또한 자율성은 필연적으로 개인, 집단, 사회 전체가 규칙, 가치, 규범을 설정하는 집합적 자기 제한self-limitation을 의미한다.**59** 자신의 생활 조건에 대한 자기 결정은 자신의 노동에 대한 자기 결정이기도 하다. 문화 및 산업주의 비판(섹션 3.3 및 3.6)에서 분석한 바와 같이, 관료화되고 산업화된 맥락에서 노동을 통한 소외에 대한 반대 이미지는 다양한 유급 및 무급의 생산적, 재생산적 활동이 동등한 지위에서 공존하는 '포스트–노동 사회' 또는 연대의 경제가 추동하는 커먼즈 기반 사회다.**60** 자기 결정의 중요한 특징은 그것이 관계적 자유를 요청한다는 것이다. 즉 그것은 관계들의 상호 의존적 네트워크를 통해서만 실현될 수 있다(섹션 3.5 참조). 이는 '무엇에 대한 권력power-over'과 '무엇에 관한 권력power-to'의 개념을 통해 이해할 수 있다. 권력은 누군가에 대한 권력을 갖는다는 부정적인 의미로 생각할 수도 있고, 선택할 수 있는 자유가 있다는 긍정적 의미로도 생각할 수 있다. 그러나 페미니스트 에이미 앨런Amy Allen이 지적한 것처럼, 다른 사람과 협력하고 숙고하는 연대의 권력으로서 '누구와 함께하는 권력power-with'도 존재한다.61 권력과 특권을 가진 사람들은 인식하기 어렵겠지만, 이런 의미에서 상호 의존성은 자유를 위한 기본 요건이다. 비록 탈성장 논의에서 자기 결정과 민주주의를 확대하자는 제안은 매우 일반적이지만, 민주화 과정의 구체적인 형태는 여전히 불분명하다. 아직 논의하고 명확히 해야 할 부분이 많이 남아 있다.

셋째, 탈성장은 포괄적인 의미에서 *모두를 위한 좋은 삶*의 조건을 만들기 위해 노력하며, 물질적 안락함은 단지 일부에 불과한 번영에 관해 총체적인 이해를 추구한다. 2000년대 원주민 우주론을 기반으로 발전한 라틴 아메리카의 부엔 비비르 개념에서 영감을 받아, 탈성장은 번영이 경제적 정량화 가능성의 영역에서 분리되어야 한다고 주장한다.62 번영에 대한 이러한 다른 이해에는 관계적 존재로서 인간의 복잡성을 수용하고, 생산과 재생산의 분리를 극복하며, 풍부한 시간과 안정적이고 의미 있는 관계 등 증대와 최적화를 지향하지 않는 요구에 더 많은 공간을 제공하는 것이 포함된다.63 이러한 논의의 중심에는 공명resonance, 공생공락, 시간 번영과 같은 몇 가지 개념이 있다. 공명은 가속화와 소외에 반대되는 개념으로, 의미 있고 좋은 개인의 세계 관계를 위한 잣대를 제공한다. 그것은 접근 가능한 재화, 경험, 만남의 수를 늘려 자기 세계의 범위를 끊임없이 넓히는 대신, 더 적지만 안정적인 공명의 축을 확고히 만드는 데 초점을 둔다.64 이반 일리치로 거슬러 올라가는 개념으로 최근 다시 주목받는 공생공락은 좋은 삶은 사회 정의뿐 아니라 일상생활에서 만개하는 공존과 집단적 자기 결정에 달려 있다고 말한다. 그것은 소비와 상품이 아니라 사회적 관계에 대한 상호 존중과 감사로 정의되는 사회적 상호작용의 태도를 의미한다(섹션 3.3 참조).**65** 마지막으로, 시간 번영의 개념은 가속화된 사회에서 시간은 희소한 자원이 되며, 시장, 소비, 경쟁의 지시를 넘어 더 많은 시간을 스스로 결정하기 위한 투쟁이 최빈곤층의 임금 인상 투쟁(최부유층의 소득과 부 감소)을 보완해야 한다고 지적한다.**66** 이러한 접근 방식을 통해 탈성장 논의는 노동과 소비 중심의 생활양식을 넘어서는 새로운 형태의 번영, 즉 최근 '대안적 쾌락주의'로 묘사되는 개념을 개발하려 시도해왔다.**67**

성장으로부터의 독립성

탈성장 사회는 민주적 과정을 통해 그 제도와 인프라를 변혁함으로써 그들의 기능이 *성장과 끊임없는 확장에 의존하지 않는* 사회다. 이것이 탈성장 비전의 세 번째 차원이다. 이는 오늘날 사회가 물질적, 제도적, 사회적 인프라의 성장 및 확장과 근본적으로 어떻게 얽혀 있는지를 보여주는 다양한 형태의 성장 비판을 기반으로 한다. 탈성장은 성장, 집약화, 가속화, 확대에 대한 모든 구조적 종속성의 극복을 목표로 한다. 따라서 탈성장은 우리 시대의 가장 근본적인 딜레마 중 하나인 성장이 지속 가능하지 않더라도, 현재 조건에서의 무성장 또는 제로 성장은 재앙이

라는 것을 회피하지 않는다.**68**

성장 의존성에는 물질적 인프라 및 기술 시스템, 사회제도, 정신적 인프라, 경제 시스템의 네 가지 주요 유형이 있다. 이 모든 수준에는 성장 의존적인 제도와 인프라가 있고, 끊임없는 확장, 집약화, 가속화가 없으면 근본적인 위기에 처하게 된다. 그리고 성장을 주도하고 더 많은 확장을 창출하는 제도와 인프라가 있다.

예를 들어, 현재 형태의 학교 교육이라는 사회적 제도는 세입으로 자금을 조달하고 역사적으로 교육을 공식화하려는 부르주아들의 노력에서 비롯된 만큼 성장에 의존하고 있다. 재분배가 이뤄지지 않으면 학교는 경기 침체기에 위축되고, 정부는 예산 삭감과 긴축 조치로 대응하곤 한다. 학교는 또한 경쟁적이고 성과 지향적인 성장 주체의 정신적 인프라를 생산하는 중심이기도 하다. 그러나 탈성장 사회에서 학교는 성장으로부터 독립적인 자금 조달이나 공급을 기반으로 교육 역량을 강화하고, 협동적 자율성과 민주적 학습이 중심에 있는 자유로운 공간으로 발전할 수도 있다. 이미 기존 교육 시스템에는 이렇게 확장될 수 있는 가능성이 있다. 이 사례처럼 네 가지 수준은 서로 연결되어 있지만, 아래에서는 각각 따로 논의해본다.

첫째, 산업주의 비판이 강조하듯이, 물질적 인프라(모든 인프라를 갖춘 자동차, 컨테이너 운송, 에너지 및 열 네트워크, 심해 석유 시추, 폐기물 이동 및 처리 구조 등)뿐 아니라, 대규모의 매우 복잡한 메가 프로젝트 및 시스템(항공산업, 핵발전, 글로벌 디지털 통신수단, 유전자 조작 생명체)은 경로 종속성과 성장의 정언명령을 생성한다. 이것들은 복잡성 증가 등 많은 이유로 앞으로도 계속해서 물질적, 에너지적, 기술적 확장을 요구할 것이다.[69] 도로, 에너지, 공급망 등 인프라의 물질적 현실은 제도나 사고방식보다 변화하기가 더 어려우며, 다른 시간성을 따른다. 수요를 개별화하거나 단순히 다르게 생각하고 행동하는 것으로는 한계가 있다. 탈성장의 관점에서 볼 때, 메가 프로젝트에 대한 모라토리엄으로 기술 및 인프라 개발의 속도를 늦추고, 이를 공생공락적이고 성장 독립적인 기술과 과정으로 변혁함으로써 재정치화할 필요가 있다.[70] 예컨대, 넓은 지역에 걸쳐 바이오매스를 재배하고 연소하며, 배출된 CO_2를 토양으로 압축함으로써 기후변화에 대응하고자 하는 지구공학 프로세스BECCS는 기술적으로 성장 지향적인 경로 의존성을 생성하며, 전 세계적으로 위계적이고 비민주적인 형태의 관리를 필요로 한다. 반면, 생물다양성 지역, 지역 공동체가 추진하는 재조림 프로젝트, 재생 농업, 화물자전거 협동조합 등은 기후 정책 측면에서 의미가 있을 뿐 아니라, 성장으로부터의 독립과 집합적 자율성을 강화한다. 5장에서 더 많은 정책에 대해 논의할 것이다.

둘째, 많은 사회제도가 경제 성장에 직간접적으로 의존하고 있다. 노동, 상품, 금융 시장, 연금 및 의료 서비스 제공, 공공 서비스, 안정적인 정부 등 주요한 사회, 정치, 경제 제도가 각각 고유한 방식으로 끊임없는 경제 성장에 근본적이고 실존적으로 의존하고 있다.[71] 그렇기에 2007년 금융 위기나 코로나19 봉쇄 조치의 여파처럼 성장이 주춤할 때마다 이러한 제도들은 엄청난 압력을 받으며 실업률 상승, 공급사슬 문제, 연금 및 기타 공공 서비스 삭감, 공공 부채 증가가 초래되는 것이다.[72] 따라서 탈성 장 사회의 전제 조건은 경제 성장 없이 기능할 수 있는 방식으로 모든 관련 사회제도를 재구성하거나 기존 제도의 기능을 수행할 새로운 성장 독립적 제도를 만드는 것이다. 탈성장 논의의 핵심 적인 정치적 요구 중 많은 부분이 바로 이 영역에 있다.

셋째, 구축된 제도적 인프라 외에도, 대체로 의심의 여지가 없 는 문화적 패턴과 태도, '우리 머릿속의 고속도로'에 해당하는 '정신적 인프라' 또한 증가와 가속화의 논리에 종속되어 있다.[73] 이는 '더 많은 것'이 항상 '더 좋은 것'이라는 '성장의 신화'(팀 잭슨) 부터 노동과 소비 패턴에 각인된 논리, '기업가적 자아'와 같은 경 쟁 기반의 주체성, 제국적 생활 양식과 관련된 위계적 인간–자연 관계에 이르기까지 다양한 것이 포함된다.[74] 따라서 탈성장 사상 가들은 상상력의 해방, 즉 사회적으로 수용되고 널리 공유되는 아 이디어, 신념, 가치, 사회를 하나로 묶고, 구조, 제도, 관행을 정 당화하는 사회의 자기 이해를 해방하는 데 관심을 둔다.[75]

이는 한편으로 '욕망의 교육학'을 통해 구체적인 유토피아를 상 상하고, 성장 패러다임의 헤게모니를 극복하게 할 번영의 대안적 개념에 대한 검토를 요청한다.[76] 다른 한편으로, 상상력의 해방 은 관계성, 공생공락, 공명에 기초한 주체화 양식, 즉 세계와 타 자와의 관계 속에서 자신을 이해하고 자리매김하는 다른 주체화 방식을 요구하기도 한다.[77] 광고 제한 또는 폐지에 대한 논의 역 시 처음부터 탈성장 담론의 핵심 요구 중 하나였다.[78]

넷째, 경제의 기본 구조는 성장에 의존한다. 한편으로, 성장에 대한 경제의 의존성은 경제 시스템의 하위 요소에 자리한다. 실제로, 미래의 가치 확대와 성장에 의존하는 청구권을 포함하는 부채 기반의 화폐 시스템에서, 또는 일반적으로 부채 속에서 성장이 없으면 실업률이 증가한다. 기업 간이나 국가 간의 국제적 경쟁 속에서 이는 생산에 대한 지속적인 투자를 강제하며, 결국 자본의 확대 재생산을 촉진한다. 또는 노동 분업, 경쟁적인 생산성 향상, 수익 지향적 투자 자본, 주주에 의한 자금 조달로 인해 기업이 확장해야 한다는 강박에 시달리게 된다.[79]

자본주의 비판뿐 아니라 남반구-북반구 시각과 페미니스트 성장 비판에 기초하는 다른 분석들은 자본주의 기능 자체가 구조적으로 성장에 의존하며, 자본주의 사회는 성장을 통해서만 스스로 안정화될 수 있다고 지적한다. 따라서 그들은 성장을 넘어서는 더 나은 미래는 필연적으로 탈자본주의적이라고 주장한다. 이런 관점에서 커머닝, 참여적 계획, 또는 기타 포스트-자본주의 유토피아와 같은 비자본주의적 형태의 경제활동에 대한 질문이 대두된다.[80]

4.3. 탈성장이 바람직한 이유

우리는 탈성장이 근본적으로 다른 사회와 경제에 대한 비전이며, 비록 서로 다른 조류를 포함하지만 많은 공통 원칙을 공유한다고 주장했다. 다른 사회를 상상하는 것 자체가 생산적인 활동일 수 있지만, 핵심 질문은 여전히 남아 있다. 어떻게 그것을 현실로 만들 수 있을까? 사회학자 에릭 올린 라이트는 사회적 대안을 평가하기 위해 *바람직함*desirability, *현실성*viability, *달성 가능성*achievability이라는 세 가지 기준을 개발했다.**81** 이 장에서는 주로 탈성장 사회의 *바람직함*에 대해 다뤘다. 우리가 탈성장을 구성한다고 생각하는 세 가지 핵심 원칙은 책의 전반부에서 논의한 성장에 대한 비판을 미래 사회를 위한 종합적인 비전으로 통합한다. 탈성장은 변화(비판)의 필요성과 탈성장 비전의 *바람직함*을 제시하는 데 매우 강력하지만, *현실성*과 *달성 가능성*에 대한 질문도 마찬가지로 중요하다. 그것이 제대로 작동할지, 그리고 그곳에 도달하는 방법이 무엇인지 우리는 어떻게 알 수 있을까? 이것이 다음 두 장에서 살펴볼 질문이다. 5장에서는 탈성장 사회의 모습과 기능에 대한 짜임새 있는 그림을 제공하면서 탈성장을 현실적인 제안으로 만들기 위한 정책의 종류에 대해 논의한다. 변혁에 초점을 맞춘 6장에서는 탈성장을 구체화하는 데 필요한 대규모 정책 변화와 필요한 상향식 사회운동을 연결할 변화의 이론을 제시한다. 도전의 규모는 엄청나지만, 우리의 제안이 탈성장 상상을 구체화할 방법에 대한 광범위한 윤곽을 제시한다고 믿는다.

5.
탈성장으로 가는 경로

유토피아를 위해 싸울 가치가 있는지에 대한 진정한 시험대는 그것이 실제로 작동할 수 있는지 여부다. 실제로, 이것이 사람들이 유토피아주의를 접했을 때 보이는 가장 흔한 기각 이유 중 하나다. '굉장히 좋은 생각이지만, 절대 실현될 수 없을 거야.' 우리가 익히 들어왔듯이, 자본주의는 많은 결점이 있지만, 작동하는 것으로 증명된 유일한 체제이기 때문이다.

그러나 자본주의의 성장 엔진이 우리를 재앙으로 이끄는 동안 수많은 연구가 탈성장 시스템이 현실 가능할 것이라고 주장한다. 탈성장의 경제는 백일몽이 아니다. 실제로, 더 많은 연구의 여지가 늘 있지만, 탈성장이 실제로 작동할 수 있다는 증거도 늘어나고 있다.[1] 지난 장에서 논의한 것처럼, 탈성장은 그것을 지속 가능하고 안정적이며 정의롭게 만드는 다양한 정책과 결합될 때만 실현 가능하다. 좋은 소식은 이러한 정책들이 그 자체로 삶을 훨씬 더 좋게 만들 것이라는 점이다. 물론, 탈성장 유토피아에 대한 하나의 통일된 비전이 없는 것처럼 거기에 도달하는 경로도 하나가 아니며, 종종 서로 교차하는 여러 경로가 있다. 그리고 정책 제안의 세계에서는 개별 해법들이 만병통치약처럼 물신화되곤 한다. 이와 반대로, 우리는 탈성장이 정부 정책 플랫폼부터 새로운 경제적 관행에 이르기까지 다양한 정책 및 조치와 함께 작동하기 위해 실험해야 한다는 것을 잘 알고 있다.

탈성장 사회의 비전은 개방적이고, 해결되지 않았으며, 정치적으로 논쟁의 여지가 있고, 때로는 모순적으로 보일 수 있다. 하지만 탈성장은 다양한 성장 비판을 출발점으로 삼고, 마지막 장에서 제시될 탈성장 비전의 세 가지 요소를 기반으로 한다. 즉 전 세계적으로 사회 신진대사를 줄이는 동시에 사회 정의와 자기 결정을 위해 노력하며, 사회제도와 인프라를 성장에 의존하지 않도록 변혁함으로써 좋은 삶을 우선시한다. 이러한 목표를 염두에 두고 탈성장 지지자들은 정치적 제안과 플랫폼을 정교화한다. 예를 들어, 세르주 라투슈는 "8 R 프로그램"(프랑스어로 8개의 핵심 개념에서 따온 이름이며, 영어로는 대략 재평가, 재개념화, 재구성, 재분배, 재지역화, 축소, 재사용, 재활용으로 번역된다)을 설명한다. 그러나 추상적이지 않은 제안도 많이 있다. 연구와 탈성장 네트워크는 훨씬 더 구체적인 "신좌파를 위한 10가지 정책 제안"을 개발했다. 그런데 왜 우리 자신을 10개로 제한해야 할까? 한 리뷰 기사는 탈성장 정책 제안을 살펴본 결과 문헌에서 총 27개의 정책 도구를 찾아냈고, 여기에는 환경 영향 감소부터 부의 재분배와 웰빙 우선순위화에 이르는 제안이 포함된다. 티모시 파리크는 자신의 광범위한 연구를 통해 탈성장 운동과 관련된 정당 강령, 과학 문헌, 칼럼 등에서 총 140개의 정책 도구나 '수단'(정책 목표 또는 대상과 반대되는 것으로서)을 발견했다.[2]

확실히, 탈성장은 변혁을 위한 구체적인 제안에 관해 활발하게 토론하는 것이 특징이다. 많은 제안이 서로 크게 다르더라도 공통의 핵심을 중심으로 구체화된다. 전체적으로 나타나는 이러한 제안들은 탈성장 정책의 핵심 추진력의 전형으로 간주될 수 있다. 이는 "비개혁주의적 개혁"(앙드레 고르츠) 또는 "혁명적 현실정치"(로자 룩셈부르크)에 대한 제안이다. 즉 대중의 권력을 키우고 성장 지향적 구조의 불안정화와 방향 전환을 일으키는 개혁주의 수단이다. 또한 사회운동과 사상가들은 다른 정책보다 특정한 한 가지 정책에 집중하는 경향이 있다는 점에 유의해야 한다. 오늘날 기본소득 운동이 이 길을 택했는데, 경제 전체를 변화시키기 위한 중심적 요구가 되는 것이다. 그러나 대체로 탈성장 지지자들은 다양한 정책 플랫폼을 선호하며, 이 문제에 더 총체적으로 접근하는 경향이 있다. 이는 단일 정책에 집중하는 것이 전체 시스템에 필요한 변화의 양을 최소화할 위험이 있으며, 해당 정책을 단독으로 취할 때 발생할 수 있는 부정적인 영향을 방지하지 못할 수 있기 때문이다. 예를 들어, 추가적인 정책 변화 없이 기본소득이 시행된다면, 이는 자국민과 그러한 정책에 접근할 수 없는 이주민 사이의 계급 및 노동 분할을 더욱 심화할 가능성이 있다. 또한 기본소득은 오히려 지속 불가능한 소비를 증가시킬 수 있으며, 그 자체로는 노동 소외를 해결하지 못할 것이다. 끝으로, 가부장제 내에서의 기본소득은 여성이 직업 대신 돌봄 노동과 가사노동에 많은 시간을 할애할 수 있기 때문에 여성을 임노동 영역에서 더욱 밀어낼 수 있다. 만약 기본소득이 다른 탈성장 정책들과 결합되면 이 모든 것이 달라진다. 따라서 이러한 탈성장 제안들은 단일 정책의 '온더록스on the rocks' 한 잔이 아니라, 균형 잡힌 칵테일이라고 생각하면 된다.

다음에서는 가장 특징적인 몇 가지 정책 제안에 초점을 맞춘다. 그리고 이러한 제안들은 현 단계에서 아직 불완전하며, 다분히 경제를 다르게 사고하려는 잠정적 시도라는 점을 염두에 두어야 한다. 우리는 제시된 각 제안을 상세하고 완벽하게 요약하기보다는 이러한 제안을 6개의 클러스터로 분류했다. 각 클러스터는 특히 탈성장 관점의 특징이라고 생각하는 특정한 궤적을 가지고 있다. (1) 경제 민주화, 커먼즈 강화, 연대 기반 경제 및 경제 민주주의, (2) 사회보장, 재분배, 소득과 부의 상한선 설정, (3) 공생공락적이고 민주적인 기술, (4) 노동의 재분배와 재평가, (5) 생산의 공평한 해체와 재구성, (6) 국제 연대. 또한 우리는 정책만이 변화의 유일한 동력이라는 인상을 주고 싶지 않다. 이것이 바로 다음 장에서 탈성장의 *달성 가능성*을 다루는 이유다. 그것은 탈성장을 실현할 수 있는 정책의 종류뿐 아니라 집합적 행동, 풀뿌리 수준의 변화, 정책 개혁이 함께 작동하여 탈성장을 실현할 수 있는 방법이다.

5.1. 민주화, 연대 경제, 커머닝

탈성장은 새로운 포스트−자본주의 경제를 의미한다. 즉 그것은 다양하고, 사회생태적이고, 민주적이고, 참여적이고, 협동적이고, 필요 지향적이며, 개방적이지만 지역에 기반을 두고, 생산과 재생산의 구분을 극복하는 것을 지향한다. 이러한 다양한 경제활동은 1930년대 경제학자들이 시장 관계의 영역으로 발명한 '경제'와는 거의 관련이 없기 때문에(2장 참조), 탈성장은 때때로 경제학적 사고를 버리라는 '경제로부터의 탈출'과 연관된다.³ 그럼에도 불구하고, 탈성장의 핵심적인 정책 제안들은 무엇보다도 구체적인 필요와 공동선을 향한 경제활동을 지향하고, 경제를 민주화하며, 사람과 자연을 착취하지 않고 성장과 독립적으로 경제를 형성하는 것을 목표로 하는 경제 변혁을 다룬다. 이를 가능하게 하려면 경제적 결정을 *정치적* 문제로 봐야 한다. 이는 경제를 민중의 손에 맡기고, 공장의 생산자, 농장의 이웃, 지역 사회 소유 발전소의 이용자, 요양 시설의 돌봄 수혜자 등 점점 더 많은 사람이 생산품, 환경 및 기타 경제 주체와의 관계, 필요한 서비스, 업무 조직 방식 등을 결정하는 데 참여한다는 것을 의미한다. 경제적 결정을 정치적 문제로 본다는 것은 GDP, 화폐 또는 기타 지표가 모든 활동을 측정하는 보편적 척도가 될 수 있다는 생각이나, 도구로서 매우 유용할지라도 효율적인 생산을 알고리즘에 위임하려는 희망을 버리는 것을 의미한다. 결과적으로, 노동(소외시키거나 권한을 부여하는), 필요(필수적이거나 필수적이지 않은), 자원 및 기술(아래 참조) 등 관련되는 다양한 측면을 기반으로 사회의 경제생활에 대해 집단적으로 숙고하고 계획하도록 한다.

탈성장 담론에서 경제는 종종 *다양한* 것으로 간주된다. 탈성장 경제는 협동조합에서 공공, 커먼즈에서 계획에 이르기까지 다양한 경제활동과 행위자 및 논리가 경제적 플루리버스로 공존할 수 있도록 하는 것을 목표로 한다.[4] 이것이 바로 탈성장이 공동 자산, 연대 경제, 커뮤니티 지원 농업 등 아래로부터 경제를 전유하려는 다양한 이니셔티브 및 운동과 연결되는 이유다(섹션 4.4 참조). 현재 경쟁과 신자유주의 시장으로부터 엄청난 압력을 받고 있는 이러한 이니셔티브가 방어, 지원, 강화되어야 할 뿐 아니라, 탈성장 정책은 이들이 번성하고 확장할 수 있는 사회적 조건을 만들어야 한다고 주장한다. 여기에는 커먼즈, 연대 경제, 경제 민주주의 또는 참여적 계획의 세 가지 개념이 특히 관련된다.

기존 커먼즈의 방어와 커먼즈 원칙에 기반한 생산 방식의 확장은 탈성장 경제의 핵심 요소로 볼 수 있다. 커머닝은 경쟁이나 착취 및 성장에 기반하지 않는다. 커먼즈는 자기 조직화된 공동체가 스스로 만든 규칙과 제도에 따라 특정 재화, 자원, 영토를 관리하는 사회적 관행이다. 엘리너 오스트롬은 수천 개의 기존 및 역사적 커먼즈를 분석해 성공적인 커먼즈를 만드는 몇 가지 원칙, 즉 탈성장 대안을 구성하는 데 매우 관련성이 높은 커머닝 패턴을 확인했다.[5] 기본 아이디어는 참여와 민주주의의 규칙에 따라 관련된 모든 사람의 이익을 위해 화폐, 경쟁, 중앙 집중적이고 위계적인 국가에 기반한 시장 외부에서 공유 자원을 관리하는 것이다. 위키피디아(세계에서 가장 큰 백과사전은 교환이 아닌 기여의 원칙에 따라 만들어진다), 커뮤니티 지원 농업(농민이 소비자 그룹과 함께 농장을 관리하고, 소비자 그룹은 공동으로 비용을 부담하고 생산물을 모두에게 분배한다), 전 세계에서 수백 년간 존재해온 수백만 개의 전통적 커먼즈(공동체가 토지, 숲, 물 등을 관리하는 방식) 사례는 이것이 작동할 수 있음을 보여준다. '커머닝'은 이용 가능한 재화의 유형에 따라 이러한 재화에 대한 접근, 사용, 경영, 영구적 보존을 관리하는 다양한 형태의 협상과 더 영속적이고 자율적으로 관리되는 제도를 의미한다.[6]

디지털 데이터가 어느 곳이나 있게 됨에 따라 커먼즈에 대한 논쟁이 상당한 탄력을 받고 있는데, 이러한 데이터는 엄청난 기술적 노력을 수반하는 자본주의적 착취 과정에 필수적인 사유 재산 논리에만 적합할 수 있기 때문이다. 이런 이유로 일부 이론가들은 현재 진행 중인 생산 영역의 디지털화(그리고 이에 따른 한계 비용 감소) 자체가 이미 포스트-자본주의적 관계의 씨앗을 품고 있다고 가정한다. 그들은 이것들이 적절한 정치적 조건을 통해 발전해야 한다고 주장한다.[7] 최근 암호화 기술 옹호자들은 암호 화폐의 부상이 민주적이고 분산된 대안을 제시함으로써 중앙 집중식 금융업의 종말을 예고한다고 주장했다. 그러나 현재로서는 디지털 커먼즈를 자본주의적 착취 과정의 일부로 만들거나 통합하려는 시도가 꾸준히 증가할 뿐 아니라, 동일한 디지털 커먼즈를 감시, 선전, 허위 정보 캠페인의 수단으로 사용하는 것도 볼 수 있다. 이는 개인 주택이나 자동차 교통과 같은 삶의 영역을 이윤 지향적인 디지털 플랫폼(에어비앤비, 우버)을 통해 상업적으로 재구성하는 것이나 이웃 지원을 위한 앱 개발과 같은 비영리 디지털 네트워킹 모두와 관련이 있으며, 둘 다 국가의 실패에 대한 임시방편으로 기능한다.[8] 암호화 기술의 경우, 대부분은 더 민주적으로 관리되는 금융 도구를 제공하기보다는 디지털 커먼즈 및 관계의 추가적 인클로저를 포함해 자본의 새로운 형태에 대한 투기 수단으로 점점 더 많이 사용되고 있다. 따라서 탈성장의 관점에서는 경제 및 디지털 관리의 지배적 형태, 또는 암호 화폐 투기와 '메타버스'와 같은 디지털 공간의 인클로저 대신에, 스페인의 인디그나도스Indignados 점거나 그리스의 연대 진료소의 경험에 근거하여 공동선을 지향하는 커먼즈를 방어하고 확장하며 경제의 커먼화를 촉진하는 것이 중요하다.[9]

많은 탈성장 지지자들은 소규모의 사회적이고 협력적으로 조직된 경제활동, 특히 공동선을 지향하는 협동조합 및 기타 소규모 기업이 경제 성장 달성의 강박 없이 참여적인 방식으로 생산할 가능성이 더 높다고 가정한다. 이들은 투자자와 주주에 의해 축적하고 경쟁하도록 강요받지 않기 때문이다. 따라서 그들은 탈성장 경제 속에서 총생산의 훨씬 더 큰 부분을 차지해야 한다.[10] 여기서 핵심은 '연대의 경제' 틀 아래에서 설명될 수 있고, '경쟁 대신 협력'과 '이윤보다 목적'이라는 핵심 가치에 따라 작동하는 협동조합이나 공동사업체collective 기업의 움직임이다. 이런 사례는 전 세계의 소규모 자조 공동사업체부터 총 2만 명 이상의 회원을 보유한 베네수엘라의 시코세솔라Cecosesola 협회와 같은 대기업에 이르기까지 다양하다.

어떤 이들은 상업적 플랫폼 제공자의 독점에 맞서기 위해 디지털 플랫폼과 협력 원칙의 결합에서 탈성장 경제의 잠재력을 본다. 이런 요구에는 협동조합 창업 지원 및 서류 간소화를 위한 협동조합법 개정, 공장 폐쇄 위기 시 노동자가 생산 현장을 인수할 수 있는 권리 등이 포함된다. 또 다른 이들은 자본 자산으로 기능하지 않도록 하여 투기에 저항하는 암호 화폐 개발을 주장한다.11 그럼에도 불구하고, 경쟁이 추동하는 시장의 문제는 여전히 남아 있다. 이는 더 넓은 사회적 조건의 변화도 중요하다는 것을 의미한다. '공동선을 위한 경제'의 개념은 사회생태학적 지향의 기업 활동 확대를 목표로 한다. 이 제안에 따르면, 기업은 사회적, 생태적, 민주적, 경제적 기준에 더해 기타 공익적 기준에 따라 그들의 활동을 평가하여 민주적으로 결정되는 포괄적인 공익 대차대조를 제출해야 한다. 이는 투명성에 도움이 될 뿐 아니라, 대차대조표가 양호한 회사에 세금 및 규제 우대 혜택을 주는 기반을 만든다. 이러한 정책이 주주의 이익과 다국적 대기업에 의해 좌우되는 기업 금지, 소규모 민주적 기업 우대, 다른 통화 질서, 연대에 기반한 세계 무역 규칙 등의 다른 규제들과 결합할 때 민주적으로 결정된 공동선에 기여하지 않는 기업들은 계속해서 퇴출될 것이며, 비자본주의적 시장 경제의 출현을 위한 공간을 마련할 수 있을 것이다.12

커먼즈와 연대 경제의 발전과 더불어, 경제 민주주의의 개념과 원래 노동조합 환경에서 발전된 민주적 투자 및 경영의 유형이 반복적으로 참조된다.[13] 여기에는 기본 서비스의 '재지역공영화re-municipalization', 즉 수도나 전기와 같은 공공 서비스를 지자체에 맡겨 더 투명하고 민주적으로 운영할 수 있는 방안도 포함된다.[14] 그러나 사회 전반에 대한 이러한 대안적 프레임워크 논의는 특히 탈성장과의 연관성과 관련해서는 이제 막 발전하고 있다. 더 넓게 보면, 경제 민주주의는 소수 기업에 집중된 경제력과 국가와의 연결을 억제하고 해체하는 것을 목표로 한다. 다른 정치적 의사결정과 마찬가지로 모든 사람이 경제 활동과 의사결정에 참여할 수 있어야 한다. 여기에는 모든 종류의 경제 규제(지속 불가능한 경제활동을 어떻게 단계적으로 폐지할 것인지에 대한 민주적 숙의)와 연대 경제 및 커먼즈의 지원 및 확장 모두가 포함된다. 또한 경제 민주주의는 사기업을 공동사업체 소유 형태로 재전유하고, 직장 내 의사결정 위계를 폐지하며, 사회에서 집단적 자기 결정을 더 광범위하게 장려하는 것이다.[15] 이는 생산수단의 소유권을 특정한 크기로 제한함으로써 진전될 수 있다. 기업은 규모가 커질수록 점점 더 민주적인 통제를 받게 될 것이며, 일정 규모를 넘어서면 공동 소유로 이전될 것이다.[16] 또한 참여 경제('파레콘parecon')의 원칙은 경제의 민주화 과정을 더욱 심화하기 위한 지침을 제공하며, 처음에는 기업 내에서 시작하여 경제 전체로 확장된다. 참여 경제는 아래로부터의 참여 계획을 통해 무정부주의에 영감을 받은 비위계적 경제에 대한 포괄적인 비전이다. 그것은 더 많은 지식과 권력을 가진 관료나 관리 계급의 출현에 대응하기 위해 생산자와 소비자의 민주적 집회와 평의회가 경제활동을 계획하고 경제의 운영과 관리 업무를 모두에게 분배할 것을 제안한다.[17]

이러한 광범위한 정책을 논의할 때 자주 제기되는 질문 중 하나는 이 모든 자금을 어떻게 조달할 것인가다. 핵심적인 출발점은 금융기관 자체가 근본적으로 변혁되리라는 것이다. 사회의 경제적 잉여는 자본 소유자에 의해 통제되는 대신 민주적으로 관리될 것이다. 여기에는 주요 투자를 민주적으로 할당하는 문제뿐 아니라, 웰빙의 목표에 기반해 연기금 및 기타 금융기관, 은행 및 민간 기업의 투자를 운영하는 방법, 공적 자금 및 데팡스(3장 참조)를 사용하는 방법을 집단적으로 결정하는 것이 포함된다.[18] 이는 지속 가능한 탈성장 경제로의 전환이 특히 전환 단계에서 막대한 투자를 요구하기 때문에 필수적이다. 예를 들어, 모두를 위한 사회적으로 정의로운 삶을 가능하게 하는 제도 및 인프라(생태 농업, 분산화된 재생가능 에너지, 생태 주택, 대중교통 등), 기후변화와 생태 파괴를 완화하고 적응하기 위한 프로젝트, 그리고 역사적으로 축적된 기후 부채를 상쇄하기 위한 북반구에서 남반구로의 재정 이전 등에 상당한 투자가 요구될 것이다. 이러한 필수 투자는 현재나 가까운 미래에 시장 메커니즘을 통해 자동으로 충분히 생성될 수 없기 때문에 공공 투자 강화와 중앙은행의 공공 통제를 포함한 새로운 민주적 통화 시스템이 필요하다.[19] 이는 민주적으로 통제되는 협동조합 은행들이 뒷받침해야 한다.[20]

은행과 금융 시스템의 재구조화는 민간 및 다국적 대출 기관의 권력에 도전하며, (예를 들어, 급진적 그린 뉴딜 제안의 핵심이기도 한 현대 통화 이론이나 MMT의 제안을 기반으로 하여) 정부가 공공 인프라에 자유롭게 지출할 수 있도록 보장하게 됨을 의미한다.[21] 이 모든 것을 가능하게 하려면, 금융 시장과 제도를 근본적으로 축소, 재편하고 민주적으로 통제함으로써 민중과 그들의 경제적 이익에 봉사하도록 하는 것도 중요하다. 그래서 요르고스 칼리스와 동료들은 "범용 화폐의 영역을 제한하고, 적극적(또는 공적) 화폐를 창출하며, 민간 은행의 대부를 통한 새로운 화폐 창출을 금지하고, 커뮤니티 통화와 타임뱅크를 지원함으로써 화폐 시스템을 변경"할 것을 제안한다.[22]

금융기관의 재구조화도 한 가지 방법이지만, 전환 자금을 조달할 수 있는 다른 가능성도 있다. 첫째, 화석연료 산업을 비롯한 유해 산업에 보조금 지급을 중단하고 세금을 부과하면 단기간에 상당한 재원을 확보할 것이다. 대부분의 국가보다 더 많은 온실가스를 배출하고 전 세계적으로 제국적이고 불균등한 관계를 조장하는 군산복합체에서 자금을 회수하면 막대한 재투자 기회가 열릴 뿐 아니라, 다른 국가들이 정의로운 전환이 아닌 국방에 자원을 투입하도록 하는 압력을 완화할 수 있다. 둘째, 다음 섹션에서 설명하는 바와 같이, 극소수 부유층에 세금을 부과하면 상당한 자금을 마련할 수 있다. 셋째, 금융자본의 총량은 감소하겠지만, 지역 화폐의 촉진, 재생산 노동과 여가활동의 우선화 등을 통해 결국 *부의 종류*가 다양화될 것이다. 결과적으로,

탈성장 경제로의 전환은 처음에는 상당한 자본이 필요하지만, 결국에는 자본이 더 이상 지배하지 않고 사라져가는 경제, 즉 포스트−자본주의로 이어질 것이다.**23** 그러나 금융적 재구조화와 전환 자금의 조달 문제는 거시 경제 모델링과 실제 실험을 통해 더 많은 탐구가 필요하다.

경제 민주화를 넘어 *정치* 민주화 문제도 있다. 많은 사람이 선거 대표제가 충분히 민주적이지 않다고 여긴다. 우리의 대의자들은 일단 선출되면 유권자에 대해 거의 아무런 책임을 지지 않으며, 정치인들은 임기가 끝나자마자 기업의 이사회나 CEO 자리를 제안받으며 산업계의 회전문을 드나든다. 거버넌스 시스템 역시 매우 차별적이어서 젠더, 계급, 인종 특권을 가진 사람들을 리더 자리에 우선하여 배치한다. 전반적으로, 매우 부패하고 소외된 정치 시스템을 변혁하기 위한 제안에는 숙의적이고 참여적인 정치를 지원하는 제도를 개발하거나 선거주의를 완전히 대체함으로써 대의자가 유권자에게 책임을 지도록 보장하는 것이 포함된다. 예를 들어, 시민 의회와 여성 평의회 설립, 참여 예산 및 과세, 정치인의 임기 후 산업계 취업 금지, 시민을 후보로 지명해 선출하는 '추첨'을 의무화해 정치의 전문성 완전 축소 등과 같은 제안들이 있다. 선거주의를 몰아내면서 확장된 지역 간 거버넌스 시스템을 가능하게 하는 한 가지 제안은 민주적 연합주의 democratic confederalism인데, 여기서 지역 시민 의회는 지역 및 전국 의회에 참여할 파견자를 지명한다. 압둘라 오칼란Abdullah Öcalan의 정치 철학에서 영감을 받은 이 시스템은 현재 북반구 시리아에

서 시행되고 있다.[24]

5.2. 사회보장, 재분배, 소득과 부의 상한 설정

탈성장 사회로의 변혁에서 부의 재분배는 근본적으로 중요해
질 것이다. 재분배가 경제적 잉여를 공유하는 것과 같다는 전통
적이고 성장에 기반한 생각이 더 이상 통하지 않는다면, 소득과
부의 분배는 폭발적인 이슈가 될 것이며, 모두의 평등을 촉진하
고 사회보장을 보장하기 위한 완전히 새로운 메커니즘이 요구될
것이다. 즉 사회가 더 이상 GDP 증가를 지향하지 않기 때문에
경제 성장으로 창출되는 연간 잉여금에 기반한 세금과 자금 이
전이 부의 재분배와 복지국가 자금 조달을 위한 핵심 메커니즘
으로 실행되지 않을 것이다. 따라서 자원에 대한 평등한 접근을
창출하기 위한 혁신적인 제안과 사회보장 및 기본 서비스의 근
본적인 변화와 확대에 대한 아이디어는 처음부터 탈성장의 핵심
요구였다. 이러한 제안은 대다수의 생활 조건을 실질적으로 개
선할 수 있다.

이후 섹션에서 논의할 생태적 조세 개혁이나 노동시간 단축
과 같은 사회정의를 목표로 하는 다른 정책들과 함께, 이러한 제
안 대부분은 효과적인 과세와 소득 및 부의 상한선을 통해 부유
층의 자원을 재전유 및 사회화하고, 시장에서 철수시키거나 모
두의 좋은 삶에 필수적인 재화와 서비스 공급의 탈상품화를 목
표로 한다. 따라서 주택, 음식, 물, 에너지, 지역 교통, 통신, 교

육, 보건과 같은 기본 재화와 서비스가 현재의 경제 성장률이나 개인 소득과 관계없이 모든 사람에게 제공되어야 한다. 이는 시장을 넘어 모두를 위한 퍼블릭 액세스, 지자체 협동조합, 커머닝 등을 통해 이뤄져야 한다.[25] 공교롭게도, 공공 서비스는 민간 및 개인 서비스보다 환경에 미치는 영향이 훨씬 적다는 추가적인 이점이 있다. 승용차 대신 버스나 기차, 트램을 생각해보라.[26]

그럼에도 불구하고, 사회보장 제도의 급진적 재구조화를 위한 가장 대중적인 제안은 조건 없는 기본소득이다. 이것은 모든 사회 구성원에게 주기적으로 현금을 지급하는 것으로, 노동의 의무나 억압의 위협 없이 지급되며 사회 참여를 보장하기에 충분하다. 일부 기본소득 지지자들은 기본소득을 탈성장 사회로의 진입점으로 본다. 또 일부는 생태적으로 유해한 소비에 대한 세금을 점진적으로 인상해 조건 없는 기본소득 재원을 마련함으로써 생태적으로 유해한 활동 증가로 인한 잠재적인 부정적 영향을 줄일 수 있도록 생태학적 기본소득을 제안하기도 했다.[27]

기본소득을 넘어 프랑스의 데크루아상스 운동은 DIADotation Inconditionelle d'Autonomie라는 추가 제안을 제시했는데, 즉 '조건 없는 기본 서비스'로도 번역될 수 있는 무조건적 지급 또는 자율성 부여다. 이는 금전으로 지급되는 기본소득의 대안 또는 보완책으로, 모든 사람이 태어나서 사망할 때까지 민주적으로 결정된 기본재에 대한 접근권을 사회적 권리로서 부여한다. 여기에는 주택 및 토지 접근권(1인당 일정 면적의 토지), 존엄성에 대한 권리(의류, 가구, 자전거 등 기본적 필요를 위한 현지 생산 식량과 물품의 일정량 보장), 물과 에너지 접근권, 이동권(무료 시내 교통, 안정적인 장거리 교통), 그리고 마지막으로 보건, 교육, 문화, 정보, 보육, 노인 돌봄, 장애인 지원, 장례 등 공공 서비스에 접근할 권리를 포함한다. 이러한 모든 권리는 기존 인프라의 재전유 및 민주화 과정을 통해 보장되어야 한다.[28] 이는 사회의 점진적 탈화폐화(시장을 넘어 민주적으로 조직되는 공적 공급, 따라서 '경제' 또는 중간 매개체로서의 화폐와 신용으로부터 부분적 이탈)로 이어질 것이기에 이 제안은 특히 탈성장에 부합한다.

탈성장 제안은 또한 부유한 소수의 손에 축적되는 부를 근본적으로 제한하는 것을 목표로 한다. 2020년 미국 CEO들은 일반 노동자의 351배에 달하는 급여를 받았는데, 이는 1950년대보다 20배 증가한 것이다. 전 세계적으로 상위 10%의 부유층이 전체 부의 약 60~80%를 소유하고 있으며, 인류의 최하위 절반은 5% 미만의 부를 소유하고 있다.[29] 소득의 불평등한 분배는 평등주의적 관점에서 볼 때 근본적으로 비민주적일 뿐만 아니라, 개인의 물질 발자국도 그들의 가처분 소득과 밀접한 관련이 있다. 옥스팜Oxfam에 따르면, 전 세계적으로 상위 1%의 부유층이 인류의 최하위 절반보다 2배 이상 많은 탄소를 배출하고 있다. 국가 내에서도 그보다는 덜 극단적이지만 유사한 불평등이 존재한다.[30]

생태적 정의는 소득과 부의 급진적인 균등화를 요구한다.[31] 특히 토마 피케티가 주장한 것처럼, 무엇보다도 부유층의 부를 줄이는 것이 탄소 배출량을 줄이는 가장 효과적인 수단 중 하나일 수 있으며(개인 제트기, 요트, 에너지 소비가 많은 별장뿐 아니라 투자도 생각해보라), 이는 확실히 사회 전반의 변화를 수용할 수 있도록 하는 전제 조건이다.32 따라서 탈성장은 모든 사람을 위한 기본적 제공이나 소득 보장을 요구할 뿐만 아니라, 부유층 과세를 통한 재분배 및 재전유, 최대 소득과 부의 상한선 설정에도 초점을 맞추고 있다. 탈성장 스펙트럼의 정치적 레퍼토리에서 핵심요소인 이러한 요구는 최대 소득을 사회적 기본소득의 2배, 5배 또는 10배로 제한하는 것으로 생각할 수 있다. 또는 전환 단계에서는 특정 산업이나 부문에서 최소 소득의 X배로 정할 수도 있다. 또한 탈성장은 사적 소유가 사회를 구성하는 방식에도 근본적인 변화를 주장한다. 여기에는 세대에 걸쳐 불평등과 계급 구조를 고착시키는 상속에 대한 과세도 포함된다. 하지만 노동 자체가 아닌 토지, 건물, 지적 재산권과 같은 자산 소유에 의존하는 소득(경제학자들이 '불로소득'이라 부르는)을 엄격히 제한하거나 다른 소유 구조를 통해 이를 완전히 폐지하라는 요구도 있다.33 이전 섹션에서 논의한 것처럼, 사실 탈성장 경제는 사유재산 제도를 근본적으로 재검토하여 모두를 위한 웰빙 창출에 온전히 이용될 자원을 모두가 가질 수 있는 조건을 만들어야 한다.

이러한 제안의 목표는 사회생태적 변혁 과정과 경제의 더 큰 부분에서 필요한 단계적 폐지 과정에서 더 평등한 사회, 그리고 지구적으로 생태적 경계선을 넘지 않는 연대에 기반한 생활 양식을 달성하는 것이다. 이 맥락에서 결정적인 점은 탈성장 경제를 민주적으로 성취하고자 하는 사람이라면 누구나 극심한 분배적 부정의와 빈곤에 대한 두려움을 해결해야 한다는 것이다. 이

프로젝트는 사회 정의와 평등의 증진을 모두가 실제로 느낄 수 있을 때 정치적 정당성을 얻게 될 것이다.

5.3. 공생공락적이고 민주적인 기술

탈성장의 관점에서 볼 때 사회생태적 변혁은 경제의 민주화와 자원의 급진적 재분배뿐 아니라, 산업주의와 기술 비판이 요구하는 사회의 물질적, 기술적 기반의 근본적인 재구성을 의미한다. 현대 산업사회의 생산주의 동력을 근본적으로 변화시키려면, 다양한 기술 모델과 변화된 소유권 구조 모두가 필요하다. 지속가능성과 유용성의 기준이 아닌 경제적 효율성이 우선순위가 되어 기술 인프라에 대한 설계 프로세스와 투자를 지배하는 한 이러한 변혁은 성공하지 못할 것이다.[34] 기술에 대한 일반적인 적대감을 탈성장의 표상으로 여기는 경우가 많지만, 탈성장은 기술에 대한 차별화된 시각과 기술 개발의 민주화를 특징으로 한다. 탈성장이 중심에 두는 질문은 다음과 같다. 사회는 어떤 기술을 사용해야 하는가? 무엇을 위해, 누구에 의해, 어떻게, 얼마나 사용해야 하는가? 누가 결정할 것인가? 이는 또한 멈출 수 없고 독립적인 기술 진보, 생산성의 끊임없는 증가, 사회적 생산력의 지속적인 향상(기술-미래주의 좌파 대부분에 팽배한 사고이기도 한[35])이라는 신화에 반대하고 민주적 대안을 제공하는 것이기도 하다.

우리가 기술에 대해 생각하는 방식은 기술 개발, 기술에 대한 대중의 인식, 그리고 결과적으로 연구 재정과 보조금 분배에 영향을 미친다. 탈성장 논의를 위한 기술 개념을 발전시려는 한 가지 시도는 이반 일리치의 "공생공락적 도구convivial tools" 개념에 기반한 *공생공락적 기술*의 설계다.**36** 넓은 의미의 지속가능성 담론은 주로 기술의 생태적 영향을 강조하지만, 공생공락적 기술 개념은 기술 개발의 이용뿐 아니라 제작 과정에서도 그 사회적, 문화적 영향을 강조한다. 오늘날 공생공락적 기술 개발을 고무하는 공간의 사례로는 도구 대여 도서관, 리페어 카페, DIY 공간, 일부 생태적 및 비상업적 지향의 해커 공간, 제작자 공간, 팹랩fab labs 등이 있다.**37**

공생공락적 기술 개념에는 탈성장 관점의 기술 발전에 대해 연결성, 접근성, 적응성, 생명 상호성bio-interaction, 적정성 등 5가지 핵심 가치가 포함된다. *연결성*은 기술이 생산, 이용, 인프라 측면에서 사람들 간의 관계를 어떤 방식으로 형성하는지 묻는다. 예를 들어, 오늘날 사용되는 대부분 기술 장비에는 주로 남반구의 착취적인 조건에서 채굴되는 금속 요소가 포함되어 있다. 탈성장 관점에서 연결성은 공정한 조건에서 생산되고, 작동에 필요한 인프라가 지역 공동체를 파괴하지 않으며, 분산되고 평등한 기반에서 조직되는 기술을 개발하고 촉진하는 문제다. *접근성*은 기술이 어디서, 누구에 의해, 어떤 상황에서 개발되고 이용될 수 있는지 묻는다. 탈성장 관점에서 이것은 특히 여성의 기술 소양을 증진하고, 공공 자금이 투입된 기술을 오픈소스 라이선스로 전환하며, 이윤을 위한 특허권으로 기술 개발을 가로막지 않는 것을 의미한다. *적응성*은 기술을 독립적으로 사용할 수 있는지, 얼마나 쉽게 확장하고 다른 기술과 결합할 수 있는지, 그리고 기본 구성요소를 표준화해 활용도를 높일 수 있는지에 관한 것이다. 탈성장 관점에서 이는 더 긴 보증 기간과 수리 가능성이 보장될 뿐 아니라, 인터넷 이용자가 다양한 플랫폼에서 공유하는 정보를 보호할 수 있기에 디지털 공간에서 자신의 데이터를 제어할 수 있다. *생명 상호성*은 살아 있는 세계와의 상호작용을 의미한다. 기술이 인간, 동물, 식물 등 살아 있는 유기체뿐 아니라 전체 생태계에 미치는 영향은 무엇일까? 탈성장 사상가들은 자원 조달부터 폐기에 이르기까지 전체 수명 주기에 걸쳐 기술의 영향을 숙고하고 신기술의 건강과 환경 위험을 평가할 때 사전 예방 원칙을 적용할 것을 요구하고 있다. 이 원칙은 광범위하고 돌이킬 수 없는 (의도하지 않은) 결과를 초래할 수도 있는 새로운 혁신이 적용되기 전에 주의를 기울이고 잠시 멈추고 검토할 것을 강조한다. 이러한 기술들은 모든 산업 원료가 완전히 재활용되고 분해 가능한 모든 원료가 생태적 순환으로 되돌아가는 가능한 한 완전한 폐쇄 루프 경제를 달성하는 것을 목표로 한다. 공생공락적 기술의 다섯 번째 차원인 *적정성*은 특정 기술이 수행할 과업에 적정한지 평가하는 것이다. 탈성장 사회에서 기술은 투입된 시간과 물질적 자원, 그리고 달성해야 할 목표 사이에 의미 있는 관계를 유지해야 한다. 예를 들어, 차 없는 도시에서 대중교통, (화물용) 자전거, 도보로 이동하는 것이 더 빠르고, 탄소 배출은 줄이며, 더 많은 자원을 절약할 수 있음

을 의미한다.**38**

이 다섯 가지 차원에 따라 제품과 기술은 전체 수명 주기에 걸쳐 질적으로 평가될 수 있다. 자본주의적 경쟁과 군사적 연구에 의해 추동되는 가장 수익성 높은 기술과 혁신이 스스로 절대성을 주장하며 생산을 끊임없이 증가시킬 수 있게 하는 대신, 기술 개발은 다차원적인 평가가 필요하다. 그 목표는 기술에 대한 집단적 숙의뿐 아니라 기술의 공생공락적 형태를 촉진하는 것이다. 또 고위험 연구 및 기술에 대한 모라토리엄, 그리고 사회 전체에 영향을 미치는 새로운 기술을 도입하기 전에 시민 사회의 종합적인 평가를 거치는 것이 핵심 요구 사항이다.**39** 이러한 기준에 기초하면, 예를 들어 자동차와 개인 이동 수단에 대한 비판이 탈성장 스펙트럼 전반에 걸쳐 널리 퍼져 있는 이유도 분명해진다.**40** 원칙적으로, 탈성장 사회에서의 기술 발전은 시장이 아닌 필요를 지향하며, 이는 미래 사회 생산력 발전의 형태와 방향에서 급진적인 변화로 이어져야 한다.

5.4. 노동의 재평가와 재분배

모든 성장 비판이 본질적으로 일을 중심으로 이뤄지기 때문에 노동은 탈성장 논의에서 중요한 초점이다. 이 분야의 주요 제안은 저임금 집단의 소득 손실 없이 노동시간 대폭 단축, 모든 사람이 소외되지 않고 의미 있는 좋은 일자리에 대한 접근성, 재생산 및 돌봄 노동의 가치화와 이러한 노동의 분배, 작업장에서의 집단적 자기 결정, 그리고 고용과 무관하게 기본 서비스 제공을 통한 노동자의 권리와 자율성 강화다. 이를 통해, 그리고 이 장에서 논의된 다른 정책들과 함께, 탈성장은 불필요하고 파괴적인 노동을 단계적으로 퇴출하고, 어쩔 수 없는 필수 활동을 최대한 자동화하며, 사회적 삶을 지탱하는 활동을 가능한 한 즐겁게 만들고, 노동하는 사람들에게 일터에서 자율성을 부여함으로써 경제 활동을 축적의 정언명령을 넘어서는 논리로 계속 변혁해간다.[41]

일에 대한 탈성장의 관점은 무엇보다 페미니스트 사상가들이 강조하는 것처럼, 근본적으로 일 전체를 전면에 내세우는 문제다. 여기에는 생계, 돌봄, 자원활동을 포함해, 오늘날 고용과 별개로 여겨지는 사회적으로 필수적인 모든 활동이 포함된다(섹션 3.5 참조). 탈성장 사회의 목표는 생명의 재생산, 지구 돌봄 노동, 또는 스테파니아 바르카가 "재생산력"이라고 일컫는 것을 사회의 중심에 두고 다음과 같은 관점에서 경제를 사고하는 것이다. 사람과 지구의 필요는 무엇이고, 그것은 어떻게 충족될 수 있는가? 돌봄을 전면에 내세우는 것은 경제를 화폐화된 부분(남성과 정치적·경제적 특권층이 지배하는 유급 임노동)과 비화폐적 부분(재생산 노동, 돌봄 활동 등 가치가 제대로 평가되지 않는 여성과 이주자의 무급 또는 저임금 노동)으로 분리하는 것을 극복하기 위함이다.[42]

이러한 목표를 달성하기 위한 분명하고도 많이 논의된 진입점은 모두를 위한 대폭적인 노동시간 단축, 즉 '즐거운 노동 감축'이다.[43] 여기에서 한 가지 목표는 '불쉿 잡'과 '배트쉿 잡batshit jobs'과 같이 생산과 소비 측면에서 유해하고 무의미한 활동을 줄이는 것이다.**44** 노동시간 단축은 시간을 자유롭게 한다는 점에서 그 자체로 목표가 될 수 있다. 하지만 그것은 생산성이 계속해서 증가하더라도 경제가 성장을 멈추는 상태에서 균형 잡힌 고용 분배를 보장할 수도 있다. 자본주의 사회에서 전통적으로 GDP로 측정되는 경제의 생산량은 대략 노동시간에 노동 생산성을 곱한 값에 해당한다. 따라서 생태 정책들로 인해 경제의 GDP가 감소하지만, 기술 진보로 노동 생산성이 계속 증가한다면 노동시간을 줄여야 한다. 그렇지 않으면 실업 문제가 크게 악화할 것이다.**45** 비록 탈성장 사회에서 노동 생산성이 어떻게 발전할지는 불분명하지만, 많은 사상가가 성장 논쟁이 시작된 이래 이 제안을 강조해왔고, 1930년 자신들의 손주 시대에는 주당 10~15시간 노동이 정상적이고 충분할 것이라고 가정한 케인스를 자주 언급한다(섹션 3.2 참조).**46**

앙드레 고르츠에 따르면, 노동시간의 급격한 단축은 생산성 증가로 인한 잉여가치가 자본에서 노동으로, 자유시간 형태로 재분배되는 것으로 이해될 수 있다. 그러나 탈성장의 관점에서 보면, 노동시간 단축 가능성의 범위에는 한계가 있는데, 돌봄 활동을 중시하고 화석연료로부터 '에너지 노예' 상태를 제거함으로써 노동 생산성이 더디게 증가하거나 심지어 감소할 가능성이 매우 높기 때문이다. 유급 돌봄 노동을 포함한 돌봄 활동의 경우, 생산성 향상이 불가능하거나 노동의 질을 떨어뜨리는 결과를 초래할 수 있다. 그리고 태양으로부터 에너지를 공급받고, 자원을 절약하며, 부분적으로 탈산업화된 순환 경제와 지속 가능한 농업을 통해 일부 부문에서는 인적 노동에 대한 수요가 증가할 가능성이 있다.**47** 다른 한편, 특정 종류의 디지털화는 시간을 절약하고 현지 생산을 더 효율적으로 만들어 생산을 증가시킬 수 있다고 주장한다. 나아가, 광고 산업과 같이 많은 쓸모없는 일자리가 많이 규제되고 축소되기 때문에, 경제 전반의 노동 구성에도 큰 변화가 있을 수 있다. 따라서 결과적으로 노동시간의 양이 어떻게 발전할지는 궁극적이고 경험적으로만 답할 수 있는 열린 질문이다. 탈성장 사회에서는 활동적인 삶 또는 "비타 악티바$_{vita\ activa}$"(한나 아렌트)에 대한 완전히 다르고 포괄적인 이해가 나타날 수 있다.**48**

일부 저자는 임금 보전 없는 노동시간 단축을 옹호하는데, 이 경우 임금 손실은 제품 수리, 자체 생산, 채소 재배 등 더 많은 자기 노동 활동으로 벌충될 것이다.**49** 하지만 정의로운 탈성장 접근법은 노동시간 단축이 임금 균등화, 저소득층 임금 인상 또는 다른 형태의 금전적·비금전적 사회 복지를 통한 소득 손실 보상을 결합할 것을 강조한다. 예를 들어, 일반적으로 노동시간을 줄이면서 —신경제재단$_{NEF}$은 주당 21시간이면 충분하다고 추정했다— 소득 하위 3분의 1의 임금은 평균 수준으로 인상될 수 있고, 소득 상위 집단의 임금은 지속적으로 인하할 수 있다.**50** 또 다른 제안은 같은 직책에 여러 사람을 고용해 동일한 혜택을 유지하면서 하루 2~3시간만 일하도록 하는 노동 공유$_{work-sharing}$다. 이는 고용 수준을 동일하게 유지하거나 증가시키면서 총 근무시간을 줄이도록 전환하는 과도기적 정책으로 간주된다.**51** 특히 젠더 측면에서 공평한 노동 재분배와 더불어 노동시간 단축의 핵심 목표는 '시간 번영' 달성, 시장 경제를 넘어 정치적 자기 결정과 돌봄을 위해, 또는 '노동하고 소비하는' 러닝머신의 경제에서 벗어나 더 여유로운 삶을 즐기기 위해 이용될 수 있는 자유시간의 확대다(섹션 4.1 참조).[52]

탈성장은 일을 완전히 없애는 것을 목표로 하지 않는다. 탈성장은 노동시간 단축을 강조하는 동시에 돌봄 활동을 재평가하며, 소외되지 않고 사회적으로 의미 있고 자기 결정적이며 존엄한 일을 인간 삶의 중심 요소로 옹호하고 강화하는 것을 목표로 한다. 따라서 경제적 삶의 여러 측면에서 장인적 역량을 재숙련하는 것은 사회적, 생태적 이점이 많을 뿐 아니라 탈성장의 핵심 이슈가 된다.[53] 따라서 케이트 소퍼가 지적한 것처럼, 전통적인 역할로 규정되고 편협한 사회적 위계에 "고착"되곤 하는 "초기 장인 기반 생산 방식에 대한 감상적인 향수"에 빠지지 않으면서, 장인적이고 여유 있으며 "아방가르드적이고 포스트−소비주의적인 정치적 상상의 구성요소로서" 노동을 실현하는 방식을 주장하는 것이 중요하다.[54] 따라서 탈성장은 지루하고 위험하며 매력적이지 않은 노동에서 인류를 해방시키는 자동화를 수용하면서, 남아 있는 (그리고 앞으로도 다소간은 유지될) 타율 및 돌봄 노동을 가능한 한 본질적으로 즐겁고 자기 결정적인 노동으로 만드는 데 초점을 둔다.[55]

폴 라파르그Paul Lafargue가 1880년에 이미 언급했듯이 일부 탈성장 텍스트는 "게으를 수 있는 권리"를 주장하지만, 페미니스트 저자들은 그러한 관점이 수반하곤 하는 성차별주의적 의미를 지적한다. '모두를 위한 파트타임 노동'은 이미 많은 여성이 처한 현재의 일상적 상태를 표현하기도 하지만, 그러한 정책들은 (가사) 돌봄 노동의 성평등한 분업을 더 쉽게 달성하는 데 필요한 시간을 확보해줄 수도 있다.[56] 그러나 탈성장 사회에서 돌봄 노동을 어떻게 해야 하는지에 대해서는 논란이 있다. 몇 가지 제안된 아이디어로는 (핵)가족 내에서 돌봄 노동에 대한 보수를 성평등하게 분배하는 것이 포함되지만, 대신에 특히 지역 공동체의 맥락에서 공동으로 돌봄 작업을 재고하자는 주장도 있다. '돌봄 지역공유화care municipalism'는 가사노동을 지원하는 공동의 공적 업무로 이해되는 과업을 위한 아이디어이며, 화석연료 기반 산업 사회에서 인적 서비스에 기반한 탈탄소 사회로 전환함에 따라 돌봄 부문을 성장시키기 위해 더 나은 보수와 인정받는 전문 직업으로 돌봄 노동을 확장하기 위한 제안도 있다.[57]

이 논쟁의 초기인 1980년대 초반에 이미 앙드레 고르츠는 노동에 무관심한 많은 사람을 정치적 변화의 주체로 보았고, 그가 낡은 질서의 수호자로 본 "정규적 노동계급"과 대비시켰다. 따라서 고르츠는 노동 분업과 전반적인 노동시간 단축뿐 아니라, 더 많은 장인적 형태의 소외되지 않은 생산과 모든 사람에게 보장된 기본소득을 통해 임금 의존성을 제거하는 것을 투쟁의 영역으로 확인했다.[58] 이러한 모든 정책은 탈성장 사회의 '풍요로움'을 창출하는 데 계속해서 중심이 된다.[59]

5.5. 사회적 신진대사의 민주화

탈성장은 또한 사회적 신진대사의 정치화와 정책 설계에 대한 영향을 중심에 놓음으로써 성장 과정을 민주화한다. 자본주의 시장 경제에서는 가장 큰 이윤을 창출하는 것을 우선시해 성장하는 경향이 있고, 이는 결국 생산과 소비의 관계를 매우 비합리적이고 비효율적이며 착취적이고 억압적으로 만든다. 탈성장 변혁은 "창조적 파괴"(조지프 슘페터Joseph Schumpeter) 및 관련 확장, 즉 다양한 부문, 기술, 자원 이용, 경제활동의 단계적 폐지 및 동시 확장이 더 이상 시장, 경쟁, 가격에 맡겨지지 않게 됨을 의미한다. 오히려, 사회의 사회생태적 변혁은 이러한 문제가 지역적, 국가적, 세계적 차원에서 민주적이고 정치적으로 숙의될 것을 요구한다. 핵심 요구는 사회적 신진대사를 재정치화하고 민주화하는 것이다. 여기에는 사회 정의, 자기 결정, 모두를 위한 좋은 삶의 요구와 양립할 수 있도록 필요를 충족하는 전략에 대한 민주적 숙의도 포함된다. 이러한 논의는 모든 사람에게 보편적인 기본 서비스를 제공함으로써 빈곤과 박탈에 대한 불안을 제거해야만 실제로 가능해질 수 있다(위 참조). 그리고 여기에는 인간의 웰빙이 번성할 수 있는 한계를 민주적으로 설정하는 것도 포함된다. 집단적 자기 제한은 자율성의 특징이며, "환경이나 다른 이유로 인한 외부의 명령이 아닌 사회적 선택이다."**60**

일부 경제활동의 번영과 다른 경제활동의 질적 변혁 또는 축소는 확실히 선택적 성장을 수반하지만, 전반적인 결과는 (GDP

로 측정하더라도) 경제 규모의 증가가 아닐 것이다.**61** 그 목적이 근본적인 사회생태적 변혁이기 때문이다. 실제로, 노동시간 단축, 돌봄의 중심화, 자연 보전, 축적 축소와 같은 많은 탈성장 정책은 GDP를 둔화시킬 것이다. 그러나 가장 중요한 것은 탈성장으로의 전환에서 지속적으로 강화되는 비영리, 지역화, 협력, 지속가능성, 연대의 경제와 커먼즈는 에너지 및 물질 집약도가 낮을 뿐만 아니라 GDP에 대한 기여도 훨씬 낮다는 (또는 전혀 기여하지 않는다는) 점이다. 모든 사람을 위한 기본 서비스(보건, 음식, 깨끗한 물, 주택, 에너지, 자유로운 이동) 제공은 삶의 물질적 기반이 무료로 주어지는 일종의 '공공적 풍요'를 가능하게 할 것이다. 하지만 개별적이거나 시장을 통하는 방식이 아니라 집합적이고 공적으로, 또는 커먼즈로서 이러한 서비스를 모두에게 보장하는 것은 비효율성, 과잉생산, 재화의 사적 소비를 줄이기 때문에 물질 처리량을 감소시킬 것이다. 예를 들어, 대중교통 시스템이 제대로 작동하면 도시에서 개인용 전기자동차가 거의 불필요해질 것이다. 한 연구에 따르면**62**, 현재 전 세계 배출량의 6%를 차지하는 음식물 쓰레기도 급진적으로 최소화할 수 있다. 모든 사람이 세탁기를 사는 대신 공유할 수 있고, 공구 대여 도서관에서 도구를 자유롭게 대여할 수 있으며, 리페어 카페에서 가전제품, 옷, 가구 수리를 배울 수도 있다.**63** 지자체와 정부는 기본 서비스 외에도 사람들에게 만족스러운 삶을 제공하는 인프라, 즉 놀이터, 열린 공간, 예술과 문화에 대한 투자, 정치적 결정을 안내하는 지역 시민집회 등을 지원할 수 있다. 따라서 탈성장 사회는

GDP 성장에 의존하지 않고 훨씬 적은 물질과 에너지 처리량으로 사람들의 기본적인 필요를 충족시키려 하지만, 그 결과로 이러한 포스트-성장 생활 방식은 전반적으로 더 많은 것을 성취하며 '대안적 쾌락주의'를 위한 길을 만들 것이다.[64]

그러나 탈성장은 생태적 변화에 대한 다른 제안들처럼 생태적이고 필요에 기반한 대안 경제를 촉진할 뿐만 아니라, 공동선에 도움이 되지 않고 지속 가능하지 않으며 민주적으로 재구성될 수 없는, 세계화되고 이윤 지향적인 화석연료 기반의 산업 경제 부문과 활동을 적극적으로 퇴출해야 할 필요성에 중점을 둔다. 불만족스럽고 인간의 웰빙을 증진하지 않는 사회적 활동, 즉 '불쉿 잡'과 '배트쉿 잡', 군수산업과 군대, 광고, 로비, 계획적 진부화, 패스트패션, 국경 안보, 금융산업의 많은 부분이 축소되어야 할 것이다. 석탄, 석유, 가스산업, 자가용 교통(특히 도시에서), 항공 운송 및 세계화된 무역의 대부분, 산업화된 농업과 축산업과 같이 사회생태학으로 재구성될 수 없는 모든 경제활동도 마찬가지다.[65]

탈성장은 시장에 의존하면서 녹색 대안이 결국 이러한 유해한 활동을 능가하기를 바라는 대신, 이를 적극적으로 억제하고 축소하는 것을 목표로 하는 광범위한 정치적 조치를 제안한다. 여기에는 자원 사용에 대한 상한선, 모라토리엄, 생태적 조세 개혁, 정의로운 전환, 화석연료 축소를 가로막는 사적 소유 구조와의 대립 등의 정책이 포함되며, 이는 탈축적화 과정으로 이어져야 한다. 필수적인 조치는 자원 추출, 배출 및 토지 사용에 대한 전 세계 및 국가 상한선을 설정하는 것이다. 특정 지역에 적용한다면, 산업 국가들이 이제까지 만들어낸 역사적 생태 및 기후 부채를 고려하고, 수입품에 숨겨진 자원, 에너지, 토지 소비를 '생태적 배낭'으로 간주해 조정하는 것이다.**66** 기후변화와 관련해 가장 효과적인 단일 정책 개입은 가장 간단하지만 전 세계 정부가 절대 하지 않으려는 것, 즉 화석연료 추출에 상한선을 두는 것이다. 이는 남반구 기후정의 운동의 핵심 요구인 "석탄은 갱도에, 석유는 땅속에, 가스는 풀 아래에 남겨두자"라는 구호와 맥을 같이 한다.**67** 그 목표는 공정하고 구속력 있는 일정에 따라 이 산업이 대부분 해체되는 지점까지 화석연료 사용을 신속하게 줄이는 것이다. 늦어도 2050년까지 전 세계적으로, 그리고 역사적 배출량에 가장 큰 책임이 있는 부유한 국가에서는 그보다 앞선 대략 2030년까지여야 한다. 절대적 상한성 설정은 매우 효과적이며, 공허한 약속과 모호한 '넷 제로Net Zero' 목표, 음의 배출 기술과 관련된 잘못된 해법을 방지할 뿐 아니라 다른 유익한 효과들도 있다. 생산성과 효율성 향상이 반동 효과를 초래하는 대신, 상한선이 제대로 있는 경우 기술 개발은 실제로 자원 이용과 배출의 감축으로 이어질 수 있다.**68** 그러나 매년 화석연료 사용을 약 10%씩 줄여야 하는 부유한 국가들의 배출량 감축 속도와 규모를 고려할 때, 효율성 개선과 재생가능 에너지에 대한 투자만으로는 충분하지 않을 것이다. 부유한 국가들은 더 적은 에너지에 의존하는 경제를 만들어야 하며, 이를 위해서는 탈성장 정책에 따라 전체 경제에 근본적인 변화가 필요하다.**69**

이러한 근본적인 변화를 이루기 위해 탈성장 관점에서는 부유층의 과잉 소비를 억제하는 것이 좋은 출발점이 될 수 있다. 기후 비상 상황에서 SUV, 개인 제트기, 개인 우주여행을 허용하는 것은 터무니없는 일이다. 이 밖에 또 다른 제안은 새로 계획되는 탄소 및 자원 집약적 메가 프로젝트나 인프라(공항, 탄광, 고속도로, 수력발전 댐, 대형 쇼핑몰, 기업적 공장과 창고, 산업화된 농업 및 축산업, 아마존과 구글 서버 전용 인프라 등의 IT 독점)뿐만 아니라, 재생 불가능한 모든 건설 활동에 대한 모라토리엄이다.[70] 게다가 생태적 조세 개혁은 과세 대상을 노동(소득)에서 에너지와 자원 소비로, 또는 더 일반적으로 환경에 유해한 활동으로 전환함으로써 화석 자원 이용의 축소를 지원할 수 있다.[71] 예를 들어, 소득세를 CO_2 또는 자원에 대한 세금으로 점진적으로 대체하면, 환경에 유해한 소비에서 더 환경친화적 소비로의 전환을 장려하는 동시에, 지속 가능한 기업과 협동조합의 발전을 촉진할 수 있다.[72] 그러나 저소득층은 소득의 많은 부분을 소비에 사용하기 때문에 생태적 조세가 빈곤층에게 더 큰 부담을 주지 않도록 재분배 조치와 결합되어야 한다. 생태적 조세로 발생하는 수입은 위에서 설명한 것처럼, 모든 사람에게 공평하게 분배될 수 있다. 또는 사회 인프라에 자금을 조달하거나 저소득층의 세금 감면에 사용될 수 있다.[73]

전환이 필요한 부문에 현재 고용된 사람과 지역에는 '정의로운 전환'이 필요할 것이다. 예를 들어, 기존 자동차 공장에서 트램, 히트 펌프, 자전거를 생산하도록 산업을 전환할 수 있다. 이는 매우 복잡하고 상당한 수준의 경제 계획과 상향식 숙의 과정을 요구하는 문제다. 석탄 철수나 자동차 산업의 일부 청산과 같은 특정 부문의 해체를 통해 이전 수입원을 잃고 중대한 변화를 겪어야 하는 사람들에게는 사회보장과 재교육이 중요하다. 노동자, 시민, 시민사회단체로 구성된 지역 변혁 협의회를 만들어 이 전환의 영향을 가장 많이 받는 지역의 전체 경제 부문을 변혁할 수도 있다. 이 과정에서 탄소 집약적 산업에 고용된 사람들은 정치적 이해관계자이자 기후정의 운동의 잠재적 동맹자로서뿐만 아니라, 기업의 공적 인수를 통해 전환의 핵심 주체가 될 수 있다. 최근 주장된 바와 같이, "작업장의 통제권 장악은 우리가 실제로 필요로 하는 것을 만들고, 생태적으로 파괴적인 생산에서 벗어나도록 용도를 변경하는 데 필수적이다."[74]

이러한 정책은 또한 소유권이라는 핵심 문제를 다룰 필요성을 의미한다. 저탄소, 에너지 효율, 연대에 기반한 미래 경제로 전환할 수 없는 산업은 세계 경제에서 매우 큰 비중을 차지한다. 예를 들어, 지구의 과열을 제한하려면 모든 파괴적인 투자가 본전을 뽑고 정리할 때까지 기다려서는 안 된다. 광산, 공항, 소각장 등의 투자 회수 기간이 수십 년에 달하기 때문이다. 따라서 특정 부문을 단기간에 단계적으로 퇴출하려면, 지속 불가능한 인프라에 이미 투자된 자본의 손실이 불가피하다. 다시 말해, 우리는 기다릴 여유가 없다. 자본 투자는 천천히 철수되기보다는 지금 당장 중단되어야 한다. 예를 들어, 땅속에 남아 있지만 폭주하는 기후변화의 위험을 제한하기 위해 채굴해서는 안 되는 석유와 석탄 매장량(이른바 '태우면 안 되는 석탄unburnable coal')의 대부분을 다국적 기업이 소유하고 있다. 따라서 탈성장은 사회생태적 변화를 방해하지 못하도록 특정 산업을 수용해 공동 소유로 이전해야 하는 과제에 직면해 있다.[75] 이로 인한 정치적, 지정학적 결과도 무시할 수 없다. 따라서 탈성장 전환 과정은 순탄치 않을 것이며, 화석 자본과 기존 경제 구조의 혜택을 받는 사람들과의 대립이 불가피할 것이다(6장 참조).

5.6. 국제 연대

"부유한 세계에서의 탈성장은 지구의 나머지 지역에 미치는 물질적 영향을 줄이는 가장 효과적인 국제주의이며, 다른 사람들이 살 수 있는 더 많은 공간을 남겨 준다." 막스 아즐의 설명처럼, 이는 탈성장 스펙트럼 내에서 널리 알려진 견해를 간결하게 요약한다. 탈성장은 남반구 자원의 신식민적 전유와 그 생활비를 타인에게 전가하는 외부화에 기반한 제국적 생활 양식을 극복하려고 시도함으로써 '북반구를 위한 교정 처방'으로 자신의 논리를 정리하고 논의를 이어간다.[76] 그리고 우리가 탈성장을 생태적인 지구적 정의운동으로 정의하며 주장했듯이, 탈성장은 이런 의미에서 국제주의적이다. 그러나 아즐이 이어서 말하듯이, "제국적 생활 양식이 두드러진 나라에서 겸양과 내부만 바라보는 타조 증후군ostrich syndrome의 근시안 사이의 거리는 그다지 멀지 않다." 국제 연대의 복잡성과 갈등을 대면하는 대신, 탈성장은 '기후 배상에 대한 요구를 침묵'시키는 지역주의자들의 자족적이고 자기중심적인 운동이 될 위험이 있다.**77** 또한 탈성장이 '북반구만을 위한' 운동이라는 일반적인 주장은 첫째, 제국적 생활 양식에 대한 명백한 *지구적* 열망에 도전할 기회와, 둘째, 구조 조정, 악성 부채, 또는 다른 개발 경로를 모색하는 국가에 대한 제재를 통해 지구 남반구에 *부과되는* 성장의 정언명령에 도전할 기회를 잃게 만든다.

이는 국제적인 사회생태적 정의 문제를 개념적으로 다룰 필요성뿐만 아니라, '발전에 대한 대안'의 플루리버스 내에서 환경 정의 투쟁을 지원하는 운동부터 배상을 위해 투쟁하는 공동체와의 연대, 그리고 "당신들이 우리나라를 파괴했기에 우리가 여기에 있다"**78**라고 주장하는 난민과 이주민에 이르기까지, 남반구 안팎의 활동가들과 적극적인 동맹을 구축할 필요성을 보여준다. 우리가 주장했듯이, 탈성장의 핵심에 지구적 생태 정의가 있다면, 국제 연대는 탈성장 의제의 중심에 있다. 그리고 여기에는 부채 탕감 정책, 남반구 영토에 뿌리를 둔 투쟁에 대한 지원, 생태계 배상에 대한 강력한 약속, 재정 자원 이전, 재생 가능한 기술 및 지식(특허 면제 포함), 원주민 토지 권리 강화 등이 있다. 또한 진정으로 정의로운 세상의 조건을 창출하기 위한 '세계 만들기'로서의 더 광범위하고 건설적인 배상 프로그램도 포함된다.**79**

국제 연대는 야생동식물을 보호하고 인클로저로부터 땅을 구하는 일도 포함한다. 그러나 보존을 위한 다양한 급진적 제안을 고려할 때 주의를 기울여야 하는데, 그중 다수가 식민주의적 가정에 의존하는 경우가 많기 때문이다. 예를 들어, 탈성장 그룹 내부와 동맹자들 사이에는 생물학자 에드워드 O. 윌슨Edward Osborne Wilson이 처음 주장하고 보존 및 개발 그룹이 점점 더 많이 채택하고 있는 '하프 어스Half-Earth'와 같은 지구적 제안에 대해 강한 비판이 존재한다. 하프 어스는 지구 표면의 절반을 자연을 위해 남겨두고 인간의 정착지를 제거하자는 제안인데, 이는 원주민을 그들의 땅에서 쫓아내는 식민주의적 과정을 악화시킬 것이다. 원주민은 전 세계 육지의 최대 65%를 관리하지만, 공식적으로 토착민의 소유로 인정되는 것은 18%에 불과하다는 점에 유의해야 한다.**80** 실제로 원주민의 토지 관리는 대부분 정책보다 탄소 배출과 생태계 파괴를 제한하는 데 더 효과적인 것으로 드러났다.**81** 게다가 그러한 제안 및 그와 유사한 보존 이니셔티브는 인간과 자연의 분리라는 식민적 상상을 통해 작동하는 반면, 탈성장은 대체로 인간과 비인간 생명체 사이의 상호 의존과 함께 자연과의 관계를 탈식민화하는 것을 옹호한다. 문제는 인류 전체가 아니라 ―더구나 생태적으로 취약한 지역에 사는 세계의 빈곤층이 아니라― 대부분의 추출, 생산, 소비를 주도하는 부유한 세계다. 정책 측면에서 식민주의적 보존 제안에 대한 대안으로는 원주민의 토지 관리 노력 지원, 전 세계적 토지 개혁 및 소농 생계 보호 옹호, 산업적 농업과 생산의 변혁이 포함된다. 이를 통해 많은 추출과 생산에 의존하지 않도록 하여 전 세계적으로 토지 황폐화를 막고, 민간 및 공공 투자 회사나 보존 NGO가 수행하는 투기적이고 신식민지적인 토지 강탈을 중단시켜야 한다.**82**

 탈성장 정책의 더 어려운 문제는 산업화된 국가의 경제를 보다 사회생태적으로 정의롭게 재설계해야 할 뿐 아니라, 그러한 정책이 남반구 사람들에게 미치는 영향도 고려해야 한다는 것이다. 예를 들어, 조건 없는 기본 서비스로의 전환, 생태적 조세, 필요 지향적 생산의 지역화는 전반적인 소비 감소와 남반구의 자원 추출에 대한 의존도를 낮출 수 있지만, 코로나19 봉쇄의 영향에서 증명됐듯이, 자원과 소비재 수출이나 관광에 의존하는 남반구 경제에 큰 타격을 줄 수도 있다.[83]

이를 해결하기 위해서는 지구 남반구가 불평등한 교환과 세계화된 시장에 대한 의존에서 탈피하도록 돕고, 실제로 탈성장 정책이 자원, 지식, 기술의 공유 및 협력뿐 아니라 남반구를 배려하는 무역 협정 및 배상을 통해 더 큰 세계 정의로 이어지도록 보장해야 한다. 본질적으로, 대부분의 비산업화 국가들은 선진국처럼 자유롭게 돈을 빌릴 수 없고, 이미 국제 대부 기관이 부과하는 구조 조정 정책의 대상이기 때문에 기본소득이나 기본 서비스를 제공할 수 없다. 이 문제를 해결하려면, 남반구와 북반구의 불균등한 경제 관계를 민주화하기 위해 지구적 금융을 재편해야 한다. 물론, 토지 강탈과 채굴주의(또한 점점 더 '녹색 채굴주의'가 되어가는)를 통해 여전히 진행 중인 선진국의 식민주의를 해체하고 서구에 의한 군사 제국주의를 종식시키는 것도 필요할 것이다.[84]

세계 무역과 국제 경제 시스템 자체도 궁극적으로 완전히 변혁되어야 한다. 탈성장이 이 노선에 따라 제안하는 경제의 재구조화는 경제 관계의 '탈세계화' 또는 웃사 파트나이크Utsa Patnaik

와 프라바트 파트나이크Prabhat Patnaik가 최근 주장한 것처럼 북반구가 남반구를 지배하는 신자유주의적 세계화와 착취적 무역 및 금융 시스템으로부터의 '절연de-linking'을 의미한다.[85] 그 목표는 주로 국제 임금 및 가격 차이를 이용하는 기업들이 주도하며 환경과 인권 측면에서 많은 문제점이 있는, 종종 전혀 필요하지 않은 상품 및 서비스의 무역을 제한하는 것이다. 또한 탈성장은 국제 시장 안정화를 위한 이행적 단계에서 중요한 역할을 할 수 있는 정책으로 자본의 국제적 이동 제한을 목표로 하지만, 특히 남반구에 이익이 되는 무역 확대, 문화적 교류와 느린 여행, 그리고 사람들의 이동 자유를 추구한다. 따라서 이것은 지역적으로 뿌리내리고 있지만, 상호 연결되고 개방된 경제 관계와 더 지역화된 생산의 문제다.[86] 따라서 탈성장은 문화 및 민족주의적 고립주의, 동질화된 생물권역, 경쟁에 기반한 경제적 보호주의가 아니라, '열린 지역주의open localism'를 의미한다.[87] 또한 디지털 제어 생산과 결합된 디지털 통신수단을 통해 점점 더 가능해지는 '지구적 설계와 지역적 생산Design global, produce local' 제안도 있다. 예를 들어, 디자인, 건축 계획, 제품 생산 지침의 오픈소스 공유는 지구적 '디지털 커먼즈'에 기반한 지역화된 생산을 가능하게 한다.[88] 지구적 차원에서는 지역화를 통해 불필요한 운송 및 환경 비용을 피하고, 세계 시장에 대한 지역 의존성을 줄이는 것이 목표다.

국제 연대의 핵심은 국제 관계의 재편일 것이다. 지방자치단체(시골 마을 포함)와 도시가 변화의 핵심 주체로 떠오르며, '반란

도시'나 '연대 도시'가 새로운 국제 동맹을 추진하기 위해 연결되고 협력할 것이다. 이 비전은 종종 '급진적 지방자치주의radical municipalism'라고 불린다.**89** 이러한 규모의 정치는 사람들이 대면하여 정치적 숙의를 실천할 수 있는 지방자치단체에서 이뤄지기 때문에 탈성장에 이상적이라고 여겨진다.**90** 중요한 목표 중 하나는 지구적 환경 및 기후정의 정책과 더불어, 주변 지역이 이익을 얻을 수 있는 급진적 제도 개혁을 통해 공정한 세계 무역 시스템을 구축하는 것이다. 이러한 맥락에서 언급된 가능한 조치에는 금융 및 자본에 대한 지구적 과세, 민주적 국제 통화 시스템(케인스가 제안한 국제 통화 '방코르bancor'에 기반한 것처럼) 설립, 공익 기업을 위한 공평한 시장 접근권, 세계은행과 국제통화기금IMF과 같은 국제기구의 개혁 또는 폐지, 기후 부채와 식민주의 결과 및 기타 자본주의적 현대화의 부정적인 결과를 상쇄하기 위해 민주적으로 협상된 금융 및 기술을 이전하는 것이 포함된다.**91**

5.7. 탈성장이 실현 가능한 이유

경제, 사회 서비스, 기술, 노동, 국제 연대에 관한 이러한 다양한 제안은 더 구체적인 정치적 비전을 갖는 탈성장 사회를 뒷받침하는 것을 목표로 한다. 아직 불완전하고 유동적인 상태이며 더 많은 발전과 실험이 필요하지만, ―사파티스타의 모토인 "우리는 물어가며 걷는다preguntando caminamos"를 따라― 이것들은 탈성장을 '구체적인 유토피아'로 바꾸는 중심 역할을 한다. 에릭 올린 라이트에 따르면, 이러한 정책들은 탈성장이 바람직할 뿐 아니라 실현 가능함을 보여준다. 즉 탈성장 사회가 실제로 작동할 수 있음을 의미한다. 하지만 몇 가지 의문은 여전히 풀리지 않은 채로 남아 있다. 그것은 달성 가능한가? 이러한 근본적인 사회 변혁을 수행하고 이행할 위치에 있는 사람은 누구이며, 어떤 조건에서 어떤 동맹을 통해서인가? 이 변혁의 문제는 다음 장에서 논의한다.

6.

탈성장을 현실로 만들기

　이제 우리가 희망하는 바가 분명해졌으니, 탈성장은 성장에 대한 다층적 비판이자 그 너머로 가는 경로를 가리킨다. 앞선 두 장에서는 탈성장을 정의하고 탈성장으로 나아갈 수 있는 몇 가지 정책을 설명했다. 그러나 이것은 여전히 우리가 탈성장을 일으킬 *방법*에 대해 말해주지 않는다. 에릭 올린 라이트의 용어로, 그것은 달성 *가능한가*? 우리는 사회운동, 기술 변화, 경제 및 정치 시스템을 어떻게 조율할 것인가? 누가 그것을 현실로 만들 것인가?

　이 질문은 상당히 어려운데, 변명하자면 도전의 규모가 어마어마하기 때문이다. 현대 사회는 근본적으로 확장과 성장을 위해 설계됐기에 변혁은 물질적 변화뿐 아니라 경제적, 사회적, 정신적 변화를 포함한다. 즉 '번영하는 하강prosperous way down'에는 서로 관련된 완전히 새로운 형태 또는 '관계적 혁명'이 필요하다.[1] 그러한 변혁은 자본주의의 부상이나 화석연료를 동력으로 하는 산업화의 도래와 같은 수준의 역사적 세계 체제 전환과 비교할 수 있다. 역사는 이러한 규모의 변화가 시간과 공간이 겹치는 복잡한 과정에서 일어난다는 것을 보여준다. 이 과정은 정치적, 사회적, 생태적, 문화적 동학을 포함하며, 각기 다른 시간성을 가진다. 어떤 변화는 낡은 질서가 사라지고 새로운 질서가 등장하는 위기로 나타나고, 어떤 변화는 낡은 체제를 재조정하는 적응과 혁신의 과정으로 나타나며, 또 다른 변화는 새로운 사회를 위한 의식적인 투쟁으로 나타날 것이다. 역사적 관점에서 볼 때, 심오한 사회 변혁은 항상 격렬한 논쟁, 대중적 논박, 그리고 지금까지 (폭력적인) 갈등으로 특징지어졌다. 제안된 변화가 권력자의 이익과 직접적으로 대립할 때 갈등이 고조될 가능성이 더욱 높아진다.[2] 게다가, 이러한 변화는 오늘날처럼 역사상 유례없이 포괄적이고 전 지구적인 자본주의 형태의 조건에서, 그것도 기후 위기와 대량 멸종이 가속화되는 가운데 죽어가는 지구라는 조건에서 나타나야 한다. 구조연합Salvage Collective이 적절하게 표현한 것처럼, "만국의 노동자여 단결하라, 그대들이 잃을 것은 쇠사슬뿐이고 얻을 것은 세계 전체다"라는 전통적인 문구는 지구의 생물물리학적 현실과는 동떨어진 것 같다. "이미 세계를 잃었다면 어떻게 할 것인가?"[3]

탈성장은 지금까지 실현된 적 없는 사회 변혁의 비전이다. 그것은 비상 브레이크를 밟아 자본주의와 성장 주도의 거대 기계에서 벗어남으로써, 모두를 위한 좋은 삶의 조건을 만들기 위해 사회를 변혁하는 의식적이고 근본적으로 민주적인 과정이다. 이

도전의 엄청난 규모를 고려하면, 탈성장 전환에 대한 논의는 이제 시작 단계에 불과하다. 논의를 시작하기 전에, 우리는 이 논의의 기저에 깔려 있는 긴장을 인정할 필요가 있다. 한편으로, 탈성장은 노동시간 단축, 기본소득 및 최대 소득 설정, 자원 소비 상한선 등 비교적 구체적인 하향식 정책 제시의 플랫폼으로 제안되곤 한다. 이러한 '혁명적 현실 정치'가 조직이나 지자체에 의해 수행될 방법이 있더라도, 이러한 개혁은 궁극적으로 국가에 의해 '위로부터' 실행되거나 국가를 통해 이뤄지도록 사회운동과 정당이 투쟁해야 한다. 그러나 다른 한편으로, 탈성장은 상향식의 소규모 대안으로, 국가 없이 또는 국가에 대항해 기능하는 자체 조직 프로젝트에 중점을 두는 것으로 특징지어진다. 국가 정책이 확산을 지원할 수 있더라도, 이러한 나우토피아는 '아래로부터'의 프로젝트인 경향이 있다. 그리고 이것은 다른 좌파적 지향과 비교할 때 탈성장에만 있는 고유한 특징이다. 즉 욕구에 기반하고, 비전적이며, 현장의 실험과 조직화를 강조한다. 그러나 이러한 긴장이 탈성장 프로젝트의 중심에 자리 잡고 있음에도 불구하고, 이처럼 다양한 접근 방식을 연결하는 방법에 대한 제안은 많지 않았다.[4] 상향식의 소규모 실천과 하향식의 구체적 정책 제안 사이의 이러한 긴장은 탈성장 사회로의 변혁에 접근할 방법에 대한 우리 제안의 출발점이다. 앞서 언급했듯이, 탈성장 변혁은 앞 장에서 논의한 급진적 경제 개혁을 달성할 사회적 세력과 대항 헤게모니 투쟁을 제대로 이해하고 구축하지 않고서는 성공할 수 없기 때문이다. 이를 위해서는 상향식 나우토

피아와 하향식 정책을 적극적으로 연결해야 한다.[5]

이 전략을 더 잘 설명하기 위해, 이러한 긴장을 하나의 통합된 비전으로 해결할 방법을 성찰한 사회학자 에릭 올린 라이트의 몇 가지 아이디어를 추가해 논의를 전개한다.[6] 라이트는 자본주의 내에서 시작하지만, 그것을 극복하기 위해 고안된 해방적 전략을 설명하고자 '리얼 유토피아'라는 용어를 만들었다. 그는 상호 배타적이지 않은 세 가지 변환 전략을 구분한다. *틈새 전략*, 즉 협동조합이나 지역 사회 기반 조직과 같이 실제로 존재하는 대안적 제도를 통해 사람들이 자본주의의 균열 속에서 제도, 인프라, 사회 조직 형태의 변화를 시험할 수 있다. 탈바꿈 metamorphosis 과정을 통해 누적된 노력은 헤게모니적 체제의 중심 동학과 논리에 질적 변화를 가져올 수 있다. *공생 전략*은 장기적으로 사회 시스템을 변화시킬 수 있는 구체적인 개혁과 개선을 달성하기 위해 다양한 사회 세력의 협력 형태를 만드는 것을 목표로 하며, 이는 일반적으로 전통적인 정치 시스템을 통해 이뤄진다. 마지막으로, 라이트는 혁명적 대결을 통해 지배적인 사회 체제를 극복하고 국가를 해체하거나 장악하려는 대중운동을 포함하는 *단절 전략*에 관해 이야기한다. 대규모 단절('혁명') 전략은 탈성장의 맥락에서 거의 논의되지 않지만, 틈새 전략과 공생 전략은 서로 병치되어 논의되곤 한다.

이 장에서는 탈성장의 하향식 전략과 상향식 전략이 명백하게 대립됨에도 불구하고, 성공하기 위해 서로 의존한다고 주장한다. 하향식 개혁은 나우토피아의 확장과 확대를 허용하며, 나우토피아가 없다면 사람들은 급진적 개혁이 어떻게 그들의 삶을 개선할 수 있는지 상상하고 열망하며 투쟁할 수 없을 것이다. 예를 들어, 협동조합을 지원하기 위해 시행되는 개혁이 많을수록 협동조합에서 일하는 사람들이 더 늘어날 것이다. 그리고 더 많은 사람이 협동조합에서 일할수록 협동조합이 번성할 조건에 대한 압력이 커지고, 비착취적인 작업장 민주주의에 대한 열망이 커지며, 정치적으로 실현 가능한 개혁의 종류가 확대된다. 이 두 가지는 필요한 대규모 변혁을 위한 매개 수단인 국가를 통해 연결된다. 그리고 우리는 단절 전략도 필요하다. 이는 급진적 변혁을 추동하고, 궁극적으로 모든 수준에서 국가를 근본적으로 민주화하고 전유하는 조직화된 저항이다. 따라서 우리는 이런 전략을 서로 대립시키기보다는 라이트가 주장했듯이, 탈성장 사회를 향한 변혁에 이 세 가지 전략 간의 상호작용이 필요하며, 이는 다시 성장 지배에 대한 대항 헤게모니 구축을 포함한다고 제안한다.

6.1. 나우토피아:
좋은 삶을 위한 자율적 공간과 실험실

스페인 카탈루냐에서는 2,500명의 조합원으로 구성된 한 협동조합이 교환 네트워크, 자체 통화, 식품 저장고pantries, 총회, 금융 협동조합, 공동 경영 공장, 기계 작업장을 운영하며 약 45명의 주민에게 기본소득을 지원한다. 2010년에 설립된 카탈루냐 통합 협동조합Catalan Integral Cooperative은 "카탈루냐 경제 내에서 협동조합 구조를 구축하여 자본과 맞서는 것"을 주된 임무로 하는 무정형 네트워크다.7

이 협동조합은 설립 이래로 국가 기구를 대체한다는 명확한 목표를 가진, 다양하지만 상호 의존적인 몇 가지 이니셔티브(보건, 식품, 교육, 주택, 교통 포함)를 발전시켰다. 이는 많은 사람이 삶의 대부분을 지배적인 경제 시스템 밖에서 해결할 수 있게 해주는 포괄적인 네트워크가 되었다. 예를 들어, 여기에는 네트워크의 법률적, 재정적, 기술적 방향을 결정하는 여러 위원회 중 하나에 참여하는 것이 포함된다. 위원회 활동에 참여한다는 것은 일부는 유로화로, 일부는 자체 통화 시스템으로 기본소득을 받는 것을 의미한다. 또한 자체적인 운송 및 물류 시스템으로 연결된 '식품 저장고'와 자율적인 소규모 생산을 지원하는 잘 발달된 지역 교환 네트워크가 있다. 그리고 이벤트 공간, 협동조합 주택 단지, 카탈루냐 시골의 버려진 산업 마을 폐허에 만들어진 '포스트자본주의 생태산업 거주 지역'인 인상적인 칼라푸Calafou 등 다수의 자율 조직도 포함한다. 2017년 현재 칼라푸에는 24명이 거주하며, 목공 및 기계 작업장, 공동 주방, 생물 실험실, 해커 랩, 비누 생산 시설, 음악 스튜디오, 게스트하우스, 소셜센터, '자유 작업장' 등이 꾸며져 있고, 각각은 집단적이고 비위계적으로 운영된다. 칼라푸는 그 자체로 확실히 독특하다. 그러나 그것이 특별한 이유는 협동조합과 많은 조합원을 통해 다른 유사한 프로젝트의 확장된 생태계와 연결되어 있기 때문이다.

이 혁신적인 프로젝트는 라이트가 '틈새 전략'이라고 부르는 것의 전형적인 사례다. 조합원들이 착취적이고 소외시키는 시스템에서 벗어나 필요 지향적이고 의미 있는 것을 지향하도록 주택, 식량 공급, 기술, 통화, 노동의 재평가를 조직하는 다양한 방법을 실험할 수 있게 해주기 때문이다. 이런 협동조합과 같은 틈새 전략은 새로운 제도, 인프라, 조직 형태를 실험하고자 한다. 그것들은 새로운 사회적 관행이 의식적으로 개발, 시도, 실행되는 실험실이다. 또 낡은 체제 안에서, 그리고 낡은 체제에도 불구하고 출현하며, 소규모로 포스트-자본주의의 관계를 예시한다.

틈새 전략은 탈성장에 관한 논의에서 특히 두드러진다. 탈성장 사회의 원칙이 오늘날 이미 소규모로 실행되고 있음을 보여주기 위해 언급되는 경우가 많다. 그래서 탈성장은 최근 몇 년 사이 '예시적prefigurative' 사회운동의 새로운 물결, 즉 우리가 보고 싶은 세상을 오늘날 예시하는 실험을 가시화하고 정치화하는 데 기여했다. 또한 탈성장은 앞 장에서 논의한 바와 같이, 법률적 변화부터 '커먼즈 공공 파트너십'이라 불리는 것을 진전시키기 위한 집단적 네트워킹 노력에 이르기까지, 이러한 틈새 전략들이 번성할 수 있도록 정책 제안 개발을 촉진하기도 했다.**8**

탈성장 여름학교, 기후캠프, 또는 전 세계의 기타 정치캠프와 같은 일시적인 틈새적 실천은 집단적 자기 조직화, 공동 돌봄 노동, 독립적 재생가능 에너지 및 퇴비 화장실 이용을 통한 코뮌적이고 자기 결정적이며 충족적인 라이프스타일의 경험을 사람들에게 제공한다. 더 영속적인 틈새 공간은 에너지 공급, 식량 재배, 육아, 생산, 서비스 등 특정 사회적 영역의 탈성장에 적합한 인프라를 제공하는 경향이 있다. 이러한 '나우토피아' 중 다수는 어느 정도 해석의 유연성을 보여주며, 커먼즈, 연대 경제, '공동 선을 위한 경제'에 관한 논의에서 다른 사회의 핵심 원칙이 이미 작동하는 자율적 공간의 사례로 곧잘 언급된다.⁹

이런 '대안의 모자이크'¹⁰에서 자주 인용되는 사례는 컬렉티브 기업, 커뮤니티 지원 농업, 대안 미디어, 도시 정원, 보육 및 대안 학교 교육, 공동 주방 및 식재료 활용, 주택 프로젝트 및 무단 거주squats, 점거, 지자체 에너지 프로젝트, 시간 은행, 지역 통화, 리페어 카페, 오픈소스 하드웨어 등이 있다.¹¹ 일반적으로 참여자 삶의 특정 영역만을 다루는 이러한 프로젝트 외에도, 다양한 영역이 통합된 더 큰 프로젝트도 있다. 이러한 더 복합적인 실천은 여러 생태 마을이나 위에서 논의한 카탈루냐 통합 협동조합 같은 '통합적 협동조합'에서 찾을 수 있다.¹² 또한 사람들이 자신의 삶에서 자유로운 공간을 만드는 데 도움이 될 틈새 공간 창출 전략, 즉 나우토피아적 전략에 포함될 수 있는 개인적인 실천도 있다. 여기에는 노동시간 대폭 단축, 원예 기술 배우기, 완전 채식주의, 식량 자립 실천 등이 포함된다.¹³ '자발적 단순성' 또는 더 단순하고 자기충족적인 라이프스타일을 실천하고 소비를 제한하는 것과 같은 광범위한 라이프스타일 변화 역시 중요하다.¹⁴ 전략적으로, 이러한 개인적 실천은 자기희생과 포기에 대한 호소라기보다는 긍정적 모델로 정식화된다. 여기에서 우리는 좋은 삶의 기본 목표로서 풍부한 자유시간과 여가를 강조하는 '시

간의 번영' 실천에 관해서도 이야기할 수 있다(섹션 5.5 참조).15

탈성장 운동의 많은 활동가는 이러한 실천 중 하나 이상에 참여하고 있으며, 집단적 나우토피아에 개입하고 있다. 탈성장이 주류 미디어에 보도될 때 개인의 포기와 자기희생이라는 렌즈를 통해 논의되곤 하지만, 이러한 프로젝트 중 상당수는 근본적으로 포스트−결핍의 논리에 기반하여 필요를 지향하고 집단적 조직화와 대규모 정치적 변화를 위해 노력한다.16

그러나 나우토피아를 명확하게 변별해주는 것은 그들이 정치 활동을 구성하는 것을 이해하는 방식이다. 이러한 틈새적 공간에는 정치적 지향성이 강한 것과 덜 강한 것이 있다. 예를 들어, '전환마을'과 생태마을은 새로운 시스템의 토대를 마련하고 새로운 형태의 웰빙을 설명한다는 측면에서 프레임이 만들어진다. 그것들은 지자체 정책의 변화를 추동하기도 하지만, 자본이나 국가에 대한 도전이라는 차원으로 제시되는 경우는 드물다. 다른 틈새적 프로젝트는 훨씬 더 급진적이어서 탈성장 논의에서도 자주 언급된다. 이런 사례로는, 활동가와 농부가 공항 예정부지를 오랫동안 점거한 프랑스 노트르담데랑드의 ZAD(Zone à Défendre, 방어 지역), 쿠르드족 혁명 투쟁 세력이 중앙집권적 국가 구조 없이 여성 해방에 기반한 자체 정부 시스템을 수립한 시리아 북반구의 로자바Rojava, 멕시코 치아파스에서 일부 마을을 접수하기 시작해 원주민과 반자본주의적 가치를 기반으로 비국가적이고 탈식민적 체제를 조직한 사파티스타가 있다. 이러한 보다 혁명적인 나우토피아는 성장 기반의 중앙집권적, 위계적,

비생태적 사회 구조에 반대하여 새로운 형태의 민주적 정부를 적극적으로 모색하는 '저항의 영토'로 볼 수 있다.[17]

틈새적 공간을 개발하는 것은 이론적으로 여러 방식으로 정당화된다. 무엇보다 자기충족 지향적인 경향(섹션 4.1 참조)의 일부 사상가는 선거와 국가가 승인하는 정치만으로는 생태 위기를 해결할 수 없으며, 탈성장 정책에 대해 다수의 지지를 얻을 수 없다고 강조한다. 따라서 가능한 유일한 행동 경로는 회복력 있는 자기충족성을 시험하고 예시하는 자율적인 실험의 발전이다.[18]

또 다른 사람들은 이런 관점이 너무 숙명론적이라고 생각한다. 그들은 틈새적 공간을 실제적 실험실, 예시적 프로젝트, 모범적 조직 형태가 시도되는 가능성의 공간으로 보며, 이것이 다른 사람들에게 영감을 주고 사회 전체로 확산해 구조적 변화를 가져온다고 간주한다.[19] 예를 들어, 카탈루냐 통합 협동조합은 대안적 연대 기반의 신용 시스템 구축이 가능함을 보여준다. 커뮤니티 지원 농업은 식량이 생태학적, 사회적으로 책임성을 가질 수 있음을 증명한다. 에너지 협동조합은 에너지 혁명이 아래로부터 실현될 수 있음을 보여준다. 더욱이, 전 세계적 수준에서 협동조합은 소규모의 현상이 아니다. 전 세계에 다양한 형태로 약 300만 개의 협동조합이 있고, 전 세계 인구의 12% 이상이 참여하며 취업 인구의 10%에게 일자리를 제공한다.[20]

탈성장 논의와 관련된 또 다른 논리는 ─명시적으로 밝히지 않을 때가 많지만─ 자기 변혁을 사회적 변혁과 밀접하게 연결된 것으로 간주하는 페미니스트 이론에서 비롯된다. "개인적인 것이 정치적인 것이다"라는 말이 있듯이, 철학자 바바라 무라카는 이렇게 썼다.

> 이러한 보호된 공간에서 우리는 좋은 삶에 대한 개념과 필요에 대한 인식이 어떻게 생겨났는지 비판적으로 질문할 수 있다. 또한 우리는 그것들이 지배적인 사회적 관계를 유지하고 재생산하기 위해 개인에게 부과된 기존 가치의 즉각적인 표현에 불과하다는 것을 발견할 수 있다. 결국 구체적인 유토피아의 중요한 기능은 유토피아 연구 용어인 '욕망의 교육', 또는 우리의 욕망과 필요에 대한 집단적인 학습이다. 사회적 실험을 통해 구축된 대안적 경험의 공간에서 우리는 다르게, 더 좋게, 더 많이 욕망하는 법을 배울 수 있다. 요점은 자발적 단순함이라는 반쪽의 관념을 통해 욕망을 억누르는 것이 아니라, 더 많은 것을 요구하는 자율성을 (정치적 측면에서) 제한하는 힘으로부터 스스로를 해방하는 것이다. 사회적 실험은 우리에게 집합적 프로젝트로서의 자율성을 가르쳐준다.[21]

'탈성장 주체성' 육성을 목표로 하는 자기 변혁은 사회 변혁의 출발점으로 볼 수 있다.[22] 따라서 탈성장은 우리의 일상적 관행과 정치적으로 해체되어야 할 제국적 생활 양식을 통해 생산된 특권에의 성찰 형태로 이해될 수 있다.

탈성장 논의에서는 틈새 전략이 탈성장 변혁의 일부여야 한다는 공감대가 널리 공유되고 있지만, 그 중요성, 기능, 구체적 형태는 논쟁의 대상이다. 어떤 사람들은 소규모 이니셔티브 자체로는 대항 헤게모니 창출을 촉진하거나 다른 거시 경제 시스템을 형성하기 위한 추가적 구조를 만들어내지 못하기에 이것만으로는 충분하지 않다고 주장한다.**23** 예시적 공간들은 성장에 대한 실질적 대안을 제시하는 대신, 변혁적 변화를 가져오지 못하고 자본주의와 신자유주의를 유지하기 위해서만 역할하며 '마을 박물관의 유물'이 될 위험을 안고 있다.**24** 실제로, 더 광범위한 대항 헤게모니적 프레임이 없으면, 그들의 회복력을 높이고 심지어 안정화하는 데 도움을 줄 수도 있다. 예를 들어, 이웃이나 친척이 국가를 대신해 상호부조에 힘을 쏟기 시작하면, 국가는 안전망을 갖춰 국민을 부양할 책임을 포기할 수 있게 된다. 또한 국민 국가적 해법보다 지역 공동체를 강조하는 것은 이런 공동체가 매우 배타적이고 극도로 불평등할 수 있다는 것, 그들이 자기 착취에 기반을 두고 있으며 모든 사람이 참여할 수 없는 경우도 많다는 것, 그리고 전통적인 커먼즈는 봉건적 권력관계, 가부장적 구조, 인신적 종속에 배태되어 있다는 것을 인식하지 못할 위험이 있다.**25**

틈새적 공간은 탈성장 사회로의 변혁에 있어 핵심적인 부분이다. 그러나 그것들은 비배타적, 공개적, 집합적, 민주적으로 설계되어야 하고, 모든 형태의 차별을 (자기) 비판적으로 성찰하고 해체해야 하며, 사회 전반에 걸친 급진적인 제도 변화가 수반되어야 한다.**26** 여기서 로자바와 치아파스 같은 틈새적 공간의 더 급진적인 사례들은 완전히 다른 경제 및 정치 시스템을 구축하는 방법과 자본의 지배에 저항하며 작동하는 방법을 고려하는 데 도움이 될 수 있다.

6.2. 비개혁주의적 개혁:
제도와 정책 변화하기

　일주일에 5일이 아닌 3일만 근무한다면 삶이 얼마나 달라질지 상상해 보자. 가족과 친구를 만나고, 아이와 노인을 돌보고, 테이크아웃 음식을 사는 대신 직접 요리를 하고, 텃밭을 가꾸고, 더 많은 시위에 참여하고, 이웃 및 동료와 함께 조직 활동을 할 수 있는 시간을 갖게 될 것이다. 또는 주택이 더 이상 투자나 투기의 대상이 아니라 실제로 모든 사람에게 보장되고, 임대료 인상을 감당하지 못해 거리에서 살 위험에 처한 사람이 아무도 없다고 상상해 보자. 또는 자가용이 없는 거리의 대중교통부터 빠른 인터넷 연결과 커뮤니티 영화관에 이르기까지, 모든 사람이 무료로 접근하고 공동으로 사용하는 양질의 공공 자원이 풍부한 도시에 산다고 상상해 보자.[27]

　탈성장은 탈자본주의적 나우토피아를 아래로부터 확장하는 것 외에도, 탈성장 정책과 제도에 대한 제안 개발에 전략적으로 초점을 두고 있다. 오늘날의 구조에서 시작해 그 위에 구축되는 법률, 규범, 인프라, 제도의 점진적인 변화는 공생적 변혁 전략으로 이해할 수 있다. 5장에서 주장한 것처럼, 이러한 '비개혁주의적 개혁'은 실제로 기존의 구조와 규제에서 시작하지만, 자본주의적이고 성장 지향적인 생산 방식을 넘어서는 것을 목표로 한다. 노동시간 단축, 급진적 재분배 정책, 보편적 기본 서비스, 생태적 조세 개혁, 최대 소득 등 이러한 제안 중 가장 중요한 것은 이미 앞 장에서 논의한 바 있다. 그것들은 '혁명적 현실 정치'를 통해서만 탈성장 사회로의 변혁이라는 목표를 달성할 수 있기 때문에 탈성장 논쟁의 중심에 자리한다. 여기에서는 그러한 정책들의 근본적인 중요성과 더불어, 이것들이 어떻게 사회를 변화시키고 다른 전략들과 함께 작동할 수 있는지 간략하게 살펴본다.

첫째, 이러한 제안이 탈성장 전략의 핵심인 이유는 틈새 전략이 정치적 변화를 수반하는 경우에만 광범위한 사회 변화를 이끌어낼 수 있기 때문이다. "탈성장 사회를 향해 변혁하는 여린 시작이 전면화되고 다른 사회경제적 영역으로 확장되는 기회가 주어지려면, 미시적 실천과 거시적 정치 사이의 상호 수정이 필수적이다."[28] 따라서 탈성장 정책은 풀뿌리 실험을 촉진하고 강화하여 이러한 자율적 경제 관행의 범위를 확대하고, 그것들이 일부에 국한되지 않고 일반적으로 실행되도록 만들고자 한다. 이러한 실험이 필요한 이유는 자원·토지·자산 부족, 생태적·사회적 착취에서 이익을 얻는 경쟁 조건, 시간 부족, 사회적 불평등과 같은 구조적 한계에 끊임없이 직면하기 때문이다.

따라서 화석연료, 이윤, 주식 시장이 주도하는 부문의 단계적 퇴출뿐 아니라, 지역적이고 지속 가능하며 협력적인 형태의 경제활동에 대한 재정적, 법적 지원의 증가는 민주적이고 협력적인 나우토피아의 증가에 도움이 된다. (생태적) 기본소득이나 지자체 수준의 공공 서비스 확대는 사람들에게 자본주의적 노동 사회의 공포와 불안을 넘어 어떻게 사회를 변혁할지, 어떤 필요가 정당한지, 사회의 어떤 영역이 성장해야 하는지, 그리고 어떤 것을 퇴출해야 하는지에 관한 정치적 토론 참여 공간과 지원을 제공한다.**29** 이는 모두를 위한 노동시간 단축과 함께 임노동의 중요성이 감소하고, 돌봄 노동이 재평가되며, 젠더 관계가 평등해지고, 모든 사람이 시장 밖에서 자신의 삶과 경제의 점점 더 많은 부분을 공동으로 형성할 시간을 갖게 됨으로써 연대에 기반한 생활 양식의 개발을 촉진할 것이다. 또한 부와 소득의 급진적인 재분배는 조세 및 상속법 개혁, 토지·건물·기술·지식의 소유권 등 생산수단의 사회화, 탈집중화된 재분배를 통해 실질적인 참여 기회를 창출한다. 이를 통해 모든 사람이 훨씬 더 평등하고, 사유화된 부보다는 공적 풍요를 중심으로 구조화된 사회에서 자기 계발과 참여의 기회를 동등하게 활용하며, 정치 및 경제 민주화를 심화시켜 우리를 환경과 서로에게서 갈라놓는 소외를 해소할 수 있다.**30**

그러나 비개혁주의적 탈성장 정책은 협력적 경제의 일반화를 촉진하는 데에만 핵심적인 것이 아니다. 그것들은 현 제도와 인프라의 성장 의존성을 극복하고 사회 전체 차원에서 연대에 기반한 생산 및 생활 양식을 달성하기 위해서도 중요하다. 위에서 이미 논의한 것처럼, 탈성장 사회의 비전은 다양한 급진적 개혁의 상호작용을 통해서만 발현할 수 있다. 그것은 훨씬 낮은 물질대사를 가지고 사회 정의, 민주주의, 자기 결정을 강화하는 안정적이고 성장 독립적인 사회다. 요르고스 칼리스에 따르면, 이러한 개혁이 시행되면 다음과 같은 효과가 있다.

> 이를 수용하기 위해서는 시스템의 형태 자체가 급진적으로 변화해야 한다. 그리고 개혁은 그 자체로 단순하고 상식적이지만, 그것이 불가능하게 여겨지도록 만들면서 그것이 실행될 경우 파국으로 끝날 가능성을 압박하는 시스템의 비합리성을 드러낼 것이다.[31]

이러한 급진적인 개혁이 실제로 필수적이라 하더라도, 실질적이고 필요한 변화를 가져오는 데 있어 국가의 역할에 대해서는 논란이 있다. 좌파에서는 아나키스트와 사회주의자 모두 사회를 민주화하고 국가를 탈집중화하며 민중의 손에 권력이 쥐어져야 한다고 주장하지만, 거기에 도달하는 수단에 대해서는 생각이 다르다. 다수의 사회주의자는 국가가 소멸하기 전에 먼저 국가를 장악해야 한다고 주장하는 반면, 아나키스트는 국가 해체 없이는 필요한 변화가 불가능하다고 주장한다. 거시적 변화를 일으키기 위해 국가에 의존하는 것이 일견 방책으로 보일 수 있지만, 국가 자체가 위계질서, 권력 구조, 폭력을 재생산한다는 점에서 한계가 있다. 그럼에도 불구하고, 필요한 조치의 규모를 위해서는 강력한 행위자가 필요하고, 국가는 현재 세계 무대에서 여전히 지배적인 행위자이며, 기후정의, 노동, 페미니즘, 탈식민 운동 모두를 위한 투쟁의 핵심 전장 중 하나다.[32]

오늘날 우리는 비개혁주의적 개혁의 패키지가 어떤 모습일지 보여주는 몇 가지 고무적인 제안을 가지고 있다. 4장에서는 연구와 탈성장 그룹이 2015년에 작성한 10가지 정책 제안을 언급했다. 2019년 미국 상원의원 에드 마키Ed Markey와 알렉산드리아 오카시오-코르테스Alexandria Ocasio-Cortez는 미국의 재생가능 에너지 사용을 100%로 끌어올리기 위한 10개년의 동원 계획으로서 '그린 뉴딜' 결의안을 제출했다. 이는 대규모 사회 서비스 확충을 포함하며, (성장을 극복해야 할 문제로 거의 언급하지 않고, 총 사회적 신진대사를 줄이고 불평등한 남반구-북반구 관계를 해결할 필요성에 대한 논의도 거의 없었지만) 일정하게는 탈성장의 노선을 따르는 것이었다. 이 결의안은 미국 상원에서 부결됐지만, 그 여파는 미국과 전 세계의 진보운동에 지속적인 영감이 되었고, 정부 수준에서 도입될 때 비개혁주의적 개혁의 가능성에 대한 새로운 논의를 촉발했다. 같은 해, 많은 탈성장 지지자를 포함한 전문가와 학자들은 포스트-성장 경제 추진의 필요성을 명시적으로 언급하고, 사회적 신진대사를 줄이고 공공 서비스와 협동 경제를 확대하는 방법을 제시하는 '유럽을 위한 그린 뉴딜'을 함께 제안했다. 오늘날에는 선거에서 드러나는 새로운 좌파 물결에 영감을 받은 다양한 조직이 '글로벌 그린 뉴딜'을 제안하고 있다. 아직 정치적 영향력은 없지만, 이러한 비전의 플랫폼은 토론의 수위와 방향을 설정하고, 우리가 어떤 미래를 만들고 싶은지, 그리고 그 건설이 온전히 가능한지에 대한 토론과 숙고의 중요한 장소가 되고 있다. 하나의 동맹을 위해 특히 가치 있는 것은 에너지 전환을 위한 공공 투자, 산업 정책, 에너지 부문의 사회화, 복지 확대와 같은 공통적 제안을 통합하는 동시에, 성장에 의존하지 않는 제도를 구축하고, 처리량을 급진적으로 줄이며, 남반구에서 환경 문제 전가와 새로운 형태의 채굴주의를 피하기 위한 필요성을 강조하는 '성장 없는 그린 뉴딜'일 것이다.[33]

그러나 많은 사람이 지적했듯이, 이러한 변화는 사회에서 권력의 균형을 바꾸고, 사람들에게 이러한 요구가 실현되어야 할 필요성을 확신시켜야만 구현될 수 있다.[34] 그리고 이것은 매우 어려운 일이다. 탈성장 정책은 다양한 그린 뉴딜 플랫폼에서 제안된 것보다 기득권의 이해관계와 더욱 불일치하기에 훨씬 더 큰 반대가 있을 것이다. 이것이 우리가 아래에서 논의할 대항 헤게모니 전략이 필요한 이유다. 우리 앞에 놓인 험난한 투쟁을 고려할 때, 지금이 바로 시작해야 할 때다.

6.3. 대항 헤게모니:
성장 패러다임에 대항하는 민중의 힘 구축하기

2015년 8월 15일 이른 아침, 흰색 페인트공 복장을 한 1,500여 명(그중엔 이 책의 저자 중 한 명도 있었다)이 유럽에서 가장 큰 CO_2 배출원인 갈탄 탄광으로 유명한 곳, 독일 서부의 라인란트로 특별한 여정에 나섰다. 엄청난 경찰력과 약 1,000명의 에너지 회사 경비원이 후추 스프레이와 곤봉을 들고 버티고 있었지만, 몇 시간 뒤 수백 명의 시위대가 목적지인 가르츠바일러 노천 갈탄 광산에 도착했다. 활동가들은 거대한 굴착기를 가로막고 이날 하루 채굴을 저지하는 데 성공했고, 독일에서 더 이상 석탄 채굴이 있어서는 안 된다는 메시지를 보냈다. 이 봉쇄는 이와 유사하고 훨씬 더 큰 규모의 시민 불복종 행동의 시작이었다. "여기서 더 이상은 안 된다"라는 뜻인 엔데 겔랜데Ende Gelände는 탈성장 운동과 밀접하게 연관되어 일어난 최초의 주요 시민 불복종 행동일 것이다. 시민 불복종에 대한 경험이 없는 많은 사람이 이 행동에 참여했다. 이 중 다수는 행동 일주일 전 기후캠프에서 열린 탈성장 여름학교를 통해 조직됐다. 이 행동에 대한 대중의 반응은 적어도 부분적으로는 매우 긍정적이었다.

엔데 겔랜데는 호주에서 석탄 선적을 막는 태평양섬 원주민, 노스다코타 파이프라인을 막기 위해 그들의 성스러운 땅에 캠프를 건설하는 다코타족과 그 동맹자들, 브라질에서 산업농으로 예정된 농지를 봉쇄하는 소작농과 땅 없는 노동자 등 전 세계의 유사한 여러 행동 중 하나다. 나오미 클라인이 '블로카디아blockadia'라는 용어로 표현한 이러한 행동과 마찬가지로, 엔데 겔랜데는 화석연료가 필요하지 않으며 단계적으로 퇴출해야 한다는 데 대다수 사람이 동의하도록 사회적 합의를 바꾸는 데 중추적인 역할을 했다. 대중의 폭넓은 지지를 받는 시민 불복종 행동은 사회에서 무엇이 좋고 필요한지에 대한 헤게모니적 사고방식을 바꾸는 데 필수적이었다.**35**

'아래로부터' 시민사회의 대안을 시험하는 틈새 전략과 '위로부터' 사회 시스템의 중심 형태를 변혁하는 비개혁주의적 개혁은 언뜻 보기에 모순되거나 서로 연결되지 않는 전략처럼 보인다.

이들은 두 가지 방식으로 연관될 수 있다. 한편으로, 나우토피아의 폭넓은 확산은 위에서 논의한 것처럼 사회 전체의 변화를 전제로 하며, 그 반대도 마찬가지다. 그러나 다른 한편으로, 급진적 개혁의 실행은 사회의 특정 영역과 주요 갈등의 주변에서 단절을 강제하기 위한 *대항 헤게모니*의 확립에 달려 있으며, 이 대항 헤게모니가 성장하고 힘을 얻으려면 나우토피아가 필요하다.

대항 헤게모니란 무엇인가? 헤게모니의 개념을 간단히 다시 살펴보자. 2장에서 안토니오 그람시가 주장했듯이, 자본주의 성장 사회는 국가와 경제 엘리트의 권력을 통해서만 안정화되는 것이 아니다. 그들은 또한 피지배자와 하층민의 동의와 합의, 그리고 주로 시민사회와 언론에서 확립되는 합의에 의해 안정화된다. 따라서 헤게모니는 정부나 시장뿐 아니라 시민사회, 삶의 방식, 우리가 살아가는 이념을 통해 만연하는 권력과 지배의 체계다. 특히 이것의 핵심에는 성장이 바람직하고 필요하며 본질적으로 무한하다는 성장 패러다임의 헤게모니가 자리하고 있다. 성장 패러다임을 비롯해 자본주의 이데올로기의 핵심에 있는 모든 지배 이데올로기는 정당성과 승인에 달려 있다.[36] 이것이 우리가 해체하려는 헤게모니 시스템이다.

그러나 일상의 마음은 획일적이지 않으며, 헤게모니적 상상의 약속과 비전은 항상 그 너머를 가리킨다. 에른스트 블로흐에 따르면, 그것들은 선택되고 강화될 수 있는 '유토피아적 잉여', 즉 다른 세계가 가능하다는 상식을 담고 있다.[37] 대항 헤게모니는 헤게모니의 이면이다. 성장 패러다임을 뒤집고 우리 경제의 지향을 웰빙으로 바꾸면서 사회적 신진대사를 축소하는 대항 헤게모니를 구축하면, 우리의 일상, 상상력, 정치와 경제활동 방식도 재편될 것이다. 이러한 대항 헤게모니적 상상과 운동은 다양한 방식으로 강화될 수 있다. 협동과 연대의 경제 발전을 통해, 에른스트 블로흐가 '전투적 낙관주의'라 부른 것을 통해, 대중 교육을 통해, 주류 미디어에 대한 개입을 통해, 사회운동의 지지를 받는 급진적 후보를 내세워 토론 지형을 좌파로 이동시키는 것을 통해, 사람들의 생활 조건을 변화시키는 과감한 정책을 통해, 그리고 사회운동, 노동조합, 파업, 민중 집회에 기반을 두는 전투적인 '이중 권력'을 통해서 말이다. 이 전략은 아래에서 더 논의할 것이다.

결정적으로, 대항 헤게모니적 상식은 사람들의 일상적 경험에 내재되어 있어서 사회운동 동원 및 나우토피아 확산과 밀접한 관련이 있다. 첫째, 주기적으로 발생하는 위기, 엘리트들이 현상 유지를 위해 저지르는 만행, 자연 파괴와 같은 성장 경제의 누적된 영향에 직면할 때 대항 헤게모니적 가치가 배양될 수 있다. 그러나 이는 이러한 불의의 경험이 조직화된 사회운동, 논쟁, 공론화를 통해 정치화될 때만 가능하다. 여기서 사회운동이 특히 중요하다. 헤게모니적 합의에 반대하고 미래 합의의 일부로 대항 헤게모니적 입장을 만드는 중요한 촉매제가 될 수 있고, 과거에 수동적이었던 사람들을 정치화하는 데 도움을 주기 때문이다. 일상적인 이해의 전환은 다양한 커먼즈, 나우토피아, 연대 경제 프로젝트, 사회 및 생태 투쟁에서도 발생하며, 이들이 정치적으로 연결되고 악화되는 성장 위기에 대한 해답으로 이해될 때 특히 그렇다.**38** 바바라 무라카가 주장하듯이, 구체적인 유토피아와 틈새적 공간은 '해방의 연습 공간workshops of liberation' 역할을 함으로써 대항 헤게모니적 환경을 조성하는 중심에 자리한다. 요르고스 칼리스의 말에 따르면, 대안적 경제 공간은 단순히 지역화된 이니셔티브가 아니라 대항 헤게모니를 위한 '인큐베이터'다.

> 그것들은 사람들이 만들고자 하는 대안적 세계를 일상적으로 연출하는 *인큐베이터*이며, 그 논리는 상식이 된다. 대안적 커먼즈는 새로운 상식을 양성하는 새로운 시민사회 제도다. 그들이 확장함에 따라 성장의 상식을 무너뜨리고 탈성장 헤게모니와 함께할 수 있는 아이디어를 만들어 이와 같은 방향으로 정치 제도를 변화시킬 수 있는 사회적, 정치적 힘을 위한 조건을 창출한다.**39**

따라서 더 많은 사람이 연대와 협동의 경제와 상호작용하고 이익을 얻게 될 때 이러한 자유가 정치화되고, 이를 중심으로 사회운동이 형성될 때 대항 헤게모니적 사상, 욕망 및 요구가 강화될 수 있다. '전투적 낙관주의'(에른스트 블로흐가 일컫는)는 이러한 전략들을 추진하고 가시화하며 강화한다.**40**

이런 의미에서 비전 있는 정책을 진전시키고 지역적 대안을 통해 실험하는 것은 동전의 양면과 같으며, 이들은 탈성장 프레임워크에서 담론적 역할을 해야 한다. 이러한 대항 헤게모니적 내러티브는 새로운 미디어 개발, 회의 및 세미나, 급진적이고 진보적인 선거 캠페인(당선되지 않더라도)뿐 아니라, 애드버스팅과 같은 공공장소에서의 실천 등 사회적 영역에 대한 개입을 통해 가시화될 수 있다(섹션 3.2 참조). 싱크 탱크 형성, 주류 미디어 및 대중문화에 대한 전략적 개입, 밈 개발, 예술계 침투, 기고를 통한 '아이디어 전쟁'(안토니오 그람시)에 적극적으로 참여하는 것은 모두 탈성장 아이디어가 대중의 의식 속에 발전하는 환경을 조성할 수 있다.

대항 헤게모니적 상상력 형성을 고무하는 또 다른 방법은 대중 교육을 통해 사람들을 교육적 경험에 참여시킴으로서 정신적 인프라를 재조정하고, 사회와 자연의 일부가 되는 것을 이해하며 정치화하도록 하는 것이다. 이는 워크숍, 나우토피아 참여, 동료 및 이웃과 함께하는 조직 활동, 엔데 겔랜데 또는 직장 파업과 같은 정치적 행동 참여 등을 통해 이뤄질 수 있다. 이러한 각각의 경험은 즐거움, 권한 부여, 자기 수용, 마음 챙김mindfullness, 연대감, 타인과의 의미 찾기를 고취할 수 있으며, 탈성장 상상력에 관한 새로운 상식을 창출하는 데 핵심이 되는 비물질적 만족의 원천을 키울 수 있다.

비개혁주의적 개혁과 대항 헤게모니적 상식의 발전도 상호보완적이다. 첫째, 대항 헤게모니적 상식은 비개혁주의적 개혁을 민주적으로 실행할 정치 권력 구축의 전제 조건이다. 지역의 풀뿌리 이니셔티브와 직접 민주주의가 틈새 전략의 전면과 중심에 놓이는 경우가 많지만, 비개혁주의적 개혁이 다수의 표를 얻고 실행될 수 있도록 협력적 사회를 향해 기꺼이 노력하는 조직된

다수가 필요한 것도 사실이다. 여기서 중요한 문제는 이러한 틈새적 이니셔티브와 탈성장 운동에 관련된 사람들이 주로 학문적 교육을 받았거나 특권적 사회 환경 출신이라는 것이다.**41** 탈성장 개념은 모든 사람의 삶과 직접적으로 관련되어 의미가 있고, 개인의 포기에 대한 위협이 아닌 급진적 풍요의 약속으로 경험될 때만 더 많은 사람에게 도달할 수 있다.**42**

지자체 수준의 변화는 다수의 감수성을 급진화하고 더 많은 변화에 대한 열망을 불러일으키는 데 결정적인 역할을 할 수 있다. 처음부터 국가 수준의 개혁을 달성하기는 어려울 수 있지만, 사람들은 일상생활을 변화시키는 이니셔티브를 위해 이웃 및 지자체와 함께 조직화에 나설 수 있다. 여기에는 사회 및 협동 주택 프로젝트, 무상 대중교통, 임대료 거부 운동, 최저임금 인상 요구, 자원을 시민의 몫에서 초국적 투자자로 돌리는 신자유주의 메가 프로젝트에 대한 저항 등이 포함될 수 있다.**43**

국가 차원에서도 과감하고 바람직한 정책을 제안하는 것은 경제 및 사회 문제를 정치화하는 한 가지 방법일 수 있으며, 그 자체가 일종의 탈성장 홍보가 된다. 이처럼 사회생태적 조세 개혁, 기본소득 및 최대 소득, 노동시간 단축 및 기타 보완 조치는 새로운 형태의 자유, 웰빙, 풍요를 제공하여 대항 헤게모니를 더욱 발전시키고, 사회 및 정치 제도를 변혁하는 데 필요한 집단적 자기 권력 강화를 도울 수 있다.

마지막으로, 비개혁주의적 개혁이 실행될 수 있는지는 사회운동의 정치적 압력과 이미 존재하는 대안의 존재 여부에 달려 있다. 둘 다 갖춰지지 않는다면, 영감과 정당성이 결여되고 만다. 북미 원주민 운동인 레드 네이션Red Nation이 직접행동의 필요성을 주장하듯이, "우리는 무엇이 필요한지에 대해 솔직해야 한다. 우리가 생존하려면, 점진적이거나 '비파괴적'인 배출 감축 방법은 없다. 지배 계급과의 타협 또한 있을 수 없는 일이다."[44] 따라서 탈성장 스펙트럼과 다른 사회운동, 특히 채굴주의, 승용차 및 항공, 지속 불가능하고 터무니없는 메가 프로젝트에 반대하는 운동, 글로벌 환경 정의 운동, 돌봄 노동의 위기 심화 반대 운동, 스페인의 인디그나도스 같은 운동과 이미 어느 정도는 연결되어 있더라도 더욱 강화되어야 한다. 탈성장 관점은 제국적 생활 양식을 해체하고 모든 종류의 위계, 차별, 권력 구조와 싸우며 협동적인 삶의 방식 추구를 목표로 하는 모든 사회적 투쟁에서 중요한 역할을 해야 한다.[45]

특히 여기에는 국제 운동, 특히 오늘날 가장 전투적이고 활발한 남반구 운동과의 동맹도 포함된다. 즉 소농과 원주민 투쟁, 토지 없는 노동자와 비공식 노동자 투쟁, 탈식민주의와 탈채굴주의 운동, 구조 조정과 제국주의 반대 운동이 그것들이다.[46]

이것은 이미 존재하는 다양한 사회운동을 강화하는 것 이상이다. 이러한 운동이 취할 수 있는 행동의 종류와 더 효과적일 수 있는 방법에 대해 전략적으로 생각하고 행동할 필요도 있다. 조직의 문제는 탈성장 논쟁에서 종종 무시되곤 한다. 정확히 어떻게 사람들을 조직하는가? 이러한 변혁을 일으킬 조직의 원리와 과정은 무엇인가? 그리고 공동체와 사회 수준에서 어떻게 집합적으로 경제생활을 형성하고 계획할 수 있는가?

여기에서 유용한 한 가지 접근 방식이 '이중 권력'이다.**47** 이는 국가와 평행하게 작동하고, 국가와 마찬가지로 사회의 방향을 결정할 역량을 가진 권력 체계를 나타내기에 '이중' 권력이라 불린다. 오늘날 이중 권력은 국가에 요구할 수 있는 역량을 갖추고 있지만, 그 요구가 현실로 기능하기 위해 국가에 전적으로 의존하지 않는 운동과 조직을 구축하려는 노력으로 이해될 수 있다. 여기에는 고유하면서도 위에서 설명한 대항 헤게모니 전략과 관련된 세 가지 구성요소가 있다.

첫째, 그것은 이민자, 노동자, 기후, 인종적 정의 운동뿐 아니라 더 광범위하게 반제국주의, 페미니즘, 반자본주의 운동과 같은 다양한 운동 사이에 더 긴밀한 연결과 동맹을 구축할 것을 요구한다. 이는 커뮤니케이션 및 자원 공유 네트워크 구축을 비롯해 운동 사이를 조율할 수 있는 조직을 통해 수행 가능하다. 그리고 탈성장 관점에서 이미 일부 초기 노력이 이뤄졌다.**48**

둘째, 자본과 국가의 요구를 차단하거나 요구할 수 있는 역량을 갖춘 운동을 조직하고 구축할 필요도 있다. 예를 들어, 파업이나 봉쇄는 뒷받침할 힘도 없이 단순히 요구만 하는 것이 아니라, 요구를 관철시키기 위한 효과적인 전술이 될 수 있다. 무엇보다도, 탈성장에 공감하는 정치인이 선출되더라도 탈성장 정책을 추진하기 위해서는 운동의 지지와 압력이 모두 필요하며, 그러한 정치인조차도 필요한 변화를 이루기 위해서는 거대한 기득권과 맞서야 하기 때문이다. 또한 대체로 권력자들은 우리가 정중히 요구해도 거의 신경 쓰지 않기 때문이기도 하다. 파업이 권력자들의 이익을 앗아가면, 그들은 협상 테이블에 나와 타협할 수밖에 없다. 물론, 이를 위해서는 연대 관계를 구축하고, 기업의 이윤을 차단하며, 선출된 대표자의 책임성을 보장할 수 있는 이들의 임계 집단critical mass을 만들기 위해 직장과 사람들이 사는 곳에서 헌신적이고 오랜 시간이 소요되는 조직화가 필요하다. 여기서 탈성장은 자동차나 에너지 부문의 화석연료 일자리에 의존하는 제국적 생활 양식의 방어와 부분적으로 이해관계가 일치하는 전통적인 남성 산업 노동계급에 덜 의존할 수 있으며, 불안정성, 가부장제, 인종주의, 능력주의, 계급 위계질서, 생태주의, 글로벌 정의를 둘러싼 새로운 구성과 투쟁, 즉 자본주의 성장에서 밀려난 이들의 '다중'에 더 크게 의지할 수 있다. 또한 역사적으로 제국적 생활 양식의 혜택을 주로 받는 이들은 노동운동과 자본에 대한 산업화된 핵심부 노동자라는 특성으로 인해 국가에 요구할 수 있는 특권적 지위를 누려왔다. 하지만 이 집단은 초기 산업 국가의 탈산업화, 산업활동의 남반구 이동, 산업에서 정보 기술 및 부동산으로의 자본의 공간적 이동, 그리고 더 일반적으로 노동의 불안정성 심화로 인해 더 이상 예전처럼 요구할 수 있는 수단을 갖지 못한다. 이는 전통적인 산업 부문을 넘어 더 불안정하고 여성화되고 인종화된 서비스 부문 및 돌봄 산업뿐 아니라, 젠트리피케이션, 채굴, 파이프라인, 황폐화된 공업 지역 등 전략적으로 중요한 투기적이고 착취적인 프로젝트의 선상에 있는 지역 사회로 투쟁을 확장해야 할 필요성을 나타낸다.[49]

셋째, 이러한 운동은 기득권에 저항할 수 있는 역량뿐 아니라, 그들 스스로 권력의 원천을 가져야 한다. 여기서 핵심적인 요소는 위험에 처한 지역 사회와 현장 투쟁에 자원을 투입할 수 있는 연대와 협력의 경제다. 또 다른 구성요소는 운동이 구성원에게 책임을 지고 집단적으로 숙의할 수 있도록 민중 집회, 평의회, 운동 및 집회 연합 등과 같이 운동 내의 민주적 구조를 수립하는 것이다. 경제 민주주의와 직접 민주주의를 연결함으로써 사회운동은 기존 권력 구조에 저항할 역량을 구축할 뿐만 아니라, 자신의 미래 경로를 계획할 수 있다.[50] 따라서 이중 권력 지향은 대항 헤게모니 전략의 마지막이자 결정적 요소다.

6.4. 위기 대면하기:
'설계에 의한 탈성장인가, 재난에 의한 탈성장인가'를 넘어

틈새 전략들의 조합과 상호작용, 비개혁주의적 개혁 실행, 대항 헤게모니 구축은 탈성장 사회로의 전환을 가장 잘 개념화할 수 있는 방법에 대한 우리의 겸손한 제안이다. 이러한 전략의 공통된 특징은 탈성장 지지자들이 '혁명 이후'의 먼 미래를 기다리는 것이 아니라 지금 여기에서 변화를 꾀한다는 점이다. 또 다른 공통된 특징은 접근법의 다양성을 문제가 아니라 풍부하고 보완적인 것으로 간주한다는 것이다.[51] 그러나 특히 성장 사회의 문제에 잘못된 해결책을 약속하는 권위주의적 민족주의 운동의 위협과 점점 더 심각해지는 사회생태적 위기를 고려할 때 도전 과제는 엄청나다. 이런 변혁은 자본가 기업과 부유한 집단 및 개인의 이익뿐 아니라, 화석 자본과 이를 수호하려는 파시스트 운동과도 대척점에 있다. 그것이 착취와 축적의 가능성을 대폭 제한하거나 폐지하는 것을 목표로 하며, 근본적으로 경쟁력 강화와 경제 성장에 초점을 맞추고 이에 의존하는 국가 정부의 이익과도 배치되기 때문이다. 마지막으로, 성장 지향적인 국가가 보유한 정당한 무력 사용에 대한 독점권은 엄청난 도전일 뿐만 아니라, 지정학적 관계의 잠재적 격변 또한 심각한 문제다. 만약 한 국가에서 탈성장이 실행된다면, 자본 이탈, 자본 파업, 지정학적 긴장, 심지어는 무력 충돌로 이어질 가능성이 크다.**52**

이러한 도전과 장애물을 무시하고 현실에서 도피하는 것은 선택지가 될 수 없다. 모래 속에 머리를 박고 있으면 소용이 없다. 또 모든 사람에게 친절하게 다가가면 된다는 순진한 생각에 빠져서도 안 된다. 우리에게 필요한 변화를 달성하려면 의식적이고 대규모의 조직과 동원이 필요하다. 그러지 않으면, 전 지구적 환경 및 사회 위기를 심화시키고 제국적 생활 양식을 점점 더 잔인하게 방어하게 되는 생태-아파르트헤이트의 세계를 낳을 것이다.

그러나 이러한 제안에는 예측할 수 없는 것, 즉 변화를 가져오는 데 있어 위기의 역할이 고려되지 않았다. 우리가 이 글을 쓰는 동안 코로나19 팬데믹으로 인해 세계 무역이 중단되고 주식 시장이 폭락하여 세계적 경기 침체를 초래했다. 많은 감염병 학자가 또 다른 팬데믹이 발생할 확률이 높다고 예측했지만, 코로나19는 많은 사람을 놀라게 했고 모든 것을 바꿔놓았다. 지구 남반구에서는 이미 구조 조정으로 인해 빚더미에 올라앉은 정부가 또 한 번 큰 부담을 안게 되었다. 미국에서는 정부가 초기 대응을 거의 하지 않아 수십만 명의 사망자가 발생했다. 스페인과 캐나다 등에서는 기본소득과 유사한 복지 시스템을 도입하고, 의료 시설을 국유화하며, 강제 퇴거를 유예하고 임대료를 동결하거나, 기업에 국가 계획에 따라 의료 장비를 생산하도록 지시했다. 그리고 팬데믹으로 드러난 경찰 폭력, 구조적 인종차별, 인종주의적 '일회용품의 정치politics of disposability'53에 반대하는 미국 역사상 최대 규모의 시위가 촉발되어 전 세계적으로 역사적인 반인종주의 봉기가 일어났다. 팬데믹과 같은 위기의 순간은 우리에게 닥쳐오는 예측할 수 없는 사건이며, 사회운동과 억압 세력의 신속한 동원으로 이어질 수 있는 자본주의 세계 체제의 분기점이다. 이러한 위기는 우리의 정치 프로젝트와 이를 확장하거나 축소함으로써 가능한 것의 지평에 큰 영향을 미칠 수 있다.

"설계에 의한 탈성장인가, 재난에 의한 탈성장인가"는 탈성장 전환을 가져오는 데 있어 위기의 역할을 생각해볼 수 있는 주요 슬로건 중 하나가 되었다.54 이는 우리가 원하든 원하지 않든 규모의 축소가 일어날 것임을 시사한다. 그것은 계획적이고 대체로 평화로울 수도 있고, 계획되지 않고 폭력적일 수도 있다. 그러나 이제 독자들은 탈성장이 의미하는 바가 전면적인 붕괴가 *아님*을 인식하고 있을 것이다. 더 큰 문제는 이 문구가 설계와 재난 사이의 이분법을 함축한다는 것이다. 생태 붕괴가 가속화되고 더 큰 경제 위기의 위협이 커짐에 따라 과잉 축적이 점점 더 높은 수준으로 치솟으면서 위기 없는 사회생태적 변혁의 가능성이 희박해졌다. 그러나 '설계에 의한'과 '재난에 의한'의 관계는 복잡하다. 어떤 경우에는 재난이 설계의 기회가 될 수 있지만, 다른 경우에는 억압을 심화시키는 기회가 될 것이다. 설계에 의한 전환은 불가능하겠지만, 위기에만 의존해서는 전환이 일어나지 않을 것이다.

탈성장 문헌에서는 위기의 역할이 제대로 탐구되지 않았다고 보는 것이 타당하다. 여기에서는 변혁 속에서 위기의 역할에 대해 좀 더 섬세한 접근 방식을 제안하고, 독자들이 이에 대해 더 깊이 생각해보도록 이끌고자 한다. 나우토피아, 비개혁적 개혁, 대항 헤게모니의 관점에서 논의한 에릭 올린 라이트의 세 가지 변혁 전략(틈새, 공생, 단절)에 따라 다시 한번 방향을 잡아보자. 위기와 변혁 속에서 위기의 모순적인 역할 또한 이 렌즈를 통해 개념화할 수 있다.

먼저, *틈새 전략*은 위기 대응에서 매우 중요한 위치를 차지하며, 회복력 있는 커뮤니티를 구축해야 할 필요성을 강조한다. 예를 들어, 2017년 허리케인 마리아가 푸에르토리코를 강타했을 때 수십억 달러의 피해와 함께 농업의 약 80%가 파괴됐다. 이 어둡고 두려운 순간에 시민들에게 태양광 에너지와 식량 등 유일하게 도움을 준 것은 아드훈타스시의 '민중의 집Casa Pueblo'과 같은 민주적으로 운영되는 커뮤니티 센터들이었다. 어떤 위기 상황에서도 가장 효과적으로 대응하는 것은 이타주의, 지략, 관대함을 기반으로 민주적으로 협력하는 지역 공동체인 경우가 많다. 리베카 솔닛Rebecca Solnit은 이를 『이 폐허를 응시하라A Paradise Built in Hell』에서 원형적 공산주의의 원칙으로 분석한 바 있다.**55** 이런 격동의 시기에 '민중의 집'과 같은 나우토피아가 사람들의 관심을 끌었고, 위기 이후의 세계가 어떤 모습일지 상상하는 데 도움을 줬다. 비록 작은 조직이지만, 그들은 지역 정치에 큰 영향을 미쳤다. 이들의 성공에 뒤이어 '회복력 있는 푸에르토리코 Resilient Puerto Rico' 같은 조직들은 섬 곳곳의 커뮤니티 센터를 위한 분산형 태양광 발전 네트워크를 구축하기 시작했다. 2년 후 섬 전체가 들고일어나 부패한 주지사를 쫓아냈고, 당시 유명해진 '민중의 집'에서 부분적으로 영감을 받아 모든 마을과 도시에서 지역 총회를 조직했다. 그리고 다른 위기 상황에서도 수백 개의 유사한 사례를 볼 수 있다. 미국에서 2005년 허리케인 카트리나 이후의 커먼 그라운드 컬렉티브Common Ground collective와 2021년의 오큐파이 샌디Occupy Sandy 주변에서의 분산적이고 무정부주의적 상호부조 노력, EU의 긴축 조치에 대응해 민중에게 의료와 의약품을 제공한 그리스의 연대 의료 물결, 그리고 가장 최근에는 코로나19 상황에서 전 세계적으로 움튼 상호부조 네트워크가 그런 사례다. 지금 이러한 대안을 구축함으로써 엄청난 변화의 순간에 일상이 흔들릴 때 사람들을 지원하고 영감을 줄 수 있을 것이다. 이처럼 위기에서 비롯된 기회의 창은 행동을 위한 선택지로 활용되어 상향식 운동을 더욱 확대하고, 변혁을 향한 열망을 일깨울 수 있다.**56**

둘째, 위기는 *비개혁주의적 개혁*을 시작하거나 확장할 기회가 될 수도 있다. 나오미 클라인은 엘리트들이 신자유주의 개혁을 실행하기 위해 소련의 몰락이나 미국의 지원을 받은 아우구스토 피노체트의 쿠데타와 같은 충격을 이용함으로써, 결국 부유층에게 부를 몰아주고 불평등을 심화시킨 사례를 잘 보여줬다.**57** 그러나 반대로, 좌파는 위기를 기회로 삼아 효과적으로 대응하고 광범위한 변화를 이룰 수도 있다. 팬데믹은 이런 견지에서 놀라운 사례로 작용했다. 팀 잭슨의 주장처럼, "코로나19 위기는 자본주의가 오랫동안 부인해온 사실, 즉 정부가 사회의 건강에 개입할 수 있다는 사실을 충격적일 만큼 적나라하게 드러냈다. 필요하다면 극적으로 그럴 수 있다."**58** 이후 변화하기는 했지만, 사태 초기에 정부와 기업은 위에서 언급한 것처럼 상당히 급진적인 정책을 채택했다. 변화를 촉구하는 대중운동과 이에 공감하는 정치 지도자들이 있었다면, 그러한 계기가 국가 차원에서 그린 뉴딜 플랫폼을 실행할 기회가 될 수도 있었다.**59**

게다가, 국가는 자본 투자가 갑작스럽고 급격한 변동과 평가절하를 경험할 때 금융기관의 보증인 역할을 하는 등 이러한 위기 상황에서 중심적인 역할을 한다. 팬데믹, 대규모 투자에 대한 신뢰 상실과 같은 특정 사건은 세계 경제를 자본의 과잉 축적에서 급격한 평가절하로 전환하게 만들 수 있다. 패트릭 본드 Patrick Bond가 지적하듯이, "탈성장의 지평 위에 불균등한 지구적 발전이 존재한다면… 자본주의 위기의 경향도 마찬가지여야 한다."**60** 일반적으로 이러한 평가절하 위기의 칼날은 부채 증가를 통해 가난한 사람들에게 부과되는 반면, 기업과 은행, 부자들에 겐 구제 금융을 받아 새로운 형태의 투자와 호황−불황의 순환을 지속할 수 있는 여건이 주어진다. 그러나 비개혁주의적 개혁은 위기를 반대의 효과로 활용할 수 있다. 즉 빈곤층 구제, 남반구 부채 청산, 순수 금융 자산의 평가절하, 공공 소유와 민주적 통제, 사회생태적 웰빙에 대한 엄격한 기준을 조건으로 기업과 은행에 구제 금융을 제공하는 것이다.

이는 코로나19 위기의 한 가지 예를 통해 더 자세히 설명할 수 있다. 팬데믹 초기에 미국에서는 연료산업, 석유, 가스, 석탄 매장량을 국유화하고 화석연료를 시장에서 퇴출시켜 기후변화에 효과적으로 대응해야 하며, 이번 위기가 이를 위한 좋은 기회라는 주장이 힘을 얻었다. 한 경제 및 에너지 연구자 그룹은 2020년 백서 「시간이 없다: 화석연료 산업의 국유화 제안Out of Time: The Case for Nationalizing the Fossil Fuel Industry」에서 이것이 "의미 있는 조치를 방해하는 많은 제도적 장애물을 극복하게 해주고, 계획에 기반해 노동자를 보호하고 지역 사회를 지원하는 방식으로 탈탄소화를 향해 나아가게 해줄 유일한 방법"이라고 주장했다. 저자들은 이 설득력 있는 제안에서 미국 정부가 전쟁과 금융 위기 동안 주요 산업과 핵심 자원을 국유화한 수백 건의 역사적 사례를 언급한다. 그들은 이를 달성하기 위해 몰수나 강제 인수가 필요하지 않으며, 가장 쉬운 방법은 연방준비은행이 위기 당시 가치가 7,000억 달러를 넘지 않을 것으로 추정되는 모든 화석연료 기업의 과반수 지분을 매입하면 된다고 주장했다(이는 팬데믹 동안 제공된 기업 구제 금융보다 훨씬 적다).61 이 사례는 비개혁주의적 개혁이 위기 상황에서 어떻게 잠재적으로 중요한 역할을 할 수 있는지 보여준다. 그러나 이 사례에서도 분명히 드러나듯이, 자본주의 위기에 대한 효과적인 대응은 금융과 경제의 전면적인 재구조화를 요구하고, 민간 자본과 민주적 대중 사이의 힘의 균형추를 근본적으로 이동시킴으로써 전통적인 좌파 또는 생태적인 케인스주의적 접근 방식을 넘어설 것을 요구한다. 이에 대한 대응은 반드시 사전에 준비해야 하며, 효과적인 대중의 압력이 필요하다.

셋째, 위기의 순간에 *대항 헤게모니*가 특히 강력해질 수 있다. 위기는 경제 시스템의 불공정성과 비합리성이 사람들의 마음속에 구체화되는 순간이라는 점에서 대항 헤게모니적 상식을 형성할 수 있다. 코로나19 팬데믹 시기 많은 정부가 민중의 삶보다 경제 성장을 우선시하며 경제에 기여하지 않는 노년층을 일회용으로 간주하는 끔찍한 계산법을 낳았던 것을 생각해보라. 패트릭 본드는 탈성장을 위한 위기의 역할에 관한 글에서 탈성장 지향 운동이 위기에 대응해 조직화할 수 있는 두 가지 주요 방법을 제시한다. 첫째, 위기에 대한 효과적인 대응은 세계 경제 붕괴에 따른 불평등한 부채 부과로 가장 큰 영향을 받는 남반구의 노동자와 커뮤니티의 연계를 구축하는 것이다. 둘째, 위기 이후 사회적 재생산의 평가절하에 직면하여 조직화된 사회운동은 생존을 위한 요구를 확대하기 위해 캠페인을 벌여 기본 재화에 대한 접근권을 요구하고 돌봄 기반 경제에 대한 열망을 확대할 수 있다.**62** 더 일반적으로, 사람들이 위기의 순간에 상호부조 조직, 대안적 형태의 민주주의, 나우토피아적 실험에 눈을 돌리면서 이중 권력을 지향하는 조직 구조가 활성화되고 강화될 수 있다고 덧붙이고 싶다. 그러나 이러한 네트워크의 조직화는 국제적 연대를 필수적으로 포함시켜야 한다. 위기의 순간은 부자들의 손실이 사회화되어 가장 가난한 사람들에게 전가되는 경향이 있기 때문이다.

그러나 위기는 또한 극도의 위험을 수반한다. 위기는 우파, 성장 패러다임, 자본주의 헤게모니, 그리고 이를 뒷받침하는 법과 질서의 논리를 강화하는 경향이 있다.**63** 오늘날 미국, 유럽, 인도, 라틴 아메리카에서 신우파가 부상하면서 정치적 좌표가 크게 바뀌고 있다. 이러한 포퓰리즘 운동은 특권을 누리는 중간 계급의 현상 유지를 약속하는 한편, 지위가 하락하는 노동자와 중간 계급 사이에서 이주민이나 기타 '외부인'에 대한 분노를 부추기며 대체로 성공을 거두고 있다. 모든 수단을 동원해 위계적 현상 유지를 지속하기 위한 그들의 의제를 심화하는 데 성장률 하락과 이주 위기를 활용하는 것이다. 화석연료에 의존하는 제국적 생활 양식의 이러한 공격적인 방어는 탈성장의 소통과 실행을 위한 기회의 창에 상당한 영향을 미침에도 불구하고, 탈성장에 관한 전략적 논의와 생태적 좌파 내에서 이제껏 거의 고려되지 않았다.**64**

위기의 시기에는 많은 사람이 전환과 그에 따른 불안보다 안정과 질서를 선호하기 때문에 민족주의 우파의 유권자층이 빠르게 확장될 수 있다. 이러한 시기에는 탈성장이 불안과 공포를 조장하는 것이 아니라, 사람들의 자유를 확대하고 위기 자체의 근원에 도달하는 데 필요한 변화로 나타나야 한다. 이런 이유에서 국제주의적, 반인종주의적, 퀴어페미니스트적, 포용적이며, 지구적 생태 정의를 대변하는 대항 헤게모니적 상식을 형성하는 것은 오늘날 파시스트의 부활을 막는 가장 큰 수단 중 하나다.

6.5. 탈성장은 달성 가능한가?

탈성장은 반드시 따라야 하는 청사진이 아니다. 그보다는 다양한 원칙과 아이디어가 담긴 하나의 초대장이며, 아직 우여곡절을 겪어보지 않은 길이다. 이 책을 통해 탈성장이 시의적절하게 필요한 좋은 아이디어일 뿐만 아니라, 실제로 실현 가능한 것이라는 확신을 갖게 됐기를 바란다. 그러나 탈성장 사회가 현실이 될 수 있는지 여부는 이론적으로 답할 수 없으며, 우리 모두의 실천과 관계, 조직화에 달려 있다. 이 비전을 현실화하기 위해서는 스스로를 좌파라고 생각하는 사람들은 물론, 사회 각계각층의 집중적인 노력이 필요하다. 우리는 나우토피아와 비개혁주의적 개혁, 그리고 대항 헤게모니와 변혁적 권력의 구축을 결합하여 체제적 변혁을 위한 전략에 대해 생각해볼 몇 가지 방법을 제안했다. 그러나 이 여정을 시작하려면, 생명을 위하고 자본주의적 성장에 반대하는 광범위하지만 통일된 '운동들의 운동'이 필요하며, 그래야 자신 있게 변혁의 첫걸음을 내딛을 수 있다. 이를 굳이 '탈성장'이라 부를 필요는 없지만, 우리는 탈성장에 대한 비판과 제안의 핵심 관심사가 점점 더 많은 투쟁과 변혁적 실천으로 통합되기를 희망한다. 노동자 협동조합 설립부터 상호부조 센터 설립, 지방자치단체에서 비개혁주의적 개혁을 추진하는 것까지, 이 길을 따라가는 방법은 무궁무진하다. 당신이 무엇을 선택하든 우리의 궤적은 다르지 않음을 기억하기를 바란다.

7.
탈성장의 미래

 2020년 봄 코로나19 팬데믹이 닥쳤을 때, 거의 모든 국가에서 생명을 살리기 위해 경제를 셧다운 해야 하는지, 아니면 경제와 경제 성장을 보호하기 위해 계속 유지해야 하는지에 대한 논쟁이 시작됐다. 초기에 미국, 브라질, 스웨덴과 같은 일부 국가에서는 경제를 계속 개방하는 쪽을 선택했고, 이로 인해 피할 수 있었던 많은 사망자가 발생했다. 많은 사람이 경제와 성장이 훨씬 더 중요하다고 말했다. 그러나 다른 국가에서는 생명을 구하기 위해 의도적으로 경제 일부를 셧다운 시켰다. 위기의 과정에서, 자본주의적이고 위계적이며 대체로 비민주적인 상황에서, 우리는 이제껏 경험한 그 어떤 것보다도 탈성장과 유사한 무언가를 볼 수 있었다. 팬데믹과 싸우기 위한 정치는 공동선을 증진하는 (곡선을 평평하게 하여 생명을 구하는) 것을 목표로 경제의 많은 부분을 의도적이고 계획적으로 폐쇄하고, 기본 재화와 서비스 제공에 필수적인 부문과 그렇지 않은 부문을 구별하는 것으로 해석할 수 있다. 각국의 정부는 셧다운을 취하고 그 영향을 완화하기 위해 오랫동안 불가능하다고 여겨졌던 정책들을 도입했다. 노동자의 무급휴직, 생계 보호, 항공기 운항 금지 명령, 단기 근로수당을 통한 고용 보장, 돌봄에 대한 투자 등을 추진했고, 위기에 처한 회사와 의료 시설을 국유화하거나 의료 장비 생산을 계획하는 등 생산 과정에 직접 개입하기도 했다. 이 모두에는 정부의 화폐 창출 권한이 활용됐다. 이들과 다른 많은 광범위한 개입은 초기에 대다수의 지지를 받았으며, 배출 및 물질 처리량을 (일시적으로) 크게 감소시켰다.[1]

물론 이는 2020년 상반기 일부 정부 정책의 특정 측면만을 반영한 매우 이상적인 설명이다. 당시에도 구제 금융을 받은 것은 주로 부유층이었으며, 긴축 조치, 백신 아파르트헤이트 식민주의, 지구적 불평등 심화, 권위주의적 경향, 또는 이에 대한 대중적 지지, 탄소 집약적 산업 및 배출량의 빠른 반등을 수반했던 게 사실이다. 팬데믹에 대한 각국 정부의 대응은 탈성장이 *아니었다*. 6장에서 논의한 것처럼, 경제가 여전히 성장에 의존하고 있기 때문에 경기 침체는 탈성장이 아니다. 마찬가지로, 코로나19에 대한 대응이 탈성장이 아닌 이유는, 궁극적으로 경제를 다시 성장 궤도에 올려놓도록 설계됐기 때문이다. 그럼에도 불구하고, 팬데믹 위협에 대한 일부 정부의 초기 대응은 '정상'으로 돌아가지 않는 미래에 대한 희망을 불러일으키고 논쟁을 촉발했다.

이러한 논쟁과 함께 기후 재앙, 대량 멸종, 팬데믹의 위협 증가 등 성장과 관련된 다양한 위기로 만성적인 비상사태가 전개되면서 탈성장에 대한 관심이 커지고 있다. 이 책 서두에서 언급한 네덜란드 주류 언론에서 논쟁을 불러일으킨 탈성장 선언문은 이러한 기회의 창이 열리고 있음을 보여주는 상징적인 사례다. 많은 사람이 더 이상 인류의 삶보다 경제 성장을 선택해야 한다는 것을 받아들이지 않으며, 이런 이분법은 그 기본 전제가 잘못됐다고 거부한다. 그 이후로 탈성장과 같은 급진적 아이디어에 대한 사람들의 감정적 접근 방식이 바뀌었고, 이제 많은 사람이 현 시스템을 그대로 유지하는 것보다 탈성장을 더 현실적인 제안으로 여긴다. 오늘날 경제 성장에 대한 비판은 연간 GDP 성장률을 지키기 위해 인간의 생명을 희생하는 사회를 원하지 않는 사람들에게 일반적인 것이 되었다.

근본적으로, 경제 성장에 의문을 제기한다는 것은 다음과 같은 질문을 의미한다. 우리는 어떤 사회에서 살고 싶고, 어떻게 거기에 도달할 수 있는가? 이러한 논의는 대단히 생산적이었다. 그것들은 포스트−자본주의의 미래가 어떤 모습일지에 대한 토론을 촉발했고, '경제'를 (재)정치화했다. 그리고 그것들은 21세기의 사회적, 경제적, 생태적 도전을 이해하고 대처하는 데 중요하고도 시의적절한 기여다. 오늘날 성장 사회의 여러 한계와 위기, 헤게모니적 성장 패러다임, 현대 사회의 근간이 되는 성장과 확장의 동학은 사회정치적 논의와 과학적 연구에서 더 이상 간과될 수 없는 주제다.

이 책에서 우리는 탈성장에 대한 연구와 논의를 성장에 대한 비판이자 변혁을 위한 제안으로 체계화하려고 시도했다. 우리는 다양성이 탈성장의 핵심 특징이라는 점을 분명히 하고 싶었다. 탈성장의 강점은 바로 성장 비판, 정책 제안, 변혁을 위한 비전의 서로 다른 가닥들이 상호작용하는 데 있기 때문이다. 이러한 다양한 접근 방식을 체계화하는 것이 탈성장 논의를 진전시키고, 불완전하거나 단순화된 접근 방식을 극복하는 데 필수적이다. 우리는 또한 탈성장 관점의 핵심을 정의하고자 노력했다. 우리의 주장은 탈성장이 자본주의 너머의 포괄적인 지구적 정의를 위해 경로를 조명하는 정치적 프로젝트이자 연구 패러다임이라는 것이다. 탈성장은 확장, 가속화, 축적의 사회적 동학에 구조적으로 의존하지 않으면서 사회 정의, 자기 결정, 모두를 위한 좋은 삶을 촉진하는 정책, 제도 및 일상적 규범을 통해 지구 북반구의 에너지와 물질 처리량을 근본적으로 재구성하고 급진적으로 줄임으로써 글로벌 생태 정의를 달성하는 것을 목표로 한다.

과학적 연구 패러다임으로서의 탈성장은 실제로 빠르게 발전해왔다. 하지만 성장 없이도 잘 살 수 있다는 탈성장 가설이 경제학을 비롯한 다양한 학문에서 논의되기까지는 아직 갈 길이 멀다. 또한 우리는 아직 탈성장이 제대로 정립되고 연구되는 단계에 이르지 못했으며, 그에 뒤따르는 모든 결과와 질문도 마찬가지다.[2] 폭염과 폭풍으로 인한 생태 재앙의 인식 증대, 경제 성장의 약속에 좌절감을 느끼게 하는 주기적 위기, 다람쥐 쳇바퀴 같은 삶에 대한 불안감, 어린이와 노인, 아픈 사람을 제대로 돌볼 시간이 부족한 일상적 위기, 더 공정한 조건과 의미 있는 활동 및 더 즐거운 일상에 대한 욕구 등 우리가 일상적으로 경험하는 상식이 탈성장에 대한 관심을 불러일으키고 있지만, 탈성장 사회를 향한 정치적 경로는 아직 상당히 멀리 있는 것 같다.

도전 과제의 규모를 고려할 때 논의해야 할 것이 훨씬 더 많다. 확실히, 탈성장 문헌들은 견고한 논리와 내용을 갖추고 발전해왔다. 특히, 자본주의 성장 경제와 성장 패러다임의 헤게모니에 대한 분석(2장), 수십 년 동안 논의되어온 성장 비판의 다양한 조류(3장)가 그렇다. 그러나 탈성장 사회의 비전, 윤곽 및 핵심 정책(4장 및 5장), 그리고 특히 변혁의 문제(6장)는 아직 더 깊이 있는 분석이 필요하다. 여전히 해결되지 않은 질문과 논쟁, 연구 격차도 많이 있다. 우리는 탈성장 논의에서 종종 무시되는 몇 가지 주요 이슈에 대해 비판적 개입이 필요하다고 주장한다. 이미 이 책의 여러 장에서 국가에 대한 양가적이고 완전히 해명되지 않은 관계, 탈성장에 대한 페미니스트 성장 비판의 중요성, 탈성장이 권위주의, 인종주의, 포퓰리즘 정당과 운동의 부상에 어떻게 대응해야 하는지에 대해 논의했다.

이 논의를 진전시키기 위해 이 책에서 부분적으로만 다뤄진 몇 가지 중요한 문제를 살펴보는 것으로 마무리하고자 한다. 이는 더 심도 있는 논의를 촉진하기 위한 것이다. 우리는 네 가지 영역에 중점을 둔다.

7.1. 계급과 인종

탈성장 논의 일부에서는 주로 생태적 문제에 초점을 맞추면서 계급 문제를 간과하고 소비자 중심적인 관점을 취함으로써 사회적 문제를 경시하며 탈성장을 근본적으로 탈정치화하는 경향이 있다. 이는 탈성장 스펙트럼 내에서 참여자의 대다수가 백인이고, 지구 북반구의 특권층 출신이며, 고학력 배경을 갖고 있다는 사실 때문일 수 있다.[3]

그러나 환경을 의식하는 소비와 더 적은 소비 같은 개인의 포기에 초점을 맞추는 것은 그렇게 할 여력이 없는 사람들의 관점을 무시하는 것이며, 광범위한 성장 비판과 탈성장 입장을 지지하는 다수의 형성을 가로막는다. 이는 분석적으로 잘못된 것이고 정치적으로 어리석을 뿐 아니라, 이런 방식이어야 할 필요도 없다. 앞에서 살펴본 것처럼, 탈성장은 모든 복잡한 계급 문제를 해결할 수 있는 도구를 가지고 있다. 우리는 탈성장이 계급 불평등의 문제를 직접적으로 다루고, 기존의 구조적 성장 의존성과 그 영향을 인정하고 해결해야 하며, 계급이라는 렌즈를 통해 소비의 역할과 소비주의에 대한 비판을 분석하고, 탈성장 사회의 비전 속에서 분배 정의, 공공의 풍요, 사회보장을 강조해야 한다고 주장한다. 탈성장을 더 넓은 사회적 기반 위에 두기 위해, 부와 상속에 대한 과세를 통한 급진적 재분배에서부터 노동시간 단축과 '대안적 쾌락주의', 돌봄 노동에 대한 재평가 및 성평등한 재분배, 그리고 모두가 접근할 수 있는 공적이고 민주적으로 통제되는 서비스(주택, 에너지, 물, 교통)의 확장까지, 탈성장 전환의 발전을 중심에 놓음으로써 초점이 더욱 또렷해질 수 있다. 탈성장은 이러한 정책 제안을 임대료 및 주택 관련 투쟁, 화석연료의 단계적 퇴출과 정의로운 에너지 전환, 돌봄 노동을 둘러싼 페미니스트 투쟁, 노동조합 투쟁, 작업장 민주화를 위한 노력 등 경제 민주주의를 위한 운동과 같은 지속적인 투쟁과 더욱 강력하게 연결해야 한다.4 나아가 더 실질적으로, 탈성장 지지자들은 학문적 장벽과 담론을 넘어 운동과 사회 전반에 유기적으로 참여해야 한다. 결국, 탈성장은 제국적 생활 양식의 이익이 축적되는 자본주의 중심지뿐만 아니라, 전 지구적으로 계급 사회를 극복하는 것에 관한 문제이기도 하다.

인종 또한 탈성장에서 제대로 탐구되지 않은 부분이다. 인종적 자본주의가 국가 내 및 국가 간의 계급 관계를 지속시키고 자본주의 성장에 내재하는 방식에 대한 이해를 시급히 탈성장에 통합해야 한다. 사회운동이 인종적 정의, 이주민 정의, 환경 정의에 대한 관심을 한데 모으고, 원주민의 토지 투쟁과 연계하며 난민의 이동 자유를 지원하는 방법에서 많은 것을 배울 수 있다. 또한 감옥 시스템, 소외 계층에 대한 감시 및 범죄화, 분할 사이의 연관성도 탈성장 맥락에서 이해할 수 있다. 예를 들어, 젠트리피케이션과 도시 개발은 종종 성장을 위해 발생하며 '녹색 성장'이라는 외피를 쓰고 있지만, 이주민, 노숙자, 원주민, 흑인 등 소수자의 배제를 전제로 한다. 따라서 성장 경제를 극복한다는 것은 실제로 성장 기계를 구동하는 이러한 배제의 동학에 맞서 싸우는 것을 의미한다. 궁극적으로, 탈성장 사회의 발전은 탈식민화의 문제다. 이는 누가 토지를 소유하고, 누가 토지를 관리하며, 모든 사람을 배제하지 않는 풍요로운 세상을 어떻게 건설할 수 있는지에 관한 문제이기 때문이다.[5]

7.2. 지정학과 제국주의

탈성장 지지자들은 그들이 구상하는 전환의 지정학적 파급 효과를 적절히 다루지 않았다. 여기에는 성장, 국가, 제국주의, 군사화 사이의 관계, 그리고 탈성장이 국제 관계와 특히 남반구 지역 사회에 미칠 정치적, 경제적 영향이 포함된다. 생태학, 자연과의 사회적 신진대사, 경제의 구조적 성장 강박에 초점을 맞추면서 현재 위기의 물질적 차원에 대한 이해를 강화했지만, 탈성장 스펙트럼의 많은 부분은 주로 소비사회에 대한 문화적 비판이나 규범적 논의에 초점을 맞추고 있으며, 세계 체제적 관계나 지구적 권력 동학에 관한 유물론적 관점은 옆으로 제쳐둔다. 필요한 변혁을 방해하는 국가의 역할, 폭력에 대한 독점, 인종주의적 감금 제도, 국가가 유지하는 국경, 지구적 군산복합체의 힘 등은 탈성장 문헌에서 잘 다루지 않는다.[6] 예를 들어, 불균등한 발전과 세계적 부정의에 기반하고 군사력에 의해 뒷받침되는 사회 엘리트들이 어떤 조건과 사회적 힘의 균형에 따라 특권을 포기할지는 전혀 명확하지 않다. 따라서 탈성장 비전은 때때로 순진하고 비현실적으로 보일 수 있으며, 문화적 변화에 대한 비전으로 제한된다. 또한 탈성장 사회로의 전환이 초기 산업화된 국가에 국한되더라도 현재 세계 시스템 내에서 심각한 결과를 초래할 것이 분명해 보이지만, 이러한 문제는 지금까지 별로 논의되지 않았다. 탈성장의 지정학적 차원은 지정학, 세계 체제, 금융화 동학을 연구하는 분야와 더 긴밀히 연결되고, 반군사주의, 반제국주의, 탈식민주의 운동과의 동맹을 구축함으로써 더욱 발전할 수 있다.[7]

우리가 주장한 바와 같이, 선진국의 탈성장이 남반구 지역 사회에 미치는 영향은 수출 시장이나 관광업부터 배상 문제에 이르기까지 탈성장 의제의 필수적인 부분이어야 하며, 이는 더 지속적인 탐색이 필요한 또 다른 핵심 문제다.[8] 탈성장은 어떻게 세계적 불평등을 극복하고 의존도를 심화시키지 않으면서, 수세기에 걸친 선진국의 식민적, 생태적 부채를 해결하는 방식으로 이뤄질 수 있을까? 또한 지구적 성장, 배출량, 소비에서 점점 더 많은 비중을 차지하는 중국과 같은 신흥 시장의 부상이 어떻게 탈성장 의제를 복잡하게 만드는지 더 잘 분석해야 한다.[9] 게다가, 우리는 초국가적 수준에서의 탈성장 가능성, 유럽연합이나 유엔과 같은 기관의 탈성장과 관련된 변혁과 역할에 대해 거의 알지 못한다. 하지만 이는 중요한 질문인데, 탈성장 사회로의 전환은 한 국가에서만 이뤄질 수 있는 것이 아니기 때문이다. 마지막으로, 탈성장은 탈군사화, 민주적 세계 정치 강화, 지구적으로 공정한 무역과 통화 질서, 특히 기후 난민의 이동 자유에 대한 요구에 개입하고 지원해야 한다. 이 모든 것이 지구적 생태

정의를 증진하는 탈성장 전환을 위한 핵심 지렛대다.[10]

7.3. 정보통신기술

　탈성장 논의의 세 번째 공백은 탈성장과 디지털화의 관계, 그리고 정보 자본주의로의 전환이 탈성장 의제를 어떻게 변화시킬 것인가에 관한 질문이다. 분석적 측면에서, 탈성장 문헌들은 디지털화가 자원 및 에너지 소비, 웰빙, 소외, 축적의 동학, 돌봄 노동, 남반구-북반구 관계 등 여러 차원에서 성장에 미치는 영향에 대한 분석을 생산한 디지털화 정치경제학 관련 문헌들과의 교류가 거의 없다.[11] 더 일반적으로, 탈성장과 기술, 특히 정보기술과의 관계가 명확하게 정리되어야 한다. 대부분의 산업 범위 기술을 전면적으로 거부하는 특정한 탈성장 조류들이 존재한다. 디지털 기술과 관련해서 보면, 일부 탈성장 논의에서는 스마트폰과 같은 디지털 기술에 대한 회의론과 실질적인 거부감이 지배적이다. 이는 안타까운 일인데, 어쨌든 적어도 탈성장은 실제로 정보기술에 관한 현재의 논의에서 기여할 것이 많기 때문이다. 소비자 시장의 포화 경향을 고려할 때, 탈성장은 실리콘 밸리의 끝없는 성장 추구라는 부조리를 넘어서는 방법을 제안한다. 실리콘 밸리는 메타버스나 NFT 같은 것을 만들어내야 하지만, 이는 다시 전유, 투기, 축적의 새로운 영역이 된다. 끊임없는 축적에 의존하고 이를 가능하게 할 기술을 만드는 경제 시스템 대신, 그리고 이러한 우스꽝스러운 모험에 끝없는 시간과 자원을 소비하는 대신, 우리는 성장 기계를 멈추고 실제로 우리에게 도움이 되고 공생공락 관계를 융성하게 하는 기술을 만들 수 있다. 탈성장론자와 이에 동조하는 사람들 중에는 유망한 디지털 커먼즈에서 생겨나는 객관적인 가능성을 언급하는 이들이 있다.[12] 이 책에서는 이러한 관점을 바탕으로 사회적, 생태적, 참여적 기준에 따라 기술의 혜택과 비용을 민주적으로 평가하는 섬세한 접근 방식과 함께, 그에 따라 특정 기술에 대해서도 자율적으로 한계를 설정하는 사회를 주장한다(5장 참조). 우리는 탈성장이 이러한 논의에 적극적으로 참여하고, 발생할 수 있는 가능성을 파악하는 동시에, 민주주의의 문제와 종종 무시되는 자원 및 에너지의 측면, 그리고 그것이 지구적 정의에 미치는 영향을 비판적으로 강조해야 한다고 주장한다. 탈성장은 단순한 비판을 넘어 영리 목적의 소셜 미디어와 기업 플랫폼을 대체하기 위해 협동적으로 소유하는 새로운 플랫폼을 구축하려는 노력인 플랫폼 협동주의가 탈성장 비전에 어떻게 통합될 수 있는지 분석해야 한다.[13] P2P 운동과 새로운 통화 및 가치 생산, 제조, 지식 공유의 혁신과 긴밀히 협력하는 것도 또 다른 가능한 경로다.[14] 예를 들어, 아마존과 우버 노동자와 함께 정보기술 및 물류산업의 노동운동과 탈성장 간의 연결 고리를 구축하고, 이러한 투쟁을 스마트 기술의 물질적 영향 분석과 연결할 필요가 있다. 그리고 궁극적으로는 희토류 및 리튬 광산에서 생활하고 일하는 공동체뿐 아니라, 정보기술에 의해 생성되는 독성 폐기물의 희생 지역에 사는 사람들과도 연계해야 한다.[15]

7.4. 민주적 계획

마지막으로, 탈성장은 계획의 문제와 더 분명하게 연관되어야 한다. 흥미롭게도, 탈성장 논의에서 '계획', '설계', '조정'은 자주 언급되는 반면, 계획 자체의 실체(중앙 집중적인지 분산적인지, 참여적인지 강제적인지, 주요 행위자가 누구인지)는 거의 다뤄지지 않는다. 예를 들어, 최근의 한 논문은 탈성장을 "불평등을 줄이고 인간의 웰빙을 증진하는 방식으로 경제와 생활 세계의 균형을 되찾기 위해 설계된 에너지 및 자원 이용의 계획적인 감소"로 정의했다.[16] 그러나 탈성장이 위계적이고 관료적인 중앙집중식 구조보다 분산된 구조를 선호한다는 사실을 고려할 때, '탈성장을 위한 계획'이 정확히 어떤 모습일지에 대한 명시적인 입장이나 연구는 현저히 드물다. 성장을 넘어서는 전환이라는 야망과 과제를 고려할 때, 이는 시급히 해결해야 할 간극이다. 탈성장이 우리의 인프라(자동차가 지배하는 교통에서 탈피), 에너지 시스템(중앙 집중식 화석연료 산업에서 탈피), 그리고 기본적으로 전체 경제(이윤 지향적 민간 기업에서 탈피)의 변혁을 요구한다면, 우리가 주장한 것처럼 이는 다양한 형태의 장단기적 민주적 계획을 포함해야 한다. 경제 계획은 오랫동안 경제학과 사회주의 문헌에서 중요한 질문이었으며, 오늘날 새로운 좌파 정당의 부상과 그린 뉴딜과 같은 비전 제시로 다시 부활하고 있다.[17]

탈성장 지지자들은 이 논의에 더 적극적으로 개입하고, 탈성장에 어떤 종류의 계획이 포함될 수 있는지, 그리고 탈성장의 맥락에서 제기되는 구체적인 질문, 요구 및 도전에 맞게 계획에 대한 논의가 어떻게 적용되어야 할지 더 깊이 탐색할 수 있는 위치에 있다. 여기에는 자원 사용 및 배출량의 절대적 상한선 관리, 필수 재화 및 서비스에 대한 보편적 접근과 같은 사회적 목표와의 조화, 오염산업 부문의 단계적 퇴출에 대한 정의로운 전환 계획, 기술 혁신과 집단적 데팡스collective dépense로 논의된 것을 포함하는 투자 및 투자 철수 결정에 관한 참여적 계획 등이 포함된다.**18** 실질적으로, 탈성장이 물류산업, 기존의 인프라 프로젝트, 계획의 민주적 관리와 어떤 관련이 있는지에 관한 질문이 필요하다. 우리는 새로운 디지털 도구가 민주적 계획과 분권화된 의사결정을 지원하는 데 어떻게 도움이 될 수 있는지, 따라서 탈성장의 핵심 프로젝트인 경제활동 민주화에 어떻게 도움이 될 수 있는지에 대해 충분히 알지 못한다. 민주적이고 분산된 계획은 자연과 생태적 경계를 어떻게 고려하게 될 것인가? 그리고 전 세계를 하나의 숫자로 치환하는 보편적인 지표가 아래로부터의 민주적 의사결정과 관련된 다양한 차원을 이해하는 데 충분하지 않음을 염두에 두고 GDP를 포기할 경우, 탈성장 경제는 어떤 경제 지표를 사용하여 계획을 구체적으로 작성할 것인가?

7.5. 탈성장:
포스트-자본주의로 향하는 미래지향적 경로

탈성장에 대한 새로운 관심에도 불구하고, 보수주의자부터 사회민주주의자, 생태적 현대화론자, 생산주의 좌파에 이르기까지 많은 사람이 탈성장을 진지하게 받아들일 필요가 없는 낭만적인 사고, 퇴행적이고 반소비주의적인 생각, 또는 너무 급진적이거나 충분히 급진적이지 않은 것으로 무시한다. 그러나 탈성장 문헌들의 간극과 편향에 대한 논쟁의 여지가 있더라도, 탈성장이 완전히 기각되어선 안 된다. 이 책에서 우리의 목표는 모든 해방적 대안이 해결해야 하지만 종종 무시되는 일련의 핵심적 질문을 탈성장이 제기한다는 것을 보여주는 것이었다. 탈성장은 그런 질문들에 대한 해답도 제공한다. 사람들이 생태적 파괴, 자본주의 이데올로기, 또는 산업주의, 위계주의, 제국적 생산 양식의 문제를 해결하는 방법을 알고자 한다면, 탈성장은 다른 많은 논의 영역보다 훨씬 더 진전해 있다. 이는 좌파 측의 많은 논의를 포함한다.

탈성장은 자본주의 너머의 세계에 대한 중요한 길잡이 중 하나다. 우리는 이 길에 함께할 다른 이들이 필요하다. 이 책에서 우리는 자본주의를 뛰어넘는 방법에 대한 제안을 포함해, 다양하면서도 비전 있는 자본주의 비판을 제공하기 위해 탈성장 문헌에서 가장 좋은 접근법 중 일부를 끌어내려고 노력했다. 우리는 사람들이 스스로 판단할 수 있도록 내부의 논쟁과 모순을 회피하지 않고 솔직하게 표현했다. 이 소개가 새로운 과학적 연구 패러다임이자 정치적 프로젝트로서 탈성장에 대한 관심과 이해의 폭을 넓히는 데 기여하기를 바란다. 우리는 탈성장 자체가 시급히 필요한 사회생태적 변혁을 가져오는 *절대적인* 사회운동으로 발전할 것이라고 생각하지 않는다. 그러나 이후 대항 헤게모니 주기 속에서, 자본주의적 세계주의와 권위주의적 민족주의에 반대하는 더 큰 사회운동과 정치세력이 탈성장의 주요 비판, 관점 및 제안을 통합하기를 바란다. 이론적으로나 현실적으로, 수많은 열린 질문과 개념적 기회, 정치적 도전이 있다. 그것들은 비판적 토론과 정치적 개입을 통해 해결될 수 있다는 것이 우리의 신념이다. 한 가지 확실한 것은, 우리가 자본주의 경제에서 벗어나야 한다는 것이다. 탈성장은 우리에게 그 한계를 뛰어넘을 수 있는 도구가 되어준다.

후주

1. 도입

1. Degrowth.info international editorial team, 'Planning for Post-corona: Five Proposals to Craft a Radically More Sustainable and Equal World', *Degrowth* (blog), 11 May 2020, degrowth.info. 다음도 보라. Feminisms and Degrowth Alliance, 'Feminist Degrowth Reflections on COVID-19 and the Politics of Social Reproduction', *Degrowth* (blog), 20 April 2020, degrowth.info.

2. Benedict McAleenan, 'The Coronavirus Crisis Reveals the Misery of Degrowth', Spectator.co.uk, 27 March 2020.

3. 더 많은 증거와 관련된 최근 논문들은 다음과 같다. Jason Hickel and Giorgos Kallis, 'Is Green Growth Possible?', *New Political Economy* 25, no. 4 (April 2019): 1–18; Timothée Parrique et al., *Decoupling Debunked: Evidence and Arguments against Green Growth as a Sole Strategy for Sustainability* (Brussels: EEB, 2019); Thomas Wiedmann et al., 'Scientists' Warning on Affluence', *Nature Communications* 11, no. 1 (2020): 3107; Helmut Haberl et al., 'A Systematic Review of the Evidence on Decoupling of GDP, Resource Use and GHG Emissions, Part II: Synthesizing the Insights', *Environmental Research Letters* 15, no. 6 (2020): 065003.

4. Naomi Klein, *On Fire: The Burning Case for a Green New Deal* (London: Penguin, 2019), 100 [나오미 클라인, 『미래가 불타고 있다』, 열린책들].

5. Immanuel Wallerstein et al., *Does Capitalism Have a Future?* (New York: Oxford University Press, 2013), 45 [이매뉴얼 월러스틴 외, 『자본주의는 미래가 있는가』, 창비].

6. John Asafu-Adjaye et al., 'An Ecomodernist Manifesto', ecomodernism.org, 2015; Steven Pinker, *Enlightenment Now: The Case for Reason, Science, Humanism, and Progress* (London: Penguin Books, 2018) [스티븐 핑커, 『지금 다시 계몽』, 사이언스북스]; Giorgos Kallis and Sam Bliss, 'Post-environmentalism: Origins and Evolution of a Strange Idea', *Journal of Political Ecology* 26, no. 1 (2019): 466–85.

7. Harsha Walia, *Border and Rule: Global Migration, Capitalism, and the Rise of Racist Nationalism* (Haymarket Books, 2021); Andreas Malm and the Zetkin Collective, *White Skin, Black Fuel: On the Danger of Fossil Fascism* (London: Verso, 2021). 섹션 3.8에서 논의한 것처럼, 성장에 대한 비판은 무엇보다도 계몽주의적 보수주의의 형태와 일부 종족 및 민족주의 우파의 형태로 다보스 진영에도 존재한다. 그러나 대체로 오늘날 우파의 지배적인 프로젝트는 더 많은 성장을 도모하는 것이다. 또 우파가 근본적으로 사회적 위계 강화를 목표로 한다는 점을 고려할 때, 우파는 이데올로기적으로 경제 성장에 복무할 가능성이 높다.

8. Aaron Bastani, *Fully Automated Luxury Communism. A Manifesto* (London: Verso, 2019) [아론 바스타니, 『완전히 자동화된 화려한 공산주의』, 황소걸음]; Paul Mason, *PostCapitalism: A Guide to Our Future* (London: Penguin Books, 2015) [폴 메이슨, 『포스

트 자본주의 새로운 시작』, 더퀘스트].

9. Corinna Burkhart, Matthias Schmelzer, and Nina Treu, eds., *Degrowth in Movement(s): Exploring Pathways for Transformation* (Winchester: Zer0, 2020). 물론 세계적으로는 상황은 훨씬 더 복잡하다. 예를 들어, 다음을 보라. Max Ajl, *A People's Green New Deal* (London: Pluto Press, 2021) [맥스 아일, 『민중을 위한 그린 뉴딜』, 두번째테제].

10. 한국, 뉴질랜드, 유럽 의회에서도 유사한 제안들이 제출됐다. 예를 들어, 다음을 보라. Ann Pettifor, *The Case for the Green New Deal* (London: Verso, 2019); Ajl, *A People's Green New Deal*; Noam Chomsky and Robert Pollin, *Climate Crisis and the Global Green New Deal: The Political Economy of Saving the Planet* (London: Verso, 2020) [놈 촘스키, 『기후 위기와 글로벌 그린 뉴딜』, 현암사].

11. Robert Pollin, 'De-growth vs a Green New Deal', *New Left Review* 112 (2018): 5-25. 물론 탈성장에 대한 여러 가지 중요한 교훈도 있다. 예를 들어, 다음을 보라. Riccardo Mastini, Giorgos Kallis, and Jason Hickel, 'A Green New Deal without Growth?', *Ecological Economics* 179 (2021): 106832; Elena Hofferberth and Matthias Schmelzer, 'Degrowth vs Green New Deal: Gekoppelt wird ein Schuh draus', *politische ökologie* 159 (2019): 31-7.

12. Kate Aronoff et al., *A Planet to Win: Why We Need a Green New Deal* (London: Verso, 2019), 35f.

13. 자세한 것은 4장과 5장 참조. 그리고 다음도 보라. Kai Kuhnhenn et al., *A Societal Transformation Scenario for Staying Below 1.5°C* (Berlin: Konzeptwerk Neue Ökonomie & Heinrich-Böll Stiftung, 2020); Mastini et al., 'A Green New Deal without Growth?'.

14. Pollin, 'De-growth vs a Green New Deal'; Giorgos Kallis, 'A Green New Deal Must Not Be Tied to Economic Growth', truthout.org, 10 March 2020; Aaron Vansintjan, 'Degrowth vs. the Green New Deal', Briarpatchmagazine.com, 29 April 2020; James Wilt and Max Ajl, 'Either You Are Fighting to Eliminate Exploitation or Not: A Leftist Critique of the Green New Deal', Canadiandimension.com, 14 June 2020.

15. Christos Zografos and Paul Robbins, 'Green Sacrifice Zones, or Why a Green New Deal Cannot Ignore the Cost Shifts of Just Transitions', *One Earth* 3, no. 5 (2020): 543-6; Stan Cox, *The Green New Deal and Beyond: Ending the Climate Emergency While We Still Can* (San Francisco: City Lights Books, 2020).

16. Jasper Bernes, 'Between the Devil and the Green New Deal', *Commune*, 25 April 2019: 151-60; Francis Tseng, 'Inside Out', Phenomenalworld.org, 17 April 2020; Kate Aronoff et al., *A Planet to Win*.

17. 다음에서 인용. Giacomo D'Alisa, Federico Demaria, and Giorgos Kallis, *Degrowth: A Vocabulary for a New Era* (London: Routledge, 2014), 17 [자코모 달리사 외, 『탈성장 개념어 사전』, 그물코]; 다음도 보라. Barbara Muraca and Matthias Schmelzer, 'Sustainable Degrowth: Historical Roots of the Search for Alternatives to Growth in Three Regions', in *History of the Future of Economic Growth: Historical Roots of Current Debates on Sustainable Degrowth*, ed. Iris Borowy and Matthias Schmelzer (London: Routledge, 2017), 174-97.

18. James Boggs and Grace Lee Boggs, *Revolution and Evolution in the Twentieth Century* (New York: Monthly Review Press, 1974), 163, cited in Jamie Tyberg and Erica Jung, *Degrowth and Revolutionary Organizing* (New York: Rosa Luxemburg Foundation,

2021).

19. Matthias Schmelzer, *The Hegemony of Growth: The OECD and the Making of the Economic Growth Paradigm* (Cambridge: Cambridge University Press, 2016). During the 1990s, (eco-)feminist and post-development critics developed key arguments that were later taken up in the degrowth debate (3장을 보라).

20. Timothée Parrique, *The Political Economy of Degrowth: Economics and Finance* (Clermont: Université Clermont Auvergne, 2019); Serge Latouche, *Renverser nos maniè res de penser: Mé tanoï a pour le temps present* (Paris: Mille et Une Nuits, 2014); Vincent Liegey and Anitra Nelson, *Exploring Degrowth: A Critical Guide* (London: Pluto Press, 2020).

21. Valérie Fournier, 'Escaping from the Economy: The Politics of Degrowth', *International Journal of Sociology and Social Policy* 28, no. 11 (2008): 528–45, Muraca and Schmelzer, 'Sustainable Degrowth'; Barbara Muraca, 'Decroissance: A Project for a Radical Transformation of Society,' *Environmental Values* 22, no. 2 (2013): 147–69; Jason Hickel, *Less Is More: How Degrowth Will Save the World* (London: William Heinemann, 2020) [제이슨 히켈, 『적을수록 풍요롭다』, 창비].

22. Serge Latouche, *Farewell to Growth*, trans. David Macey (Cambridge: Polity Press, 2009).

23. Muraca and Schmelzer, 'Sustainable Degrowth'; Parrique, *The Political Economy of Degrowth*.

24. 'Les Françis, plus "éolos" que jamais', Odoxa.fr, 3 October 2019; Philippe Moati, 'L'utopie écologique séduit les Français', Lemonde.fr, 22 November 2019.

25. Mark Rice-Oxley and Jennifer Rankin, 'Europe's South and East Worry More about Emigration Than Immigration – Poll', Theguardian.com, 1 April 2019.

26. 기존 문헌에 대한 검토는 다음을 보라. Giorgos Kallis et al., 'Research on Degrowth', *Annual Review of Environment and Resources* 43 (2018): 291–316; Martin Weiss and Claudio Cattaneo, 'Degrowth: Taking Stock and Reviewing an Emerging Academic Paradigm', *Ecological Economics* 137 (July 2017): 220–30; Matthias Schmelzer and Andrea Vetter, *Degrowth/Postwachstum zur Einführung* (Hamburg: Junius, 2019). 2014년에 출간된 『탈성장 개념어 사전』은 이후 12개 이상의 언어로 번역되어 큰 영향력을 발휘하고 있다. 핸드북으로 만들어진 이 책은 탈성장 논의의 중심이 되는 핵심 용어를 다수 제시하고, 매우 다양한 관점을 수용할 여지를 제공한다. D'Alisa, Demaria, and Kallis, *Degrowth*. 그 밖의 영향력 있는 책들은 다음과 같다. Hickel, *Less Is More*; Giorgos Kallis et al., *The Case for Degrowth* (Cambridge: Polity Press, 2020) [요르고스 칼리스, 『디그로쓰』, 산현재]; Liegey and Nelson, *Exploring Degrowth*.

27. 이에 대해서는 다음도 보라. Burkhart, Schmelzer, and Treu, *Degrowth in Movement(s)*.

28. Matthias Schmelzer and Dennis Eversberg, 'Beyond Growth, Capitalism, and Industrialism? Consensus, Divisions and Currents within the Emerging Movement for Sustainable Degrowth', *Interface: A Journal for and about Social Movements* 9, no. 1 (2017): 327–56; Dennis Eversberg and Matthias Schmelzer, 'The Degrowth Spectrum: Convergence and Divergence within a Diverse and Conflictual Alliance', *Environmental Values* 27, no. 3 (2018): 245–67.

29. Silvio O. Funtowicz and Jerome R. Ravetz, 'Science for the Post-normal Age', *Futures* 25, no. 7 (September 1993): 739–55.

30. 이런 관점은 탈성장에 관한 생태경제학 저작들에서 특히 두드러진다. 예를 들어, 다음을 보라. Giorgos Kallis, *Degrowth* (Newcastle upon Tyne: Agenda Publishing, 2018); Herman E. Daly, *Beyond Growth: The Economics of Sustainable Development* (Boston: Beacon Press, 1996) [허먼 데일리, 『성장을 넘어서』, 열린책들]; Tim Jackson, *Prosperity without Growth: Economics for a Finite Planet* (London: Earthscan, 2016) [팀 잭슨, 『성장 없는 번영』, 착한책가게].

31. Schmelzer, *The Hegemony of Growth*.

32. Fournier, 'Escaping from the Economy'.

33. Paul Ariès, *Dé croissance ou barbarie* (Lyon: Golias, 2005); Giorgos Kallis, 'The Left Should Embrace Degrowth', Newint.org, 5 November 2015.

34. Stefania Barca, 'In Defense of Degrowth: Opinions and Minifestos/Doughnut Economics: Seven Ways to Think Like a 21st−Century Economist', *Local Environment* 23, no. 3 (2018): 379.

35. 예를 들어, 다음을 보라. McAleenan, 'Coronavirus Reveals the Misery of Degrowth'; or the debate between Branko Milanovic and Jason Hickel, in Jason Hickel, 'Why Branko Milanovic Is Wrong about Degrowth', jasonhickel.org, 19 November 2017. 탈성장을 둘러싼 몇 가지 논쟁을 모아 보려면 다음을 보라. 'Controversies', timotheeparrique.com.

36. Jason Hickel, 'What Does Degrowth Mean? A Few Points of Clarification', *Globalizations* 18, no. 7 (2021): 1105‒11.

37. Leigh Philips, *Austerity Ecology and the Collapse-Porn Addicts: A Defence of Growth, Progress, Industry and Stuff* (Winchester: Zer0, 2014).

38. Timothée Parrique, 'A Response to Yanis Varoufakis: *Star Trek* and Degrowth', timotheeparrique.com, 3 January 2021; Branko Milanovic, 'Degrowth: Solving the Impasse by Magical Thinking', glineq.blogspot.com, 20 February 2021.

39. 4장과 5장 참조. Timothee Parrique, 'A Response to Branko Milanović The Magic of Degrowth', 25 February 2021, timotheeparrique.com; Kate Soper, *Post-growth Living: For an Alternative Hedonism* (London: Verso, 2020) [케이트 소퍼, 『성장 이후의 삶』, 한문화].

40. 'Ep 011 Destroying Degrowth with Facts and Logic (feat. Matt Huber)', 11 April 2021, Spacecommune.com, podcast; or Philips, *Austerity Ecology*.

41 Kate Aronoff et al., *A Planet to Win*, 12.

42. Mark Blyth, *Austerity: The History of a Dangerous Idea* (Oxford: Oxford University Press, 2013) [마크 블라이스, 『긴축』, 부키].

43. 4장 참조. Hartmut Rosa, *Resonance: A Sociology of Our Relationship to the World* (Medford, MA: Polity, 2019).

44. Kenta Tsuda, 'Naive Questions on Degrowth', *New Left Review* 128 (2021): 111‒30, 128.

45. Chomsky and Pollin, *Climate Crisis*, 118. 다음도 보라. Pollin, 'De−Growth vs a Green New Deal'.

46. Branko Milanovic, 'Degrowth: Solving the Impasse by Magical Thinking', *Global Inequality* (blog), 20 February 2021, glineq.blogspot.com; Max Roser, 'The Economies That Are Home to the Poorest Billions of People Need to Grow If We Want Global

Poverty to Decline Substantially', Ourworldindata.org, 22 February 2021; Noah Smith, 'Against Hickelism: Poverty Is Falling, and It Isn't Because of Free-Market Capitalism', noahpinion.substack.com, 2 April 2021.

47. Hickel, 'What Does Degrowth Mean?'

48. Ashish Kothari et al., *Pluriverse: A Post-development Dictionary* (Delhi: Authors Up Front, 2019); Ulrich Brand and Markus Wissen, *The Imperial Mode of Living: Everyday Life and the Ecological Crisis of Capitalism* (London: Verso, 2021).

49. 5장 참조. Ajl, *A People's Green New Deal*.

50. 더 자세한 것은 3장과 5장 참조.

51. Saurabh Arora and Andy Stirling, 'Degrowth and the Pluriverse: Continued Coloniality or Intercultural Revolution?', steps-centre.org/blog, 5 May 2021; Padini Nirmal and Dianne Rocheleau, 'Decolonizing Degrowth in the Post-development Convergence: Questions, Experiences, and Proposals from Two Indigenous Territories', *Environment and Planning E: Nature and Space* 2, no. 3 (2019): 465–92.

52. Corinna Burkhart, Matthias Schmelzer, and Nina Treu, 'Degrowth: Overcoming Growth, Competition and Profit', in *Degrowth in Movement(s): Exploring Pathways for Transformation*, 143–58, 147; Kothari et al., *Pluriverse*.

53. Chomsky and Pollin, Climate Crisis, 118; 다음도 보라. David Roberts, 'Noam Chomsky's Green New Deal', Vox.com, 21 September 2020.

54. Klaus Dörre, *Die Utopie des Sozialismus: Kompass für eine Nachhaltigkeitsrevolution* (Berlin: Matthes & Seitz Verlag, 2021); Aaron Benanav, *Automation and the Future of Work* (London: Verso, 2020); Schmelzer, *The Hegemony of Growth*.

55. Hartmut Rosa, Stephan Lessenich, and Klaus Dörre, *Sociology, Capitalism, Critique* (London: Verso, 2015); Robert Gordon, *Rise and Fall of American Growth: The U.S. Standard of Living since the Civil War* (Princeton, NJ: Princeton University Press, 2016) [로버트 J. 고든, 『미국의 성장은 끝났는가』, 생각의힘]; Oliver Nachtwey, *Germany's Hidden Crisis: Social Decline in the Heart of Europe* (London: Verso, 2018).

56. 탈성장에 대한 일반적 비판에 대해서는 다음을 보라. Kallis et al., *The Case for Degrowth*; 그리고 탈성장 논쟁 모음은 이 웹사이트에서 볼 수 있다. timotheeparrique.com/degrowthcontroversies.

57. Kate Raworth, *Doughnut Economics: Seven Ways to Think Like a 21st-Century Economist* (White River Junction, VT: Chelsea Green Publishing, 2017), chapter 7.

58. Latouche, *Farewell to Growth*; Jeroen van den Bergh and Giorgos Kallis, 'Growth, A-growth or Degrowth to Stay within Planetary Boundaries?', *Journal of Economic Issues* 46, no. 4 (2012): 909–20; Jeroen van den Bergh, 'Environment versus Growth: A Criticism of "Degrowth" and a Plea for "A-growth"', *Ecological Economics* 70, no. 5 (2011): 881–90.

59. Irmi Seidl and Angelika Zahrnt, *Postwachstumsgesellschaft: Neue Konzepte für die Zukunft* (Marburg: Metropolis, 2010).

60. 또는 환경 정책이 효과적이라면 구조적 성장 의존성이 사회를 경기 침체, 생태 긴축, 위기로 몰아넣을 수 있다는 주장도 있다. 4장의 논의와 문헌 참조.

61. James Baldwin, 'As Much Truth as One Can Bear', *New York Times Book Review*, 14 January 1962.

62 Van den Bergh and Kallis, 'Growth, A–growth or Degrowth'; 4장도 보라.

63. Giorgos Kallis, 'You're Wrong Kate, Degrowth Is a Compelling Word', oxfamblogs.org, 2 December 2015.

64. Tsuda, 'Naïe Questions on Degrowth'.

65. '비개혁주의적 개혁' 개념에 대해서는 다음을 보라. Mark Engler and Paul Engler, 'André Gorz's Non–Reformist Reforms Show How We Can Transform the World Today', Jacobinmag.com, 22 July 2021; Rosa Luxemburg, 'Karl Marx', in *Gesammelte Werke*, vol. 1.2 (Berlin: Dietz, 2000): 369–77, 373.

66. 앙드레 고르츠는 비개혁주의적 개혁 전략은 "부분적인 승리를 통해 체제의 균형을 근본적으로 뒤흔들고, 체제의 모순을 첨예하게 하며, 체제의 위기를 강화하고, 일련의 공격과 반격을 통해 계급투쟁을 더욱 강하고 높은 수준으로 끌어올리는 것을 목표로 한다"라고 주장한다. André Gorz, *Strategy for Labor: A Radical Proposal* (Boston: Beacon Press, 1967), 181.

67. Erik Olin Wright, *Envisioning Real Utopias* (London: Verso, 2010) [에릭 올린 라이트, 『리얼 유토피아』, 들녘].

68. '시민'이라는 단어에는 국민 국가의 구성원 자격과 관련된 공식적인 시민권이 강하게 내포되어 있다. 그러나 이 맥락에서 우리는 '시민'이라는 단어를 불법 이민자, 난민, 무국적자를 배제하지 않고 정치에 참여할 역량을 가진 모든 개인을 지칭하는 더 넓은 범주로 사용한다.

2. 경제 성장

1. George Lakoff, 'Why It Matters How We Frame the Environment', *Environmental Communication* 4, no. 1 (2010): 70–81.

2. 다음을 보라. Iris Borowy and Matthias Schmelzer, 'Introduction: The End of Economic Growth in Long–Term Perspective', in *History of the Future of Economic Growth: Historical Roots of Current Debates on Sustainable Degrowth*, ed. Iris Borowy and Matthias Schmelzer (London: Routledge, 2017), 1–26; Eric Pineault, 'The Growth Imperative of Capitalist Society', in *Degrowth in Movement(s): Exploring Pathways for Transformation*, ed. Corinna Burkhart, Matthias Schmelzer, and Nina Treu (Winchester: Zer0, 2020), 29–43.

3. 여기서는 헤게모니와 이데올로기에 관한 논쟁은 다루지 않을 것이다. 다음을 보라. Terry Eagleton, *Ideology: An Introduction* (London: Verso, 1991) [테리 이글턴, 『이데올로기 개론』, 한신문화사]; and Matthias Schmelzer, *The Hegemony of Growth: The OECD and the Making of the Economic Growth Paradigm* (Cambridge: Cambridge University Press, 2016).

4. Borowy and Schmelzer, *History of the Future of Economic Growth*; Schmelzer, *The Hegemony of Growth*; Gareth Dale, 'The Growth Paradigm: A Critique', *International*

Socialism 134 (2012), isj.org.uk.

5. Philip Mirowski, *More Heat Than Light: Economics as Social Physics, Physics as Nature's Economics* (Cambridge: Cambridge University Press, 1989); Wendy Brown, *Undoing the Demos: Neoliberalism's Stealth Revolution* (Boston: MIT Press, 2015).

6. Timothy Mitchell, 'Economentality: How the Future Entered Government', *Critical Inquiry* 40, no. 4 (2014): 479 - 507.

7. Ibid.; Timothy Mitchell, *Carbon Democracy: Political Power in the Age of Oil* (London: Verso, 2011) [티머시 미첼, 『탄소 민주주의』, 생각비행]; Schmelzer, *The Hegemony of Growth*.

8. Diane Coyle, *GDP: A Brief but Affectionate History* (Princeton, NJ: Princeton University Press, 2014) [다이앤 코일, 『GDP 사용설명서』, 부키]; Lorenzo Fioramonti, *Gross Domestic Problem: The Politics behind the World's Most Powerful Number* (London: Zed Books, 2013) [로렌조 피오라몬티, 『GDP의 정치학』, 후마니타스]; Philipp Lepenies, *The Power of a Single Number: A Political History of GDP* (New York: Columbia University Press, 2016); Dirk Philipsen, *The Little Big Number: How GDP Came to Rule the World and What to Do about It* (Princeton, NJ: Princeton University Press, 2015); Schmelzer, *The Hegemony of Growth*.

9. Stephen J. Macekura, *Mismeasure of Progress: Economic Growth and Its Critics* (Chicago: University of Chicago Pr., 2020); David Pilling, *The Growth Delusion: Wealth, Poverty, and the Well-Being of Nations* (New York: Crown, 2018) [데이비드 필링, 『만들어진 성장』, 이콘]; Marilyn Waring, *Counting for Nothing: What Men Value and What Women Are Worth* (Toronto: University of Toronto Press, 1999)..

10. Schmelzer, *The Hegemony of Growth*; Fioramonti, *Gross Domestic Problem*; Coyle, *GDP*.

11. Schmelzer, *The Hegemony of Growth*.

12. Fioramonti, *Gross Domestic Problem*.

13. Joseph Stiglitz, Amartya Sen, and Jean-Paul Fitoussi, *Mismeasuring Our Lives: Why GDP Doesn't Add Up* (New York: New Press, 2010) [조지프 스티글리츠, 아마르티아 센, 장폴 피투시, 『GDP는 틀렸다』, 동녘]. 다음도 보라. Philipsen, *The Little Big Number, and Fioramonti, Gross Domestic Problem*.

14. Will Steffen et al., 'Trajectories of the Earth System in the Anthropocene', *Proceedings of the National Academy of Sciences* 115, no. 33 (2018): 8252 - 9; Mitchell, *Carbon Democracy*; Fridolin Krausmann et al., 'Growth in Global Materials Use, GDP and Population during the 20th Century', *Ecological Economics* 68, no. 10 (August 2009): 2696 - 705.

15. Dale, 'The Growth Paradigm'; Mitchell, 'Economentality'; Schmelzer, *The Hegemony of Growth*.

16. Arturo Escobar, *Encountering Development: The Making and Unmaking of the Third World* (Princeton, NJ: Princeton University Press, 1995); Ariel Salleh, *Ecofeminism as Politics: Nature, Marx and the Postmodern* (London: Zed Books, 2017).

17. 다음에서 인용. Schmelzer, *The Hegemony of Growth*, 163; 다음도 보라. Dale, 'The Growth Paradigm'.

18. Brown, *Undoing the Demos*, 64; Schmelzer, *The Hegemony of Growth*.

19. Dale, 'The Growth Paradigm'.

20. 이 시기 에릭 피노는 '제로섬 게임으로서 선진 자본주의의 물질적 궤적'을 분석할 것을 제안했다. 다음을 보라. Eric Pineault, 'The Ghosts of Progress: Contradictory Materialities of the Capitalist Golden Age', *Anthropological Theory* 21, no. 3 (2021): 260 – 86, 260.

21. Eagleton, *Ideology*; Schmelzer, *The Hegemony of Growth*; Charles S. Maier, 'The Politics of Productivity: Foundations of American International Economic Policy after World War II', *International Organization* 31, no. 4 (1977): 607 – 33.

22. Schmelzer, *The Hegemony of Growth*; Escobar, *Encountering Development*; Wolfgang Sachs, *The Development Reader: A Guide to Knowledge and Power* (London: Zed Books, 1992); Giorgos Kallis, *Degrowth* (Newcastle upon Tyne: Agenda Publishing, 2018).

23. Henry C. Wallich, 'Zero Growth', *Newsweek*, 24 January 1972, 62.

24. Cited in Schmelzer, *The Hegemony of Growth*, 117.

25. 따라서 성장 헤게모니는 임노동자의 생활 조건 개선을 위한 필수 전제 조건으로 성장을 받아들일 뿐만 아니라, 지배적인 형태의 소유와 통치를 승인하는 포괄적인 사회적 관행이다. 3장에서 살펴보겠지만, 이러한 권력관계에는 계급, 인종, 젠더, 남반구–북반구 불균등 발전이 포함된다. Antonio Gramsci, *Prison Notebooks*, ed. by Joseph A. Buttigieg, vols. 1 – 3 (New York: Columbia University Press, 2011). 다음도 보라. Giacomo D'Alisa and Giorgos Kallis, 'Degrowth and the State', *Ecological Economics* 169 (2020): 106486; Schmelzer, *The Hegemony of Growth*.

26. Pineault, 'The Growth Imperative of Capitalist Society', 32. 다음도 보라. Schmelzer, *The Hegemony of Growth*; Giorgos Kallis, 'Socialism without Growth', *Capitalism Nature Socialism* 30, 2 (2019): 189 – 206.

27. Karl Marx, *Capital: A Critique of Political Economy, Volume 1*, trans. Ben Fowkes (New York: Vintage, 1976), 27; Ulrich Brand et al., 'From Planetary to Societal Boundaries: An Argument for Collectively Defined Self–limitation', *Sustainability: Science, Practice and Policy* 17, no. 1 (2021): 265 – 92; Augusto Graziani, *The Monetary Theory of Production* (Cambridge: Cambridge University Press, 2003).

28. Jason Hickel, *Less Is More: How Degrowth Will Save the World* (London: William Heinemann, 2020); Pineault, 'The Growth Imperative of Capitalist Society'; Utsa Patnaik and Prabhat Patnaik, *Capital and Imperialism: Theory, History, and the Present* (New York: NYU Press, 2021).

29. 물론, 이 책에서 논의하는 GDP 계정의 모든 문제는 경제학자들이 대부분의 활동이 시장과 임금 관계 밖에서 이뤄졌던 수백 년 전의 경제로 거슬러 올라가는 장기 성장 추세를 재구성하려 할 때 배가된다. 그러나 소급하여 측정할 수 있는 한, 산업화 이전의 GDP 성장은 매우 느렸고, 1인당 연간 성장률은 퍼센트 단위로 측정됐다. 다음을 보라. Vaclav Smil, *Growth: From Microorganisms to Megacities* (Boston: MIT Press, 2019), chapter 5; Jürgen Osterhammel, *The Transformation of the World: A Global History of the Nineteenth Century* (Princeton, NJ: Princeton University Press, 2014); Desmond C. M. Platt, *Mickey Mouse Numbers in World History: The Short View* (Basingstoke: Macmillan, 1989).

30. David Graeber and David Wengrow, *The Dawn of Everything: A New History of Humanity* (New York: Farrar, Straus and Giroux, 2021); Sven Beckert, *Empire of Cotton: A Global History* (New York: Alfred A. Knopf, 2014); Immanuel Wallerstein, *World-Systems Analysis: An Introduction* (Durham, NC: Duke University Press, 2004) [이매뉴얼 월러스

틴, 『월러스틴의 세계체제 분석』, 당대].

31. Ibid.; Amitav Ghosh, *The Nutmeg's Curse: Parables for a Planet in Crisis* (Chicago: University of Chicago Press, 2021) [아미타브 고시, 『육두구의 저주』, 에코리브르]; Jason W. Moore, *Capitalism in the Web of Life: Ecology and the Accumulation of Capital* (London: Verso, 2015) [제이슨 W. 무어, 『생명의 그물 속 자본주의』, 갈무리]; Fabian Scheidler, *The End of the Megamachine: A Brief History of a Failing Civilization* (Winchester: Zer0, 2020).

32. Marx, *Capital, Volume 1*, 873; Rosa Luxemburg, *The Accumulation of Capital* (London, New York: Routledge, 2003 [1913]); Silvia Federici, *Caliban and the Witch: Women, the Body and Primitive Accumulation* (New York: Autonomedia, 2004) [실비아 페데리치, 『캘리번과 마녀』, 갈무리]; Patnaik and Patnaik, *Capital and Imperialism*; Karl Polanyi, *The Great Transformation* (Boston: Beacon Press, 1944) [칼 폴라니, 『거대한 전환』, 길]; Moore, *Capitalism in the Web of Life*; Cedric J. Robinson, *Black Marxism: The Making of the Black Radical Tradition* (Chapel Hill: University of North Carolina Press, 2005); Hartmut Rosa, Stephan Lessenich, and Klaus Dörre, *Sociology, Capitalism, Critique* (London: Verso, 2015).

33. Andreas Malm, *Fossil Capital: The Rise of Steam Power and the Roots of Global Warming* (London: Verso, 2016); Beckert, *Empire of Cotton*; Kenneth Pomeranz, *The Great Divergence: China, Europe, and the Making of the Modern World Economy* (Princeton, NJ: Princeton University Press, 2000) [케네스 포머런츠, 『대분기』, 에코리브르].

34. Scheidler, *The End of the Megamachine*; Dale, 'The Growth Paradigm'; Malm, *Fossil Capital*; Carolyn Merchant, *The Death of Nature: Women, Ecology, and Scientific Revolution* (San Francisco: Harper and Row, 1980) [캐롤린 머천트, 『자연의 죽음』, 미토].

35. Merchant, *The Death of Nature*; Joachim Radkau, *Nature and Power: A Global History of the Environment* (Cambridge: Cambridge University Press, 2008); George Caffentzis, *In Letters of Blood and Fire: Work, Machines, and the Crisis of Capitalism* (Oakland: PM Press, 2012) [조지 카펜치스, 『피와 불의 문자들』, 갈무리].

36. 백인은 생물학적 자산이 아니지만, 인종주의의 지배 구조 내에서는 확실히 특권적 지위다. Alan H. Goodman, Yolanda T. Moses, and Joseph L. Jones, *Race: Are We So Different?* (Hoboken, NJ: John Wiley & Sons, 2019); Cedric J. Robinson, *On Racial Capitalism, Black Internationalism, and Cultures of Resistance* (London: Pluto Press, 2019).

37. Ghosh, *The Nutmeg's Curse*; Richard H. Grove, *Green Imperialism: Colonial Expansion, Tropical Island Edens and the Origins of Environmentalism, 1600–1860* (Cambridge: Cambridge University Press, 2010); Naomi Klein, *This Changes Everything: Capitalism vs. the Climate* (London: Penguin UK, 2014) [나오미 클라인, 『이것이 모든 것을 바꾼다』, 열린책들].

38. Escobar, *Encountering Development*; Walter Mignolo and Catherine E. Walsh, *On Decoloniality: Concepts, Analytics, Praxis* (Durham, NC: Duke University Press, 2018); Gilbert Rist, The History of Development: From Western Origins to Global Faith (London: Zed Books, 1996); Schmelzer, *The Hegemony of Growth*.

39. Dale, 'The Growth Paradigm'. 더 많은 역사적 문헌은 다음을 보라. Giorgos Kallis et al., 'Research on Degrowth', *Annual Review of Environment and Resources* 43 (2018): 291–316.

40. Veronika Bennholdt—Thomsen and Maria Mies, *The Subsistence Perspective: Beyond the Globalized Economy* (London: Zed Books, 1999) [마리아 미즈, 베로니카 벤홀트-톰젠, 『자급의 삶은 가능한가』, 동연]; Maria Mies and Vandana Shiva, *Ecofeminism* (London: Zed Books, 1993) [마리아 미스 외, 『에코페미니즘』, 창비]; Moore, *Capitalism in the Web of Life*; Salleh, *Ecofeminism as Politics*.

41. David Graeber, *Bullshit Jobs: A Theory* (New York: Simon & Schuster, 2018) [데이비드 그레이버, 『불쉿 잡』, 민음사]; Osterhammel, *The Transformation of the World*.

42. Pineault, 'The Growth Imperative of Capitalist Society'; Adelheid Biesecker and Sabine Hofmeister, 'Focus: (Re)productivity: Sustainable Relations Both between Society and Nature and between the Genders', *Ecological Economics* 69 (2010): 1703 – 11.

43. Max Horkheimer and Theodor W. Adorno, *Dialectic of Enlightenment* (London: Verso, 1996) [막스 호르크하이머, 테오도르 W. 아도르노, 『계몽의 변증법』, 문학과지성사].

44. Raj Patel and Jason W. Moore, *A History of the World in Seven Cheap Things: A Guide to Capitalism, Nature, and the Future of the Planet* (Berkeley: University of California Press, 2017) [라즈 파텔 외, 『저렴한 것들의 세계사』, 북돋움]; Hickel, *Less Is More*.

45. Rosa, Lessenich, and Dörre, *Sociology, Capitalism, Critique*; Radkau, *Nature and Power*; Moore, *Capitalism in the Web of Life*; Hartmut Rosa, *Resonance: A Sociology of Our Relationship to the World* (Cambridge: Polity Press, 2019).

46. Frank Trentmann, *Empire of Things: How We Became a World of Consumers, from the Fifteenth Century to the Twenty-First* (New York: Harper Perennial, 2017); Schmelzer, *Hegemony of Growth*; Kallis, *Degrowth*; Tim Jackson, *Prosperity without Growth: Economics for a Finite Planet* (London: Earthscan, 2016).

47. Radkau, *Nature and Power*; Wallerstein, *World-Systems Analysis*; Ekaterina Chertkovskaya and Alexander Paulsson, 'The Growthocene: Thinking Through What Degrowth Is Criticising', Entitle Blog, 19 February 2016, entitleblogdotorg3.wordpress.com.

48. Mitchell, *Carbon Democracy*.

49. Dipesh Chakrabarty, 'The Climate of History: Four Theses', *Critical Inquiry* 35, no. 2 (2009): 208.

50. Rosa, Lessenich, and Dörre, *Sociology, Capitalism, Critique*.

51. 예를 들어, 다음을 보라. Bernd Sommer and Harald Welzer, *Transformationsdesign: Wege in eine zukunftsfähige Moderne* (München: Oekom, 2014); Rosa, Lessenich, and Dörre, *Sociology, Capitalism, Critique*; Imre Szeman and Dominic Boyer, eds., *Energy Humanities: An Anthology* (Baltimore: Johns Hopkins University Press, 2017).

52. Thomas Piketty, *Capital in the Twenty-First Century* (Cambridge, MA: Harvard University Press, 2014) [토마 피케티, 『21세기 자본』, 글항아리].

53. Stefania Barca, *Forces of Reproduction: Notes for a Counter-hegemonic Anthropocene* (Cambridge: Cambridge University Press, 2020), 17.

54. Eric Pineault, 'From Provocation to Challenge: Degrowth, Capitalism and the Prospect of "Socialism without Growth"; A Commentary on Giorgios Kallis', *Capitalism Nature Socialism* 30, no. 2 (2018): 1 – 16.

55 Ulrich Brand and Markus Wissen, *The Imperial Mode of Living: Everyday Life and the*

Ecological Crisis of Capitalism (London: Verso, 2021) [울리히 브란트, 마르쿠스 비센, 『제국적 생활양식을 넘어서』, 에코리브르].

56. Lucas Chancel et al., *World Inequality Report 2022* (Harvard University Press, 2022); Richard Wilkinson and Kate Pickett, *The Spirit Level: Why Greater Equality Makes Societies Stronger* (New York: Bloomsbury Press, 2011) [리처드 윌킨슨, 『평등이 답이다』, 이후].

57. John Bellamy Foster, *Marx's Ecology: Materialism and Nature* (New York: Monthly Review Press, 2000) [존 벨라미 포스터, 『마르크스의 생태학』, 인간사랑].

58. Emily Elhacham et al., 'Global Human-Made Mass Exceeds All Living Biomass', *Nature* 588, no. 7838 (2020): 442–4; 다음도 보라. Fridolin Krausmann et al., 'Global Socioeconomic Material Stocks Rise 23-Fold over the 20th Century and Require Half of Annual Resource Use', *Proceedings of the National Academy of Sciences* 114, no. 8 (2017): 1880–5; Heinz Schandl et al., 'Global Material Flows and Resource Productivity: Forty Years of Evidence', *Journal of Industrial Ecology* 22, no. 4 (2018): 827–38.

59. Marina Fischer-Kowalski and Karl-Heinz Erb, 'Core Concepts and Heuristics', in *Social Ecology: Society-Nature Relations across Time and Space*, ed. Helmut Haberl et al., *Human-Environment Interactions* (Cham: Springer International Publishing, 2016), 29–61; Herman E. Daly and Joshua C. Farley, *Ecological Economics: Principles and Applications* (Washington: Island Press, 2011); Pineault, 'The Growth Imperative of Capitalist Society', Anke Schaffartzik et al., 'The Transformation of Provisioning Systems from an Integrated Perspective of Social Metabolism and Political Economy: A Conceptual Framework', *Sustainability Science*, 18 (2021).

60. Schandl et al., 'Global Material Flows'.

61. Pineault, 'The Growth Imperative of Capitalist Society', 40. 다음도 보라. Foster, *Marx's Ecology*; Trentman, *Empire of Things*.

62. Marín-Beltrán et al., 'Scientists' Warning against the Society of Waste', Science of the Total Environment (2021), 151359. 섹션 3.1도 보라.

63. Elmar Altvater, 'The Growth Obsession', *Socialist Register* 38 (2009): 73–92.

64. Malm, *Fossil Capital*.

65. Cara Daggett, *The Birth of Energy: Fossil Fuels, Thermodynamics, and the Politics of Work* (Durham: Duke University Press, 2019); Ghosh, *The Nutmeg's Curse*; Osterhammel, *The Transformation of the World*; Radkau, *Nature and Power*.

66. Cara Daggett, 'Petro-Masculinity: Fossil Fuels and Authoritarian Desire', *Millennium* 47, no. 1 (2018): 25–44; Bob Johnson, *Carbon Nation: Fossil Fuels in the Making of American Culture* (Lawrence, KS: University Press of Kansas, 2014); Mitchell, *Carbon Democracy*.

67. 이런 측면에 대해서는 특히 바츨라프 스밀의 저작들을 보라. Vaclav Smil, *Energy Transitions: Global and National Perspectives* (Santa Barbara: ABC-CLIO, 2017); Vaclav Smil, *Growth: From Microorganisms to Megacities* (Cambridge: MIT Press, 2020).

68. Steffen et al., 'Trajectories of the Earth System'. 다음도 보라. Smil, *Growth*.

69. Christoph Görg et al., 'Scrutinizing the Great Acceleration: The Anthropocene and Its Analytic Challenges for Social-Ecological Transformations', *Anthropocene Review* 7, no. 1 (2020): 42–61.

70. Jason W. Moore, 'The Capitalocene, Part I: On the Nature and Origins of Our Ecological Crisis', *Journal of Peasant Studies* 44, no. 3 (2017): 594 – 630; Andreas Malm and Alf Hornborg, 'The Geology of Mankind? A Critique of the Anthropocene Narrative', *Anthropocene Review*, no. 1 (2014): 62 – 9; Chertkovskaya and Paulsson, 'The Growthocene'.

71. Tim Jackson and Robin Webster, *Limits Revisited: A Review of the Limits to Growth Debate* (London: All‒Party Parliamentary Group on Limits to Growth, 2016); Graham Turner, *A Comparison of The Limits to Growth with Thirty Years of Reality*, Socio‒economics and the Environment in Discussion Working Paper Series (Canberra: CSIRO Sustainable Ecosystems, 2008); Gaya Herrington, 'Update to Limits to Growth: Comparing the World3 Model with Empirical Data', *Journal of Industrial Ecology* 25, no. 3 (2021): 614 – 26.

72. Helmut Haberl et al., 'Contributions of Sociometabolic Research to Sustainability Science', *Nature Sustainability* 2, no. 3 (2019): 173 – 84; Görg et al, 'Scrutinizing the Great Acceleration'; Schandl et al., 'Global Material Flows'; Jackson, *Prosperity without Growth*; Hickel, *Less Is More*.

73.   Kate Raworth, *Doughnut Economics: Seven Ways to Think Like a 21st-Century Economist* (White River Junction, VT: Chelsea Green Publishing, 2017) [케이트 레이워스, 「도넛 경제학」, 학고재]; Johan Rockström et al., 'A Safe Operating Space for Humanity', *Nature* 461, no. 7263 (2009): 472 – 5 ; Linn Persson et al., 'Outside the Safe Operating Space of the Planetary Boundary for Novel Entities', *Environmental Science and Technology* 56, no. 3 (2022): 1510 – 21.

74. Brand et al., 'From Planetary to Societal Boundaries'.

75. Will Steffen et al., 'Trajectories of the Earth System in the Anthropocene', *Proceedings of the National Academy of Sciences* 115, no. 33 (2018): 8252 – 9.

76. Charles Eisenstein, *Climate: A New Story* (Berkeley: North Atlantic Books, 2018).

77. 환경 정의 아틀라스는 다음에서 볼 수 있다. ejatlas.org; John Robert McNeill and Peter Engelke, *The Great Acceleration: An Environmental History of the Anthropocene since 1945* (Cambridge, MA: Harvard University Press, 2016); Brand et al., 'From Planetary to Societal Boundaries'.

78. Robert J. Gordon, *Rise and Fall of American Growth: The U.S. Standard of Living since the Civil War* (Princeton, NJ: Princeton University Press, 2016).

79. Borowy and Schmelzer, *History of the Future of Economic Growth*; Barry Eichengreen, 'Secular Stagnation: A Review of the Issues', in *Secular Stagnation: Facts, Causes and Cures*, ed. Richard Baldwin and Coen Teulings (London: CEPR Press, 2014), 41 – 6; Jackson, *Prosperity without Growth*; Schmelzer, *The Hegemony of Growth*.

3. 성장 비판

1. 탈성장의 다양한 전통에 대해서는 다음을 보라. Giacomo D'Alisa, Federico Demaria, and Giorgos Kallis, *Degrowth: A Vocabulary for a New Era* (London: Routledge, 2014); Federico Demaria et al., 'What Is Degrowth? From an Activist Slogan to a Social

Movement', *Environmental Values* 22, no. 2 (2013): 191 – 215; Barbara Muraca and Matthias Schmelzer, 'Sustainable Degrowth: Historical Roots of the Search for Alternatives to Growth in Three Regions', in *History of the Future of Economic Growth: Historical Roots of Current Debates on Sustainable Degrowth*, ed. Ingrid Borowy and Matthias Schmelzer (London: Routledge, 2017): 174 – 97.

2. Thomas Robertson, *The Malthusian Moment: Global Population Growth and the Birth of American Environmentalism* (New Brunswick, NJ: Rutgers University Press, 2012). 탈성장 분석에 대한 자세한 내용은 다음을 보라. Giorgos Kallis, *Limits: Why Malthus Was Wrong and Why Environmentalists Should Care* (Stanford, CA: Stanford University Press, 2019).

3. Dennis Eversberg, 'Gefärliches Werben: Üer Anschlussfäigkeiten der Postwachstumsdebatte gegenüber dem autoritären Nationalismus – und was sich dagegen tun lässt', *Forschungsjournal Soziale Bewegungen* 4 (2018): 52 – 60, our translation.

4. 예를 들어, 다음을 보라. D'Alisa, Demaria, and Kallis, *Degrowth: A Vocabulary for a New Era; Serge Latouche, Farewell to Growth*, trans. David Macey (Cambridge: Polity Press, 2009); Fabrice Flipo, 'Les racines conceptuelles de la décroissance', in *La décroissance économique pour la soutenabilité écologique et l'éuitésociale*, ed. B. Mylondo (Bellecombe−en−Bauges: Croquant, 2009), 19 – 32.

5. Herman Daly and Joshua Farley, *Ecological Economics: Principles and Applications* (Washington, DC: Island Press, 2011); Tim Jackson, *Prosperity without Growth: Economics for a Finite Planet* (London: Earthscan, 2016). 표준적인 경제학 교과서로는 다음을 보라. N. Gregory Mankiw, *Principles of Economics* (Boston: Cengage Learning, 2016).

6. Nicholas Georgescu−Roegen, *The Entropy Law and the Economic Process* (Cambridge, MA: Harvard University Press, 1971).

7. 엔트로피의 법칙으로도 알려진 열역학 제2법칙은 닫힌 시스템에서 에너지원의 잠재적 이점은 시간이 지남에 따라 지속적이고 비가역적으로 감소한다는 것을 나타낸다. 예를 들어, 욕조는 실내 온도만큼 차가워질 때까지 온도가 내려간다(즉, 열이 실내 전체에 분산되어 그 유용성을 잃게 된다). 따라서 에너지와 물질의 변환은 임의로 되돌릴 수 있는 것이 아니라 공간과 시간으로 향하며, 추가 에너지를 투입해야만 되돌릴 수 있다. 다음을 보라. Georgescu−Roegen, *The Entropy Law*.

8. Nicholas Georgescu−Roegen, 'Energy and Economic Myths', *Southern Economic Journal* 41, no. 3 (January 1975), 371.

9. Georgescu−Roegen, *The Entropy Law*.

10. Vaclav Smil, *Growth: From Microorganisms to Megacities* (Boston: MIT Press, 2019).

11. Mauro Bonaiuti, *The Great Transition* (London: Routledge, 2014); Smil, Growth. 경험적 증거로는 다음도 보라. Fridolin Krausmann et al., 'Global Socioeconomic Material Stocks Rise 23−Fold over the 20th Century and Require Half of Annual Resource Use', *Proceedings of the National Academy of Sciences* 114, no. 8 (2017): 1880 – 5.

12. Karl Marx, *Capital: A Critique of Political Economy, Volume 3*, trans. David Fernbach (New York: Vintage, 1981), 949.

13. Kohei Saito, *Karl Marx's Eco-socialism: Capital, Nature, and the Unfinished Critique of Political Economy* (New York: NYU Press, 2017) [사이토 고헤이, 『마르크스의 생태사회주의』, 두번째테제]; John Bellamy Foster, 'Marx and the Rift in the Universal Metabolism of Nature', Monthlyreview.org, 1 December 2013.

14. Karl Marx, *Capital: A Critique of Political Economy, Volume 1*, trans. Ben Fowkes (New York: Vintage, 1976), 637 – 8.

15. John Bellamy Foster, *Marx's Ecology: Materialism and Nature* (New York: Monthly Review Press, 2000).

16. Alf Hornborg, John Robert McNeill, and Joan Martínez-Alier, *Rethinking Environmental History: World-System History and Global Environmental Change* (Lanham, MD: Altamira Press, 2007); Vaclav Smil, *Energy and Civilisation: A History* (Boston: MIT Press, 2018).

17. Marina Fischer-Kowalski, 'Society's Metabolism: The Intellectual History of Materials Flow Analysis, Part I, 1860 – 1970', *Journal of Industrial Ecology* 2, no. 1 (1998): 61 – 78; Marina Fischer-Kowalski and Walter Hüttler, 'Society's Metabolism: The Intellectual History of Materials Flow Analysis, Part II, 1970 – 1998', *Journal of Industrial Ecology* 2, no. 4 (1998): 107 – 36.

18. 다음을 보라. Giorgos Kallis and Sam Bliss, 'Post-environmentalism: Origins and Evolution of a Strange Idea', *Journal of Political Ecology* 26, no. 1 (2019): 466 – 85.

19. Daly and Farley, *Ecological Economics*; Tilman Santarius, Der Rebound-Effekt: *Ökonomische, psychische und soziale Herausforderungen der Entkopplung von Energieverbrauch und Wirtschaftswachstum* (Marburg: Metropolis, 2015); Tilman Santarius, Hans Jakob Walnum, and Carlo Aall, *Rethinking Climate and Energy Policies: New Perspectives on the Rebound Phenomenon* (New York: Springer, 2016); Christopher L. Magee and Tessaleno C. Devezas, 'A Simple Extension of Dematerialization Theory: Incorporation of Technical Progress and the Rebound Effect', *Technological Forecasting and Social Change* 117 (2017): 196 – 205.

20. Timothée Parrique et al., *Decoupling Debunked: Evidence and Arguments against Green Growth as a Sole Strategy for Sustainability* (Brussels: EEB, 2019).

21. Jackson, *Prosperity without Growth*, 141 – 3.

22. Helmut Haberl et al., 'A Systematic Review of the Evidence on Decoupling of GDP, Resource Use and GHG Emissions, Part II: Synthesizing the Insights', *Environmental Research Letters* 15, no. 6 (2020): 065003; IPBES, *Summary for Policymakers of the Global Assessment Report on Biodiversity and Ecosystem Services of the Intergovernmental Science-Policy Platform on Biodiversity and Ecosystem Services* (Bonn: IPBES, 2019); Parrique et al., *Decoupling Debunked*; Iago Otero et al., 'Biodiversity Policy beyond Economic Growth', *Conservation Letters* 13, no. 4 (2020): 12713; Brooke A. Williams et al., 'Change in Terrestrial Human Footprint Drives Continued Loss of Intact Ecosystems', *One Earth* 3, no. 3 (2020): 371 – 82.

23. Thomas Wiedmann et al., 'The Material Footprint of Nations', *Proceedings of the National Academy of Sciences* 112, no. 20 (2015): 6271 – 6; Julia K. Steinberger et al., 'Development and Dematerialization: An International Study', *PloS One* 8, no. 10 (2013): e70385; Heinz Schandl et al., 'Global Material Flows and Resource Productivity: Forty Years of Evidence', *Journal of Industrial Ecology* 22, no. 4 (2018): 827 – 38.

24. Klaus Hubacek et al., 'Evidence of Decoupling Consumption-Based CO2 Emissions from Economic Growth', *Advances in Applied Energy* 4 (2021): 100074; Corinne Le Quéré et al., 'Drivers of Declining CO2 Emissions in 18 Developed Economies', *Nature Climate Change* 9, no. 3 (2019): 213 - 17.

25. Haberl et al., 'A Systematic Review, Part II'; Parrique et al., *Decoupling Debunked*; Hickel and Kallis, 'Is Green Growth Possible?'; Tere Vadé et al., 'Decoupling for Ecological Sustainability: A Categorisation and Review of Research Literature', *Environmental Science and Policy* 112 (2020): 236 - 44; William F. Lamb, 'Countries with Sustained Greenhouse Gas Emissions Reductions: An Analysis of Trends and Progress by Sector', *Climate Policy* (2021): 1 - 17; Le Quéré et al., 'Drivers of Declining CO2 Emissions'; Ranran Wang et al., 'Energy System Decarbonization and Productivity Gains Reduced the Coupling of CO2 Emissions and Economic Growth in 73 Countries between 1970 and 2016', *One Earth* 4, no. 11 (2021): 1614 - 24.

26. Haberl et al., 'A Systematic Review, Part II'.

27. Jason Hickel and Giorgos Kallis, 'Is Green Growth Possible?', *New Political Economy* 25, 4, 469 - 86, 469.

28. Ibid.; Lorenz T. Keyßer and Manfred Lenzen, '1.5 °C Degrowth Scenarios Suggest the Need for New Mitigation Pathways', *Nature Communications* 12, no. 1 (2021): 1 - 16; Jason Hickel et al., 'Urgent Need for Post-Growth Climate Mitigation Scenarios', *Nature Energy* 6 (2021), 1 - 3.

29. 이러한 일곱 가지 메커니즘에 대한 분석으로는 다음을 보라. Parrique et al., *Decoupling Debunked*.

30. Jackson, *Prosperity without Growth*; Giorgos Kallis, *Degrowth* (Newcastle upon Tyne: Agenda Publishing, 2018).

31. Corinne Le Quéré et al., 'Temporary Reduction in Daily Global CO2 Emissions during the COVID-19 Forced Confinement', *Nature Climate Change* (2020): 1 - 7; Manfred Lenzen et al., 'Global Socio-Economic Losses and Environmental Gains from the Coronavirus Pandemic', *PLOS ONE* 15, no. 7 (2020): e0235654.

32. Glen P. Peters et al., 'Rapid Growth in CO2 Emissions after the 2008 - 2009 Global Financial Crisis', *Nature Climate Change* 2, no. 1 (2012): 2 - 4.

33. Ian Angus and Simon Butler, *Too Many People? Population, Immigration, and the Environmental Crisis* (Chicago: Haymarket Books, 2011).

34. Thomas Wiedmann et al., 'Scientists' Warning on Affluence', *Nature Communications* 11, no. 3107 (2020).

35. Ariel Salleh, *Eco-sufficiency and Global Justice: Women Write Political Ecology* (London: Pluto Press, 2009); Riccardo Mastini, 'A Sufficiency Vision for an Ecologically Constrained World', Greeneuropeanjournal.eu, 3 August 2018.

36. Daniel W. O'Neill et al., 'A Good Life for All within Planetary Boundaries', *Nature Sustainability* 1, no. 2 (2018): 88 - 95; Kallis, Limits.

37. 다음에서 인용. Matthias Schmelzer, *The Hegemony of Growth: The OECD and the Making of the Economic Growth Paradigm* (Cambridge: Cambridge University Press, 2016).

38. 즉 소비 습관은 사회에서 그 사람의 지위를 반영해 지향이 만들어진다(스포츠카 운전이나 요

트 구매 등).

39. John Stuart Mill, *Principles of Political Economy, with Some of Their Applications to Social Philosophy* (London: Longmans, Green and Co., 1920), 751.

40. William Morris, *Signs of Change* (London: Longmans, Green, 1896), 148‒59.

41. John Bellamy Foster, 'The Meaning of Work in a Sustainable Society', Monthlyreview.org, 1 September 2017.

42. Thorstein Veblen, *The Theory of the Leisure Class* (London: Transaction Publishers, 1899) [소스타인 베블런, 『유한계급론』, 문예출판사].

43. 소스타인 베블런의 연구를 시작으로 1950년대까지 계속된 제도주의 경제학 분야에는 존 R. 코먼스John R. Commons, 월턴 해밀턴Walton Hamilton, 칼 윌리엄 캅Karl William Kapp, 칼 폴라니Karl Polanyi 같은 경제학자들이 포함됐으며, 이들 중 몇몇은 미국에서 그린 뉴딜의 사회복지 정책을 형성하는 데 중요한 역할을 했다. 이들은 신고전파 경제학의 교조에서 벗어나고자 했으며, 사회적 규범, 문화, 재산권의 형태도 경제의 사회적, 환경적 지속가능성을 형성한다고 주장했다. Malcolm Rutherford, 'Institutional Economics: Then and Now', *Journal of Economic Perspectives* 15, no. 3 (2001): 173‒94.

44. Elinor Ostrom, *Governing the Commons: The Evolution of Institutions for Collective Action* (Cambridge: Cambridge University Press, 1990).

45. John Maynard Keynes, *Essays in Persuasion* (New York: W. W. Norton & Co., 1963), 363.

46. Ibid., 365.

47. Fred Hirsch, *Social Limits to Growth* (Cambridge, MA: Harvard University Press, 1976), 52.

48. Robert Skidelsky and Edward Skidelsky, *How Much Is Enough? Money and the Good Life* (London: Penguin, 2012) [로버트 스키델스키, 에드워드 스키델스키, 『얼마나 있어야 충분한가』, 부키]; Hartmut Rosa, *Alienation and Acceleration: Towards a Critical Theory of Late-Modern Temporality* (Malmö and Arhus: NSU Press, 2010) [하르트무트 로자, 『소외와 가속』, 앨피].

49. Richard A. Easterlin et al., 'The Happiness-Income Paradox Revisited', *Proceedings of the National Academy of Sciences of the United States of America* 107, no. 52 (2010): 22463‒68; Jackson, *Prosperity without Growth*; Tim Jackson, *Post Growth: Life after Capitalism* (Cambridge: Polity, 2021), chapter 4.

50. Jackson, *Prosperity without Growth*; Schmelzer, The Hegemony of Growth; Marilyn Waring, *Counting for Nothing: What Men Value and What Women Are Worth* (Toronto: University of Toronto Press, 1999).

51. Kate Raworth, *Doughnut Economics: Seven Ways to Think Like a 21st-Century Economist* (White River Junction, VT: Chelsea Green Publishing, 2017).

52. Jackson, *Prosperity without Growth*, 41.

53. Oliver Nachtwey, *Germany's Hidden Crisis: Social Decline in the Heart of Europe* (London: Verso, 2018); Lucas Chancel et al., *World Inequality Report 2022* (Cambridge: Harvard University Press, 2022).

54. Thomas Piketty, *Capital in the Twenty-First Century* (Cambridge, MA: Harvard University

Press, 2014); Jackson, *Prosperity without Growth*, 107; Skidelsky and Skidelsky, *How Much Is Enough?*; Robert Brenner, *The Economics of Global Turbulence: The Advanced Capitalist Economies from Long Boom to Long Downturn*, 1945–2005 (London: Verso, 2006); Aaron Benanav, *Automation and the Future of Work* (London: Verso, 2020).

55. European Environment Agency, *Reflecting on Green Growth: Creating a Resilient Economy within Environmental Limits* (Copenhagen: European Environment Agency, 2021), 24.

56. 관련 문헌은 4장 참조.

57. Tim Jackson, 'Paradise Lost? The Iron Cage of Consumerism', Centre for the Understanding of Sustainable Prosperity blog, 23 December 2018, cusp.ac.uk; Milena Büchs and Max Koch, *Postgrowth and Wellbeing: Challenges to Sustainable Welfare* (London: Palgrave Macmillan, 2017); Frank Trentmann, *Empire of Things: How We Became a World of Consumers, from the Fifteenth Century to the Twenty-First* (New York: Harper Perennial, 2017).

58. 특히 다음을 보라. Richard Wilkinson and Kate Pickett, *The Spirit Level: Why Greater Equality Makes Societies Stronger* (New York: Bloomsbury Press, 2011); 다음도 보라. Jackson, *Prosperity without Growth*; Jason Hickel, *Less Is More: How Degrowth Will Save the World* (London: William Heinemann, 2020); Giorgos Kallis et al., *The Case for Degrowth* (Cambridge: Polity Press, 2020).

59. Kate Soper, *Post-Growth Living: For an Alternative Hedonism* (London: Verso, 2020), 59.

60. Brian Morris, *Pioneers of Ecological Humanism* (Leicester: Book Guild, 2006).

61. Karl Marx, *Early Writings* (London: Penguin, 1974), 322–34.

62. David Graeber, *Bullshit Jobs: A Theory* (New York: Simon & Schuster, 2018).

63. Max Horkheimer and Theodor W. Adorno, *Dialectic of Enlightenment* (London: Verso, 1996); Rosa, *Alienation and Acceleration*; Hartmut Rosa, Stephan Lessenich, and Klaus Dörre, *Sociology, Capitalism, Critique* (London: Verso, 2015).

64. Horkheimer and Adorno, *Dialectic of Enlightenment*.

65. Rosa, *Alienation and Acceleration*; Latouche, *Farewell to Growth*; Trentmann, *Empire of Things*.

66. Raoul Vaneigem, *The Revolution of Everyday Life* (Oakland, CA: PM Press, 2012); Guy Debord, *Society of the Spectacle* (London: Bread and Circuses Publishing, 2012).

67. Vince Carducci, 'Culture Jamming: A Sociological Perspective', *Journal of Consumer Culture* 6, no. 1 (2006): 116–38.

68. Serge Latouche, *Renverser nos manières de penser: Mé tanoï a pour le temps present* (Paris: Mille et Une Nuits, 2014); Vincent Liegey and Anitra Nelson, *Exploring Degrowth: A Critical Guide* (London: Pluto Press 2020); Timothée Parrique, *The Political Economy of Degrowth: Economics and Finance* (Clermont: Université Clermont Auvergne, 2019); Paul Ariès, *Décroissance ou barbarie* (Lyon: Golias, 2005).

69. Samuel Alexander, *Art against Empire: Toward an Aesthetics of Degrowth* (Melbourne: Simplicity Institute, 2017); Aaron Vansintjan, 'The New Ecological Situationists: On the Revolutionary Aesthetics of Climate Justice and Degrowth', Neverapart.com, 10 September 2018.

70. Marshall Sahlins, *The Western Illusion of Human Nature* (Chicago: Prickly Paradigm Press, 2008); Amitav Ghosh, *The Nutmeg's Curse: Parables for a Planet in Crisis* (Chicago: University of Chicago Press, 2021); John Gowdy, *Limited Wants, Unlimited Means: A Reader on Hunter-Gatherer Economics and the Environment* (Washington, DC: Island Press, 1998); Waring, *Counting for Nothing*.

71. Rosa, *Alienation and Acceleration*; Dennis Eversberg and Matthias Schmelzer, 'Mehr als Weniger: Erste Überlegungen zur Frage nach dem Postwachstumssubjekt', *psychosozial* 40, no. 2 (2017): 83–100; Matthias Schmelzer and Dennis Eversberg, 'Beyond Growth, Capitalism, and Industrialism? Consensus, Divisions and Currents within the Emerging Movement for Sustainable Degrowth', *Interface: A Journal for and about Social Movements* 9, no. 1 (2017): 327–56.

72. Frank Adloff, *Gifts of Cooperation, Mauss and Pragmatism* (London: Routledge, 2017); Schmelzer and Eversberg, 'Mehr als Weniger'.

73. Alain Caillé, *Critique de la raison utilitaire: Manifeste du MAUSS* (Paris: La Découverte, 1989); Marcel Mauss, *The Gift: Forms and Functions of Exchange in Archaic Societies* (London: Cohen and West, 1954); D'Alisa, Demaria, and Kallis, *Degrowth: A Vocabulary for a New Era*.

74. Rosa, *Alienation and Acceleration*; Hartmut Rosa, *Resonance: A Sociology of Our Relationship to the World* (Cambridge: Polity Press, 2019); 유사한 조망으로는 다음을 보라. Luc Boltanski and Eve Chiapello, *The New Spirit of Capitalism* (London: Verso, 2006).

75. Barbara Muraca, 'Décroissance: A Project for a Radical Transformation of Society', *Environmental Values* 22, no. 2 (2013): 147–69.

76. Ivan Illich, *Tools for Conviviality* (London: Marion Boyars, 2001) [이반 일리치, 『절제의 사회』, 생각의나무].

77. Dennis Eversberg, 'Die Erzeugung kapitalistischer Realitäsprobleme: Wachstumsregimes und ihre subjektiven Grenzen', *WSI Mitteilungen* 7 (2014): 528–35; Dennis Eversberg, 'From Democracy at Others' Expense to Externalization at Democracy's Expense: Property-Based Personhood and Citizenship Struggles in Organized and Flexible Capitalism', *Anthropological Theory* 21, no. 3 (2021): 315–40.

78. 소외를 극복하기 위한 이런 수단들에 대해서는 특히 다음을 보라. Adloff, *Gifts of Cooperation*; Rosi Braidotti, Ewa Charkiewicz, Sabine Hausler, and Saskia Wieringa, *Women, the Environment and Sustainable Development: Towards a Theoretical Synthesis* (London: Zed Books, 1994); Arturo Escobar, *Designs for the Pluriverse: Radical Interdependence, Autonomy, and the Making of Worlds* (Durham, NC: Duke University Press, 2018) [아르투로 에스코바르, 『플루리버스』, 알렙]; Schmelzer and Eversberg, 'Mehr als Weniger'; Robin Wall Kimmerer, *Braiding Sweetgrass: Indigenous Wisdom, Scientific Knowledge and the Teachings of Plants* (Minneapolis: Milkweed Editions, 2018) [로빈 월 키머러, 『향모를 땋으며』, 에이도스]; Hartmut, Resonance.

79. Marx, *Capital, Volume* 1, 621.

80. David Harvey, *Seventeen Contradictions and the End of Capitalism* (Oxford: Oxford University Press, 2014) [데이비드 하비, 『자본의 17가지 모순』, 동녘].

81. Marx, *Capital, Volume* 1, 279; Rosa Luxemburg, *The Accumulation of Capital* (London: Routledge, 2003 [1913]). 더 자세한 설명과 문헌은 섹션 3.5와 3.7 참조.

82. Jason W. Moore, *Capitalism in the Web of Life: Ecology and the Accumulation of Capital* (London: Verso, 2015); Sven Beckert, *Empire of Cotton: A Global History* (New York: Alfred A. Knopf, 2014) [스벤 베커트, 『면화의 제국』, 휴머니스트]; Rosa, Lessenich, and Dörre, Sociology, Capitalism, Critique.

83. Elmar Altvater, 'Wer von der Akkumulation des Kapitals nicht reden will, soll zum Wachstum schweigen', *Emanzipation* 1, no. 1 (2011): 1 – 21, 1.

84. Bengi Akbulut, 'Degrowth', *Rethinking Marxism* 33, 1 (2021): 98 – 110; Stefania Barca, 'The Labor(s) of Degrowth', *Capitalism Nature Socialism* 30, no. 2 (2019): 207 – 16; Hickel, *Less Is More*; Giorgos Kallis, 'Socialism without Growth', *Capitalism Nature Socialism* 30, no. 2 (2019): 189 – 206; Matthias Schmelzer and Dennis Eversberg, 'Beyond Growth, Capitalism, and Industrialism? Consensus, Divisions and Currents within the Emerging Movement for Sustainable Degrowth', *Interface: A Journal for and about Social Movements* 9, no. 1 (2017): 327 – 56; Frederik Berend Blauwhof, 'Overcoming Accumulation: Is a Capitalist Steady-state Economy Possible?', *Ecological Economics* 84 (2012): 254 – 61.

85. Marx, *Capital, Volume 1*.

86. Harvey, *Seventeen Contradictions*; Eric Pineault, 'From Provocation to Challenge: Degrowth, Capitalism and the Prospect of "Socialism without Growth": A Commentary on Giorgios Kallis', *Capitalism Nature Socialism* 30, no. 2 (2018): 1 – 16.

87. Pineault, 'From Provocation to Challenge'; Moore, *Capitalism in the Web of Life*.

88. Ulrich Brand and Markus Wissen, *The Imperial Mode of Living: Everyday Life and the Ecological Crisis of Capitalism* (London: Verso, 2021). 다음도 보라. Melvin Leiman, *The Political Economy of Racism* (Chicago: Haymarket Books, 2010); and Cedric J. Robinson, *On Racial Capitalism, Black Internationalism, and Cultures of Resistance* (London: Pluto Press, 2019).

89. Eric Pineault, 'The Growth Imperative of Capitalist Society', in *Degrowth in Movement(s): Exploring Pathways for Transformation*, ed. Corinna Burkhart, Matthias Schmelzer, and Nina Treu (Winchester: Zer0, 2020), 29 – 43.

90. Harvey, *Seventeen Contradictions*; Frigga Haug, 'The Four-in-One Perspective: A Manifesto for a More Just Life', *Socialism and Democracy* 23, no. 1 (2009): 119 – 23; Maria Mies and Vandana Shiva, *Ecofeminism* (London: Zed Books, 1993).

91. Pineault, 'The Growth Imperative of Capitalist Society', 34. 다음도 보라. Hickel, *Less Is More*; Stephen A. Marglin and Juliet B. Schor, *The Golden Age of Capitalism: Reinterpreting the Postwar Experience* (Oxford: Oxford University Press, 1992).

92. Paul Mason, *Postcapitalism: A Guide to Our Future* (London: Macmillan, 2016); Aaron Bastani, *Fully Automated Luxury Communism* (London: Verso, 2019). 비판으로는 다음을 보라. George Caffentzis, 'The End of Work or the Renaissance of Slavery: A Critique of Rifkin and Negri', *Common Sense*, 24 December 1999, 20 – 38. .

93. Marx, *Capital, Volume 1*, 529.

94. Foster, *Marx's Ecology*; Moore, *Capitalism in the Web of Life*; Salleh, *Eco-sufficiency and Global Justice*; Saito, *Karl Marx's Eco-socialism*; James O'Connor, 'Capitalism, Nature, Socialism: A Theoretical Introduction', *Capitalism Nature Socialism* 1, no. 1 (1988):

11 – 38.

95. Corinna Dengler and Lisa Marie Seebacher, 'What about the Global South? Towards a Feminist Decolonial Degrowth Approach', *Ecological Economics* 157 (2019): 246 – 52; Rosa, Lessenich, and Dörre, *Sociology, Capitalism, Critique*.

96. Rosa, Lessenich, and Dörre, *Sociology, Capitalism, Critique*; Silvia Federici, *Caliban and the Witch: Women, the Body and Primitive Accumulation* (New York: Autonomedia, 2004); Immanuel Wallerstein, *World-Systems Analysis: An Introduction* (Durham, NC: Duke University Press, 2004); J. K. Gibson–Graham, *The End of Capitalism* (as We Knew It): *A Feminist Critique of Political Economy* (Oxford: Blackwell, 1996); Veronika Bennholdt–Thomsen and Maria Mies, *The Subsistence Perspective: Beyond the Globalized Economy* (London: Zed Books, 1999).

97. Harvey, *Seventeen Contradictions*.

98. Bennholdt–Thomsen and Mies, *The Subsistence Perspective*.

99. Marx, *Capital, Volume 3*, 949 – 50, 강조 추가; John Bellamy Foster, Brett Clark, and Richard York, *The Ecological Rift: Capitalism's War on the Earth* (New York: NYU Press, 2011); Saito, *Karl Marx's Eco-socialism*.

100. 예를 들어, 다음을 보라. Alex Williams and Nick Srnicek, '#ACCELERATE MANIFESTO for an Accelerationist Politics', criticallegalthinking.com, 14 May 2013.

101. David Harvey, 'The Spatial Fix – Hegel, Von Thunen, and Marx', *Antipode* 13, no. 3 (1981): 1 – 12.

102. Samuel Stein, *Capital City: Gentrification and the Real Estate State* (London: Verso, 2019).

103 Marx, *Capital, Volume 3*, 949; Henri Lefebvre, *The Production of Space* (Oxford: Blackwell, 1991) [앙리 르페브르, 『공간의 생산』, 에코리브르]; Stein, *Capital City*; David Harvey, *Rebel Cities: From the Right to the City to the Urban Revolution* (London: Verso, 2012) [데이비드 하비, 『반란의 도시』, 에이도스]; Neil Brenner, ed., *Implosions/ Explosions: Towards a Study of Planetary Urbanisation* (Berlin: Jovis, 2014); Nik Heynen, Maria Kaika, and Erik Swyngedouw, eds., *In the Nature of Cities: Urban Political Ecology and the Politics of Urban Metabolism*, vol. 3 (Abingdon: Taylor & Francis, 2006); Kenneth A. Gould, David N. Pellow, and Allan Schnaiberg, *Treadmill of Production: Injustice and Unsustainability in the Global Economy* (Abingdon: Routledge, 2015).

104. 예를 들어, 다음을 보라. Anitra Nelson and François Schneider, eds., *Housing for Degrowth: Principles, Models, Challenges and Opportunities* (Abingdon, UK: Routledge, 2018); and Samuel Alexander and Brendan Gleeson, *Degrowth in the Suburbs: A Radical Urban Imaginary* (Singapore: Springer, 2018).

105. Kallis, *Degrowth*; Onofrio Romano, 'Déense', in *Degrowth: A Vocabulary for a New Era*, ed. Giacomo D'Alisa, Federico Demaria, and Giorgos Kallis (London: Routledge, 2014), 86 – ; Kallis, *Limits*.

106. Federici, *Caliban and the Witch*; Moore, *Capitalism in the Web of Life*.

107. Aaron Vansintjan, 'Urbanisation as the Death of Politics: Sketches of Degrowth Municipalism', in Nelson and Schneider, *Housing for Degrowth*, 196 – 209.

108. Ulrich Brand et al., 'From Planetary to Societal Boundaries: An Argument for Collectively Defined Self–limitation', *Sustainability: Science, Practice and Policy* 17, no. 1 (2021):

265 – 92; Kallis, *Limits*; Cornelius Castoriadis, *Philosophy, Politics, Autonomy: Essays in Political Philosophy* (New York: Oxford University Press, 1991); Jason Hickel, 'Degrowth: A Theory of Radical Abundance', *Real-World Economics Review* 87 (2019): 54 – 68; Viviana Asara, Emanuele Profumi, and Giorgos Kallis, 'Degrowth, Democracy and Autonomy', *Environmental Values* 22, no. 2 (2013): 217 – 39; Murray Bookchin, *Post-scarcity Anarchism* (Berkeley, CA: Ramparts Press, 1971); Rosemary–Claire Collard, Jessica Dempsey, and Juanita Sundberg, 'A Manifesto for Abundant Futures', *Annals of the Association of American Geographers* 105, no. 2 (2015): 322 – 30.

109. 예를 들어, 다음을 보라. Raworth, *Doughnut Economics*; and Jackson, *Prosperity without Growth*.

110. André Gorz, *Paths to Paradise: On the Liberation from Work* (London: Pluto Press, 1985); Latouche, *Farewell to Growth*; Giorgos Kallis, 'Socialism without Growth'; Pineault, 'From Provocation to Challenge'.

111. Schmelzer and Eversberg, 'Beyond Growth'; Hickel, *Less Is More*; Kallis et al., *The Case for Degrowth*; Corinna Burkhart, Matthias Schmelzer, and Nina Treu, eds., *Degrowth in Movement(s): Exploring Pathways for Transformation* (Winchester: Zer0, 2020); Ekaterina Chertkovskaya, Alexander Paulsson, and Stefania Barca, *Towards a Political Economy of Degrowth* (London: Rowman and Littlefield International, 2019).

112. Barbara Muraca and Matthias Schmelzer, 'Sustainable Degrowth: Historical Roots of the Search for Alternatives to Growth in Three Regions', in *History of the Future of Economic Growth: Historical Roots of Current Debates on Sustainable Degrowth*, ed. Iris Borowy and Matthias Schmelzer (London: Routledge, 2017), 174 – 97.

113. Brand and Wissen, *The Imperial Mode of Living*.

114. Kallis, 'Socialism without Growth'.

115. Rosa, Lessenich, and Dörre, *Sociology, Capitalism, Critique*; Piketty, *Capital in the Twenty-First Century*.

116. Jackson, *Prosperity without Growth*.

117. Pineault, 'The Growth Imperative of Capitalist Society', 41.

118. 젠더 정의는 부문 간 접근을 포함한다. 즉 계급주의, (헤테로–)성차별주의, 인종주의, 장애 등과 같은 다양한 형태의 차별이 내재한다는 것 역시 고려해야 한다. 다음을 보라. 'Kimberlé Crenshaw on Intersectionality', Newstatesman.com, 2 April 2014; Bell Hooks, *Feminist Theory: From Margin to Centre*, 3rd ed. (New York: Routledge, 2014 [1984]) [벨 훅스, 『페미니즘, 주변에서 중심으로』, 모티브북].

119. 예를 들어, 세르주 라투슈가 편집한 시리즈를 보라. Serge Latouche, *Précurseur·ses de la décroissance*; Serge Latouche, *Les précurseurs de la décroissance: Une anthologie* (Paris: Le Passager Clandestin, 2016); Cédric Biagini, David Murray, and Pierre Thiesset, eds., *Aux origines de la décroissance: Cinquante penseurs* (Paris: L'Echappé, 2017); Federico Demaria et al., 'What Is Degrowth? From an Activist Slogan to a Social Movement', *Environmental Values* 22, no. 2 (2013): 191 – 215.

120. Stefania Barca, *Forces of Reproduction: Notes for a Counter-Hegemonic Anthropocene* (Cambridge: Cambridge University Press, 2020); Dengler and Speebacher, 'What about the Global South?'; Anna Saave and Barbara Muraca, 'Rethinking Labour/Work in a

Degrowth Society', in *The Palgrave Handbook of Environmental Labour Studies*, ed. Nora Räthzel, Dimitris Stevis, and David Uzzell (Cham: Springer, 2021), 743–67; Mies and Shiva, *Ecofeminism*; Ariel Salleh, *Ecofeminism as Politics: Nature, Marx and the Postmodern* (London: Zed Books, 2017); Marianne A. Ferber and Julie A. Nelson, eds., *Beyond Economic Man: Feminist Theory and Economics* (Chicago: University of Chicago Press, 1993); Waring, *Counting for Nothing*; Gibson−Graham, *The End of Capitalism* [J. K. 깁슨−그레엄, 『그따위 자본주의는 벌써 끝났다』, 알트].

121 Bennholdt−Thomsen and Mies, *The Subsistence Perspective*.

122. 이는 메릴린 워링Marilyn Waring의 유명한 저서 『아무것도 아닌 것 계산하기: 남성이 가격을 갖고 여성이 가치 있는 것Counting for Nothing: What Men Value and What Women Are Worth』의 제목에서 따온 것이다.

123. 다음을 보라. 'Feminism(s) and Degrowth: A Midsummer Night's Dream', degrowth. info, 12 May 2018; Silvia Federici and Arlen Austin, *Wages for Housework: The New York Committee 1972–1977* (Brooklyn: Autonomedia, 2017).

124. Ferber and Nelson, *Beyond Economic Man*; Raworth, *Doughnut Economics*.

125. J. K. Gibson−Graham, *A Postcapitalist Politics* (Minneapolis: University of Minnesota Press, 2006).

126. Bennholdt−Thomsen and Mies, *The Subsistence Perspective*.

127. Stefania Barca, *Forces of Reproduction: Notes for a Counter-hegemonic Anthropocene* (Cambridge: Cambridge University Press, 2020).

128. Salleh, *Ecofeminism as Politics*.

129. Carolyn Merchant, *The Death of Nature: Women, Ecology, and Scientific Revolution* (San Francisco: Harper and Row, 1980) [캐롤린 머천트, 『자연의 죽음』, 미토].

130. Val Plumwood, *Feminism and the Mastery of Nature* (London: Routledge, 1993), 43.

131. Bennholdt−Thomsen and Mies, *The Subsistence Perspective*, 20−1.

132. Ibid., 26.

133. Saave and Muraca, 'Rethinking Labour/Work'; 5장도 보라.

134. Dengler and Speebacher, 'What about the Global South?'; Greta Gaard, 'Ecofeminism Revisited: Rejecting Essentialism and Re−placing Species in a Material Feminist Environmentalism', *Feminist Formations* 23, no. 2 (2011): 26−53.

135. 예를 들어, 다음을 보라. Catriona Mortimer−Sandilands and Bruce Erickson, *Queer Ecologies: Sex, Nature, Politics, Desire* (Bloomington: Indiana University Press, 2010); Matthew Gandy, 'Queer Ecology: Nature, Sexuality, and Heterotopic Alliances', *Environment and Planning D: Society and Space* 30, no. 4 (August 2012): 727−47; and Greta Gaard, 'Toward a Queer Ecofeminism', *Hypatia* 12, no. 1 (1997): 114−37.

136. 예를 들어, 다음을 보라. Donna J. Haraway, *Staying with the Trouble: Making Kin in the Chthulucene* (Durham, NC: Duke University Press, 2016) [도나 해러웨이, 『트러블과 함께하기』, 마농지].

137. Netzwerk Vorsorgendes Wirtschaften, *Wege Vorsorgenden Wirtschaftens* (Marburg: Metropolis, 2012).

138. Barca, *Forces of Reproduction*.

139. Ibid.

140. R. W. Connell, *Masculinities* (Cambridge: Polity, 2005) [R. W. 코넬, 『남성성들』, 이매진].

141. Martin Hultman and Paul M. Pulé, *Ecological Masculinities: Theoretical Foundations and Practical Guidance* (Abingdon: Routledge, 2018); Karla Elliott, 'Caring Masculinities: Theorizing an Emerging Concept', *Men and Masculinities* 19, no. 3 (1 August 2016): 240–59; Dennis Eversberg and Matthias Schmelzer, 'Degrowth und Männlichkeiten – Zur Geschlechtlichkeit des relationalen Postwachstumssubjekts', in *Caring Masculinities? Auf der Suche nach Transformationswegen in eine demokratische Postwachstumsgesellschaft*, ed. *Andreas Heilmann and Sylka Scholz* (Munich: Oekom, 2019), 173–84.

142. Dengler and Speebacher, 'What about the Global South?'; Corinna Dengler and Birte Strunk, 'The Monetized Economy versus Care and the Environment: Degrowth Perspectives on Reconciling an Antagonism', *Feminist Economics* 24, no. 3 (2018): 160–83; Saave and Muraca, 'Rethinking Labour/Works'; Barca, *Forces of Reproduction*.

143. Gorz, *Paths to Paradise*, 13.

144. Peter Linebaugh, *Ned Ludd and Queen Mab: Machine-Breaking, Romanticism, and the Several Commons of 1811–1812* (San Francisco: PM Press, 2012); Gavin Mueller, *Breaking Things at Work: The Luddites Are Right about Why You Hate Your Job* (London: Verso, 2021) [개빈 뮬러, 『하이테크 러다이즘』, 한울엠플러스].

145. Murray Bookchin, *The Ecology of Freedom* (Oakland, CA: AK Press, 2005); Abdullah Öcalan and Klaus Happel, *Prison Writings: The Roots of Civilization* (London: Pluto Press, 2007).

146. Linebaugh, *Ned Ludd and Queen Mab*; Mueller, *Breaking Things at Work*.

147. Peter Staudenmaier, 'Fascist Ideology: The Green Wing of the Nazi Party and Its Historical Antecedents', in *Ecofascism: Lessons from the German Experience*, ed. Janet Biehl and Peter Staudenmaier (Edinburgh: AK Press, 1995), 36–8.

148. Gorz, *Paths to Paradise*; Illich, *Tools for Conviviality*; Lewis Mumford, 'Authoritarian and Democratic Technics', *Technology and Culture* 5, no. 1 (1964): 1–8. Langdon Winner, *The Whale and the Reactor: A Search for Limits in an Age of High Technology* (Chicago: University of Chicago Press, 2010); Langdon Winner, 'Do Artefacts Have Politics?', *Daedalus* 109, no. 1 (1980): 121–36; Merchant, *The Death of Nature*; Albert Borgmann, *Technology and the Character of Contemporary Life: A Philosophical Inquiry* (Chicago: University of Chicago Press, 1987).

149. Merchant, *The Death of Nature*.

150. Lewis Mumford, *The Myth of the Machine: Technics and Human Development* (London: Secker & Warburg, 1967), 185, [루이스 멈퍼드, 『기계의 신화 1』, 아카넷].

151. 예를 들어, 다음을 보라. Steven Pinker, Enlightenment Now: *The Case for Reason, Science, Humanism, and Progress* (New York: Penguin, 2018) [스티븐 핑커, 『지금 다시 계몽』, 사이언스북스]; and Bastani, *Fully Automated Luxury Communism*. 비판으로는 다음을 보라. Kallis and Bliss, 'Post-environmentalism'; and Rut Elliot Blomqvist, 'Pulling the Magical Lever: A Critical Analysis of Techno-utopian Imaginaries', uneven earth.org, 2 September 2018.

152. 이 섹션의 피드백을 보내준 카이 브룩스Ky Brooks에게 감사드린다. Judy Wajcman, *Technofeminism* (Cambridge: Polity, 2004) [주디 와이즈먼, 『테크노 페미니즘』, 궁리출판]; Tina Sikka, 'Technofeminism and Ecofeminism', in *Ecofeminism in Dialogue*, ed. Douglas A. Vakoch and Sam Mickey (Lanham, MD: Lexington Books, 2017), 107‒28; Saurabh Arora et al., 'Control, Care, and Conviviality in the Politics of Technology for Sustainability', *Sustainability: Science, Practice and Policy* 16, no. 1 (2020): 247‒62.

153. Winner, *The Whale and the Reactor*; Mumford, 'Authoritarian and Democratic Technics'; Frank Uekoetter, 'Fukushima, Europe, and the Authoritarian Nature of Nuclear Technology', *Environmental History* 17, no. 2 (2012): 277‒84; Sabu Kohso, *Radiation and Revolution* (Durham, NC: Duke University Press, 2020); Samuel Miller Macdonald, 'Is Nuclear Power Our Best Bet against Climate Change?', *Bostonreview.net*, 2021.

154. Timothy Mitchell, *Carbon Democracy: Political Power in the Age of Oil* (London: Verso, 2011).

155. Aaron Vansintjan, 'Where's the "Eco" in Eco‒modernism?', Redpepper.org.uk, 2018; Mumford, 'Authoritarian and Democratic Technics'; Winner, *The Whale and the Reactor*.

156. André Gorz, 'The Social Ideology of the Motorcar', unevenearth.org, 2018.

157. Illich, *Tools for Conviviality*.

158. Bonaiuti, *The Great Transition*; Nelson and Schneider, *Housing for Degrowth*; Christian Kerschner et al., 'Degrowth and Technology: Towards Feasible, Viable, Appropriate and Convivial Imaginaries', *Journal of Cleaner Production* 197 (2018): 1619‒36; Michael J. Albert, 'The Dangers of Decoupling: Earth System Crisis and the "Fourth Industrial Revolution"', *Global Policy* 11, no. 2 (2020): 245‒54.

159. Illich, *Tools for Conviviality*; Wolfgang Sachs, *The Development Reader: A Guide to Knowledge and Power* (London: Zed Books, 1992).

160. 이반 일리치의 이 인용문(원래는 'Le genre vernaculaire', *Oeuvres complètes*, vol. 2 [Paris: Fayard, 2005]에 수록)은 로니 리처즈Ronnie Richards가 번역했으며, 세르주 라투슈의 글에 포함됐다. Serge Latouche, 'The Wisdom of the Snail', Slowfood.com, 22 September 2020. 역생산성 문턱에 대해서는 다음도 보라. Liegey and Nelson, *Exploring Degrowth*.

161. Horkheimer and Adorno, *Dialectic of Enlightenment*, 9.

162. Murray Bookchin, *The Philosophy of Social Ecology: Essays on Dialectical Naturalism* (Montreal: Black Rose Books, 1995) [머레이 북친, 『사회생태론의 철학』, 솔]; Bookchin, *The Ecology of Freedom*.

163. Brand and Wissen, *The Imperial Mode of Living*; Burkhart, Schmelzer, and Treu, *Degrowth in Movement(s)*; Bookchin, *The Ecology of Freedom*.

164. Illich, *Tools for Conviviality*, 27; 다음의 역사적 논의도 참고하라. Mueller, *Breaking Things at Work*.

165. Bastani, *Fully Automated Luxury Communism*; Nick Srnicek and Alex Williams, *Inventing the Future: Postcapitalism and a World without Work* (London: Verso, 2015).

166. Karina Becker, Klaus Dörre, and Yalcin Kutlu, 'Counter‒Landnahme? Labour Disputes in the Care‒Work Field', *Equality, Diversity and Inclusion: An International Journal* 37, no. 4 (2018): 361‒75; Caffentzis, 'The End of Work'; Aaron Benanav, 'Automation and the Future of Work: Part 1', *New Left Review* 119 (2019): 5‒38; Max Ajl, 'How Much Will the

US Way of Life Have to Change?', unevenearth.org, 2019; Lewis Mumford, 'Authoritarian and Democratic Technics'; Winner, *The Whale and the Reactor*; Kathi Weeks, *The Problem with Work: Feminism, Marxism, Antiwork Politics, and Postwork Imaginaries* (Durham, NC: Duke University Press, 2011) [케이시 윅스, 『우리는 왜 이렇게 오래, 열심히 일하는가?』, 동녘].

167. Black Panther Party, 'Black Panther Party Program March 29, 1972 Platform', *Black Panther Party Intercommunal News Service*, 13 May 1972.

168. Mason, *Postcapitalism*; Jeremy Rifk in, *The Third Industrial Revolution: How Lateral Power Is Transforming Energy, the Economy, and the World* (New York: Macmillan, 2011) [제러미 리프킨, 『3차 산업혁명』, 민음사]; Srnicek and Williams, *Inventing the Future*; Bastani, *Fully Automated Luxury Communism*.

169. Illich, *Tools for Conviviality*.

170. Aaron Vansintjan, 'Accelerationism … and Degrowth? The Left's Strange Bedfellows', unevenearth.org, 7 January 2017; Mueller, *Breaking Things at Work*.

171. 하나의 예외로는 다음을 보라. Bookchin, *Post-scarcity Anarchism*.

172. Kerschner et al., 'Degrowth and Technology'; Michael Bauwens, Vasilis Kostakis, and Alex Pazaitis, *Peer-to-Peer: The Commons Manifesto* (London: Westminster University Press, 2018); Steffen Lange and Tilman Santarius, *Smart Green World? Making Digitalization Work for Sustainability* (Abingdon: Routledge, 2020).

173. Walter D. Mignolo and Catherine E. Walsh, *On Decoloniality: Concepts, Analytics, Praxis* (Durham, NC: Duke University Press, 2018); Pablo Solón et al., *Systemic Alternatives: Vivir bien, Degrowth, Commons, Ecofeminism, Rights of Mother Earth and Deglobalisation*, trans. Karen Lang, José Carlos Solón, and Mary Louise Malig (La Paz: Fundación Solón; ATTAC France; Focus on the Global South, 2017), https://systemicalternatives.files. wordpress.com/2017/03/sa−finalinglespdf2.pdf [파블로 솔론 외, 『다른 세상을 위한 7가지 대안』, 착한책가게].

174. Frantz Fanon, *The Wretched of the Earth* (New York: Grove, 2007) [프란츠 파농, 『대지의 저주받은 사람들』, 그린비].

175. Dipesh Chakrabarty, *Provincializing Europe: Postcolonial Thought and Historical Difference* (Princeton, NJ: Princeton University Press, 2008); Walter Rodney, *How Europe Underdeveloped Africa* (London: Bogle−L'Ouverture Publications, 1972); Vijay Prashad, *The Poorer Nations: A Possible History of the Global South* (London: Verso, 2013).

176. Wolfgang Sachs, ed., *The Development Dictionary: A Guide to Knowledge as Power* (London: Zed, 1992) [볼프강 작스, 『반 자본 발전사전』, 아카이브].

177. Arturo Escobar, *Encountering Development: The Making and Unmaking of the Third World* (Princeton, NJ: Princeton University Press, 2011); Latouche, *Farewell to Growth*; Mies and Shiva, *Ecofeminism*; Majid Rahnema and Victoria Bawtree, eds., *The Post-development Reader* (London: Zed, 1997); Sachs, *The Development Dictionary*; Sachs, *The Development Reader*.

178. 이 논증의 현대적인 사례로는 다음을 보라. Pinker, *Enlightenment Now*.

179. Escobar, *Encountering Development*.

180. The Red Nation, *The Red Deal: Indigenous Action to Save Our Earth* (Brooklyn, NY:

Common Notions, 2020), 26.

181. Susan Paulson, ed., 'Degrowth: Culture, Power and Change', special issue, *Journal of Political Ecology* 24, no. 1 (2017): 425–666; Martínez−Alier, 'Environmental Justice and Economic Degrowth'; Beatriz Rodríuez−Labajos et al., 'Not So Natural an Alliance? Degrowth and Environmental Justice Movements in the Global South', *Ecological Economics* 157 (2019): 175–84; Jonathan Otto, 'Finding Common Ground: Exploring Synergies between Degrowth and Environmental Justice in Chiapas, Mexico', *Journal of Political Ecology* 24, no. 1 (2017): 491–503; Bengi Akbulut et al., 'Who Promotes Sustainability? Five Theses on the Relationships between the Degrowth and the Environmental Justice Movements', *Ecological Economics* 165 (2019): 106418. 다음도 보라. Max Ajl, *A People's Green New Deal* (London: Pluto Press, 2021).

182. Alberto Acosta, *Buen vivir: Vom Recht auf ein gutes Leben*, trans. Birte Pedersen (Munich: Oekom, 2015), 16.

183. Alberto Acosta and Ulrich Brand, *Salidas del laberinto capitalista: Derecimiento y postextractivismo* (Quito: Fundación Rosa Luxemburg, 2017); Martínez−Alier, 'Environmental Justice and Economic Degrowth'; Burkhart, Schmelzer, and Treu, *Degrowth in Movement(s)*; Kothari et al., *Pluriverse*; Pablo Solón, 'Vivir bien: Old Cosmovisions and New Paradigms', Great Transition Initiative, February 2018, greattransition.org.

184. Acosta, *Buen vivir*, 15.

185. Maristella Svampa, 'Commodities Consensus: Neoextractivism and Enclosure of the Commons in Latin America', *South Atlantic Quarterly* 114, no. 1 (1 January 2015): 65–82; Alberto Acosta and Ulrich Brand, *Radikale Alternativen: Warum man den Kapitalismus nur mit vereinten Kräften überwinden kann* (Munich: Oekom, 2018).

186. Thea Riofrancos, *Resource Radicals: From Petro-nationalism to Post-extractivism in Ecuador* (Durham, NC: Duke University Press, 2020).

187. Barbara Unmüßig, Thomas Fatheuer, and Lili Fuhr, *Critique of the Green Economy: Toward Social and Environmental Equity* (Berlin: Heinrich Böll Foundation, 2018); Jesse Goldstein, *Planetary Improvement: Cleantech Entrepreneurship and the Contradictions of Green Capitalism* (Cambridge, MA: MIT Press, 2018).

188. Martínez−Alier, 'Environmental Justice and Economic Degrowth'; Akbulut et al., 'Who Promotes Sustainability?'; 다음도 보라. EJOLT (ejolt.org); Research and Degrowth (degrowth.org).

189. Acosta and Brand, *Salidas del laberinto capitalista*.

190. Jason Hickel, Dylan Sullivan, and Huzaifa Zoomkawala, 'Plunder in the Post−Colonial Era: Quantifying Drain from the Global South through Unequal Exchange, 1960–2018', *New Political Economy* 26, no. 6 (2021): 1030–47.

191. The Red Nation, *The Red Deal*, 26.

192. Utsa Patnaik and Prabhat Patnaik, *Capital and Imperialism: Theory, History, and the Present* (New York: NYU Press, 2021); Rodney, *How Europe Underdeveloped Africa*; Raj Patel and Jason W. Moore, *A History of the World in Seven Cheap Things: A Guide to Capitalism, Nature, and the Future of the Planet* (Berkeley: University of California Press,

2017); Alexander Anievas and Kerem Nişancıoğlu, *How the West Came to Rule* (London: Pluto Press, 2015).

193. Arghiri Emmanuel, *Unequal Exchange: A Study of the Imperialism of Trade* (New York: Monthly Review Press, 1972); Amir Amin, *Unequal Development: An Essay on the Social Formations of Peripheral Capitalism*, trans. Brian Pierce (New York: Monthly Review Press, 1976); J. Timmons Roberts and Bradley C. Parks, 'Ecologically Unequal Exchange, Ecological Debt, and Climate Justice: The History and Implications of Three Related Ideas for a New Social Movement', *International Journal of Comparative Sociology* 50, nos. 3 – 4 (2009): 385 – 409.

194. Stephan Lessenich, *Living Well at Others' Expense: The Hidden Costs of Western Prosperity* (London: Polity, 2019).

195. Ibid.

196. Brand and Wissen, *The Imperial Mode of Living*; Ulrich Brand and Markus Wissen, *Limits to Capitalist Nature: Theorizing and Overcoming the Imperial Mode of Living* (London: Rowman & Littlefield, 2018); Miriam Lang, 'The Migration Crisis and the Imperial Mode of Living', unevenearth.org, 2018.

197. Aram Ziai, ed., *Exploring Post-development: Theory and Practice, Problems and Perspectives* (Abingdon: Routledge, 2007). '포크 폴리틱스folk politics'에 대한 좌파 측의 비판으로는 다음도 보라. Srnicek and Williams, *Inventing the Future*.

198. Escobar, *Designs for the Pluriverse*; Kothari et al., *Pluriverse*.

199. ILA Kollektiv, *At the Expense of Others: How the Imperial Mode of Living Prevents a Good Life for All* (Munich: Oekom, 2017); Lessenich, *Living Well at Others' Expense*.

200. Acosta and Brand, *Salidas del laberinto capitalista*; Martínez—Alier, 'Environmental Justice and Economic Degrowth'; Soló et al., *Systemic Alternatives*; D'Alisa, Demaria, and Kallis, *Degrowth: A Vocabulary for a New Era*; Latouche, *Farewell to Growth*; Escobar, *Designs for the Pluriverse*; Kothari et al., *Pluriverse*; Padini Nirmal and Dianne Rocheleau, 'Decolonizing Degrowth in the Post—Development Convergence: Questions, Experiences, and Proposals from Two Indigenous Territories', *Environment and Planning E: Nature and Space* 2, no. 3 (2019): 465 – 92; Burkhart, Schmelzer, and Treu, *Degrowth in Movement(s)*.

201. Meinhard Miegel, *Exit: Wohlstand ohne Wachstum* (Berlin: Propyläen, 2010) [마인하르트 미겔, 『성장의 광기』, 뜨인돌]; 비판으로는 다음을 보라. Barbara Muraca, *Gut leben: Eine Gesellschaft jenseits des Wachstums* (Berlin: Wagenbach, 2014) [바르바라 무라카, 『굿 라이프』, 문예출판사].

202. Andreas Malm and the Zetkin Collective, *White Skin, Black Fuel: On the Danger of Fossil Fascism* (London: Verso, 2021), 137. 비판적 분석으로는 다음을 보라. Tamir Bar—On, *Rethinking the French New Right: Alternatives to Modernity* (Abingdon: Routledge, 2013); Razmig Keucheyan, 'Alan de Benoist, du néofascisme à l'extrêe droite "respectable": Enquêe sur une success story intellectuelle', *Revue du Crieur* 1 (2017): 128 – 43; Muraca, *Gut leben*.

203. 비판적으로 논의되고 인용된 내용은 다음을 보라. Eversberg, 'Gefärliches Werben'.

204. 이에 대한 자세한 분석으로는 다음을 보라. Malm and the Zetkin Collective, *White Skin,*

Black Fuel.

205. Jesse Goldstein, 'The Eco-fascism of the El Paso Shooter Haunts the Techno-optimism of the Left', Societyandspace.org, 2019.

206. Andrea Vetter and Matthias Schmelzer, 'The Emancipatory Project of Degrowth', in *Post-Growth Geographies – Spatial Relations of Diverse and Alternative Economies*, ed. Bastian Lange et al. (Bielefeld: Transcript, 2021), 99 – 106.

207. Gert Van Hecken and Vijay Kolinjivadi, 'Planet of the Dehumanized', unevenearth.org, 2020.

208. Peter Dauvergne, *Environmentalism of the Rich* (Cambridge, MA: MIT Press, 2016).

209. 종합적인 비판으로는 다음을 보라. Brand and Wissen, *The Imperial Mode of Living*; and Dauvergne, *Environmentalism of the Rich.*

4. 탈성장의 비전

1. Giorgos Kallis and Hug March, 'Imaginaries of Hope: The Utopianism of Degrowth', *Annals of the Association of American Geographers* 105, no. 2 (2015): 361.

2. Murray Bookchin, 'Utopia, Not Futurism: Why Doing the Impossible Is the Most Rational Thing We Can Do', unevenearth.org, 2019; Kim Stanley Robinson, *The Ministry for the Future* (New York: Orbit, 2020). 다음도 보라. Kallis and March, 'Imaginaries of Hope', 360 – .

3. Karl Marx, *Capital, Volume 1*, trans. Ben Fowkes (New York: Vintage, 1976): 99; Max Horkheimer and Theodor W. Adorno, *Dialectic of Enlightenment* (London: Verso, 1996); Erik Olin Wright, *Envisioning Real Utopias* (London: Verso, 2010).

4. Ashish Kothari et al., eds., *Pluriverse: A Post-development Dictionary* (New Delhi: Tulika Books and Authorsupfront, 2019).

5. 이러한 다양한 조류를 설명하는 것은 쉬운 일이 아니다. 서로 다른 저자들이 특정 사고의 조류에 자신을 결부시키지 않으며, 토론에서 종종 많은 부분이 겹치기 때문이다. 그러나 범주화를 통해 이해를 도울 수 있다. 탈성장 논의를 구조화하기 위한 다른 제안에 대해서는 다음을 보라. Dennis Eversberg and Matthias Schmelzer, 'The Degrowth Spectrum: Convergence and Divergence within a Diverse and Conflictual Alliance', *Environmental Values* 27, no. 3 (2018): 245 – 67; and Fabrice Flipo, *Décroissance, ici et maintenant!* (Paris: Le Passager Clandestin, 2017).

6. Peter Victor, *Managing without Growth: Slower by Design, Not Disaster* (Cheltenham: Edward Elgar, 2018); Herman E. Daly, *Toward a Steady-State Economy* (San Francisco: W. H. Freeman, 1973); Rob Dietz and Daniel W. O'Neil, *Enough Is Enough: Building a Sustainable Economy in a World of Finite Resources* (New York: Routledge, 2013); Tim Jackson, *Prosperity without Growth: Economics for a Finite Planet* (London: Earthscan, 2016); Kate Raworth, *Doughnut Economics: Seven Ways to Think Like a 21st-Century Economist* (White River Junction, VT: Chelsea Green Publishing, 2017).

7. Giorgos Kallis, *Degrowth* (Newcastle upon Tyne: Agenda Publishing, 2018); Inês Cosme,

Rui Santos, and Daniel W. O'Neil, 'Assessing the Degrowth Discourse: A Review and Analysis of Academic Degrowth Policy Proposals', *Journal of Cleaner Production* 149 (2017): 321‒34. 다음도 보라. 'A Green New Deal for Europe', gndforeurope.com.

8. 페히의 제안은 사이비 녹색 라이프스타일, 개인 배출 예산 초과, 소비주의에 대한 통렬한 비판과 경제 성장의 동인인 시장, 신용, 노동 분업에 대한 분석을 바탕으로 세 가지 축을 갖는다. 가정, 정원, 이웃 속에서 자기 노동을 통한 자족, 긴 공급망이 없는 지역적 연대 기반 경제, 세계화된 자본주의 경제를 현재 규모의 약 절반으로 축소하기. Niko Paech, *Liberation from Excess: The Road to a Post-Growth Economy* (Munich: Oekom, 2012).

9. Murizio Pallante, *La decrescita felice: La qualità della vita non dipende dal PIL* (Rome: Decrescita Felice, 2011).

10. Serge Latouche, *Vers une société d'abondance frugale* (Paris: Fayard, 2011).

11. Samuel Alexander, *Voluntary Simplicity: The Poetic Alternative to Consumer Culture* (Whanganui, NZ: Tead & Daughters, 2009).

12. Niko Paech, 'Vortwort zur deutschen Ausgabe', in *Degrowth: Handbuch für eine neue Ära*, ed. Giacomo D'Alisa, Federico Demaria, and Giorgos Kallis (Munich: Oekom, 2016), 8‒2.

13. 탈성장의 관점에서 자기충족 지향의 비판으로는 다음을 보라. Corinna Dengler and Matthias Schmelzer, 'Anmerkungen zu Niko Paechs Postwachstumsöonomie: Pläoyer für weniger Individualethik, mehr Kapitalismuskritik und eine intersektionale Gerechtigkeitsperspektive', *Zeitschrift für Wirtschaftsund Unternehmensethik* 22 (2021): 191‒5.

14. Ariel Salleh, *Eco-sufficiency and Global Justice: Women Write Political Ecology* (London: Pluto Press, 2009); Ricardo Mastini, 'A Sufficiency Vision for an Ecologically Constrained World', Greeneuropeanjournal.eu, 3 August 2018.

15. Corinna Burkhart, *Who Says What Is Absurd? A Case Study on Being(s) in an Alternative Normality* (Heidelberg: VÖÖ, 2015).

16. Chris Carlsson, *Nowtopia: How Pirate Programmers, Outlaw Bicyclists, and Vacant-Lot Gardeners Are Inventing the Future Today* (Oakland, CA: AK Press, 2008).

17. Euclides A. Mance, *Redes de colaboração solidária: Aspetos econômicofilosóficos* (Petrópolis, Brazil: Editora Vozes, 2002); Raj Patel, *Stuffed and Starved: The Hidden Battle for the World Food System* (Brooklyn: Melville House, 2012) [라즈 파텔, 『식량전쟁』, 영림 카디널].

18. '커먼즈'라고 말하는 것이 보편적이지만, 커먼즈는 물건이 아닌 관계임이 강조될 필요가 있어서 '커머닝'이라는 용어가 종종 쓰인다. 다음을 보라. David Bollier and Silke Helfrich. eds., *Patterns of Commoning* (Amherst, MA: The Commons Strategies Group, 2015).

19. Michael Bauwens, Vasilis Kostakis, and Alex Pazaitis, *Peer-to-Peer: The Commons Manifesto* (London: Westminster University Press, 2018); Silke Helfrich and David Bollier, *Free, Fair, and Alive: The Insurgent Power of the Commons* (Gabriola Island, BC: New Society Publishers, 2019).

20. George Caffentzis and Silvia Federici, 'Commons against and beyond Capitalism', *Community Development Journal* 49, no. 1 (2014): 92‒105.

21. Richard D. Wolff, *Democracy at Work: A Cure for Capitalism* (Chicago: Haymarket Books,

2012); Julie-Katharine Gibson-Graham, Jenny Cameron, and Stephen Healy, *Take Back the Economy: An Ethical Guide for Transforming our Communities* (Minneapolis: University of Minnesota Press, 2013) [J. K. 깁슨-그레이엄 외, 『타자를 위한 경제는 있다』, 동녘]; John Michael Colón et al., 'Community, Democracy, and Mutual Aid: Toward Dual Power and Beyond', The Next System Project, 2017, https://thenextsystem.org/sites/default/files/2017-07/Symbiosis_AtLargeFirst-corrected-2.pdf; Michael Hardt and Antonio Negri, *Assembly* (Oxford: Oxford University Press, 2017) [안토니오 네그리 외, 『어셈블리』, 알렙].

22. Anitra Nelson, *Beyond Money: A Postcapitalist Strategy* (London: Pluto, 2022); Friederike Habermann, *Ausgetauscht! Warum gutes Leben für alle tauschlogikfrei sein muss* (Sulzbach am Taunus: Ulrike Helmer, 2018).

23. Corinna Dengler and Birte Strunk, 'The Monetized Economy versus Care and the Environment: Degrowth Perspectives on Reconciling an Antagonism', *Feminist Economics* 24, no. 3 (2018): 160–83. 다음도 보라. Corinna Dengler and Lisa Marie Seebacher, 'What About the Global South? Towards a Feminist Decolonial Degrowth Approach', *Ecological Economics* 157 (2019): 246–52.

25. Salleh, *Eco-sufficiency and Global Justice.*

26. 다음을 보라. the Feminisms and Degrowth Alliance, degrowth.info/en/blog/feminisms-and-degrowthalliance-fada; Feminisms and Degrowth Alliance, 'Feminist Degrowth Reflections on COVID-19 and the Politics of Social Reproduction', Degrowth.info, 2020.

27. Ulrich Brand and Markus Wissen, *Limits to Capitalist Nature: Theorizing and Overcoming the Imperial Mode of Living* (London: Rowman & Littlefield, 2018); Valérie Fournier, 'Escaping from the Economy: The Politics of Degrowth', *International Journal of Sociology and Social Policy* 28, no. 11 (2008): 528–45.

28. Giorgos Kallis, 'Socialism without Growth', *Capitalism Nature Socialism* 30, no. 2 (2019): 189–206; Stan Cox, *The Green New Deal and Beyond: Ending the Climate Emergency While We Still Can* (San Francisco: City Lights Books, 2020); Gareth Dale, 'Degrowth and the Green New Deal', Theecologist.org, 28 October 2019.

29. Diego Andreucci and Salvatore Engel-Di Mauro, 'Capitalism, Socialism and the Challenge of Degrowth: Introduction to the Symposium', *Capitalism Nature Socialism* 30, no. 2 (2019): 176–88; Ekaterina Chertkovskaya, Alexander Paulsson, and Stefania Barca, *Towards a Political Economy of Degrowth* (London: Rowman and Littlefield International, 2019); Kohei Saito, *Karl Marx's Ecosocialism: Capital, Nature, and the Unfinished Critique of Political Economy* (New York: NYU Press, 2017); Corinna Burkhart, Matthias Schmelzer, and Nina Treu, eds., *Degrowth in Movement(s): Exploring Pathways for Transformation* (Winchester: Zer0, 2020); Hubert Buch-Hansen, 'The Prerequisites for a Degrowth Paradigm Shift: Insights from Critical Political Economy', *Ecological Economics* 146 (2018): 157–63.

30. Francois Schneider, Giorgos Kallis, and Joan Martínez-Alier, 'Crisis or Opportunity? Economic Degrowth for Social Equity and Ecological Sustainability', *Journal of Cleaner Production* 18 (2010): 511.

31. Federico Demaria et al., 'What Is Degrowth? From an Activist Slogan to a Social Movement', *Environmental Values* 22, no. 2 (2013): 209.

32. Giorgos Kallis, 'In Defence of Degrowth', *Ecological Economics* 70, no. 5 (2011): 878.

33. Alexander, *Voluntary Simplicity*; Giorgos Kallis, 'The Left Should Embrace Degrowth', Newint.org, 5 November 2015.

34. Niko Paech, 'Grundzüe einer Postwachstumsöonomie', Postwachstumsoekonomie.de, 2009, our translation.

35. Matthias Schmelzer, 'The Growth Paradigm: History, Hegemony, and the Contested Making of Economic Growthmanship', *Ecological Economics* 118 (2015): 262–71, 264.

36. Giacomo D'Alisa, Federico Demaria, and Giorgos Kallis, *Degrowth: A Vocabulary for a New Era* (London: Routledge, 2014), 4.

37. Giorgos Kallis et al., 'Research on Degrowth', *Annual Review of Environment and Resources* 43 (2018): 291–316, 291.

38. Burkhart, Schmelzer, and Treu, *Degrowth in Movement(s)*, 144.

39. Timothée Parrique, *The Political Economy of Degrowth: Economics and Finance* (Clermont: Université Clermont Auvergne, 2019), 233.

40. 이런 의미에서 탈성장은 지구의 황폐화와 인간의 파괴 모두를 피하는 안전한 인간의 장소를 설명하는 '도넛 경제학' 제안과 많은 유사성을 갖는다. (Raworth, *Doughnut Economics*). 다음도 보라. Jason Hickel, *Less Is More: How Degrowth Will Save the World* (London: William Heinemann, 2020); Max Ajl, *A People's Green New Deal* (London: Pluto Press, 2021).

41. Thomas Wiedmann et al., 'Scientists' Warning on Affluence', *Nature Communications* 11, no. 3107 (2020): 1.

42. Ibid.; Brand and Wissen, *Limits to Capitalist Nature*; ILA Kollektiv, *At the Expense of Others: How the Imperial Mode of Living Prevents a Good Life for All* (Munich: Oekom, 2017); Stephan Lessenich, *Living Well at Others' Expense: The Hidden Costs of Western Prosperity* (London: Polity, 2019).

43. Matthew T. Huber, "Ecological Politics for the Working Class", Catalyst 3, no. 1 (2019), catalyst-journal.com. 다음도 보라. Matthew T. Huber, *Climate Change as Class War: Building Socialism on a Warming Planet* (London: Verso, 2022).

44. Giorgos Kallis et al., *The Case for Degrowth* (Cambridge: Polity, 2020).

45. Jackson, *Prosperity without Growth*; Kallis, *Degrowth*; 이 책의 섹션 3.1도 보라.

46. Kallis, *Degrowth*; 3장도 보라.

47. Ajl, *A People's Green New Deal*; Martín Arboleda, *Planetary Mine: Territories of Extraction under Late Capitalism* (London: Verso, 2020); Madeleine Fairbarn, *Fields of Gold: Financing the Global Land Rush* (Ithaca, NY: Cornell University Press, 2020).

48. Research and Degrowth, 'Degrowth Declaration of the Paris 2008 Conference', *Journal of Cleaner Production* 18, no. 6 (April 2010): 523–4.

49. Jamie Tyberg and Erica Jung, *Degrowth and Revolutionary Organizing* (New York: Rosa Luxemburg Foundation, 2021).

50. Hickel, *Less Is More*; Ashish Kothari et al., eds., *Pluriverse: A Post-development Dictionary* (New Delhi: Tulika Books and Authorsupfront, 2019); Joan Martínez−Alier, 'Environmental Justice and Economic Degrowth: An Alliance between Two Movements', *Capitalism Nature Socialism* 23, no. 1 (2012): 51−73.

51. Joan Martínez−Alier, 'Environmental Justice and Economic Degrowth: An Alliance between Two Movements', *Capitalism Nature Socialism* 23, no. 1 (2012): 51−73; Kallis, *Degrowth*.

52. Ajl, *A People's Green New Deal*, 15, 64, 147; Alberto Acosta and Ulrich Brand, *Salidas del laberinto capitalista: Derecimiento y postextractivismo* (Quito: Fundación Rosa Luxemburg, 2017); ILA Kollektiv, *At the Expense of Others*; Barbara Unmüßig, Thomas Fatheuer, and Lili Fuhr, *Critique of the Green Economy: Toward Social and Environmental Equity* (Berlin: Heinrich Böll Foundation, 2018).

53. 이는 또한 완화, 적응, 손실 및 피해, 이주에 관한 기후 정책 측면에서 지구적 변혁의 부담이 지구 북반구와 인종적으로 유리한 인구에 분배되고, 혜택은 지구 남반구와 흑인 및 원주민에게 분배되어야 함을 의미한다. Olúfẹmi O. Táíwò, *Reconsidering Reparations: Worldmaking in the Case of Climate Crisis* (New York: Oxford University Press, 2022).

54. Lessenich, *Living Well at Others' Expense*; Burkhart, Schmelzer, and Treu, *Degrowth in Movement(s)*.

55. Dipesh Chakrabarty, 'The Climate of History: Four Theses', *Critical Inquiry* 35, no. 2 (2009): 208; 이 책의 2장과 3장도 보라.

56. 국제 탈성장 회의의 부제가 '생태적 지속가능성과 사회 정의를 위하여'라고 붙은 것은 국제적 논의에서 후자가 얼마나 핵심적인 요구인지 보여준다. 따라서 정상상태 경제학과 같은 다른 지속가능성 접근과는 달리, 탈성장은 생태적 한계를 지키는 것보다 사회 정의에 더 초점을 맞춘다. Cosme, Santos, and O'Neil, 'Assessing the Degrowth Discourse'; Kallis et al., 'Research on Degrowth'.

57. Claudio Cattaneo and Aaron Vansintjan, *A Wealth of Possibilities: Alternatives to Growth* (Brussels: Green European Foundation, 2016); Vincent Liegey et al., *Un projet de décroissance: Manifeste pour une dotation inconditionelly d'autonomie* (Paris: Les Éditions Utopia, 2013).

58. Acosta and Brand, *Salidas del laberinto capitalista*; Brand and Wissen, *Limits to Capitalist Nature*; Burkhart, Schmelzer, and Treu, *Degrowth in Movement(s)*.

59. Cornelius Castoriadis, *Le contenu du socialisme* (Paris: Éditions Seuil, 1979); Cornelius Castoriadis, *Le monde morcelé: Les carrefours du labyrinthe III* (Paris: Éditions Seuil, 1990); Giorgos Kallis, *Limits: Why Malthus Was Wrong and Why Environmentalists Should Care* (Stanford, CA: Stanford University Press, 2019); Barbara Muraca, *Gut leben: Eine Gesellschaftjenseits des Wachstums* (Berlin: Wagenbach, 2014); Viviana Asara, Emanuele Profumi, and Giorgos Kallis, 'Degrowth, Democracy and Autonomy', *Environmental Values* 22, no. 2 (2013): 217−39.

60. Kathi Weeks, *The Problem with Work: Feminism, Marxism, Antiwork Politics, and Postwork Imaginaries* (Durham, NC: Duke University Press, 2011); Stefania Barca, *Forces of Reproduction: Notes for a Counter-hegemonic Anthropocene* (Cambridge: Cambridge University Press, 2020).

61. Amy Allen, 'Rethinking Power', Hypatia 13, no. 1 (1998): 21−40. 이 부분은 코리나 뎅글

러 덕분에 참조할 수 있었다..

62. Alberto Acosta, *Buen vivir: Vom Recht auf ein gutes Leben*, trans. Birte Pedersen (Munich: Oekom, 2015); Kothari et al., *Pluriverse*.

63. Barca, *Forces of Reproduction*.

64. 이것이 어떤 느낌일지 엿볼 수 있는 사례로, 하르트무트 로자는 만족스러운 활동을 하는 동안 강렬한 우정과 '몰입'의 경험, 또는 자아가 '반응하는 관계' 속에서 세상과 연결되어 있다고 느끼는 자연과의 조우를 언급한다. Hartmut Rosa, *Resonance: A Sociology of Our Relationship to the World* (Cambridge: Polity Press, 2019), chapter 4; 다음도 보라. Tim Jackson, *Post Growth: Life after Capitalism* (Cambridge: Polity, 2021), chapter 6.

65. Frank Adloff, *Gifts of Cooperation, Mauss and Pragmatism* (London: Routledge, 2017); Les Convivialistes, *Convivialist Manifesto: A Declaration of Independence* (Duisburg: Käte Hamburger Kolleg and Centre for Global Cooperation Research, 2014).

66. Konzeptwerk Neue Ökonomie, *Zeitwohlstand: Wie wir anders arbeiten, nachhaltig wirtschaften und besser leben* (Munich: Oekom, 2013); Hartmut Rosa, *Social Acceleration: A New Theory of Modernity* (New York: Columbia University Press, 2015); Giorgos Kallis et al., '"Friday Off": Reducing Working Hours in Europe', *Sustainability* 5, no. 4 (2013): 1545–67.

67. Kate Soper, *Post-Growth Living: For an Alternative Hedonism* (London: Verso, 2020).

68. Hartmut Rosa, Stephan Lessenich, and Klaus Dörre, *Sociology, Capitalism, Critique* (London: Verso, 2015); Jackson, *Prosperity without Growth*.

69. Mauro Bonaiuti, *The Great Transition* (London: Routledge, 2014); 다음도 보라. Steffen Lange and Tilman Santarius, *Smart Green World? Making Digitalization Work for Sustainability* (Abingdon: Routledge, 2020).

70. Ivan Illich, *Tools for Conviviality* (London: Marion Boyars, 2001); Christian Kerschner et al., 'Degrowth and Technology: Towards Feasible, Viable, Appropriate and Convivial Imaginaries', *Journal of Cleaner Production* 197 (2018): 1619–36; Unmüßig, Fatheuer, and Fuhr, *Critique of the Green Economy*.

71. Kallis, *Degrowth*; Irmi Seidl and Angelika Zahrnt, *Postwachstumsgesellschaft: Neue Konzepte für die Zukunft* (Marburg: Metropolis, 2010); Jackson, *Prosperity without Growth*.

72. 이 두 위기의 영향에 대해서는 다음을 보라. Adam Tooze, *Crashed: How a Decade of Financial Crises Changed the World* (London: Penguin UK, 2018) [애덤 투즈, 『붕괴』, 아카넷]; Adam Tooze, *Shutdown: How Covid Shook the World's Economy* (London: Penguin UK, 2021) [애덤 투즈, 『셧다운』, 아카넷].

73. Harald Welzer, *Mental Infrastructures: How Growth Entered the World and Our Souls*, trans. John Hayduska (Berlin: Heinrich Böll Foundation, 2011).

74. Jackson, *Post Growth*; Brand and Wissen, *Limits to Capitalist Nature*; Dennis Eversberg, 'Growth Regimes and Visions of the Good Life: Why Capitalism Will Not Deliver', in *The Good Life beyond Growth: New Perspectives*, ed. Hartmut Rosa and Christoph Henning (New York: Routledge, 2018), 95–106; Frank Trentmann, *Empire of Things: How We Became a World of Consumers, from the Fifteenth Century to the Twenty-First* (New York: Harper Perennial, 2017).

75. Cornelius Castoriadis, *The Imaginary Institution of Society* (Cambridge, MA: MIT Press, 1998) [C. 카스토리아디스, 『사회의 상상적 제도 1』, 문예출판사]; Serge Latouche, *Farewell to Growth*, trans. David Macey (Cambridge: Polity Press, 2009).

76. Barbara Muraca, 'Concrete Utopia as Education of Desire: The Role of Social Experiments in the Transformation of the Social Imaginary', paper presented at the International Conference of the European Society for Ecological Economics, 2015, University of Leeds, UK.

77. Adloff, *Gifts of Cooperation*; Rosa, Resonance.

78. Denis Bayon, Fabrice Flipo, and François Schneider, *La décroissance: Dix questions pour comprendre et débattre* (Paris: Editions La Découverte, 2010); Latouche, *Farewell to Growth*.

79. Eric Pineault, 'From Provocation to Challenge: Degrowth, Capitalism and the Prospect of "Socialism without Growth"; A Commentary on Giorgios Kallis', *Capitalism Nature Socialism* 30, no. 2 (2018): 1–16; Kallis, *Degrowth*.

80. D'Alisa, Demaria, and Kallis, *Degrowth: A Vocabulary for a New Era*; Helfrich and Bollier, *Free, Fair, and Alive*; Burkhart, Schmelzer, and Treu, *Degrowth in Movement(s)*; Pineault, 'From Provocation to Challenge'; Ariel Salleh, *Ecofeminism as Politics: Nature, Marx and the Postmodern* (London: Zed Books, 2017); Julie Katherine Gibson-Graham, *A Postcapitalist Politics* (Minneapolis: University of Minnesota Press, 2006).

81. Wright, *Envisioning Real Utopias*.

5. 탈성장으로 가는 경로

1. 예를 들어, 거시경제적 연구는 성장하는 경제만이 안정적이고 복지를 창출할 수 있다는 주장을 반박한다. 또한 탈성장 논쟁에서 개략적으로 설명된 윤곽을 가진 경제가 바람직할 뿐만 아니라 실현 가능하다고 주장한다. 이러한 연구들에 따르면, 사회 구조와 제도가 변혁될 때 GDP가 감소하고, 생산이 생태적 경계를 넘지 않을 정도로 재구조화되더라도 경제는 안정적일 수 있다. 다음을 보라. Tim Jackson, *Prosperity without Growth: Economics for a Finite Planet* (London: Earthscan, 2016); Giorgos Kallis, *Degrowth* (Newcastle upon Tyne: Agenda Publishing, 2018); Giorgos Kallis et al., 'Research on Degrowth', *Annual Review of Environment and Resources* 43 (2018): 291–316; Steffen Lange, *Macroeconomics without Growth: Sustainable Economies in Neoclassical, Keynesian and Marxian Theories* (Marburg: Metropolis, 2018); Peter Victor, *Managing without Growth: Slower by Design, Not Disaster* (Cheltenham: Edward Elgar, 2018); Daniel W. O'Neill et al., 'A Good Life for All within Planetary Boundaries', *Nature Sustainability* 1, no. 2 (2018): 88–95; Giorgos Kallis, Christian Kerschner, and Joan Martínez-Alier, 'The Economics of Degrowth', *Ecological Economics* 84 (2012): 172–80; Lukas Hardt and Daniel W. O'Neill, 'Ecological Macroeconomic Models: Assessing Current Developments', *Ecological Economics* 134 (2017): 198–211; Giorgos Kallis et al., 'Research on Degrowth', *Annual Review of Environment and Resources* 43 (2018): 291–316.

2. Inês Cosme, Rui Santos, and Daniel W. O'Neil, 'Assessing the Degrowth Discourse:

A Review and Analysis of Academic Degrowth Policy Proposals', *Journal of Cleaner Production* 149 (2017): 321 – 34; Timothé e Parrique, *The Political Economy of Degrowth: Economics and Finance* (Clermont: Université Clermont Auvergne, 2019), chapter 8; Giorgos Kallis, 'Yes, We Can Prosper without Growth: Ten Policy Proposals for the New Left', Commondreams.org, 28 January 2015.

3. Valérie Fournier, 'Escaping from the Economy: The Politics of Degrowth', *International Journal of Sociology and Social Policy* 28, no. 11 (2008): 528 – 45.

4. J. K. Gibson-Graham, *A Postcapitalist Politics* (Minneapolis: University of Minnesota Press, 2006); Ashish Kothari et al., eds., *Pluriverse: A Post-development Dictionary* (New Delhi: Tulika Books and Authorsupfront, 2019); Pablo Solón et al., *Systemic Alternatives: Vivir bien, Degrowth, Commons, Ecofeminism, Rights of Mother Earth and Deglobalisation* (La Paz: Fundación Solón, 2017).

5. 성공적인 공공 자산 관리의 설계 원칙은 오스트롬과 그녀의 학생들이 개발한 것으로, 다음 8개 영역의 규칙을 포함한다. 그룹의 경계 정하기, 커먼즈를 관리하는 규칙을 지역의 필요에 맞추기, 규칙의 영향을 받는 이들이 규칙을 만드는 데 참여하도록 보장하기, 당국이 커뮤니티 구성원의 규칙 제정 권리 존중하기, 이용자의 행동을 모니터링하는 시스템 개발하기, 커뮤니티가 발전시킨 규칙을 위반하는 이들을 제재하기, 갈등 해결에 접근 가능한 수단 제공하기, 다양한 수준(지역, 지자체, 법률 등)에서 커먼즈를 관리하는 책임성 키우기. 다음도 보라. Silke Helfrich and David Bollier, *Free, Fair, and Alive: The Insurgent Power of the Commons* (Gabriola Island, BC: New Society Publishers, 2019).

6. Helfrich and Bollier, *Free, Fair, and Alive*; D'Alisa, Demaria, and Kallis, *Degrowth*; Kallis, *Degrowth*; Aggelos Varvarousis and Giorgos Kallis, 'Commoning against the Crisis', in Manuel Castells et al., *Another Economy Is Possible: Culture and Economy in a Time of Crisis* (Cambridge: Polity, 2017), 128 – 59; Corinna Burkhart, Matthias Schmelzer, and Nina Treu, eds., *Degrowth in Movement(s): Exploring Pathways for Transformation* (Winchester: Zer0, 2020); Kallis et al., 'Research on Degrowth'.

7. Paul Mason, *Postcapitalism: A Guide to Our Future* (London: Macmillan, 2016); Jeremy Rifkin, *The Third Industrial Revolution: How Lateral Power Is Transforming Energy, the Economy, and the World* (New York: Macmillan, 2011).

8. Michael Bauwens, Vasilis Kostakis, and Alex Pazaitis, *Peer-to-Peer: The Commons Manifesto* (London: Westminster University Press, 2018); Silke van Dyk, 'Post-wage Politics and the Rise of Community Capitalism', *Work, Employment and Society* 32, no. 3 (2018): 528 – 45; Steffen Lange and Tilman Santarius, *Smart Green World? Making Digitalization Work for Sustainability* (Abingdon: Routledge, 2020); Lucia Argüelles, Isabelle Anguelovski, and Elizabeth Dinnie, 'Power and Privilege in Alternative Civic Practices: Examining Imaginaries of Change and Embedded Rationalities in Community Economies', *Geoforum* 86 (2017): 30 – 41.

9. Varvarousis and Kallis, 'Commoning against the Crisis'.

10. Kallis, *Degrowth*; Niko Paech, *Liberation from Excess: The Road to a Post-growth Society* (Munich: Oekom, 2012) [니코 페히, 『성장으로부터의 해방』, 나무도시].

11. Sam Dallyn and Fabian Frenzel, 'The Challenge of Building a Scalable Postcapitalist Commons: The Limits of FairCoin as a Commons-Based Cryptocurrency', *Antipode* 53, no. 3 (2021): 859 – 83.

12. Christian Felber, *Change Everything: Creating an Economy for the Common Good* (London: Zed Books, 2019); 다음도 보라. Burkhart, Schmelzer, and Treu, *Degrowth in Movement(s)*, 176 – 87; Dagmar Embshoff, Clarita Müller–Plantenberg, and Guiliana Georgi, 'Solidarity Economy: Paths to Transformation', in *Degrowth in Movement(s): Exploring Pathways for Transformation*, ed. Corinna Burkhart, Matthias Schmelzer, and Nina Treu (Winchester: Zer0, 2020), 344; Bauwens, Kostakis, and Pazaitis, *Peer-to-Peer*.

13. Kali Akuno and Ajamu Nangwaya, eds., *Jackson Rising: The Struggle for Economic Democracy and Black Self-Determination in Jackson, Mississippi* (Ottawa: Daraja Press, 2017); Marjorie Kelly and Ted Howard, *The Making of a Democratic Economy: How to Build Prosperity for the Many, Not the Few* (Oakland, CA: Berrett–Koehler, 2019).

14. Satoko Kishimoto, Lavinia Steinfort, and Olivier Petitjean, eds., *The Future Is Public: Towards Democratic Ownership of Public Services* (Amsterdam: Transnational Institute, 2020).

15. Bengi Akbulut and Fikret Adaman, 'The Ecological Economics of Economic Democracy', *Ecological Economics* 176 (2020): 106750; Nadia Johanisova and Stephan Wolf, 'Economic Democracy: A Path for the Future?', *Futures* 44, no. 6 (Spring 2012): 562 – 70.

16. Felber, *Change Everything*.

17. Michael Albert, *Parecon: Life after Capitalism* (London: Verso, 2004) [마이클 앨버트, 『파레콘』, 북로드].

18. Stefania Barca, 'The Labor(s) of Degrowth', *Capitalism Nature Socialism* 30, no. 2 (2019): 207 – 16; Jackson, *Prosperity without Growth*; Jason Hickel, *Less Is More: How Degrowth Will Save the World* (London: William Heinemann, 2020).

19. Jason Hickel, 'Degrowth and MMT: A Thought Experiment, jasonhickel.org, 10 September 2020; Stephanie Kelton, *The Deficit Myth: Modern Monetary Theory and the Birth of the People's Economy* (New York: PublicAffairs, 2020) [스테파니 켈튼, 『적자의 본질』, 비즈니스맵].

20. Jackson, *Prosperity without Growth*; Tim Jackson, *Post Growth: Life after Capitalism* (Cambridge: Polity, 2021); Kallis, *Degrowth*; Matthias Schmelzer and Alexis Passadakis, *Postwachstum: Krise, ökologische Grenzen, soziale Reche* (Hamburg: VSA–Verlag, 2011).

21. Ann Pettifor, *The Case for the Green New Deal* (London: Verso, 2019); Kelton, *The Deficit Myth*.

22. Giorgos Kallis et al., *The Case for Degrowth* (Cambridge: Polity Press, 2020), 82.

23. Claudio Cattaneo and Aaron Vansintjan, *A Wealth of Possibilities: Alternatives to Growth* (Brussels: Green European Foundation, 2016); Hickel, 'Degrowth and MMT'.

24. Gianpaolo Baiocchi, *Militants and Citizens: The Politics of Participatory Democracy in Porto Alegre* (Stanford, CA: Stanford University Press, 2005); Laura Roth and Kate Shea Baird, 'Municipalism and the Feminization of Politics', Roarmag.org, 2017; Barcelona En Comù, *Fearless Cities: A Guide to the Global Municipalist Movement* (Oxford: New Internationalist Publications, 2019); Claudio Cattaneo and Aaron Vansintjan, *A Wealth of Possibilities: Alternatives to Growth* (Brussels: Green European Foundation, 2016); Abdulla Öcalan, *The Political Thought of Abdullah Öcalan: Kurdistan, Woman's Revolution and Democratic Confederalism* (London: Pluto Press, 2017).

25. Denis Bayon, Fabrice Flipo, and François Schneider, *La décroissance: Dix questions pour comprendre et débattre* (Paris: Editions La Découverte, 2010); Vincent Liegey et al., *Un projet de décroissance: Manifeste pour une dotation inconditionelly d'autonomie* (Paris: Les Éditions Utopia, 2013).

26. Ian Gough, *Heat, Greed and Human Need: Climate Change, Capitalism and Sustainable Wellbeing* (Cheltenham: Edward Elgar, 2017).

27. Ulrich Schachtschneider, 'How to Green a UBI', contribution to the GTI Forum 'Universal Basic Income: Has the Time Come?', greattransition.org, November 2020; Ulrich Schachtschneider, *Freiheit, Gleichheit, Gelassenheit: Mit dem Ökologischen Grundeinkommen aus der Wachstumsfalle* (Munich: Oekom, 2014).

28. Liegey et al., *Un projet de décroissance*.

29. Lucas Chancel et al., *World Inequality Report 2022* (Harvard University Press, 2022).

30. Ibid.; Tim Gore, *Confronting Carbon Inequality: Putting Climate Justice at the Heart of the COVID-19 Recovery* (London: Oxfam, 2020).

31. Stephanie Moser and Silke Kleinhückelkotten, 'Good Intents, but Low Impacts: Diverging Importance of Motivational and Socioeconomic Determinants Explaining Pro-environmental Behavior, Energy Use, and Carbon Footprint', *Environment and Behavior* 50, no. 6 (2018): 626 – 56; Thomas Wiedmann et al., 'Scientists' Warning on Affluence', *Nature Communications* 11, no. 3107 (2020); Stephan Lessenich, *Living Well at Others' Expense: The Hidden Costs of Western Prosperity* (London: Polity, 2019).

32. Thomas Piketty, 'The Illusion of Centrist Ecology', Lemonde.fr, 11 June 2019; Chancel et al., *World Inequality Report*.

33. Hubert Buch-Hansen and Max Koch, 'Degrowth through Income and Wealth Caps?', *Ecological Economics* 160 (2019): 264 – 71; Giacomo D'Alisa and Giorgos Kallis. 'Degrowth and the State', *Ecological Economics* 169 (2020): 106486; Schmelzer and Passadakis, *Postwachstum*; Hickel, *Less Is More*.

34. Christian Kerschner et al., 'Degrowth and Technology: Towards Feasible, Viable, Appropriate and Convivial Imaginaries', *Journal of Cleaner Production* 197 (2018): 1619 – 36.

35. 예를 들어, 다음을 보라. Mason, *Postcapitalism*.

36. Andrea Vetter, 'The Matrix of Convivial Technology: Assessing Technologies for Degrowth', *Journal of Cleaner Production* 197 (2018): 1778 – 86.

37. Burkhart, Schmelzer, and Treu, *Degrowth in Movement(s)*, 154 – 65, 236 – 47.

38. Vetter, 'The Matrix of Convivial Technology'.

39. Kerschner et al., 'Degrowth and Technology'.

40. Ulrich Brand and Markus Wissen, *Limits to Capitalist Nature: Theorizing and Overcoming the Imperial Mode of Living* (London: Rowman & Littlefield, 2018); André Gorz, *Paths to Paradise: On the Liberation from Work* (London: Pluto Press, 1985).

41. 예를 들어, 다음을 보라. Stefania Barca, 'The Labor(s) of Degrowth', *Capitalism Nature Socialism* 30, 2 (2019): 207 – 16; Jackson, *Post Growth*, chapter 7; Vincent Liegey and Anitra Nelson, *Exploring Degrowth: A Critical Guide* (London: Pluto Press, 2020), chapter

4; Anitra Nelson and Ferne Edwards, eds., *Food for Degrowth: Perspectives and Practices* (New York: Routledge, 2020); Anna Saave and Barbara Muraca, 'Rethinking Labour/Work in a Degrowth Society', in *The Palgrave Handbook of Environmental Labour Studies*, ed. Nora Räthzel, Dimitris Stevis, and David Uzzell (Cham: Springer International Publishing, 2021), 743 – 67.

42. Stefania Barca, *Forces of Reproduction: Notes for a Counter-Hegemonic Anthropocene* (Cambridge: Cambridge University Press, 2020); Corinna Dengler and Lisa Marie Seebacher, 'What about the Global South? Towards a Feminist Decolonial Degrowth Approach', *Ecological Economics* 157 (2019): 246 – 52; Matthias Neumann and Gabriele Winkler, 'Care Revolution: Care Work, the Core of the Economy', in *Degrowth in Movement(s): Exploring Pathways for Transformation*, ed. Corinna Burkhart, Matthias Schmelzer, and Nina Treu (Winchester: Zer0, 2020), 100 – 13.

43. Kate Soper, *Post-Growth Living: For an Alternative Hedonism* (London: Verso, 2020), 84.

44. '불쉿 잡'은 쓸모없다고 여겨지지만 생계를 유지하기 위해 해야 하는 일자리(공항에서 줄을 서야 할 위치를 알려주는 일 또는 대부분의 광고 관련 직업)인 반면, '배트쉿 잡'은 석유 시추 장치에서의 노동처럼 경제 지속에는 필요하지만 생명을 파괴하는 데 기여하는 일자리다. 다음을 보라. David Graeber, *Bullshit Jobs: A Theory* (New York: Simon & Schuster, 2018); Bue Rübner Hansen, ' "Batshit Jobs": No–One Should Have to Destroy the Planet to Make a Living', opendemocracy.net, 2019.

45. Lange, *Macroeconomics without Growth*; Jackson, *Prosperity without Growth*.

46. Miya Tokumitsu, 'The Fight for Free Time', Jacobinmag.com, 2017; Kathi Weeks, *The Problem with Work: Feminism, Marxism, Antiwork Politics, and Postwork Imaginaries* (Durham, NC: Duke University Press, 2011); André Gorz, *Critique of Economic Reason* (New York: Verso, 1989); Van Dyk, 'Post–wage Politics'.

47. Liz Carlisle et al., 'Transitioning to Sustainable Agriculture Requires Growing and Sustaining an Ecologically Skilled Workforce', *Frontiers in Sustainable Food Systems* 3 (2019): 96.

48. Gorz, *Critique of Economic Reason*; Bayon, Flipo, and Schneider, *La décroissance*; Kallis, *Degrowth*; Paech, *Liberation from Excess*; Karina Becker, Klaus Dörre, and Yalcin Kutlu, 'Counter–Landnahme? Labour Disputes in the Care–Work Field', *Equality, Diversity and Inclusion: An International Journal* 37, no. 4 (2018): 361 – 75; Alevgul H. Sorman and Mario Giampietro, 'The Energetic Metabolism of Societies and the Degrowth Paradigm: Analyzing Biophysical Constraints and Realities', *Journal of Cleaner Production* 38 (Spring 2013): 80 – 93; Jackson, *Prosperity without Growth*; Bauwens, Kostakis, and Pazaitis, *Peer-to-Peer*; Lange and Santarius, *Smart Green World?*

49. 예를 들어, 다음을 보라. Paech, *Liberation from Excess*.

50. Schmelzer and Passadakis, *Postwachstum*; New Economics Foundation, *21 hours: The Case for a Shorter Working Week* (London: New Economics Foundation, 2010).

51. Kallis, *Degrowth*.

52. Konzeptwerk Neue Ökonomie, *Zeitwohlstand: Wie wir anders arbeiten, nachhaltig wirtschaften und besser leben* (Munich: Oekom, 2013); Aaron Benanav, *Automation and the Future of Work* (London: Verso, 2020); Soper, *Post-Growth Living*; Kenneth A. Gould, David N. Pellow, and Allan Schnaiberg, *Treadmill of Production: Injustice and*

Unsustainability in the Global Economy (London: Routledge, 2015).

53. 사례로는 다음에서 논의된 제안을 보라. Nelson and Edwards, *Food for Degrowth*; Anitra Nelson and François Schneider, eds., *Housing for Degrowth: Principles, Models, Challenges and Opportunities* (Abingdon: Taylor & Francis Ltd, 2018); Christine Ax, *Die Könnensgesellschaft: Mit guter Arbeit aus der Krise* (Berlin: Rhombos-Verlag, 2009).

54. Soper, *Post-Growth Living*, 104.

55. André Gorz, *Farewell to the Working Class: An Essay on Post-Industrial Socialism* (London: Pluto Press, 1997) [앙드레 고르, 『프롤레타리아여 안녕』, 생각의나무]; André Gorz, *Paths to Paradise: On the Liberation from Work* (London: Pluto Press, 1985); Barca, 'The Labor(s) of Degrowth'.

56. Frigga Haug, 'The Four-in-One Perspective: A Manifesto for a More Just Life', *Socialism and Democracy* 23, no.1 (2009): 119 – 23; Dengler and Speebacher, 'What about the Global South?'.

57. Kallis, 'Yes, We Can Prosper'; Burkhart, Schmelzer, and Treu, *Degrowth in Movement(s)*, 84 – 95; Emma Dowling, 'Confronting Capital's Care Fix: Care through the Lens of Democracy', *Equality, Diversity and Inclusion: An International Journal* 37, no. 4 (Spring 2018): 332 – 46; Becker, Dörre, and Kutlu, 'Counter-Landnahme?'.

58. Gorz, *Paths to Paradise*, 58. 다음도 보라. Soper, *Post-Growth Living*, chapter 4.

59. Juliet B. Schor, *Plenitude: The New Economics of True Wealth* (Melbourne: Scribe Publications, 2010).

60. Francois Schneider, Giorgos Kallis, and Joan Martinez-Alier, 'Crisis or Opportunity? Economic Degrowth for Social Equity and Ecological Sustainability', *Journal of Cleaner Production* 18 (2010): 511 – 18; Kallis, *Limits*; Barbara Muraca, 'Decroissance: A Project for a Radical Transformation of Society', *Environmental Values* 22, no. 2 (2013): 147 – 69.

61. 이는 재생가능 에너지 증가와 화석에너지 축소의 결합이 경제 성장을 가져올 것이라는 대부분의 그린 뉴딜 제안과 가장 큰 차이점 중 하나다. 예를 들어, 다음을 보라. Noam Chomsky and Robert Pollin, *Climate Crisis and the Global Green New Deal: The Political Economy of Saving the Planet* (London: Verso, 2020), 118.

62. J. Poore and T. Nemecek, 'Reducing Food's Environmental Impacts through Producers and Consumers', *Science* 360, no. 6392 (2018): 987 – 92.

63. Aaron Vansintjan, 'Public Abundance Is the Secret to the Green New Deal', Greeneuropeanjournal, 2020; Kate Aronoff et al., *A Planet to Win: Why We Need a Green New Deal* (London: Verso, 2019).

64. Soper, *Post-Growth Living*; Jackson, *Post Growth*.

65. Claudio Cattaneo et al., eds., 'Politics, Democracy and Degrowth', special issue, *Futures* 44, no. 6 (2012): 515 – 654; Fabrice Flipo, *Décroissance, ici et maintenant!* (Paris: Le Passager Clandestin, 2017); Jackson, *Prosperity without Growth*; Kallis, *Degrowth*; Nelson and Edwards, *Food for Degrowth*.

66. Burkhart, Schmelzer, and Treu, *Degrowth in Movement(s)*; Hickel, *Less Is More*; Kallis, *Degrowth*; Paech, *Liberation from Excess*.

67. Dennis Eversberg and Matthias Schmelzer, 'The Degrowth Spectrum: Convergence and

Divergence within a Diverse and Conflictual Alliance', *Environmental Values* 27, no. 3 (2018): 245 – 67; Joan Martínez−Alier, 'Environmental Justice and Economic Degrowth: An Alliance between Two Movements', *Capitalism Nature Socialism* 23, no. 1 (2012): 51 – 73.

68. Lange, *Macroeconomics without Growth*; Tilman Santarius, Hans Jakob Walnum, and Carlo Aall, *Rethinking Climate and Energy Policies: New Perspectives on the Rebound Phenomenon* (New York: Springer, 2016).

69. Lorenz T. Keyßer and Manfred Lenzen, '1.5°C Degrowth Scenarios Suggest the Need for New Mitigation Pathways', *Nature Communications* 12, no. 1 (2021): 1 – 16; Wiedmann et al., 'Scientists' Warning on Affluence'; Jefim Vogel et al., 'Socio−Economic Conditions for Satisfying Human Needs at Low Energy Use: An International Analysis of Social Provisioning', *Global Environmental Change* (2021): 102287; Jason Hickel, 'Quantifying National Responsibility for Climate Breakdown: An Equality−Based Attribution Approach for Carbon Dioxide Emissions in Excess of the Planetary Boundary', *Lancet Planetary Health* 4, no. 9 (2020): 399 – 404; Jason Hickel et al., 'Urgent Need for Post−Growth Climate Mitigation Scenarios', *Nature Energy* (2021): 1 – 3; Stan Cox, *The Green New Deal and Beyond: Ending the Climate Emergency While We Still Can* (San Francisco: City Lights Books, 2020).

70. Nelson and Schneider, *Housing for Degrowth*.

71. Herman Daly and Joshua Farley, *Ecological Economics: Principles and Applications* (Washington, DC: Island Press, 2011); Jackson, *Prosperity without Growth*; Latouche, *Farewell to Growth*; Irmi Seidl and Angelika Zahrnt, *Postwachstumsgesellschaft: Neue Konzepte für die Zukunft* (Marburg: Metropolis, 2010).

72. Cattaneo and Vansintjan, *A Wealth of Possibilities*.

73. Liegey et al., *Un projet de décroissance*.

74. Angry Workers, 'Climate and Class Struggle ⋯ One Struggle, One Plight?', angryworkers.org, 8 November 2021. 다음도 보라. Burkhart, Schmelzer, and Treu, *Degrowth in Movement(s)*; Klaus Dörre, *Die Utopie des Sozialismus: Kompass für eine Nachhaltigkeitsrevolution* (Berlin: Matthes & Seitz Verlag, 2021).

75. Lessenich, *Living Well at Others' Expense*.

76. Jamie Tyberg and Erica Jung, *Degrowth and Revolutionary Organizing* (New York: Rosa Luxemburg Foundation, 2021).

77. Ajl, *A People's Green New Deal*, 147.

78. Olaf Bernau, 'Refugee Movement: Struggling with Migration and Escape', in Burkhart, Schmelzer, and Treu, *Degrowth in Movement(s)*, 272 – 86; Kothari et al., *Pluriverse*.

79. Olúfẹmi O. Táíwò, *Reconsidering Reparations: Worldmaking in the Case of Climate Crisis* (New York: Oxford University Press, 2022); Padini Nirmal and Dianne Rocheleau, 'Decolonizing Degrowth in the Post−Development Convergence: Questions, Experiences, and Proposals from Two Indigenous Territories', *Environment and Planning E: Nature and Space 2*, no. 3 (2019): 465 – 92; Hickel, *Less Is More*.

80. E. O. Wilson, *Half-Earth: Our Planet's Fight for Life* (New York: W. W. Norton & Company, 2016); Eileen Crist et al., 'Protecting Half the Planet and Transforming

Human Systems Are Complementary Goals', *Frontiers in Conservation Science 2* (2021): 91; Rights and Resources Initiative, *Who Owns the World's Land? A Global Baseline of Formally Recognized Indigenous and Community Land Rights* (Washington, DC: RRI, 2015).

81. Wayne S. Walker et al., 'The Role of Forest Conversion, Degradation, and Disturbance in the Carbon Dynamics of Amazon Indigenous Territories and Protected Areas', *Proceedings of the National Academy of Sciences* 117, no. 6 (2020): 3015 – 25; *Indigenous Environmental Network, Indigenous Resistance against Carbon* (Washington, DC: Oil Change International, 2021). Richard Schuster et al., 'Vertebrate Biodiversity on Indigenous—Managed Lands in Australia, Brazil, and Canada Equals That in Protected Areas', *Environmental Science and Policy* 101 (2019): 1 – 6.

82. Bram Buscher and Robert Fletcher, *The Conservation Revolution: Radical Ideas for Saving Nature beyond the Anthropocene* (London: Verso, 2020).

83. 지구 북반구에서의 탈성장이 남반구에 미치는 영향, 즉 이주, 송금, 채굴산업에 의존하는 국가 등에 미치는 영향은 확실히 연구가 부족하며, 추가적인 검토가 필요하다. 하지만 다음을 보라. Ajl, *A People's Green New Deal*.

84. Cattaneo and Vansintjan, *A Wealth of Possibilities*; Jamie Tyberg, *Unlearning: From Degrowth to Decolonization* (New York: Rosa Luxemburg Stiftung, 2020), rosalux—nyc. org/wpcontent/files_mf/degrowth052020update.pdf; Max Ajl, *A People's Green New Deal* (London: Pluto Press, 2021).

85. Walden Bello, *Deglobalization: Ideas for a New World Economy* (Dhaka: Zed Books, 2005) [월든 벨로, 『탈세계화』, 잉걸]; Hickel, *Less Is More*; Utsa Patnaik and Prabhat Patnaik, *Capital and Imperialism: Theory, History, and the Present* (New York: NYU Press, 2021); Solón et al., *Systemic Alternatives*.

86. Kallis, *Degrowth*; Paech, *Liberation from Excess*; Ajl, *A People's Green New Deal*.

87. Liegey et al., *Un projet de décroissance*; Nelson and Schneider, *Housing for Degrowth*.

88. Bauwens, Kostakis, and Pazaitis, *Peer-to-Peer*.

89. Barcelona en Comù, *Fearless Cities*.

90. Viviana Asara, 'Democracy without Growth: The Political Ecology of the Indignados Movement', 2015, PhD thesis, Universitat Autòoma de Barcelona, Spain; Burkhart, Schmelzer, and Treu, *Degrowth in Movement(s)*; Murray Bookchin, *The Next Revolution: Popular Assemblies and the Promise of Direct Democracy* (London: Verso, 2015).

91. Ajl, *A People's Green New Deal*; Felber, *Change Everything*; Hickel, *Degrowth*; Solón et al., *Systemic Alternatives*.

6. 탈성장을 현실로 만들기

1. Howard T. Odum and Elisabeth C. Odum, *A Prosperous Way Down: Principles and Policies* (Boulder, CO: University Press of Colorado, 2008); Bini Adamczak, *Beziehungsweise Revolution: 1917, 1968 und kommende* (Frankfurt: Suhrkamp Verlag,

2017).

2. Jürgen Osterhammel, *The Transformation of the World: A Global History of the Nineteenth Century* (Princeton, NJ: Princeton University Press, 2014); Immanuel Wallerstein, *World-Systems Analysis: An Introduction* (Durham, NC: Duke University Press, 2004). 다음도 보라. Christoph Ambach et al., 'Beyond Visions and Projects: The Need for a Debate on Strategy in the Degrowth Movement', Degrowth.info/blog, 3 October, 2018; Fabian Scheidler, *The End of the Megamachine: A Brief History of a Failing Civilization* (Winchester: Zer0, 2020).

3. The Salvage Collective, *The Tragedy of the Worker: Towards the Proletarocene* (London: Verso, 2021), 1.

4. 하지만 다음을 보라. Frank Adler and Ulrich Schachtschneider, eds., *Postwachstumspolitiken: Wege zur wachstumsunabhängigen Gesellschaft* (Munich: Oekom, 2017); Corinna Burkhart, Matthias Schmelzer, and Nina Treu, eds., *Degrowth in Movement(s): Exploring Pathways for Transformation* (Winchester: Zer0, 2020); Giorgos Kallis, *Degrowth* (Newcastle upon Tyne: Agenda Publishing, 2018); and Giorgos Kallis et al., *The Case for Degrowth* (Cambridge: Polity Press, 2020).

5. Jamie Tyberg and Erica Jung, *Degrowth and Revolutionary Organizing* (New York: Rosa Luxemburg Foundation, 2021); Padini Nirmal and Dianne Rocheleau, 'Decolonizing Degrowth in the Post−Development Convergence: Questions, Experiences, and Proposals from Two Indigenous Territories', *Environment and Planning E: Nature and Space* 2, no. 3 (2019): 465−92.

6. Erik Olin Wright, *Envisioning Real Utopias* (London: Verso, 2010). 탈성장 변혁의 문제에 관한 유사한 연구는 다음을 보라. Kallis et al., *The Case for Degrowth*, chapter 5.

7. '커먼즈 공공 파트너십'에 대해서는, 예를 들어 많은 국가에서 이미 자발적인 소방대를 조직하거나, 지방자치단체가 자금과 건물을 제공해 자율적으로 보육 콜렉티브를 운영하는 방식으로 경제의 여러 부문을 조직하는 것을 생각해 보라. Silke Helfrich and David Bollier, *Free, Fair, and Alive: The Insurgent Power of the Commons* (Gabriola Island, BC: New Society Publishers, 2019); George Dafermos, *The Catalan Integral Cooperative: An Organizational Study of a Post-capitalist Cooperative*, Commonstransition.org (P2P Foundation and Robin Hood Co−op), 2017.

8. Viviana Asara, 'Democracy without Growth: The Political Ecology of the Indignados Movement', 2015, PhD thesis, Universitat Autòoma de Barcelona, Spain; Giacomo D'Alisa, Federico Demaria, and Giorgos Kallis, *Degrowth: A Vocabulary for a New Era* (London: Routledge, 2014); Burkhart, Schmelzer, and Treu, *Degrowth in Movement(s)*; Helfrich and Bollier, Free, Fair, and Alive.

9. Christian Felber, *Change Everything: Creating an Economy for the Common Good* (London: Zed Books, 2019); Helfrich and Bollier, *Free, Fair, and Alive*.

10. Burkhart, Schmelzer, and Treu, *Degrowth in Movement(s)*.

11. 예를 들어, 다음을 보라. the Commons Transition Primer at primer.commonstransition.org.

12. D'Alisa, Demaria, and Kallis, *Degrowth: A Vocabulary for a New Era*; Burkhart, Schmelzer, and Treu, *Degrowth in Movement(s)*, 248−59.

13. Burkhart, Schmelzer, and Treu, *Degrowth in Movement(s)*, 128 – 39, 356 – 67.

14. Cédric Biagini and Pierre Thiesset, eds., *La décroissance: Vivre la simplicité volontaire: Histoire et témoignages* (Montreuil: Editions L'Éhappé, 2014); Niko Paech, *Liberation from Excess: The Road to a Post-growth Society* (Munich: Oekom, 2012).

15. Konzeptwerk Neue Ökonomie, *Zeitwohlstand: Wie wir anders arbeiten, nachhaltig wirtschaften und besser leben* (Munich: Oekom, 2013).

16. Dennis Eversberg and Matthias Schmelzer, 'The Degrowth Spectrum: Convergence and Divergence within a Diverse and Conflictual Alliance', *Environmental Values* 27, no. 3 (2018): 245 – 67; Burkhart, Schmelzer, and Treu, *Degrowth in Movement(s)*.

17. 다음을 보라. Vincent Liegey and Anitra Nelson, *Exploring Degrowth: A Critical Guide* (London: Pluto Press 2020), chapter 3; Dilar Dirik, 'Building Democracy without the State', Roarmag.org, 2016; S. G. and G. K., 'ZAD: The State of Play', trans. Janet Koenig, brooklynrail.org, 2018; Jeff Conant, *A Poetics of Resistance: The Revolutionary Public Relations of the Zapatista Insurgency* (Oakland, CA: AK Press, 2010); Abdullah Ocalan, *Democratic Confederalism* (London: Transmedia, 2015); Raùl Zibechi, *Territories in Resistance: A Cartography of Latin American Social Movements* (Oakland, CA: AK Press, 2012); Nirmal and Rocheleau, 'Decolonizing Degrowth'.

18. Biagini and Thiesset, *La décroissance*; Rob Hopkins, *The Power of Just Doing Stuff: How Local Action Can Change the World* (Croydon: Transition Books, 2012); Paech, *Liberation from Excess*.

19. D'Alisa, Demaria, and Kallis, *Degrowth: A Vocabulary for a New Era*; Friederike Habermann, *Ecommony: UmCARE zum Miteinander* (Sulzbach am Taunus: Ulrike Helmer Verlag, 2016); Helfrich and Bollier, *Free, Fair, and Alive*; Bernd Sommer and Harald Welzer, *Transformationsdesign: Wege in eine zukunftsfähige Moderne* (Munich: Oekom, 2014).

20. 이 수치들은 세계 협동조합 모니터에서 가져온 것이다. 다음을 보라. ica.coop/en/cooperatives/factsand-figures.

21. Barbara Muraca, 'Foreword', in *Degrowth in Movement(s): Exploring Pathways for Transformation*, ed. Corinna Burkhart, Matthias Schmelzer, and Nina Treu (Winchester: Zer0, 2020), 6.

22. Jason Hickel, *Less Is More: How Degrowth Will Save the World* (London: William Heinemann, 2020).

23. 이런 비판의 사례로는 다음을 보라. Greg Sharzer, *No Local: Why Small-Scale Alternatives Won't Change the World* (Alresford: John Hunt Publishing, 2012); and Nick Srnicek and Alex Williams, *Inventing the Future: Postcapitalism and a World without Work* (London: Verso, 2015). 그러한 비판에 대한 대답으로는 다음을 보라. Brian Tokar, 'Think Globally, Act Locally?', opening reflections at the Great Transition Initiative Forum, greattransition.org Initiative, November 2019; Symbiosis Research Collective, 'How Radical Municipalism Can Go beyond the Local', Theecologist.org, 8 June 2018.

24. Symbiosis Research Collective, 'How Radical Municipalism Can Go beyond the Local'.

25. Silke van Dyk, 'Post-wage Politics and the Rise of Community Capitalism', *Work, Employment and Society* 32, no. 3 (2018): 528 – 45; George Caffentzis and Silvia Federici,

'Commons against and beyond Capitalism', *Community Development Journal* 49, no. 1 (2014): 92–105.

26. Kallis, *Degrowth*.

27. 이런 비전에 대해서는 곧 영어로도 출간될 다음 책을 보라. Kai Kuhnhenn et al., *Zukunft für alle: Eine Vision für 2048: gerecht. ökologisch. Machbar* (Munich: oekom, 2020).

28. Adler and Schachtschneider, *Postwachstumspolitiken*, 10, our translation.

29. David Graeber, *Bullshit Jobs: A Theory* (New York: Simon & Schuster, 2018); Vincent Liegey et al., *Un projet de décroissance: Manifeste pour une dotation inconditionelly d'autonomie* (Paris: Les Éditions Utopia, 2013).

30. Barbara Muraca, 'Decroissance: A Project for a Radical Transformation of Society', *Environmental Values* 22, 2 (2013): 147–69; Hickel, *Less Is More*; Serge Latouche, *Farewell to Growth* (Cambridge: Polity, 2010).

31. Kallis, *Degrowth*, 133.

32. 이 논의는 여기서 다 정리될 수 없다. 예를 들어, 다음을 보라. Max Koch, 'The State in the Transformation to a Sustainable Postgrowth Economy', *Environmental Politics* 29, no. 1 (2020): 115–33; Giacomo D'Alisa and Giorgos Kallis, 'Degrowth and the State', *Ecological Economics* 169 (2020): 106486.

33. 다음을 보라. Green New Deal for Europe, gndforeurope.com; and Global Green New Deal, globalgnd.org; Kate Aronoff et al., *A Planet to Win: Why We Need a Green New Deal* (London: Verso, 2019); Stan Cox, *The Green New Deal and Beyond: Ending the Climate Emergency While We Still Can* (San Francisco: City Lights Books, 2020); Riccardo Mastini, Giorgos Kallis, and Jason Hickel, 'A Green New Deal without Growth?', Ecological Economics 179, no. 1 (January 2021): 106832; Max Ajl, *A People's Green New Deal* (London: Pluto Press, 2021).

34. Aaron Vansintjan, 'Why the Green New Deal Needs Local Action to Succeed', Greeneuropeanjournal.eu, 2020.

35. Nick Estes, *Our History Is the Future: Standing Rock versus the Dakota Access Pipeline, and the Long Tradition of Indigenous Resistance* (London: Verso, 2019); Naomi Klein, *This Changes Everything: Capitalism vs. the Climate* (New York: Simon and Schuster, 2015).

36. Gareth Dale, 'The Growth Paradigm: A Critique', *International Socialism* 134 (2012), isj. org.uk; Matthias Schmelzer, *The Hegemony of Growth: The OECD and the Making of the Economic Growth Paradigm* (Cambridge: Cambridge University Press, 2016).

37. Giorgos Kallis and Hug March, 'Imaginaries of Hope: The Utopianism of Degrowth', *Annals of the Association of American Geographers* 105, no. 2 (2015): 360–8.

38. Burkhart, Schmelzer, and Treu, *Degrowth in Movement(s)*.

39. Kallis, *Degrowth*, 138.

40. Muraca, 'Foreword', 5.

41. Eversberg and Schmelzer, 'The Degrowth Spectrum'.

42. Aaron Vansintjan, 'Public Abundance Is the Secret to the Green New Deal',

Greeneuropeanjournal, 2020.

43. Kali Akuno and Ajamu Nangwaya, eds., *Jackson Rising: The Struggle for Economic Democracy and Black Self-Determination in Jackson, Mississippi* (Ottawa: Daraja Press, 2017); Vansintjan, 'Why the Green New Deal Needs Local Action to Succeed'; Vansintjan, 'Public Abundance Is the Secret to the Green New Deal'.

44. The Red Nation, *The Red Deal: Indigenous Action to Save Our Earth* (Brooklyn, NY: Common Notions: 2020), 34.

45. Asara, *Democracy without Growth*; Eversberg and Schmelzer, 'The Degrowth Spectrum'; Burkhart, Schmelzer, and Treu, *Degrowth in Movement(s)*; Joan Martínez-Alier, 'Environmental Justice and Economic Degrowth: An Alliance between Two Movements', *Capitalism Nature Socialism* 23, no. 1 (2012): 51–73.

46. Nirmal and Rocheleau, 'Decolonizing Degrowth'; Corinna Dengler and Lisa Marie Seebacher, 'What about the Global South? Towards a Feminist Decolonial Degrowth Approach', *Ecological Economics* 157 (2019): 246–52.

47. 블라디미르 레닌은 러시아 혁명 동안 노동자와 농민으로 조직된 소비에트를 통해 국가 외부에서 출현하는 두 번째 권력으로 이 용어를 언급했다. 다음을 보라. Joris Leverink, 'Dual Power', Roarmag.org, no. 9, 2020.

48. Burkhart, Schmelzer, and Treu, *Degrowth in Movement(s)*; Liegey and Nelson, *Exploring Degrowth*; Nirmal and Rocheleau, 'Decolonizing Degrowth'.

49. Michael Hardt and Antonio Negri, *Multitude: War and Democracy in the Age of Empire* (New York: Penguin Books, 2005) [마이클 하트 외, 『다중』, 세종서적]; Cinzia Arruzza, Tithi Batthacharya, and Nancy Fraser, *Feminism for the 99%: A Manifesto* (London: Verso, 2019) [낸시 프레이저 외, 『99% 페미니즘 선언』, 움직씨]; André Gorz, *Farewell to the Working Class: An Essay on Post-industrial Socialism* (London: Pluto Press, 1997); Gabriel Winant, 'The New Working Class', Dissentmagazine.org, 27 June 2017; Jason E. Smith, *Smart Machines and Service Work: Automation in an Age of Stagnation* (New York: Reaktion Books, 2020); Angry Workers, 'Climate and Class Struggle … One Struggle, One Plight?', angryworkers.org, 8 November 2021.

50. John Michael Colón et al., 'Community, Democracy, and Mutual Aid: Toward Dual Power and Beyond', Nextsystem.org, 2016; Kali Akuno and Ajamu Nangwaya, 'Build and Fight: The Program and Strategy of Cooperation Jackson', in *Jackson Rising*, 3–42; Tyberg and Jung, *Degrowth and Revolutionary Organizing*.

51. D'Alisa, Demaria, and Kallis, *Degrowth: A Vocabulary for a New Era*; Eversberg and Schmelzer, 'The Degrowth Spectrum'; Burkhart, Schmelzer, and Treu, *Degrowth in Movement(s)*.

52. 지정학과 제국주의의 역할에 관한 심화된 논의는 7장을 보라. 그리고 다음도 보라. Andreas Malm and the Zetkin Collective, *White Skin, Black Fuel: On the Danger of Fossil Fascism* (London: Verso, 2021); Andreas Malm, *How to Blow Up a Pipeline* (London: Verso, 2021); Matthias Schmelzer and Alexis Passadakis, *Postwachstum: Krise, ökologische Grenzen, soziale Reche* (Hamburg: VSA-Verlag, 2011); Scheidler, *The End of the Megamachine*.

53. Marc Lamont Hill, *We Still Here: Pandemic, Policing, Protest, and Possibility* (London: Haymarket Books, 2020); Adam Tooze, *Shutdown: How Covid Shook the World's Economy*

(London: Penguin UK, 2021); Andreas Malm, *Corona, Climate, Chronic Emergency: War Communism in the Twenty-First Century* (London: Verso, 2020) [안드레아스 말름, 『코로나, 기후, 오래된 비상사태』, 마농지].

54. Peter Victor, *Managing without Growth: Slower by Design, Not Disaster* (Cheltenham: Edward Elgar, 2018).

55. Rebecca Solnit, *A Paradise Built in Hell: The Extraordinary Communities That Arise in Disaster* (New York: Penguin, 2010) [리베카 솔닛, 『이 폐허를 응시하라』, 펜타그램].

56. Naomi Klein, 'The Battle for Paradise', Theintercept.com, 20 March 2018; Adele Peters, 'During Puerto Rico's Blackout, Solar Microgrids Kept the Lights On', Fastcompany.com, 24 April 2018; Jacqueline Villarrubia—Mendoza and Roberto Vélez—Vélez, 'Puerto Rico: The Shift from Mass Protests to People's Assemblies', Portside.org, 24 August 2019; Out of the Woods Collective, 'The Uses of Disaster', Communemag.com, 22 October 2018; Rhiannon Firth, 'Mutual Aid, Anarchist Preparedness and COVID—19', in *Coronavirus, Class and Mutual Aid in the United Kingdom*, ed. John Preston and Rhiannon Firth (Cham: Springer International Publishing, 2020), 57–111.

57. Naomi Klein, *The Shock Doctrine: The Rise of Disaster Capitalism* (New York: Henry Holt and Company, 2010) [나오미 클라인, 『자본주의는 어떻게 재난을 먹고 괴물이 되는가』, 모비딕북스].

58. Tim Jackson, *Post Growth: Life after Capitalism* (Cambridge: Polity, 2021), 165.

59. Graham Jones, *The Shock Doctrine of the Left* (Cambridge: Polity, 2018); Tooze, *Shutdown*.

60. Patrick Bond, 'Degrowth, Devaluation and Uneven Development from North to South', in *Towards a Political Economy of Degrowth*, ed. Ekaterina Chertkovskaya, Alexander Paulsson, and Stefania Barca (London: Rowman and Littlefield, 2019), 157–76.

61. Mark Paul, Carla Santos Skandier, and Rory Renzy, 'Out of Time: The Case for Nationalizing the Fossil Fuel Industry,' Democracy Collaborative, June 2020, thenextsystem.org; Stan Cox, *The Path to a Livable Future: A New Politics to Fight Climate Change, Racism, and the Next Pandemic* (San Francisco: City Lights Books, 2021), 83.

62. Bond, 'Degrowth, Devaluation and Uneven Development'; Stefania Barca, *Forces of Reproduction: Notes for a Counter-Hegemonic Anthropocene* (Cambridge: Cambridge University Press, 2020).

63. Matthias Schmelzer, *The Hegemony of Growth. The OECD and the Making of the Economic Growth Paradigm* (Cambridge: Cambridge University Press, 2016).

64. 하지만 다음을 보라. Malm and the Zetkin Collective, *White Skin, Black Fuel*.

7. 탈성장의 미래

1. 그러나 이러한 감소는 경제 위기 이후 성장을 회복하기 위해 정부들이 고취하는 더욱 해로운 경제활동이 이어짐에 따라 탄소 배출 증가로 상쇄된다. 다음을 보라. Pierre Friedlingstein et al., 'Global Carbon Budget 2021', *Earth System Science Data Discussions*

(2021): 1 – 191. 다음도 보라. Amitav Ghosh, *The Nutmeg's Curse: Parables for a Planet in Crisis* (Chicago: University of Chicago Press, 2021); Adam Tooze, *Shutdown: How Covid Shook the World's Economy* (London: Penguin UK, 2021); Andreas Malm, *Corona, Climate, Chronic Emergency: War Communism in the Twenty-First Century* (London: Verso, 2020); Tim Jackson, *Post Growth: Life after Capitalism* (Cambridge: Polity, 2021).

2. Giorgos Kallis et al., 'Research on Degrowth', *Annual Review of Environment and Resources* 43 (2018): 291 – 316.

3. Dennis Eversberg and Matthias Schmelzer, 'The Degrowth Spectrum: Convergence and Divergence within a Diverse and Conflictual Alliance', *Environmental Values* 27, no. 3 (2018): 245 – 67. 비판으로는 다음을 보라. Matthew T. Huber, 'Ecological Politics for the Working Class', *Catalyst* 3, no. 1 (2019), catalyst-journal.com.

4. Corinna Burkhart, Matthias Schmelzer, and Nina Treu, eds., *Degrowth in Movement(s): Exploring Pathways for Transformation* (Winchester: Zer0, 2020); Stefania Barca, 'The Labour(s) of Degrowth', *Capitalism Nature Socialism* 30, no. 2 (2019): 207 – 16; Leigh Brownhill, Terisa E. Turner, and Wahu Kaara, 'Degrowth? How about Some "De-alienation"?', *Capitalism Nature Socialism* 23, no. 1 (2012): 93 – 104.

5. Jamie Tyberg and Erica Jung, *Degrowth and Revolutionary Organizing* (New York: Rosa Luxemburg Foundation, 2021); Erica Jung, 'Rethinking Our Relationship to Land: Degrowth, Abolition, and the United States', degrowth.org, September 28, 2020; Jamie Tyberg, *Unlearning: From Degrowth to Decolonization* (New York: Rosa Luxemburg Foundation, 2020); Walter Rodney, *How Europe Underdeveloped Africa* (London: Bogle-L'Ouverture Publications, 1972); Cedric J. Robinson, *On Racial Capitalism, Black Internationalism, and Cultures of Resistance* (London: Pluto Press, 2019); Keeanga-Yamahtta Taylor, *Race for Profit: How Banks and the Real Estate Industry Undermined Black Homeownership* (Chapel Hill, NC: University of North Carolina Press, 2019); Harsha Walia, *Border and Rule: Global Migration, Capitalism, and the Rise of Racist Nationalism* (Chicago: Haymarket Books, 2021).

6. 하지만 다음을 보라. Giacomo D'Alisa and Giorgos Kallis, 'Degrowth and the State', *Ecological Economics* 169 (2020): 106486; Max Koch, 'The State in the Transformation to a Sustainable Postgrowth Economy', *Environmental Politics* 29, no. 1 (2020): 115 – 33. 다음도 보라. Walia, *Border and Rule*.

7. Arturo Escobar, 'Degrowth, Postdevelopment, and Transitions: A Preliminary Conversation', *Sustainability Science* 10, no. 3 (2015): 451 – 62; Padini Nirmal and Dianne Rocheleau, 'Decolonizing Degrowth in the Post-development Convergence: Questions, Experiences, and Proposals from Two Indigenous Territories', *Environment and Planning E: Nature and Space* 2, no. 3 (2019): 465 – 92; Corinna Dengler and Lisa Marie Seebacher, 'What about the Global South? Towards a Feminist Decolonial Degrowth Approach', *Ecological Economics* 157 (2019): 246 – 52.

8. 다음을 보라. Max Ajl, *A People's Green New Deal* (London: Pluto Press, 2021).

9. Jin Xue, Finn Arler, and Petter Næss, 'Is the Degrowth Debate Relevant to China?', *Environment, Development and Sustainability* 14, no. 1 (2012): 85 – 109; Rowan Alcock, 'The New Rural Reconstruction Movement: A Chinese Degrowth Style Movement?', *Ecological Economics* 161 (2019): 261 – 9; Tyler Harlan, 'Green Development or Greenwashing? A Political Ecology Perspective on China's Green Belt and Road',

Eurasian Geography and Economics 62, no. 2 (2021): 202 – 26.

10. Kenta Tsuda, 'Naive Questions on Degrowth', *New Left Review* 128 (2021): 111 – 30, 122. 물론 여기서 근본적으로 중요한 것은 지구 남반구 운동과 동맹을 구축하고, 식민주의의 지속적인 유산에 대한 주류 논의를 더욱 진전시키는 동시에, 기후 부채와 비무장화를 중심으로 하는 정책과 정치 플랫폼을 개발하는 것이다.

11. Steffen Lange and Tilman Santarius, *Smart Green World? Making Digitalization Work for Sustainability* (Abingdon: Routledge, 2020); Paul Mason, *Postcapitalism: A Guide to Our Future* (London: Macmillan, 2016); Nick Dyer–Witheford, *Inhuman Power: Artificial Intelligence and the Future of Capitalism* (London: Pluto Press, 2019).

12. Michael Bauwens, Vasilis Kostakis, and Alex Pazaitis, *Peer-to-Peer: The Commons Manifesto* (London: Westminster University Press, 2018); Eversberg and Schmelzer, 'The Degrowth Spectrum'; Silke Helfrich and David Bollier, *Free, Fair, and Alive: The Insurgent Power of the Commons* (Gabriola Island, BC: New Society Publishers, 2019); Lange and Santarius, *Smart Green World?*

13. Trebor Scholz and Nathan Schneider, eds., *Ours to Hack and to Own: The Rise of Platform Cooperativism, a New Vision for the Future of Work and a Fairer Internet* (New York: OR Books, 2017).

14. 다음을 보라. P2P Lab, 'About', p2plab.gr/en.

15. Nick Srnicek, *Platform Capitalism* (Cambridge: Polity, 2016) [닉 서르닉, 『플랫폼 자본주의』, 킹콩북]; Martín Arboleda, *Planetary Mine: Territories of Extraction under Late Capitalism* (London: Verso, 2020).

16. Jason Hickel, 'What Does Degrowth Mean? A Few Points of Clarification', *Globalizations* 18, no. 7 (2021): 1105 – 11, 1.

17. Leigh Phillips and Michal Rozworski, *The People's Republic of Wal-Mart: How the World's Biggest Corporations Are Laying the Foundation for Socialism* (London: Verso, 2019); Jasper Bernes, 'Planning and Anarchy', *South Atlantic Quarterly* 119, no. 1 (2020): 53 – 73; Marta Harnecker and José Bartolomé, *Planning from Below: A Decentralized Participatory Planning Proposal* (New York: Monthly Review Press, 2019).

18. 하지만 다음을 보라. Martín Arboleda, *Gobernar la utopía: sobre la planificación y el poder popular* (Buenos Aires: Caja Negra Editora, 2020), chapter 4; Fikret Adaman and Pat Devine, 'Democracy, Participation and Social Planning', in *Routledge Handbook of Ecological Economics* (London: Routledge, 2017): 517 – 26; Simon Tremblay–Pepin, 'De la décroissance àla planification démocratique: Un programme de recherche', *Nouveaux Cahiers du Socialisme* 14 (fall): 118 – 25 (이 참조에 대해서는 벵기 악불루트에게 감사드린다); Jin Xue, 'Urban Planning and Degrowth: A Missing Dialogue', *Local Environment* (2021): 1 – 19.

미래이자 현재인 탈성장을 위한 친절한 안내서

머리말에서 저자들이 밝히고 있듯이, 2019년 마티아스 슈멜처와 안드레아 베터가 독일어로 출간한 탈성장 안내서를 2022년 아론 반신티안이 함께 확장하여 영어판으로 펴냈고, 이 책은 이를 우리말로 옮긴 것이다. 저자들은 주로 독일 라이프치히의 신경제 연구소를 중심으로 활동하고 있는데, 세계 탈성장 연구 그룹 중에서도 최근 매우 활발한 활동을 벌이는 곳이다.

이 책은 지난 십 수년간 발전한 다양한 탈성장 논의와 연구 공동체의 시각을 골고루 담아내고 있다. 즉 독일과 유럽을 조망할 뿐 아니라 남반구의 입장과 통찰도 균형 있게 대변하기 위해 노력한 흔적이 분명하다. 이는 탈성장이 단일하거나 완결된 이론이 아니라, 경제 성장이라는 하나의 목표를 향해 질주하는 성장주의와 그 해악을 고발하고 해법을 강구하는 '대안의 모자이크'라는 저자들의 생각에서 기인하는 자연스러운 결과이기도 하다.

이 책은 성장과 성장주의를 심도 있게 해부하는 것으로 시작한다. 저자들은 경제 성장이 하나의 아이디어일뿐 아니라 사회적 과정이자 물질적 과정이기도 한, 우리의 삶과 관계를 규정하는 유무형의 실체 또는 구조라고 본다. 따라서 성장 비판은 성장주의가 위협하고 무너뜨리는 수많은 단면과 차원에서 이뤄져야 한다. 저자들이 생태적, 사회경제적, 문화적 조망에서 성장을 비판하고, 자본주의와의 관계, 가부장제와의 관계, 그리고 산업주의와의 관계 속에서 성장을 분석하는 이유다. 아울러 성장주의는 북반구와 남반구의 관계 속에서 조망되어야 한다. 이러한 성장 비판들은 그저 개별 논의들을 나열하는 것이 아니라 탈성장이 필요하고 가능한 이유들을 잘 뒷받침할 수 있도록 짜임새 있게 배치되어 있고, 가장 최신의 논의까지 명쾌하고 알기 쉽게 소개하고 있다. 또한 저자들은 탈성장에 대해 흔히 갖는 오해나 편견들도 빠짐없이 살펴서 이해를 돕는다.

책의 후반부는 탈성장이 연구뿐 아니라 정치 프로그램으로서 저변을 넓혀가고 있으며, 다른 여러 논의를 자극하고 창의적인 제안을 끌어내는 촉매 역할을 하고 있음을 보여준다. 저자들은 탈성장이 경제의 민주화와 기술의 변화, 사회적 합의를 통한 적절한 규제, 노동과 돌봄의 재평가, 그리고 국제적인 연대를 유력한 수단으로 삼는 동시에 그 각각의 유의미한 목표가 될 수 있다고 말한다.

그렇다면 탈성장은 어떻게 현실이 될 수 있는가? 저자들은 현실 속에서 탈성장의 단초를 찾아볼 것을 제안한다. 지금 작동하고 실험되는 유토피아로서의 '나우토피아', 더 넓고 깊은 개혁의 디딤돌이 되는 '비개혁적주의적 개혁', 성장 패러다임에 맞서는 힘을 만들고 공유하는 '대항 헤게모니'의 사례들이다. 또한 코로나19와 기후 위기 같은 재난이 탈성장을 매우 가깝고 절실한 의제로 만들어주는 게 사실이지만, 탈성장은 의식적인 설계에 기반해야 한다는 점도 환기한다.

마지막 장에서 저자들은 탈성장 논의와 정치가 다루고 채워가야 할 주제들을 꼽아본다. 계급과 인종, 지정학과 제국주의, 정보통신 기술, 민주적 계획 같은 문제들이 탈성장 연구와 실천 속으로 본격적으로 들어와야 한다는 것이다. 물론 이런 주제들을 다룰 필요성은 탈성장에 국한되지 않는다. 최근의 진보 운동과 연구에서 대체로 소홀히 해 온 주제들이기도 하거니와, 탈성장이라는 렌즈를 통해 그런 답보 상태를 타개할 수 있다는 주장이기도 할 것이다.

이 책의 가장 큰 미덕은 모든 것을 먹어 치우고 파괴하면서 생명의 토대를 허무는 카니발 자본주의의 엔진을 멈추게 할 매우 구체적인 진단과 대안으로 탈성장을 자리매김한다는 점에 있다. "자본주의 너머의 세계로 가는 안내서"라는 부제에 걸맞게, 이 책은 자본주의를 비판하고 잠식하며 대체할 수 있는 지금 당장의 논의와 행동을 출발하게 해줄 안내서이자 지도 조각이다. 따라서 "미래는 탈성장"일 뿐 아니라 현재가 탈성장의 출발이 될 수 있다는 은근한 꼬드김이기도 하다. 그래서 탈성장은 언젠가 하늘에서 뚝 떨어지는 대안이거나 누군가가 정리해서 전해 주는 비급이 아니다. 팬데믹 대응 정책, 기후 위기 해결을 위한 그린 뉴딜 같은 최근의 주류적이거나 대중적인 정책과 행동에서 탈성장의 조각을 찾고 비판을 통해 급진화할 수 있는 것이기도 하다.

자본주의 너머의 세계로 가기 위해 어떤 조치가 가능하고 필요한지를 분명하게 인식하고 말할 때 우리는 오래된 대안들에서 미래의 희망이 존재하고 있었음을 발견하게 된다. 이 책에는 우리가 알고 있었으되 잊고 있던, 성장주의를 고발하고 새로운 세상을 위해 깊이 생각하고 치열하게 투쟁했던 반가운 이름들이 여럿 등장한다. 아쉬운 점이 있다면, 그 대부분이 한국 바깥의 이름들이라는 것이다. 우리에게는 자본주의와 사회주의가 수입품이었던 것처럼, '탈성장'이 아직은 수입품이라는 반증이다. 그러나 동학의 개벽까지 거슬러 올라가지 않더라도, 한살림 선언과 장일순, 녹색평론과 김종철, 그리고 지금도 곳곳에서 한국의 나우토피아를 만들고 확장하기 위해 분투하는 이들이 있다. 우리의 삶과 행동 속에서 탈성장을 발굴하고 해석하고 연결하여 지금 여기의 탈성장을 만들어갈 일이다. 이 책이 그 길로 가는 친절한 안내서로 읽히면 좋겠다.

2023년 7월

역자 김현우, 이보아

미래는 탈성장

2023년 8월 29일 초판 1쇄 발행

지은이   마티아스 슈멜처, 안드레아 베터, 아론 반신티안
옮긴이   김현우, 이보아

편집   조정민, 최인희
디자인   이경란
인쇄   도담프린팅
종이   페이퍼프라이스

펴낸곳   나름북스
등록   2010.3.16. 제2014-000024호
주소   서울시 마포구 월드컵로15길 67 2층
전화   (02)6083-8395
팩스   (02)323-8395
이메일   narumbooks@gmail.com
홈페이지   www.narumbooks.com
페이스북   www.facebook.com/narumbooks7

ISBN 979-11-86036-78-5 03300
값 22,000원